VOYAGES
HISTORIQUES ET LITTÉRAIRES
EN ITALIE.

TOME I.

A PARIS,
DE L'IMPRIMERIE DE CRAPELET,
RUE DE VAUGIRARD, n° 9.

VOYAGES
HISTORIQUES ET LITTÉRAIRES
EN ITALIE,

PENDANT LES ANNÉES 1826, 1827 ET 1828 ;

OU

L'INDICATEUR ITALIEN;

PAR M. VALERY,

CONSERVATEUR-ADMINISTRATEUR DES BIBLIOTHÈQUES
DE LA COURONNE.

TOME PREMIER.

A PARIS,

CHEZ LE NORMANT, LIBRAIRE,

RUE DE SEINE SAINT-GERMAIN, N° 8.

1831.

PRÉFACE.

Il est difficile de ne faire qu'un seul voyage en Italie, et celui qui n'y serait point retourné ne serait guère digne d'y avoir été. Je l'ai visitée trois fois : la première complétement, et afin de saisir l'aspect général du pays ; la seconde fois, j'ai revu le nord ; le midi, la troisième. Malgré de nombreux et spirituels ouvrages sur l'Italie, il m'a semblé qu'il n'en existait point qui pût aujourd'hui servir de guide. Le voyage de Lalande, composé avec de bons renseignemens, est déjà ancien, et, depuis l'époque où il a paru, l'histoire de l'art a fait d'incontestables progrès : ses éternels jugemens de M. Cochin étaient déjà fort suspects à un grand artiste, il y a plus de quarante ans [1]. L'Indicateur que nous publions a profité de ces progrès : il s'en rapporte aux récentes et meilleures autorités, à Lanzi, pour la peinture, et à MM. Cicognara et Quatremère, pour la sculpture et l'architecture ; les impressions seules nous appartiennent. A dé-

---

[1] Lettre de Girodet écrite de Florence, mai 1790. *V.* ses *OEuvres posthumes*, T. II, p. 365.

faut d'autre mérite, ce livre peut devenir une sorte de bibliothèque portative, et servir de catalogue au vaste musée que présente l'Italie. L'effet littéraire a quelquefois été affaibli par ces indications, mais j'ai cru devoir le sacrifier à l'exactitude et à l'utilité. Le lecteur de cabinet pourra d'ailleurs sauter cette nomenclature de tableaux et de statues, espèce de récitatif que j'ai toutefois tâché d'animer par quelques traits sur la vie de l'artiste et l'histoire anecdotique de l'art.

Quant à la partie historique et littéraire à laquelle une vie passée au milieu des livres m'avait mieux préparé, j'ai cru que la réforme qui s'est faite de nos jours dans l'histoire, que le système du vrai, le soin des recherches, la peinture des détails pouvait s'étendre aussi aux relations de voyages, et les principes de l'école pittoresque m'ont particulièrement semblé applicables à celles-ci. Les événemens mémorables, les grands personnages, les souvenirs poétiques de l'Italie, ont ainsi été ramenés dans mon travail au sujet des lieux et des monumens. Lorsqu'une inscription était caractéristique, je n'ai pas craint de la donner : souvent elle m'a révélé quelque infortune touchante, quelque talent supérieur, ou quelque noble caractère ignoré, méconnu. Dans l'examen des bibliothèques, j'ai tâché de faire servir l'histoire des livres à l'histoire des hommes, de dépouiller la bibliographie de ses minuties, et de la rendre instructive et philosophique. Accueilli par mes collègues les bibliothécaires, lié avec la plupart des savans italiens, j'ai trouvé dans leurs obligeantes réponses à mes diverses consultations un précieux secours. On doit regretter que l'auteur de l'*Histoire littéraire d'Italie* n'ait pu visiter ce pays ; la couleur, le sentiment poétique de l'Italie, eussent été mieux empreints dans son livre ; il est aussi quelques erreurs locales auxquelles il eût sans doute échappé, et que j'ai cru devoir indiquer sans avoir la prétention de relever un homme aussi instruit. Les détails qui m'ont été transmis et mes propres recherches pourront fournir quelques rectifications aux personnes qui ont le goût de l'exactitude.

Il est un reproche dont je ne prétends point tout-à-fait me défendre, et sur lequel j'essaierai de m'expliquer : pour peu que l'on soit doué de quelque facilité d'impression, il est difficile, par le temps actuel, d'échapper à certaines inconséquences ; elles sont surtout naturelles au voyageur, et l'Italie, théâtre de tant de contrastes, vous y expose bien davantage ; j'ose espérer que les miennes du moins sembleront généreuses et honorables. Ce n'est peut-être pas d'ailleurs précisément se contredire que de sentir diversement et par intervalle sur les mêmes sujets ; la vivacité de ces variations est préférable à un froid et monotone accord, et des impressions différentes, lorsqu'elles sont également vraies, doivent paraître moins opposées.

L'Italie, déjà si accessible depuis les nouvelles routes, vient de le devenir encore davantage par l'établissement des bateaux à vapeur ; ils doivent être pour elle comme ces voitures populaires et économiques qui ont rapproché les quartiers des grandes villes et détruit les distances. Cet intéressant voyage, où l'étude est un plaisir et le plaisir une étude, n'est aujourd'hui qu'une facile promenade. Je souhaite que ce Journal, écrit sous l'admirable ciel de cette contrée, en présence des lieux illustrés par ses grands hommes, à l'aspect de ses chefs-d'œuvre, puisse servir à la faire mieux voir et à la faire aimer, car il faut l'aimer pour la bien connaître.

VOYAGES EN ITALIE.

LIVRE PREMIER.

GENÈVE. — GLACIERS. — BORDS DU LAC.

CHAPITRE PREMIER.

Privilége des anciens voyageurs. — Dijon. — Tombeaux des ducs de Bourgogne. — Maison de Bossuet. — Discours proposé par l'Académie de Dijon sur le rétablissement des sciences et des arts. — Dôle. — Saint-Cergues.

Si j'avais voyagé du temps de Montaigne, j'aurais pu, comme lui, dès le commencement de mon voyage, donner le détail de mes petites journées, de mes divers gîtes, parler même impunément de la chère que j'aurais faite, du vin que j'aurais bu, et rapporter les nouvelles, les événemens, les histoires, les prodiges que j'aurais appris en chemin. Mais les progrès de notre civilisation, les grandes routes, les journaux, ne permettent plus, et ont à peu près détruit cette partie du récit des voyageurs. Mes aventures paraîtraient vulgaires, mon étonnement serait ridicule, et mes nouvelles surannées. Cette ancienne manière n'est plus maintenant reçue : aujourd'hui, pour ne pas manquer au public, un voyage doit être un livre. Malgré quelques tentatives, la délicatesse du goût français n'a pu se faire encore aux trivialités, aux caquets, aux indiscrétions et à toutes les puérilités de la manière anglaise. J'avouerai toutefois que telle était, à mon premier voyage, ma curiosité de voir et de connaître qu'il m'est plusieurs fois arrivé de manquer le *dîner de la diligence*, malgré sa solennité, afin de visiter les *monumens*.

J'ai visité au musée de Dijon les deux tombeaux des ducs de Bourgogne, Jean-sans-Peur et Philippe-le-Hardi, qui étaient autrefois à la Chartreuse. On y voit représentées, dans un long bas-relief de marbre qui entoure chaque mausolée, les obsèques de ces princes. Malgré l'intention de douleur commandée par une telle cérémonie, on retrouve sous le froc et dans les traits de ces moines toutes les passions et tous les sentimens humains exprimés avec une vérité, une réalité tout-à-fait admirable.

Je cherchai la maison dans laquelle Bossuet était né, mais j'éprouvai en la voyant un léger mécompte : cette maison a l'air d'une petite maison nouvellement bâtie; elle est occupée par un petit libraire, et on y lit de grandes affiches comme au Palais-Royal. La maison de Crébillon est, au contraire, fort vaste; elle servait de dépôt pour le pain de munition de la troupe; et, dans l'intérieur, je ne sais quelle espèce de moulin faisait presque autant de fracas que le coup de tonnerre d'*Atrée*. Quant à la maison de Piron, je ne la cherchai point; il est une certaine dégradation du talent qui produit une indifférence absolue pour la mémoire de l'écrivain.

Indépendamment de l'instruction qui a toujours distingué la Société de Dijon, cette ville est comme la source la plus puissante de l'éloquence française :

Bossuet lui appartient par la naissance, Rousseau par le talent. Le programme de son Académie sur les effets du rétablissement des sciences et des arts, enflamma, comme on sait, le génie de cet écrivain; Diderot toutefois lui donna un bon conseil, si l'anecdote rapportée par Marmontel est vraie : l'affirmative était le *pont aux ânes*, et cette vieille apologie des lettres ne convenait point à la verve paradoxale de Rousseau.

Dôle me rappela un trait charmant, raconté dans de piquans mémoires recueillis récemment par un éditeur, homme de conscience et de goût, scène de bataille qui peint à merveille l'honneur et le courage français. « A l'époque où le Roi conquit la Franche-Comté, dit « Brienne, le grand Condé se voyant avec Villeroi sur « le bord du fossé de Dôle, où leurs pères, dans les « guerres précédentes, ne firent rien qui vaille, ce « prince dit au jeune Villeroi : *Marquis, il faut ici ré-« parer l'honneur de ton père et du mien.* Le fossé fort « large est à sec, et, par conséquent, très dangereux « à passer. L'attaque fut vive et meurtrière. Le marquis « commandait le régiment de Lyonnais; il passa le pre-« mier, atteignit le haut du bastion, s'y logea et cria « de loin : *Mon prince, mon père est satisfait; qu'en « dit le vôtre ? — Nous tâcherons qu'il soit content*, « dit le prince en éclatant de rire au milieu du feu, « et l'instant d'après il était sur le rempart. »[1]

Sur cette route d'Italie se trouvent Montbar, Genlis[2], Dijon, Coppet, Ferney, Genève, lieux qui rappellent les noms et les souvenirs littéraires les plus illustres,

[1] *Mém. inédits de Brienne*, publiés sur les manuscrits autographes, par M. Barrière, T. II, p. 312.
[2] La terre dont Mme de Genlis a pris le nom était en Picardie, près de Noyon; le château est aujourd'hui démoli. La plupart des voyageurs s'y méprennent; ils vont voir le petit château du Genlis bourguignon, et demandent même la dame châtelaine.

et qui semblent naturellement placés sur le chemin d'un tel pays.

L'apparition subite du lac et des Alpes de la hauteur de Saint-Cergues, à trois lieues de Genève, est une des belles scènes de la nature que je connaisse ; il est impossible de n'être pas comme ébloui par la magnificence, l'éclat et la grandeur d'un pareil spectacle. Quelquefois de longues files de nuages s'entassent au-dessus des montagnes ; elles en ont la forme et presque la couleur, et semblent comme d'autres Alpes suspendues qui les étendent et les surmontent.

CHAPITRE II.

Genève ; mérite, distinction de Genève.

Je ne voulais que passer à Genève, et je m'y sentis retenu : je trouvais dans cette ville des habitudes littéraires, un goût de civilisation, une sorte de dignité morale, un bon sens populaire, enfin une certaine solidité qui me plaisait. J'aimais cet esprit public sans orgueil, ce patriotisme sans haine, et même cette roide originalité de caractère au milieu de tant d'étrangers[1]. La ville est petite, noire, vieille, assez mal bâtie, la population n'est pas de vingt-cinq mille ames, et cependant il n'y a pas trace du ton ni des airs de la province. Cet attrait singulier de Genève, joint aux beautés du site, paraît, au reste, avoir été éprouvé par les personnes d'existences et de destinées les plus

[1] D'après le relevé des passeports, le nombre des étrangers qui passent chaque année par Genève est de 25,000.

diverses : des princesses déchues, des fils de rois, de puissans ministres, des dames de palais ennuyées, des hommes célèbres par leurs succès dans les cours, ont successivement habité Genève. J'y ai rencontré moi-même des femmes élégantes qui auraient pu demeurer dans quelque grand château du Maine ou de Normandie, et qui préféraient vivre à l'auberge ou louer quelques chambres à Genève, malgré l'exiguité des pièces, la simplicité des meubles, le défaut d'antichambre, et les horreurs de l'escalier. J'avoue qu'en trouvant si haute compagnie dans cet état républicain, j'ai cru m'expliquer une inconséquence apparente de Mme de Staël : ses goûts aristocratiques et ses opinions populaires. Cette distinction, cette supériorité incontestable de Genève, provient, je crois, de sa position au centre des pays civilisés, de ce qu'elle est comme un passage européen pour le voyageur qui les visite, et de son ordre social. Cette cité scientifique, commerçante et industrielle, doit naturellement échapper aux travers des petites villes : là ne peuvent exister la même hauteur de la noblesse, l'importance non moins ennuyeuse de la propriété; et la vanité nouvelle de nos *autorités* serait difficile dans un état dont le chef a cent louis de liste civile. Ce premier magistrat de la république est choisi indistinctement parmi tous les citoyens, et l'on m'a cité l'exemple, que je trouve très beau, de M. le professeur Delarive, qui, peu de temps après avoir été premier syndic, fit un cours gratuit de chimie appliquée aux arts industriels, suivi par la classe manufacturière de Genève.

L'opulence genevoise a couvert les bords du lac d'habitations charmantes; mais je préfère tout bonnement celles qui sont restées suisses; les portiques corinthiens, les colonnades, les pavillons et toute l'architecture grecque de quelques unes de ces maisons de campagne, me semble beaucoup moins bien.

J'ai rencontré, un dimanche, à la sortie de Genève, deux bataillons de la garde civique qui revenaient de Conches, où ils avaient tiré à la cible et disputé des prix. Tout le monde, sans distinction d'état et de fortune, fait partie de cette garde, dont la tenue était superbe. Certes, si la vue de quelques compagnies du bataillon de Saint-Gervais, soupant et dansant sur la place publique de ce quartier, avait laissé dans l'ame de Rousseau enfant une impression si vive, et qu'il peignait avec tant d'éloquence, il n'eût pas été moins frappé à l'aspect de cette milice citoyenne, de ces soldats sans solde qu'une civilisation perfectionnée, le bien-être et la dignité nouvelle qu'elle produit, doivent rendre supérieurs aux anciennes compagnies de Saint-Gervais : son père, en l'embrassant, eût encore pu lui dire : « Jean-Jacques, aime ton pays !... »[1]

CHAPITRE III.

Maison de Jean-Jacques.

J'AI voulu voir la maison dans laquelle, disait-on, Jean-Jacques était né. Elle était occupée au rez-de-chaussée par un *faiseur d'outils*, ainsi que le portait son enseigne : un ouvrier de Paris n'eût pas manqué de prendre le titre de *fabricant* ; Rousseau, j'en suis

[1] *V.* une note à la fin de la Lettre à d'Alembert. Le talent de Rousseau n'est jamais plus admirable que dans la peinture des émotions populaires et des sentimens patriotiques. Cette simple note offre un tableau plein de vie, de chaleur et de vérité.

sûr, préférerait l'enseigne de l'artisan genevois. Cette maison, malgré l'inscription, n'est pas précisément celle dans laquelle naquit Rousseau, puisque sa mère le mit au monde pendant qu'elle était en visite [1], mais cette maison est celle du père de Rousseau. Ce fut là qu'il passa près de lui les premières années de cette enfance déjà si sensible, si passionnée, lorsque, après avoir lu toute la nuit des romans avec son père, celui-ci, entendant le matin les hirondelles, lui disait tout honteux : « Allons nous coucher, je suis plus enfant « que toi. »

J'ai trouvé depuis, en 1827, cette maison de Rousseau démolie et remplacée par une grande et belle maison en pierre de taille, à laquelle on travaillait. Le goût du bien-être et l'esprit de propriété sont funestes aux souvenirs, et sans le petit buste du jardin botanique, il ne resterait plus à Genève, après moins d'un demi-siècle, de traces de Jean-Jacques. [2]

---

[1] Un voyageur agréable, M. Vatout, avait oublié ce détail, lorsque visitant la maison du père de Rousseau, en 1819, il demanda la chambre où Jean-Jacques était né. Après avoir monté et cherché inutilement quelques traces du grand homme à travers l'obscur et petit escalier de cette vilaine maison, il ne trouva qu'un ouvrier qui, lui montrant deux chambres, dit à notre voyageur déçu : « C'est « une de ces deux-là, choisissez ! » *Galerie lithographiée des tableaux de M*^{gr} *le duc d'Orléans*, tome II.

[2] Une statue lui a depuis été érigée par souscription. Quoique les fonds suffisent, le sculpteur, M. Pradier, genevois, n'avait pu encore s'occuper de la statue de Jean-Jacques, en 1829 ; elle doit être achevée, dit-on, à la fin de 1831.

CHAPITRE IV.

Temple de Saint-Pierre. — Prédication protestante.

En repassant depuis par Genève, j'appliquai à cette ville la méthode que j'avais suivie en Italie, de rechercher les souvenirs historiques. Je remarquai dans le temple de Saint-Pierre, contre le mur, entre deux petites colonnes et sous un étroit fronton à moitié brisé, l'épitaphe d'Agrippa d'Aubigné [1]; caractère singulier, espèce de Sully chagrin, satirique et moqueur ; mais écrivain plein de verve et de génie [2]. La petite-fille de d'Aubigné, la fille de ce Constant d'Aubigné, qui, d'après lui, avait trahi son père [3], s'assit depuis près du trône de France : il semble qu'elle aurait pu rendre à sa patrie la cendre de son aïeul, à moins que les cercueils ne fussent aussi dans la révocation de l'édit de Nantes. On a rétabli dans le temple de Saint-Pierre le mausolée en marbre d'Henri de Rohan, chef célèbre du parti pro-

---

[1] Le château de Crest, habité par lui, se voit encore à Jussy, à deux lieues de Genève.

[2] La *Confession de Sancy*, au milieu de beaucoup trop de gravelures, offre quelques traits dignes des *Provinciales*, et qui paraissent avoir été empruntés par Pascal ; tel est celui-ci : *la Bastille*, dit d'Aubigné, *bien fortifiée de bastions au lieu de raisons.* Un portrait complet de d'Aubigné a été tracé avec talent par M. Saint-Marc Girardin, dans son *Discours sur les progrès et la marche de la littérature française au seizième siècle*, couronné en 1828 : après de pareilles pages, on n'accusera plus l'éloquence académique de manquer de force, de naturel et de vérité, et de n'être qu'ingénieuse et fleurie.

[3] *Histoire secrète de d'Aubigné, écrite par lui-même*, et adressée à ses enfans.

testant sous Louis XIII, que l'ignorance et l'ingratitude révolutionnaires avaient détruit en 1794. Ce duc de Rohan est couvert de son armure; ses armoiries sont peintes sur la muraille; la pompe aristocratique de ce monument offre un contraste singulier avec la nudité d'un temple réformé, si frappante à Saint-Pierre; mais elle fait honneur à la sagesse des magistrats actuels de Genève.

Dans le nombre assez considérable de pierres sépulcrales et d'épitaphes qui se lisent sur les murs et le pavé de ce temple, je remarquai la pierre d'un baron de Kaunitz, mort à Genève en 1608, à l'âge de quatorze ans, et qui était seigneur d'Austerlitz (*Dominus in Austerlitz*). Quoiqu'il n'y ait rien là que de très simple, on ne peut se défendre d'une sorte d'émotion, en trouvant placé sur la tombe d'un enfant, mort si loin de son pays, ce nom terrible et glorieux.

Parmi plusieurs sermons que j'entendis à Genève, il en est un de M. le pasteur Touron, pour le jeûne de septembre, qui me parut très beau. Ce discours annonçait un véritable progrès dans la prédication protestante, qui semble maintenant se rapprocher beaucoup de la manière catholique. Cette supériorité n'est peut-être pas dans les hommes ni dans les orateurs, mais elle est dans la forme du discours. Sous Louis XIV, le protestantisme, combattu, foudroyé par Bossuet, Fénelon et les écrivains de Port-Royal, cherchant à se débattre sous les coups de si puissans adversaires, mêlait la controverse à son éloquence: malgré quelques belles inspirations dues à l'exil, à la persécution et au malheur, son style *réfugié* est lourd, traînant, sans imagination. Dans le siècle suivant, le protestantisme ne put échapper à l'affaiblissement général des croyances chrétiennes, et son éloquence participa de la froideur des vertus morales qu'elle se contentait d'annoncer. Aujourd'hui cette prédication, débarrassée de la controverse dont elle s'abstient sagement, ranimée par les sentimens de religion, besoin des esprits éclairés et des cœurs généreux de notre âge, est parfaitement évangélique. Le sermon de M. Touron, comme les *Discours familiers d'un pasteur de campagne*, par M. Cellerier, seraient d'excellens discours de paroisse. L'imitation de Massillon est même très sensible dans ces derniers, qui offrent toute l'onction et la spiritualité que permet le protestantisme.

Les exercices du culte réformé ne me parurent ni sans dignité ni sans douceur : l'excommunication du ministre prononcée du haut de la chaire contre ceux qui communient indignement, était formidable; le chant des psaumes, la musique simple qui l'accompagne, sont d'un effet touchant; et si les vers sont médiocres, l'habitude, la piété, cette tendre préoccupation de l'ame élevée vers Dieu, ne doivent guère s'en apercevoir et les juger.

CHAPITRE V.

Palais de Clotilde. — Calvin. — Escalade.

Dans ma recherche du passé de Genève, j'examinai jusqu'à l'arcade gothique du Bourg-de-Four, qui est une des portes de la ville et par laquelle tout le monde passe sans beaucoup d'attention; c'était, dit-on, la porte du palais de Clotilde, fille de Chilpéric, roi des Bourguignons, épouse de Clovis. Étrange souvenir dans la ville de Calvin, de la femme qui avait converti les Francs au christianisme, comme s'il était dit que de là devaient partir les révolutions religieuses les plus diverses!

Je vis sur une petite place la salle, occupée aujourd'hui par le Consistoire, dans laquelle Calvin, pauvre, errant, fugitif, mais animé de ce zèle, de cette passion théologique, le plus violent des sentimens humains, avait rassemblé ses premiers disciples. Lorsqu'on se rappelle l'arrivée de Calvin à Genève, il est impossible de n'être pas frappé de l'ascendant subit qu'il exerce; ce simple professeur de théologie, venu là comme par hasard, que la ville est obligée d'entretenir, a toute l'autorité d'un maître; s'il s'éloigne, c'est pour revenir plus puissant, plus terrible : il commande aux magistrats leurs sentences, et ce prédicateur de la liberté d'examen punit de mort ses adversaires. [1]

Je me fis conduire dans le quartier Saint-Gervais, à un petit enclos formé il y a quelques années et au fond duquel on lit, sur un marbre appliqué contre le mur extérieur de l'église, les noms des dix-sept citoyens qui périrent pour la défense de leur patrie, lors de l'entreprise nocturne, tentée, en 1602, par le duc de Savoie. Une petite pièce de gazon, enfermée par une grille à hauteur d'appui, quelques noms inscrits contre un mur, sont tout le monument élevé à la mémoire de ces courageux citoyens, de ces Manlius bourgeois, qui n'eurent même point pour eux les oies du Capitole [2];

---

[1] Jacques Gruet, décapité; Michel Servet, brûlé; Valentin Gentilis, condamné à mort, et, après sa rétractation, à faire seulement amende honorable; Bolzec, exilé.

[2] A l'approche des Savoyards, au milieu de la nuit, comme ils étaient au pied des murailles, dans le fossé de la Corraterie, une volée de canards partit tout à coup, et leur causa une vive alarme, mais elle ne réveilla point la sentinelle genevoise. Parmi les noms

mais ce simple monument, si populaire, si national, touche bien plus que ces superbes statues équestres, dorées, de bronze, des *condottieri*, qui décorent les places et les églises de l'Italie. Le souvenir de l'*Escalade* devient presque un souvenir français par la lettre qu'Henri IV écrivit aux Genevois sur ce *remuement*, et la généreuse protection qu'il leur offrit avec cette éloquence à la fois royale et militaire dont il est l'inimitable modèle.

CHAPITRE VI.

Condamnation de l'*Émile*.

On me montra devant la maison de ville, au pied du tribunal du haut duquel se lit la sentence aux condamnés, la place où, par la main du bourreau, l'*Émile* fut brûlé. Condamnation scandaleuse, puisqu'elle fut rendue sans examen, avant même l'arrivée du livre à Genève, qui suivit de moins de huit jours [1] l'exécution faite à Paris, au pied du grand escalier, par l'exécuteur des hautes œuvres, et dont M. de Voltaire, établi dans sa terre des Délices, secondé par le procureur général Tronchin, et d'accord cette fois avec le parlement et la Sorbonne, fut l'instigateur actif et secret. « Il est vrai que le crédit de M. de Voltaire à Genève », écrivait Rousseau, d'Yverdun, à madame de Boufflers, « a beaucoup contribué à cette violence et à cette pré-

---

des Genevois tués à l'escalade, on trouve celui de Louis Gallatin, dont nous avons vu un descendant, homme distingué, ministre des États-Unis à Paris.

[1] L'*Émile* fut brûlé à Paris, le 11 juin 1762; à Genève, le 18.

« cipitation. C'est à l'instigation de M. de Voltaire qu'on
« a vengé contre moi la cause de Dieu. Je suis ici de-
« puis hier », écrivait-il encore de Motiers-Travers à
Moultou, le 11 juillet, « et j'y prends haleine jusqu'à
« ce qu'il plaise à MM. de Voltaire et Tronchin de m'y
« poursuivre et de m'en faire chasser. » Voltaire faisant
brûler l'*Émile* à Genève et décréter de prise de corps
son auteur, persécutant du haut de son château, Jean-
Jacques, pauvre, infirme, souffrant, fugitif, offre un
mélange d'épicurien et d'inquisiteur bien peu philosophique.

CHAPITRE VII.

Musée. — Théâtre.

Le patriotisme des Genevois vient de créer un musée
dans leur ville; les murs mêmes de l'édifice sont un
présent, car il a été bâti avec l'argent légué par les
demoiselles Rath, filles du général de ce nom, mort au
service de Russie. Ce musée d'une année a déjà quelque
éclat, et l'on voit d'un même côté les tableaux de
l'École genevoise. Le portrait de madame d'Épinay,
peint par Liotard, Genevois, en 1758, lorsque, malade, elle vint à Genève, est plein d'expression. Une
salle de spectacle existe depuis long-temps à Genève,
malgré la philippique de Jean-Jacques. Les vieilles
mœurs de la ville de Calvin s'adoucissent chaque jour
davantage, et cette espèce de Lycurgue, écrivant et
parlant, ne verrait pas aujourd'hui sans colère succéder
tous les goûts d'Athènes au régime rigoureux qu'il
avait fondé.

CHAPITRE VIII.

Bibliothèque ; goût de lecture du peuple de Genève.

J'AI consacré plusieurs jours à l'examen de la bibliothèque publique. Elle a quarante mille volumes et environ cinq cents manuscrits[1] ; son local est affreux et a l'air d'une espèce de grange. Riche en éditions du xve et du xvie siècle, elle est assez arriérée en ouvrages actuels ; excepté la description de l'Égypte, elle manque de la plupart des beaux ouvrages qui ont paru depuis vingt-cinq ans. La société de lecture, établissement très bien conçu et qui reçoit les journaux scientifiques et littéraires, les diverses revues et les principales nouveautés, est cause, je crois, de l'abandon peu mérité de la bibliothèque[2]. François de Bonnivard, le *prisonnier de Chillon*[3], est le premier fon-

[1] Le dernier recensement porte ce nombre à 517 ; les manuscrits indiqués dans le catalogue de Senebier qui ne se sont point retrouvés, et que l'on a peu d'espoir de recouvrer jamais, sont au nombre de 22, savoir :
Manuscrits latins : N°s 13, 39, 40, 43, 44, 46, 47, 48, 61, 64, 122, 123.
Manuscrits français : N°s 11, 63, 141, 143, 144, 152, 154, 159, 161, 185.
[2] La société de lecture n'a d'autres fonds que les cotisations des souscripteurs ; sa bibliothèque est aujourd'hui de plus de 21,000 volumes ; elle compte 382 associés ; les étrangers y sont admis avec beaucoup d'obligeance ; leur nombre était pour 1828 de 620, dont 177 Anglais et 116 Français.
[3] Par une inadvertance singulière, lord Byron, au lieu de célébrer la captivité de Bonnivard, le véritable prisonnier de Chillon, a chanté les aventures de héros imaginaires. *V.* ci-après, chapitre XXII.

dateur de cette bibliothèque, à laquelle il donna, en 1551, ses manuscrits et ses livres : elle fut depuis très augmentée par le legs que lui fit Ami Lullin, professeur d'histoire ecclésiastique ; ce dernier avait acquis une partie de la curieuse collection du conseiller Péteau ; l'autre fut achetée par la reine Christine, qui la donna à la Vaticane. Ainsi, par une étrange destinée de livres, la bibliothèque de ce conseiller au parlement de Paris devait être partagée entre Rome et Genève. Senebier a publié le catalogue des manuscrits [1], dont je me suis servi pour la recherche et l'examen des articles les plus curieux. Ces articles sont :

MANUSCRITS GRECS : N° 19. Les *Quatre Évangiles*, gr. in-8° vél. Les miniatures à fond d'or représentant les quatre évangélistes, ainsi que le calendrier singulier de la fin du volume, m'ont rappelé, sauf le vélin pourpre, le *Livre d'heures de Charlemagne*, manuscrit superbe que j'ai le bonheur de conserver au Louvre dans la bibliothèque particulière du Roi. Ces rapports m'ont confirmé dans l'opinion de Senebier sur la haute antiquité de ce manuscrit, qui peut très bien être de la fin du neuvième siècle. N° 29. *OEuvres de saint Athanase*, fol. papier, 3 volumes, manuscrit précieux, quoique moderne, parce qu'il est un des plus complets de ce grand et intrépide docteur. N° 44. Les *Vingt-quatre livres de l'Iliade*, fol. pap. Ce manuscrit offre une bizarrerie qui cause de l'impatience : au-dessous de chaque vers est immédiatement placée une traduction grecque de ce vers qu'elle explique et délaie ; ce lourd accompagnement est pour Homère ce que serait

---

[1] Ce catalogue est superficiel en quelques points ; on n'y trouve pas assez régulièrement indiqué le premier renseignement qui doit se trouver sur un catalogue de ce genre, c'est-à-dire la note et l'édition des manuscrits imprimés.

l'interprétation latine du Père Delarue, mêlée aux œuvres de Virgile. Heureusement ce mélange, suspendu et repris en quelques endroits, s'arrête, je crois, au huitième chant.

Les *Annales de la Chine*, fol. 20 vol. papier de soie, indiquées comme manuscrites par Senebier, sont imprimées. Ces 20 volumes in-folio sont un abrégé des grandes annales depuis Puonku jusqu'à la famille de Ming; elles finissent en 1369. Tristes annales, qui montrent l'antiquité de la superstition, de l'esclavage et de la peur; histoire de littérateurs sans génie, de gens du monde sans naturel et sans goût, et de marchands sans bonne foi!

MANUSCRITS LATINS : N° 1er. La *Bible vulgate*, fol. vél. du neuvième siècle. Cette énorme Bible était celle dont on se servait jadis dans l'église de Saint-Pierre; on voit à la bibliothèque le vieux lutrin de fer sur lequel elle était placée, et qui venait d'être assez maladroitement redoré. N° 16. *Sermons de saint Augustin*, fol. papier d'Égypte, interfolié de vélin, environ de la fin du sixième siècle. Senebier raconte qu'il était parvenu à composer un papyrus semblable avec de l'écorce de tilleul. On frappait, il n'y a pas long-temps, en Allemagne, à Stuttgard et à Vienne, de vieilles médailles qui étaient exportées en Grèce et en Orient pour être vendues comme antiques; le même trafic pourrait bien s'appliquer un jour aux papyrus d'Égypte tissus dans nos ateliers et expédiés pour les catacombes de Memphis [1]. Ce manuscrit n'a point de virgules;

---

[1] MM. Cappurino, qui possèdent une papeterie à Turin, sont parvenus récemment à fabriquer un fort beau papier avec l'écorce du peuplier, du saule et de quelques autres arbres. L'Académie des Sciences de cette ville, après avoir examiné les différens échantillons de papier à écrire, à imprimer et à envelopper, que MM. Cap-

elles ne commencèrent à paraître que dans le viie siècle. L'inventeur de la virgule fut sans doute quelque esprit étroit et lent; elle a fini depuis par être trop multipliée, ainsi que l'alinéa, création de quelque esprit de même force, favorisée dans la suite par l'intérêt des imprimeurs. Le manuscrit des *Sermons de saint Augustin* est annoté de la manière suivante, avec une sorte de volupté d'érudit, par le marquis de Maffei : *Summa cum voluptate hunc codicem vidi et pererravi, a summa.....* [1] *possessoris humanitate mihi concessum. Scipio Maffeius.* N° 28. *Missel* in-8° vél. Ce manuscrit, au moins du xe siècle, est intéressant par les idées, les mœurs et les usages du temps qu'il rappelle. On y trouve les prières qui précédaient les épreuves appelées le *Jugement de Dieu*. Le calendrier offre le détail des jours appelés *Égyptiaques*, c'est-à-dire malheureux, sur l'étymologie desquels les savans ne sont pas trop d'accord. Ces jours malheureux furent proscrits du calendrier en 1280; ils sont dans le calendrier du Missel genevois au nombre de dix-huit : ils étaient, selon Senebier, de vingt-quatre et de vingt-cinq dans les calendriers d'autres Missels de Berne et de Vienne. Certes, si cet usage de marquer les jours malheureux se fût prolongé, notre calendrier en eût compté un plus grand nombre. N° 49. La *Chronique d'Eusèbe de Césarée*, trad. par saint Jérôme, fol. vél. Ce manuscrit du xiiie ou du xive siècle semble comme un modèle de ces histoires par tables et avec des colonnes coloriées qui ont obtenu du succès de nos jours ; l'écriture n'offre aucune lettre gothique, le caractère même ressemble assez aux premiers livres imprimés,

---

purino lui avaient soumis, s'est prononcée sur leur invention d'une manière très favorable.

[1] Probablement *Amici* pour *Ami Lullin.*

quoique ce manuscrit soit antérieur de plus d'un siècle à l'imprimerie. N° 50. *Les différentes manières de calculer le temps*, par Bède, fol. vél. Ce manuscrit du vIII° siècle provient de l'abbaye de Massai en Berry, et contient l'éloge en vers des officiers de l'abbaye. La grande chronique qui se trouve dans ce volume rapporte les principales actions de Charles-Martel, de Pépin et de Charlemagne. A l'année 746, on voit que Carloman, fils de Charles-Martel, frère aîné de Pépin-le-Bref, tourmenté de remords après le gain d'une bataille, et effrayé du sang qu'il faudrait encore répandre pour établir l'autorité nouvelle de sa famille, se fit moine au Mont-Cassin, et que là cet usurpateur consciencieux et timide était chargé de garder les oies. Sans ajouter grande créance à l'histoire racontée par la chronique, de cette oie que le loup rendit à Carloman après qu'ils eut prié Dieu de la lui rendre, la retraite volontaire au Mont-Cassin d'un prince guerrier et vainqueur n'est-elle pas une preuve remarquable de l'ascendant des idées monastiques à cette époque? N° 55. *Fragment du compte des dépenses faites dans la maison de Philippe-le-Bel, pendant les six derniers mois de* 1308, fol. *Tablettes sur bois enduit de cire, avec un style.* Ce manuscrit, déchiffré avec beaucoup de sagacité par le célèbre Gabriel Cramer, professeur de philosophie, est en très mauvais état et aujourd'hui à peu près illisible. On voit, par la copie de Cramer, que ces comptes renferment les détails de la dépense domestique de Philippe-le-Bel : le *grand cheval, magnus equus,* ou cheval de guerre, est estimé 32 liv.; le cheval sans aucune qualification, 12 liv., 16 liv. et 20 liv.; le cheval de somme, 8 liv. La dépense de la bouche du Roi pour les cinquante-cinq jours de son séjour à Poitiers est de 957 liv. 16 s. 6 d.; un dîner lui revenait à 15 liv. 10 s. Parmi les diverses charges de la maison du Roi, on trouve l'échanson, l'échansonne, le boulanger, la boulangère, le jardinier, le cuisinier, le soufleur dans la cuisine, et le cressonnier, dont le service paraît fort actif à cause de la quantité de cresson employée dans les maladies de la peau, alors si communes. Le sort des peuples à cette époque devait être bien misérable, si l'on en juge par la condition des officiers du prince, dont quelques uns sont si pauvres qu'ils sont obligés de recourir à la charité de leur maître, et ne laissent même point l'argent nécessaire aux frais de leur sépulture. Philippe-le-Bel semble, au reste, plein de commisération pour toutes ces misères, et sans la forme bizarre de ces tablettes de bois, on pourrait les prendre, à la multitude de malheureux que l'on y voit si généreusement secourus, pour quelques feuilles détachées des comptes de la maison d'un autre Philippe. N° 77. *Tite Live*, fol. vél. du XIII° ou du XIV° siècle. La première miniature représente le traducteur offrant son ouvrage au roi Jean, qui l'avait chargé de ce travail. Ces sortes d'hommages se rencontrent fréquemment dans les anciens manuscrits, tant les rois de France étaient déjà secourables à ces premiers efforts de la pensée qui cherchait à renaître [1]. N° 85. *Notes de Tiron*, 4° vél. du IX° ou du X° siècle. Les notes tironniennes sont la tachygraphie de l'antiquité; ces signes inventés ou plutôt perfectionnés par l'affranchi de Cicéron, afin de recueillir les harangues de son maître, ressemblent assez à l'écriture chinoise; ils expriment chacun une syllabe ou un mot, mais on doit croire qu'ils ont été altérés par les copistes; ceux du manuscrit de Genève semblent, en effet, plus longs

---

[1] *V.* Liv. XVI.

et plus compliqués que les mots écrits en toutes lettres. Il n'est point étonnant de voir la tachygraphie connue des anciens : instrument rapide de publicité, elle était un besoin de ces États libres où la parole exerçait tant d'empire. N° 86. L'*Art épistolaire* de François Niger, de Venise, 4° pap. imprimé depuis à Venise en 1488. Ce livre renferme des règles pour tous les genres possibles de lettres; l'auteur va même jusqu'à traiter des lettres d'amour, dont il prétend donner la formule. N° 99. L'*Amyris* de Marius Philelphe, 8° vél. Ce poëme est consacré à célébrer les exploits de Mahomet II, auquel il est adressé avec une dédicace par Othman Lillus, d'Ancône, ami de Philelphe. On voit dans le premier chant Vénus et Bellone se disputer classiquement le cœur du jeune sultan, et celui-ci se décider pour Bellone, à l'exemple de son père Amurat; mélange de merveilleux païen et de vérité historique qui se continue dans les autres chants. Malgré la flatterie de l'auteur, l'invitation qu'il fait à la fin de son poëme à Galéaz, duc de Milan, de repousser l'orage qui menace l'Europe, peut faire juger de la terreur qu'avait inspirée dans toute l'Italie la prise de Constantinople. N° 101. *Harangues de Cicéron*, 4° vél. Ce manuscrit du xv° siècle est d'une netteté et d'une élégance très rares. N°s 106, 7, 8. *Lettres diverses de Calvin*, 3 vol. fol. pap. Ces lettres ou copies de lettres s'étendent de 1528 à 1564. Une lettre du 1er octobre 1538 traite des sorciers, question sur laquelle ce fougueux réformateur ne paraît pas encore parfaitement décidé. Une lettre du 12 février 1545 est adressée à Luther. Il lui peint l'état de l'Europe avant la réforme et les avantages qu'elle en a retirés. L'histoire de Calvin est à faire; mais il faudrait vivre à Genève pour l'écrire, et profiter des nombreux matériaux qui s'y trouvent sur cet important sujet. Une autre lettre du 13 novembre 1553 est adressée à Jeanne Grey; c'est une lettre d'exhortation et de consolation pendant la captivité à la Tour de cette jeune, savante et innocente usurpatrice. N°ˢ 109, 10, 11, 12, 13, 14, 15, 16. *Lettres écrites à Calvin par Théodore de Bèze, et Lettres de celui-ci à divers.* Ces lettres seraient curieuses à examiner sous le rapport historique. Théodore de Bèze, quoique disciple et successeur de Calvin, est encore plus chef de parti que ministre de l'Évangile; la sédition le passionne tout autant que la réforme; persécuté, il est aussi violent que ses persécuteurs; dans la défaite, il menace; et sa liberté d'examen, prêchée au bruit des armes, n'est pas moins absolue que l'autorité catholique.

MANUSCRITS FRANÇAIS: N°ˢ 16, 40. *Sermons de Calvin*, indiqués par Senebier en 44 volumes. Par une inadvertance assez forte de M. le pasteur Martin, dernier bibliothécaire, ces 44 volumes furent vendus comme papier; le bibliothécaire actuel n'a pu en retrouver que dix, les autres sont très probablement détruits. Calvin paraît avoir prêché deux fois par jour; un grand nombre de sermons commencent ainsi: « Nous avons déclaré ce matin; nous avons vu ce « matin. » Les sermons contenus dans les 44 volumes s'élevaient à 2,023, et cependant ils ne s'étendaient que du 29 septembre 1549 au 15 février 1560. Quand on se rappelle le nombre considérable des sermons imprimés de Calvin et de tous ceux qui ne l'ont point été, il est impossible de ne pas voir en lui un des hommes les plus puissans par la parole, un des orateurs les plus féconds, les plus infatigables qui aient jamais existé. L'éloquence même de la tribune semble bien loin de cette éloquence du prêche. N° 66. *Pièces relatives à l'Édit de Nantes*, fol. pap. Cet énorme carton est rempli de pièces intéressantes qu'il serait très utile de consulter pour écrire l'histoire du temps. N° 69. *Moyens de détruire l'hérésie en France,* SANS FORCE, SANS ARTIFICE, SANS PEINE, SANS ALARMES; 4° pap. Cet ouvrage fut dédié à Louis XIV, le 1ᵉʳ janvier 1678, par le révérend père Athanase de Saint-Charles, religieux, carme réformé de Touraine. Un des moyens indiqués par l'auteur est de payer ceux qui abjurent. Je crois, au contraire, ce moyen le plus mauvais de tous, car il est une offense; la force même et la persécution valent beaucoup mieux, si elles sont des signes de haine ou de crainte, elles ne marquent pas de mépris: les dragonnades qui suivirent seulement de quelques années ce livre, dont le titre est si dévot et si doux, devaient moins repousser les ames que la vénalité religieuse du révérend père Athanase. Ce livre, malgré la diffusion et le fanatisme de l'auteur, ne manque pas d'une sorte d'éloquence; il dit à Louis XIV: « Si j'avais à traiter avec ces faibles princes qui n'ont « pas la tête assez forte pour soutenir une couronne, « qui ne voient que par les yeux, et n'entendent que « par les oreilles de leurs favoris, qui n'aiment et « ne haïssent que par des passions étrangères, etc. » Il paraît, d'ailleurs, que les conseils de vénalité du révérend père Athanase ne tardèrent pas à être suivis : Pellisson, plus mobile en religion qu'en amitié, qui, après un emprisonnement de cinq années, prit peut-être sa prudence et sa lassitude pour de la conviction, fut, comme on sait, chargé de payer les conversions avec le tiers des revenus de son économat: le tarif, pour la conversion de chaque ame, était de 6 liv. dans les pays éloignés; il y en avait à plus bas prix. « La plus chère que j'ai trouvée », dit Rulhière dans ses *Éclaircissemens historiques sur les causes de la révocation de l'Édit de Nantes*, tirés des archives des affaires étrangères, et publiés par l'ordre de M. de Malesherbes, « était de 42 liv. pour une famille nombreuse. » Mais la plupart de ces conversions mercenaires ne tenaient pas long-temps, puisque Louis XIV fut obligé de rendre, en 1679, un nouvel édit contre les relaps. N° 71. *Recueil historique, par François de Bonnivard*, fol. pap. J'ai parcouru avec intérêt et respect ce volumineux recueil, qui annonce des mœurs littéraires plus actives et plus robustes que les nôtres : on espère toujours retrouver dans les histoires écrites par des victimes quelques unes des émotions de leur ame et des inspirations de leur vertu. L'ouvrage de Bonnivard renferme une description et une histoire des Gaules; une histoire romaine, une histoire des empereurs d'Occident et d'Orient, et une histoire des rois de France qui régnèrent jusqu'en 986. Les études historiques préparent dignement aux grandes actions, et Bonnivard en avait su profiter. Senebier décrivant le n° 159, *Traité de la noblesse*, par Bonnivard, volume qui n'est plus à la bibliothèque, fait de cet homme intrépide un *Montaigne genevois* : peut-être y a-t-il entre eux quelques rapports pour le tour vif, soudain, familier de l'expression, l'indépendance de la pensée et la vaste érudition ; mais leurs caractères doivent beaucoup différer : Montaigne eût été un pauvre chef de parti, et il n'eût guère, je crois, sacrifié, comme Bonnivard, sa fortune, sa liberté, son repos à une opinion. N° 86. *Relation du siége d'Orléans par les Anglois en 1428*, fol. pap. A la suite de cette relation se trouve le procès de la Pucelle, les réponses personnelles qu'elle fit à ses juges, et la révision du procès par les commissaires du pape. Ce manuscrit fut donné à Genève par J.-J. Rousseau, qui ne paraît point avoir eu, pour la mémoire de Jeanne d'Arc, le mépris de Voltaire. Le manuscrit est ainsi annoté de la main de Rousseau : *Pour la bibliothèque de Genève de la part de Jean-*JAQUES *Rousseau, citoyen.* N° 142. *Journal de Ballard*, fol. pap. Chronique naïve, à la manière de l'Étoile, de l'établissement de la réforme et de la liberté à Genève. N° 183. Le *Songe du vieil Pélerin*, fol. pap., 2 vol. N° 184. Le *Songe du Vergier*, fol. pap., sont des espèces de remontrances indirectes et respectueuses adressées à Charles V et à Charles VI sur le gouvernement de l'état. Elles prouvent que la liberté de l'opinion ne fut jamais repoussée par nos Rois. L'auteur du premier ouvrage, Philippe de Maisières, était attaché à la personne de Charles V, et celui du second, Raoul de Presle, était et resta maître des requêtes.

Parmi les imprimés, les *Offices* et les *Paradoxes* de Cicéron, suivis de douze épitaphes de Cicéron et de l'ode d'Horace *Diffugére nives*, sont deux livres d'un grand prix et les deux plus beaux de la bibliothèque de Genève [1]. On distingue encore l'Homère de Junte [2], la *Cité de Dieu*, avec initiales coloriées [3] ; les *Lettres de Pie II* [4], le *Rationale*, de Guillaume Durand. [5]

Je fus frappé de l'énormité du livre de prêt. J'appris alors de M. Pictet Deodati, bibliothécaire, dont l'obligeance était vraiment infatigable, que tout citoyen de Genève, sans exception, a le droit de réclamer des livres de la bibliothèque. Je parcourus avec curiosité ce

[1] Mayence, 1465 et 1466.
[2] Florence, 1488.
[3] Rome, 1474.
[4] Milan, 1482.
[5] Mayence, 1459.

livre de prêt. On ne voyait point sur celui-là, comme sur les nôtres, les noms de personnes désœuvrées, lisant au hasard, sans goût et sans plaisir pour l'étude; là n'étaient point enregistrées ces fantaisies un peu plus graves d'esprits ennuyés, frivoles, qui cherchent dans nos *pharmacies de l'ame* de vains remèdes pour leurs maladies imaginaires; on n'y voyait point les noms de ces courtisans littéraires, dont la critique prudente et docile n'est que le commentaire et l'accompagnement des jugemens du maître, et qui transportent dans le palais la soumission de l'école : là n'étaient point non plus les noms de ces industriels en littérature, composant indifféremment sur tous les sujets des livres avec d'autres livres, ou de ces éditeurs, écrivains d'étalage et de magasin, dont le talent n'est qu'une espèce de maind'œuvre, et dont les longues compilations n'offrent pas une idée et vingt pages qui leur appartiennent; mais on lisait sur ce registre le nom et les signatures très nettes de citoyens et d'artisans utiles. Ces hommes viennent eux-mêmes, un jour par semaine, échanger les ouvrages qu'ils ont lus contre de nouveaux ouvrages; jamais un volume ne s'égare, et il y en a toujours en circulation près de deux mille. Ainsi cette bibliothèque n'est pas seulement publique, elle est aussi populaire. Ce goût d'instruction et de lecture donne au peuple de Genève une sorte de gravité et de *compréhension* vraiment remarquable, et qui ne se trouve point ailleurs. Dans les ateliers d'horlogerie, comme à la veillée des simples ouvrières, on choisit le meilleur lecteur ou la meilleure lectrice, dont l'auditoire s'engage à faire la tâche pendant tout le temps que se prolonge la lecture. Aussi cette vie intellectuelle, cette estime pour les travaux de l'esprit et de la pensée, qui, malgré tous nos moyens de publicité et toute notre agitation littéraire, s'étendent si peu loin en France, sont-elles répandues bien davantage à Genève. Je me rappelle qu'ayant été assez heureux pour y rencontrer M. de Chateaubriand, qui était venu de Lausanne y passer deux jours, il voulut bien, au retour de quelques courses, me ramener à mon auberge. Je vis avec surprise, en descendant de voiture, que l'hôtesse, ordinairement si affairée, était arrêtée sur le devant de sa porte; bientôt elle me suivit, et d'un air curieux elle me demanda si ce n'était pas M. de Chateaubriand qui était dans la voiture : je lui dis que c'était lui-même ; et comme je laissais voir quelque étonnement de ce qu'elle connût M. de Chateaubriand : « Eh! monsieur, reprit-elle vivement, qui ne connaît pas M. de Chateaubriand? » Je citais ce trait à un Genevois qui, par sa profession, est fort à même de connaître les mœurs genevoises; il n'en fut point du tout étonné; il m'assura même que, si le passage de M. de Chateaubriand, à cette heure, eût pu être soupçonné, toute la rue *Derrière le Rhône* eût été comble.

CHAPITRE IX.

Manuscrits de M. C******. — Lettres autographes de Voltaire, de Rousseau et de Bonaparte; littérature de celui-ci; son faux jugement sur Genève.

J'AI examiné à loisir, chez M. le docteur C******, une collection de lettres autographes très curieuse. M. C****** possède le manuscrit de l'*Émile*, qui cependant a dû être fait sur une première copie, peut-être celle de la bibliothèque de la Chambre des Députés, beaucoup plus raturée; car le manuscrit de M. C****** offre plutôt des corrections de style que de véritables changemens, et l'on sait à quel point Rousseau travaillait ses ouvrages. Une des pièces les plus remarquables de cette collection est une lettre de Rousseau père à madame de Warens, par laquelle il lui montre de l'humeur de voir son fils perdre son temps à s'occuper de littérature : on retrouve, dans la lettre du vieux horloger de Genève, quelques traits incultes du génie de Jean-Jacques. C'est la même énergie de langage et la même hauteur, si l'on ne peut dire la même élévation de sentimens. On voit aussi, dans la collection de M. C******, les comptes d'une maladie de Calvin ; les lavemens y sont presque aussi *réitérés* que dans le mémoire de M. Fleurant. Une liasse de lettres de cachet, enlevées au moment de la prise de la Bastille, fait partie des trésors de M. C******. Elles portent les signatures de Louis XIV et de Colbert. J'avoue qu'en voyant de tels noms placés au bas de pareils ordres, la monarchie absolue me paraissait vraiment bien inférieure à cette monarchie nouvelle et légale fondée par un petit-fils du grand Roi. Combien la royauté, qui ne s'est réservé que les bienfaits, n'est-elle pas plus touchante et plus belle que lorsqu'elle descendait au métier de geôlier! Ces lettres prescrivent, en effet, jusqu'aux visites que pourront recevoir les prisonniers, et aux tours de terrasse qui leur seront permis.

J'ai vu, encadrées chez un libraire instruit, M. Cherbuliez, une lettre de Voltaire, deux lettres autographes de Rousseau et une de Bonaparte, les trois hommes, peut-être, qui ont agi le plus violemment sur l'humanité. La lettre de Voltaire n'est qu'un billet assez insignifiant du 16 mars 1776, adressé à M. Duval de Gex;

il lui envoie une lettre écrite par les fermiers généraux à M. Trudaine, au sujet d'un nommé Chabot, son protégé; la lettre n'est pas de sa main, il l'a seulement signée. Les deux lettres de Rousseau, écrites de Motiers, sont adressées à M. de Beauchâteau; l'une est du 1er octobre, l'autre du 17 novembre 1763; dans la première il l'invite à dîner d'une manière très aimable et avec beaucoup de bonhomie; il parle d'une manière touchante, dans la dernière, de l'état souffrant de sa santé : « Sans l'attente d'une autre vie, dit-il, je n'aurais pas à me louer de celle-ci. » La lettre de Bonaparte est du 29 juillet 1786, et adressée à M. Barde, prédécesseur de M. Cherbuliez. Elle est peut-être la plus ancienne que l'on conserve de lui. Cette lettre est rédigée d'une manière très commune et ne laisse guère deviner le grand homme; elle est relative à l'acquisition de quelques histoires de l'île de Corse et des prétendus *Mémoires de madame de Warens et de Claude Anet, pour faire suite aux Confessions de J.-J. Rousseau*[1].
« J'entends votre réponse, écrit Bonaparte, pour vous
« envoyer l'argent à quoi cela montera. » Il invite
M. Barde à lui adresser sa réponse à M. DE *Buonaparte*,
officier d'artillerie au régiment de La Fère, en garnison
à Valence. Malgré le peu d'intérêt de cette pièce, il
est impossible de ne pas ressentir quelque émotion en
voyant obscurément exposée dans un coin d'une boutique de libraire, et portant les marques de son ancien
classement parmi d'autres lettres de commerce, cette
lettre, dont les caractères furent tracés par une main
si puissante, qui devait un jour donner tant d'autres
signatures et si diverses, depuis ces traités dictés dans

[1] Ces mémoires venaient de paraître à Chambéry; les premiers sont l'ouvrage de M. Doppet, alors médecin, depuis général, mort en 1800; les seconds, de son frère l'avocat.

les capitales de l'Europe, jusqu'à l'abdication acceptée à Fontainebleau et au testament de Sainte-Hélène.

Le séjour de Bonaparte à Valence est le sujet d'une fort jolie anecdote racontée dans les Mémoires d'un contemporain[1]. Lors du voyage d'Erfurth, Napoléon ayant à sa table l'empereur Alexandre et les princes de la confédération du Rhin, releva une erreur de date du prince Primat sur la bulle d'or. « Quand j'étais « simple lieutenant en second d'artillerie », dit-il en commençant sa phrase; et sur le mouvement d'intérêt et de surprise qu'il remarqua de la part des convives : « Quand j'avais l'honneur, reprit-il en souriant, d'être « simple lieutenant en second d'artillerie, je restai « trois années en garnison à Valence. J'aimais peu le « monde et vivais très retiré. Un hasard heureux « m'avait logé près d'un libraire....... j'ai lu et relu sa « bibliothèque pendant ces trois années de garnison, « et n'ai rien oublié. » Si l'on se rappelle les divers jugemens littéraires de Bonaparte, ses lettres, ses proclamations, on serait tenté de croire, au contraire, que, sauf la chronologie, sa mémoire lui a été plutôt funeste, car il lui doit ce que l'on y trouve de faux et d'exagéré : son instinct valait mieux que sa science, et ce que la nature avait mis en lui, que ce qu'il avait acquis; il sent bien Corneille, Molière, Racine et les grands écrivains du siècle de Louis XIV, à quelques erreurs partielles près sur Fénelon, La Fontaine, Lesage et madame de Sévigné, et il est choqué, trop vivement peut-être, du clinquant de quelques unes des pièces de Voltaire; son éloquence militaire a de l'éclat, mais presque toujours de l'imitation et de l'enluminure, et le placage historique ou sentimental qu'il y mêle est

---

[1] *Mémoires de M. de Bausset*, t. I, 324.

quelquefois très ridicule : c'est ainsi que dans la proclamation à l'armée d'Italie, après l'entrée des Français dans Milan (1796), il parle aux soldats de leurs *amantes*. Quelques unes de ses lettres adressées à sa femme, au commencement de leur mariage, ont paru récemment; malgré l'émotion profonde qu'il éprouve, elles sont écrites du plus mauvais style de roman [1]. Le goût littéraire de Bonaparte, raisonnable, est toutefois peu élevé; on voit dans le plan de la bibliothèque portative de 1,000 volumes qu'il avait commandée à M. Barbier, son bibliothécaire, l'*Émile* formellement exclu, tandis que j'ai remarqué, sur un de ses catalogues de voyage, les *Lettres à Émilie sur la Mythologie*, et les poëmes en prose de Florian; à la section des poëtes épiques du plan de cette même bibliothèque portative, Napoléon avait indiqué Lucain et la *Henriade* sans songer à Virgile, au Camoens et à Milton. Les contes et les romans de Marmontel sont au nombre des ouvrages qu'il emportait en Orient, et dont il avait lui-même rédigé le catalogue [2]. Rousseau ne lui était pas moins antipathique que Voltaire. Lors de son passage à Genève en 1800 et de ses politesses faites aux Genevois, après s'être informé complaisamment de Saussure, de Bonnet, de *Senebier*, il ne dit rien de Jean-

---

[1] Bonaparte était grand liseur de romans; un de nos plus illustres généraux, homme très véridique, racontait qu'appelé auprès de lui à Martigny, au moment du passage du grand Saint-Bernard, il avait jeté un coup d'œil sur un livre ouvert que tenait Bonaparte lorsqu'il entra; c'était les *Aventures de Guzman d'Alfarache*.

[2] *Mémoires de M. de Bourrienne*, t. II, p. 50 et suivantes. M. de Bourrienne paraît toutefois avoir jugé trop sévèrement son ami d'enfance lorsqu'il dit : « Je n'ai jamais connu un homme plus in-
« sensible à la belle poésie et à la belle prose..... Les plus beaux
« ouvrages de notre littérature n'étaient pour lui qu'un arrangement
« de mots sonores, vides de sens, qui, selon lui, ne frappaient que
« l'oreille. »

Jacques[1]. On a reproché éloquemment à Bonaparte son goût de la basse littérature, mais il lui venait de ses premières accointances révolutionnaires, et c'est en vain que le sens droit dont il était doué lui fit tenter de s'en défaire : l'écrivain français qu'il a, dans ses derniers momens, désigné et gratifié pour écrire les grandes et terribles annales de son règne, est un académicien homme d'esprit, auteur de tragédies médiocres, et dont il ne restera que quelques jolies fables.

Je profiterai de ce sujet pour reprocher à Genève un tort d'opinion qu'elle m'a paru mériter. A tous les coins de rues, on voit étalés des portraits, des apothéoses de Napoléon. Je me rappelle que, d'après les habitudes actives que je m'étais faites, et auxquelles je restai fidèle pendant mes divers voyages, ayant commencé à parcourir la ville peu d'instans après mon arrivée, un passant qui m'avait entendu demander la promenade, et qui s'y rendait (c'était un dimanche), me proposa de m'y conduire. Après les remercîmens que méritait son offre obligeante, je crus devoir féliciter ce citoyen de Genève sur l'indépendance de sa patrie. Il accueillit avec assez de froideur mon compliment; et depuis je retrouvai la même disposition chez d'autres personnes plus éclairées. Ce bonapartisme genevois me surprit au dernier point. J'avais été lié sous l'Empire avec quelques Genevois distingués, et j'avais vu de près leur juste horreur des choses de cette époque, et le mécontentement qu'en avait de son côté le gouvernement. Je n'ai point oublié, comme une des anecdotes les plus gaies de la censure, qu'un cahier de la *Bibliothèque britannique*, excellent journal publié à Genève, fut alors supprimé ou menacé de l'être, à cause

---

[1] Botta, *Storia d'Italia, dal* 1789 *al* 1814, lib. xx.

de l'extrait d'une vie anglaise de Thomas More. On trouvait dans cet extrait une allusion à *l'affaire du pape*, et Genève fut presque censurée comme papiste. Bonaparte abhorrait Genève et les Genevois. Il avait pris contre eux toutes les préventions de M. de Fontanes, et l'on se rappelle sa réponse spirituelle lorsque, invité à passer par Genève, il dit qu'*il ne savait pas assez l'anglais pour cela*. Le bonapartisme genevois se rattache, il est vrai, à des souvenirs d'une bonne administration, à quelques avantages de commerce, mais il n'est pas moins une erreur. L'impulsion donnée par la France vers une sorte de perfectionnement social pouvait être utile à d'autres peuples moins avancés, mais elle est inutile à Genève ; et cette ville si éclairée n'a besoin de personne pour apprendre et savoir la civilisation.

CHAPITRE X.

Société de Genève.

La Société de Genève est à peu près dispersée l'été dans les maisons de campagne des environs. Malgré l'obligeance de M. de Bontstesten, autrefois l'ami, le confident littéraire de la jeunesse de Muller [1], maintenant vieillard plein de feu, de grâce et d'imagination, je n'ai fait que l'entrevoir. Mais je ne puis me rappeler sans intérêt et sans plaisir les soirées que j'ai passées chez quelques ministres. Là, me paraissaient régner la

---

[1] *V*. ses Lettres, si heureusement traduites en français par madame de Steck.

paix, l'union et le bonheur domestique ; les femmes de ces pasteurs, de ces théologiens, ont, sans pédanterie, une certaine gravité pleine de douceur ; et ces épouses, ces mères de famille, m'ont paru remplies d'un charme peut-être unique. Les autres dames de Genève que j'ai rencontrées parlaient bien et facilement ; quelques termes de banque cependant se mêlaient à leurs expressions, mais je n'ai point remarqué la recherche et l'affectation que je leur avais autrefois entendu reprocher.

L'hiver, la Société de Genève est très forte, puisqu'elle rassemble des hommes tels que les De Candolle [1], les Sismondi [2], les Dumont [3], des Maurice [4], les Rossi [5], les Hess [6], les Châteauvieux [7], esprits pleins de lumières, rudes joûteurs qui, certes, ne se trouvent nulle part réunis en un si petit espace. Il faut que les douleurs de l'exil soient bien vives, puisque Mme de Staël n'a pu s'en consoler ou s'en distraire par le voisinage d'une pareille société.

Genève est singulièrement placée comme contraste sur la route d'Italie ; cette ville de philosophie, d'industrie, de commerce et de liberté, diffère complétement de la terre poétique de l'Italie, de ce pays des arts, des souvenirs et du pouvoir absolu.

---

[1] Un des premiers botanistes de l'Europe.

[2] Auteur de l'*Histoire des Républiques italiennes du moyen âge*, ouvrage partial, mais plein de recherches et de faits, et dont la lecture est comme le complément nécessaire d'un voyage d'Italie.

[3] M. Dumont a publié et rendu lisibles les rêveries de la *Législation civile et pénale* de Jérémie Bentham, mort depuis à Milan en septembre 1829.

[4] Ancien professeur, maître des requêtes et préfet de France.

[5] Professeur de droit romain à l'Académie de Genève, jurisconsulte de la plus haute distinction, auteur du *Traité de droit pénal*, publié en 1829.

[6] Auteur d'une vie intéressante de Zwingle.

[7] Auteur des *Lettres nouvelles sur l'Italie* et des *Lettres de Saint-James*.

CHAPITRE XI.

Ferney.

Les visites à Ferney n'excitent plus les émotions, les agitations, les transports qui étaient de rigueur il y a cinquante ans; la curiosité du voyageur, quelquefois puérile [1], a remplacé l'ardente ferveur des anciens pélerins : tout le monde admire les talens et le génie de Voltaire; il n'est pas d'homme sensé qui n'en blâme l'abus. Ce célèbre château, ce portique de la philosophie moqueuse et sceptique, n'est qu'une petite maison d'une architecture à la fois mesquine et lourde. Sur la façade on voit représentés les divers emblêmes de la philosophie et des arts, peints du temps de Voltaire, et faisant allusion à ses divers travaux; espèce d'enseigne, de décoration d'assez mauvais goût. La salle de spectacle, placée dans la cour, avait été si mal bâtie, que le temps l'a déjà détruite. La fameuse église située vis-à-vis, et qui portait l'inscription si peu religieuse : *Deo erexit Voltaire*, n'est qu'une étroite chapelle dans laquelle il ne tiendrait pas deux cents personnes. Le salon et la chambre à coucher sont encore, comme on sait, dans le même état où ils étaient du temps de Voltaire. Le salon est petit et laid. Il était rempli par dix fauteuils et une petite console. On y voit en-

---

[1] Les rideaux du lit et des croisées de la chambre de Voltaire sont à peu près en pièces, un grand nombre de voyageurs en dérobant chaque jour, sans être aperçus, quelque petit morceau. Ce larcin philosophique est assez niais et ridicule. Il devrait au moins rendre ces messieurs un peu plus indulgens pour les dévots qui ont des reliques et gardent de la vraie croix.

core cet affreux barbouillage décrit si plaisamment par madame de Genlis [1] : il représente le Temple de Mémoire, et Voltaire, conduit par la France, offrant sa *Henriade* à Apollon ; l'espèce de toge dont Voltaire est revêtu paraît une robe de chambre, et la France, dans son regard et sa parure, a l'air fort peu décent : les ennemis de Voltaire sont dans un coin, renversés et faisant d'effroyables grimaces. Dans la chambre à coucher est le mausolée de terre cuite, à moitié fendu, dans lequel était renfermé le cœur de Voltaire, et qui, par sa matière, sa couleur et son genre de dégradation, ressemble plutôt à un petit poêle fêlé qu'à un tombeau : on y lit au-dessus ces mots emphatiques qu'il n'aurait pas écrits de son vivant, et qui ne ressemblent guère à son style : « MES MANES sont consolés, puisque « mon cœur est au milieu de vous. » Une petite planche détachée, placée au milieu de cet étrange monument, porte l'inscription plus connue : «Son esprit est par- « tout, et son cœur est ici. » Sur les côtés de ce tombeau sont assez singulièrement placés les portraits du pape Clément XIV et de sa lingère, de l'impératrice Catherine et de son ramoneur. Du côté du lit sont les portraits de Frédéric, de Lekain et de madame du Châtelet, et près de l'unique fenêtre de cette pièce, de petites gravures fort médiocres représentant des hommes illustres, parmi lesquels l'amitié et la communauté d'opinions philosophiques ont fait placer Marmontel, Helvétius, Diderot et le duc de Choiseul. A côté de cette pièce était son cabinet de travail, qui sert maintenant de chambre de domestique ; et ensuite la bibliothèque, qui est devenue une orangerie assez vaste. Dans le parc on voit un grand orme planté des mains

---

[1] *Souvenirs de Félicie.*

de Voltaire : le tonnerre tomba dessus en 1824 ; l'arbre a l'air couronné, car les traces de la foudre subsistent encore. Ce parc, quoique plat, offre de nouvelles allées bien plantées, d'un aspect agréable, et qui forment un vrai contraste avec les débris si peu imposans du château.[1]

Il existe encore à Ferney un vieux jardinier qui a vu Voltaire ; il en parle d'une manière intéressante et sans le charlatanisme ordinaire à cette sorte de contemporains. Il conserve chez lui un morceau de la robe de chambre de Voltaire, son bonnet de soie blanche à fleurs d'or, et son grand bâton de buis. Lorsqu'il s'appuie sur celui-ci, ce bonhomme représente d'une manière très naturelle quelques scènes de la vie de Voltaire, ses fureurs domestiques, les peurs qu'il aimait à faire aux petits garçons qu'il rencontrait sur son chemin, etc. Voltaire était constamment appelé monseigneur, il eût trouvé très mauvais que ses gens ou ses vassaux y manquassent ; tous les jours il faisait sa promenade dans un carrosse à quatre chevaux. Malgré les bienfaits qu'il avait répandus dans sa terre, il était seigneur assez difficile et même dur pour les braconniers[2].

---

[1] Ferney est revenu à la famille Budé, de laquelle Voltaire l'avait acheté ; il appartient aujourd'hui à M. Budé de Boisy, descendant du célèbre Guillaume Budé, dont la veuve et une partie de ses enfans s'étaient retirés à Genève et faits calvinistes.

[2] Je tiens d'un homme parfaitement véridique et qui a connu Voltaire, l'anecdote suivante, qui, je crois, n'a pas été imprimée : « Un « braconnier fut saisi et conduit devant M. de Voltaire. Il faut que « ce coquin soit défendu, dit-il après s'être enfoncé dans son grand « fauteuil, et il nomma Wagnière pour son avocat : celui-ci se ré- « cusa, je ne sais pour quel motif, et M. Mailly-Châteaurenaud, « alors second secrétaire de Voltaire, sous le nom de M. Esprit, et « depuis député de Franche-Comté aux états-généraux, fut chargé « de le remplacer. Au milieu de sa plaidoirie, M. Esprit s'inter- « rompit tout à coup, et dit qu'il avait besoin d'un volume pour « faire une citation, que ce volume était dans la bibliothèque de M. de

Il avait fait placer sur le fronton du château ses armes, qui sont, je crois, deux lions, la couronne de comte d'un côté, et de l'autre trois grenades du blason à droite, une main sous un triangle, et une étoile entre deux grappes de raisin. On aurait quelque peine à reconnaître à ces traits le chef futur de l'opinion libérale. Ce même jardinier montre encore le registre contenant les cachets des diverses personnes qui avaient écrit à Voltaire. Ces cachets lui servaient à rejeter les lettres qu'il ne voulait pas recevoir, et qu'il renvoyait sans les ouvrir, afin d'échapper au port; et à côté de chacun d'eux sont inscrites des épithètes dont plusieurs ne sont pas très flatteuses pour ces correspondans ennuyeux ou peu discrets. Parmi les estampes de la chambre de ce jardinier, il en est une qui lui fut donnée par Mme Denys, et qui représente Voltaire sous différens costumes; on l'y voit même déguisé en femme et en bonnet rond : l'effet de cette vieille figure de singe coiffée ne peut se rendre. Peut-être aussi que Voltaire, après avoir été correspondant de la femme de chambre de la duchesse de Choiseul [1], eut un jour fantaisie d'en prendre le costume.

Ferney est, de tous les lieux habités par des hommes célèbres, un de ceux qui causent le plus de mécompte; jamais peut-être l'ignorance des beautés de la nature

---

« Voltaire, et qu'il lui suffisait pour le trouver de quelques instans ; « le haut justicier voulut bien lui permettre d'aller le chercher. « Après être rentré, comme il le feuilletait inutilement sans parler « davantage, Voltaire impatienté lui demanda quel était ce livre : « *C'est votre* DICTIONNAIRE PHILOSOPHIQUE, répondit froidement « M. Châteaurenaud ; *j'y cherche le mot* HUMANITÉ, *et je vois que* « *vous l'avez oublié.* Voltaire, frappé de la leçon, renvoya le braconnier et lui donna six francs. » Le mot *humanité* n'est point en effet dans le *Dictionnaire philosophique* ; et Voltaire eût pu profiter de cette occasion pour l'y ajouter.

[1] *V.* les Lettres de la marquise du Deffand.

n'a été portée à un tel point : ce parc, au pied du Jura, n'a pas un mouvement de terrain, et l'on y découvre à peine le lac de Genève et les Alpes.

CHAPITRE XII.

Coppet.

J'AI visité Coppet, qui fut pendant dix ans comme la Sibérie de l'esprit et de la pensée : le château, fort ordinaire et mal situé, car on n'y jouit même point de la vue des Alpes qu'interceptent les hauteurs pelées des Voirons, venait d'être arrangé avec soin et simplicité; le parc, planté à l'entrée de grands arbres verts, est triste; il y a cependant un très joli ruisseau, dont il eût été facile de tirer parti, et qui ne sert qu'à faire aller un moulin. Ce goût, cette préférence de l'utile, étaient empreints dans le reste de la propriété, comme dans la vie du maître, jeune homme digne de regrets et de respect, qui avait embrassé avec ardeur jusqu'aux illusions du bien, dont la conscience était plus sûre que les doctrines, qu'il était permis de ne pas suivre, mais qu'il était impossible de ne pas estimer. [1]

[1] M. le baron Auguste de Staël, mort dans l'automne de 1827. Une notice sur sa vie est en tête de ses *OEuvres diverses*, publiées au commencement de 1829 : attribuée à madame la duchesse de B******, elle intéresse et touche vivement par l'élévation des idées, la pureté, la noblesse des sentimens, et cette sorte de piété fraternelle qui l'a inspirée.

CHAPITRE XIII.

Salève. — Bosset.

Salève n'est point une belle montagne, et cependant cette roche calcaire est pour les Genevois ce qu'était pour les Romains le Palatin ou le Janicule : les montagnes sont pour les peuples libres l'expression la plus vive et comme le type de la patrie ; Montmartre peut devenir sacré chez un peuple moral et citoyen. Cette montagne si *reiche* au-dehors, pour parler genevois, a dans l'intérieur de vastes pelouses, de frais bocages, de rians vallons et de fertiles pâturages ; il me semblait en y pénétrant trouver quelque rapport avec le caractère genevois, âpre au premier abord, mais rempli de mérite et de qualités réelles.

Au penchant de la montagne, à l'endroit où la vue est la plus belle, on lit sur les murs en ruine du château dit *de l'Ermitage,* et peut-être d'un véritable ermitage, cette inscription presque effacée, et qui semble avoir dû convenir à un anachorète : *Nasci, pati, mori.* L'abbé Delille, dans des vers harmonieux imités de Gray :

Ah ! si d'aucun ami vous n'honorez la cendre, etc.,

a dit des habitans de la campagne :

Naître, souffrir, mourir est toute leur histoire [1].

Je n'oubliai point sur le Salève les vers inspirés de Lamartine :

Te souviens-tu du jour où gravissant la cime
    Du Salève aux flancs azurés [2],

et cette montagne de Savoie fut pour moi une montagne poétique.

---

[1] *Jardins,* ch. iv.
[2] Dédicace du *dernier Chant du Pélerinage d'Harold.*

J'avais été auparavant voir Bossey, séjour de l'enfance de J.-J. Rousseau. Ce fut là, dit-il, qu'il prit pour la campagne « ce goût si vif qui n'a jamais pu s'é-« teindre »[1], et qui est la première partie de son talent. La situation de Bossey au pied de Salève est solitaire, la vue assez belle sans être remarquable, et je crois que la force des premières impressions, la vie ordinairement joyeuse d'un ministre de campagne, la compagnie de son cousin, la faculté des enfans de s'amuser à peu près partout, et la tristesse de la rue du Chevelu, ont fait la moitié du mérite de Bossey. Le presbytère de M. Lambercier, démoli, était situé dans un fond, et il a été abandonné comme malsain par le curé catholique actuel. Le célèbre noyer, le filleul de Jean-Jacques, renversé, était étendu au milieu du chemin et à vendre; il avait été abattu depuis qu'un violent orage l'avait fort endommagé à la fin de 1826. En voyant frappés du ciel, à deux années de distance, les deux arbres plantés par Voltaire et Rousseau [2] (la tradition du noyer de Rousseau est, il est vrai, fort incertaine), un dévot ne serait-il pas tenté d'y voir un présage? Le chênevert de Socin à Scopetto, près Sienne, d'où il a même, je crois, daté quelques uns de ses écrits (*ex ilice scopettiana*), fut abattu à la même époque par le propriétaire du terrain, homme scrupuleux qu'importunaient aussi la curiosité des voyageurs et les pélerinages des sectaires polonais de Socin. Les catastrophes de ces arbres plantés par l'incrédulité ne touchent guère : leur ombrage doit être pesant, l'air qu'on y respire est un souffle aride qui abat et dessèche ; c'est véritablement *cette ombre de la mort* dont parle l'Écriture.

[1] *Confessions*, Ire partie, livre Ier.
[2] *V*. ci-dessus, chap. xi.

CHAPITRE XIV.

Livrets. — Premier Torrent.

J'ai pris seulement, pour parcourir le coin de Suisse et de Savoie que je me suis donné en visitant l'Italie, la carte de Keller, qui est vraiment excellente : cette carte indique exactement, par des signes, les cascades, les rochers, les torrens, les points de vue les plus remarquables : votre impression sur chaque objet reste ainsi libre et spontanée, et vous échappez, par le simple avis de la carte, à la diffusion descriptive, au mauvais style, aux épithètes, à l'enthousiasme à froid et aux mouvemens oratoires des faiseurs de livrets.

Voyageur inexpérimenté, je n'oublierai jamais quel fut sur moi l'effet du premier torrent que je découvris dans les Alpes. Je ne savais d'abord quelle était cette espèce de vapeur au haut de la montagne; mon domestique parisien n'était pas moins surpris. En vérité, n'est-ce pas là l'image des révolutions? On ne sait d'abord ce que c'est, ni comment cela finira; il faut s'approcher pour entendre le bruit et contempler les ravages du torrent.

CHAPITRE XV.

Pittoresque des individus.

Le pittoresque que la nature conserve en traits si grands et si terribles va s'effaçant de plus en plus et de manières différentes parmi les hommes. Le postillon genevois qui me conduisit à Sallenche avait un beau frac noir, des gants et un chapeau rond, tandis que le postillon savoyard qui vous mène à Chamouny porte une espèce de livrée bleue, bordée d'or, à collet écarlate. J'étais ainsi poursuivi au sein de la montagne par la simplicité soignée d'un état libre et commerçant, et le faste et la parure de l'état monarchique et de la domesticité citadine. Le lendemain j'éprouvai un autre mécompte. Étant parti à la pointe du jour pour le Montanvers, je me trouvai dans la compagnie des chevriers, qui gagnaient les montagnes avec leurs troupeaux. J'aurais voulu rapporter aux dames de Paris quelques unes de leurs chansons ; j'en demandai à mon retour à l'hôtesse, vraie Savoyarde, qui jamais n'avait quitté sa vallée. Après s'être donné assez de peine, elle m'apporta le soir une romance de troubadour, en beau français, que sa fille avait copiée sur une feuille de papier tellière et d'une belle écriture anglaise, et, malgré tous les soins et la bonne volonté de cette brave femme, il me fut impossible de me procurer la plus petite chanson de la montagne. J'appris alors que les armées françaises, dans leurs invasions, ayant répandu parmi le peuple les couplets graveleux des rues de Paris, le clergé, depuis, les a fait remplacer par des cantiques. Ainsi, entre ces deux réactions de la chanson, les chants populaires ont disparu. Le pittoresque des individus, après lequel je languissais, ne m'a enfin été offert pour la première fois que par la robe et la barbe du capucin de Sion[1] et le chapeau des Valaisannes.

[1] *V.* ci-après, chap. xxxv.

CHAPITRE XVI.

Vanité de Guides. — Des guides et des valets de place.

Cette rivalité, cette envie de voisinage et de quartier qui existe dans les grandes et les petites villes, et dont la vanité, presque toujours, est le principe, se rencontre même au sein de la nature sauvage : le guide de la mer de glace parle avec dénigrement et dédain de la petitesse du glacier des *Bossons*[1]; et le guide de ce dernier, en faisant admirer l'éclatante blancheur, la transparence de ses pyramides d'albâtre et le cristal de ses fontaines, fait presque des épigrammes sur la malpropreté de la mer de glace. J'ai remarqué depuis les mêmes prétentions entre les cicerone du Vésuve et de la Solfatare. L'un traite la Solfatare de petit volcan depuis long-temps fini; l'autre, avec plus de raison, détaille les effets curieux, l'utilité et les propriétés salutaires de son ancien volcan, et se moque de l'éternelle fumée du Vésuve. Ces guides de montagnes sont pleins de candeur, de naïveté et d'intelligence; placés près de la nature, ils en parlent simplement, et sont bien éloignés, soit des descriptions emphatiques du garde-bosquet de nos parcs ou de nos jardins, soit de l'érudition domestique du garçon d'appartement de nos châteaux : le valet de place, ou plutôt le valet sans place des villes d'Italie, comme l'appelait Alfieri, n'est guère plus fort ; et si le titre d'excellence qu'il prodigue ne venait à son secours, il serait très embarrassé de soutenir la conversation et d'achever ses périodes.

[1] Le plus beau des glaciers, mais qui n'est pas le plus grand.

Le cicerone de Pompéi est intéressant; mais cet homme qui vit en quelque sorte au milieu des anciens semble encore près de la nature.

CHAPITRE XVII.

Glaciers.

Il y aurait une sorte de témérité à décrire de nouveau des lieux si souvent, si éternellement décrits, qui ont été observés par Saussure et chantés par Haller, Delille, Fontanes et Byron. J'avouerai d'ailleurs que, sauf les premiers momens d'étonnement et de curiosité, je me suis un peu trop souvenu des articles de M. de Chateaubriand contre les montagnes; ce *divertissement* a fini par me sembler une *fatigue*, et, après avoir passé une journée entière à gravir le Montanvers, être descendu à la mer de glace, à la source de l'Arvéron, puis remonté à la croix de Flaissière, d'où l'aspect de la mer de glace est bien plus complet, je trouvais ces lieux plus tristes, plus désolés que sublimes; la nature m'y paraissait privée d'une partie de ses charmes : l'eau des fontaines est quelquefois trop crue; le monotone, l'inévitable rhododendrum est une rose inodore dont la feuille est pâle et rude, et il n'y a pas jusqu'à la violette qui ne perde sur ces hauteurs sa modestie; au lieu de se cacher humblement sous l'herbe, c'est une large et belle fleur qui la domine et répand avec ostentation de sa haute tige un faible parfum. Je me rappelais les vers admirables que Virgile met dans la bouche d'un ami trahi par sa maîtresse :

Tu procul a patria (nec sit mihi credere tantum)
Alpinas, ah! dura, nives..........................

*Me sine sola vides ! ah, te ne frigora lædant !
Ah ! tibi ne teneras glacies secet aspera plantas !*

et j'y voyais une vraie peinture des glaciers. Tel poète moderne n'eût pas manqué de faire rêver cette amante au milieu des rocs et des neiges ; mais obligé de suivre fidèlement les pas de mon guide au milieu de ces précipices, les pieds meurtris par les cailloux, j'éprouvais l'impossibilité d'une pareille rêverie.

CHAPITRE XVIII.

Saint François de Sales aux Glaciers.

C'EST à tort que l'on ne cesse d'attribuer la découverte de la vallée de Chamouny à l'anglais Pocoke et à son compatriote Windham. Plus d'un siècle auparavant François de Sales y avait pénétré, et sa charité avait précédé au sein de cette nature sauvage l'instinct voyageur. Malgré la faiblesse de son historien, il est impossible de n'être point ému en lisant quelques détails de cette visite aux glaciers, si différente de toutes celles qu'ont fait entreprendre depuis l'usage et la mode. « Le « bruit s'étant répandu que François était à l'abbaye de « Six, on y vint de tous côtés pour l'y saluer. Il y reçut « entre autres les députés des habitans d'une vallée si- « tuée à trois lieues de là ; ils lui apprirent la désolation « qui y était arrivée depuis peu. Comme la province est « pleine de montagnes d'une hauteur excessive, les « sommets de deux de ces montagnes s'étant détachés, « avaient écrasé par leur chute plusieurs villages, quan- « tité d'habitans, et un grand nombre de troupeaux qui « faisaient toute la richesse du pays. Ils ajoutèrent « qu'étant réduits par cet accident à une extrême pau-

« vreté, et tout-à-fait hors d'état de payer les tailles, ils
« s'étaient adressés à la chambre des comptes du duc de
« Savoie pour en être déchargés; que c'avait été en
« vain.... Qu'ils avaient lieu de croire ou qu'on n'était
« pas persuadé que le mal fût aussi grand qu'il était, ou
« qu'on les croyait moins pauvres qu'ils n'étaient en
« effet.... Ils le supplièrent d'envoyer sur les lieux pour
« vérifier toutes choses, afin que, sur le rapport qui lui
« en serait fait, il pût écrire en leur faveur.

« François, qui avait le cœur le plus tendre pour les
« misères d'autrui, fut sensiblement touché du malheur
« de ces pauvres gens, et s'offrit de partir à l'heure
« même pour les aller consoler et leur rendre tous les
« services qui dépendraient de lui. Ils s'y opposèrent, en
« lui représentant que le pays était impraticable et si
« rude qu'un cheval n'y pourrait aller. Le saint prélat
« leur demanda s'ils n'en étaient pas venus; ils répon-
« dirent qu'ils étaient de pauvres gens accoutumés à de
« pareilles fatigues. — Et moi, répondit François, mes
« enfans, je suis votre père, obligé de pourvoir par
« moi-même à votre consolation et à vos besoins. —
« Ainsi, quelques instances qu'ils lui pussent faire, il
« partit avec eux à pied.... Il lui fallut un jour entier
« pour faire les trois lieues qu'il y a de l'abbaye de Six à
« la vallée. Le mal était encore plus grand qu'on ne le
« lui avait fait. Les habitans, réduits à une extrême
« pauvreté, avaient à peine la figure humaine : tout leur
« manquait, habits, maisons, de quoi vivre. François
« mêla ses larmes avec les leurs; il les consola, leur
« donna tout l'argent qu'il avait apporté, et leur promit
« d'écrire en leur faveur au duc même. Il le fit, et il ob-
« tint pour eux tout ce qu'il demanda »[1]. On montre

---

[1] *Vie de saint François de Sales*, par Marsollier, liv. v.

au Montanvers la *pierre des Anglais*, c'est-à-dire l'endroit où MM. Windham et Pocoke se sont assis : le voyageur éprouverait un bien autre respect s'il pouvait contempler et suivre les traces de François de Sales et le sentier franchi par lui au milieu des rochers.

CHAPITRE XIX.

Col de Balme.

Sur la porte de l'église de l'Argentière, très petit village dans un vallon, au pied d'un glacier, on lit : *Populum pauperum salvum facies;* inscription qui touche, parce qu'elle est religieuse et vraie.

J'ai passé le Col de Balme, d'où la vue, s'étendant d'un côté sur la vallée de Chamouny, le Mont-Blanc et les hautes pyramides qui l'environnent, et de l'autre sur le Valais et la chaîne des Alpes depuis le Saint-Gothard et la Furca, est véritablement magnifique, immense (ce qui n'arrive pas toujours au milieu de tous les pics des Alpes, qui se dominent l'un l'autre); on descend le Col de Balme à travers une superbe forêt de mélèses, qui, par la force, la grandeur et le désordre de sa végétation, ressemble plutôt à une forêt vierge de l'Amérique du Nord qu'au sentier franchi chaque année par des artistes et des gens du monde. On bâtissait alors au sommet du Col de Balme un petit pavillon qui pourra bien être commode, mais que je n'aime point là : un calvaire, un hospice de religieux, vont bien mieux à ces hautes montagnes que le kiosque du restaurant.

CHAPITRE XX.

Martigny. — Saint-Maurice ; Ermite.

Martigny dans la plaine, Saint-Maurice au fond de son ravin, offrent des traces de la domination romaine et de l'empire de France ; mais ces traces des deux sociétés les plus puissantes qui jamais aient existé, paraissent faibles à côté de cette force, de cette majesté de la nature qui vous environne et les écrase ; et les débris de murs et de tours, anciens postes militaires des Romains, les réparations faites au pont par nos ingénieurs et du temps de notre préfet, semblent petits près des rochers, des grottes, des cavernes, que vous avez contemplés.

A un quart de lieue de Saint-Maurice est le champ dans lequel fut massacrée, dit-on, la légion Thébéenne et Maurice, son chef, soldats martyrs, déserteurs des idoles, décimés pour la sublime insubordination de leur foi :

> Furieux dans la guerre, ils souffrent nos bourreaux,
> Et, lions au combat, ils meurent en agneaux.

Près de là habite à mi-côte de la montagne, au milieu des rochers, un ermite aveugle. Malgré ses soixante-six ans, l'élévation de sa demeure et l'étroit sentier qui y conduit, ce vieillard sait très bien tout seul retrouver son chemin. Contre l'usage ordinaire des ermites des poëmes et des romans, celui-là n'était pas très résigné ; il n'avait pas comme eux connu les grandeurs et l'inconstance de la fortune ; c'était un pauvre paysan, ayant perdu la vue dès l'âge de neuf ans, et, afin de ne pas payer de loyer, retiré depuis vingt années dans ce roc, garni d'ailleurs fort solidement de planches de sapin, et pas du tout humide. La robe de cet ermite n'était qu'une vieille redingote serrée par le milieu avec une ceinture de cuir. Il descendait tous les jours à Saint-Maurice, qu'il habite l'hiver; enfin, bien loin d'être aussi poétique que me l'avaient annoncé quelques voyageurs de Paris enthousiastes, cet anachorète forcé aspirait depuis long-temps à une place dans quelque maison de retraite, et il eût été sur des roses à l'hospice des Ménages.

CHAPITRE XXI.

Bex.

Les salines de Bex ont sans doute un grand mérite d'utilité, puisqu'elles sont les seules qui existent en Suisse, et qu'elles rendent chaque année au gouvernement vaudois, qui en est propriétaire, quinze à vingt mille quintaux de sel, après en avoir autrefois produit cinquante mille, mais la visite pénible de ces souterrains a moins d'intérêt lorsque l'on n'est ni savant ni économiste. La nature perd beaucoup à être vue à la lampe : il faut le soleil et les astres pour éclairer ses merveilles. Les galeries voûtées et creusées dans le roc, les rigoles, le puits, le réservoir et les chaudières de Bex, présentent d'ailleurs un assez triste contraste, lorsque l'on vient d'observer les effets brillans de l'arc-en-ciel formé au-dessus du gazon par l'éblouissante cascade de Pissevache, bien digne d'un nom plus honnête, et les sites enchanteurs de la vallée du Rhône. Ces travaux occupent ordinairement trente à quarante ouvriers, espèce de cyclopes d'eau, à quarante sous par jour. Si donc je n'ai point suffisamment apprécié cette sorte d'industrie, je n'ai pas eu toutefois de regret de ma course ; car le chemin qui mène aux salines est tout-à-fait romantique et sauvage.

CHAPITRE XXII.

Chillon. — Inadvertance de Byron.

Le rocher, les murailles blanches et les tourelles gothiques du château de Chillon, qui s'élève isolé au-dessus du lac, sont très pittoresques. Autrefois résidence des baillis de Vevey, ce château n'est plus aujourd'hui qu'un dépôt d'armes et de poudre, occupé par quelques gendarmes. La captivité de Bonnivard, la mort de Julie, les vers de Byron, semblent donner de la gloire à ce magasin militaire. Lord Byron avoue que lorsqu'il fit son poëme du prisonnier de Chillon, il ne connaissait pas l'histoire de Bonnivard, qui cependant est comme empreinte sous les voûtes de ce manoir, puisqu'on y montre le cachot où il fut renfermé, il y a près de trois siècles, l'anneau de fer auquel il était attaché, la marque de sa chaîne près d'un pilier sur lequel Byron même a depuis gravé son nom, et jusqu'aux traces prétendues de ses pas. Cet exemple n'est pas le seul du peu d'aptitude du génie poétique pour l'observation chez quelques modernes ; hommes illustres qui s'imaginent que leur tâche est remplie lorsqu'ils ont cherché quelques vers au hasard sur le lieu qu'ils visitent, et qu'ils ont inscrit leurs noms et prénoms sur la muraille. La pièce de Byron, quoique très belle, n'est qu'une imitation de l'emprisonnement d'Ugolin et de ses fils dans la tour murée de Pise : les malheurs de Bonnivard n'étaient pas moins affreux; ils méritaient bien d'être chantés pour leur compte, et l'on regrette qu'ils n'aient inspiré au poète anglais qu'un sonnet tardif et une courte note. Sur la façade du donjon, du côté du lac, on lit en grosses lettres les mots *liberté, patrie*; noble devise, pourvu qu'elle ne soit point méconnue, mais que j'aime mieux gravée dans le fond des cœurs qu'affichée sur les murs.

CHAPITRE XXIII.

CLARENS. — Topographie de *la Nouvelle Héloïse.*

En approchant de Clarens, je me rappelais avec délices les pages brûlantes de Julie; mais quel fut mon étonnement de tomber dans une espèce de petit port, nu, laid, mal situé, près d'un torrent à peu près desséché et rempli de rocailles ! Jamais le baron d'Étange n'a pu avoir de maison au milieu de ces huttes; je doute même qu'il eût été possible d'y célébrer les noces de la Fanchon; M. de Wolmar n'eût guère pu s'y livrer à ses expériences agronomiques, et les fleurs d'iris du jardin de Julie n'ont jamais dû y croître. Tel est le privilége du génie, il fait vivre ce que l'on sait bien n'avoir pu exister, et il l'empreint d'un charme impérissable; cette existence qu'il crée n'est point affaiblie par la vue même de la réalité : souvenir immortel d'amour et de volupté, le bosquet de Clarens ne perdait rien à mes yeux de ses enchantemens par le triste aspect des lieux. Il paraît que l'euphonie du nom de Clarens fut le motif qui décida Rousseau à préférer cet endroit, malgré la vraisemblance, au château de Chatelard ou au village de Montreux [1], pour y placer son action. Ce scrupule, cette crainte, cette méfiance de son talent, n'étaient point fondés; Rousseau eût même pu conserver à Julie d'Étange son premier nom de Julie d'Orsenge, sans que ses tableaux eussent été moins touchans; car la passion sait tout ennoblir, et Walter-Scott n'est pas si difficile sur le nom, quelquefois très vulgaire, de ses héros. [2]

Les habitans de Clarens ont donné au coin le moins sale de leur village le nom de *Bosquet;* c'est un amas de grosses pierres couvertes de lierre et de ronces : une fermière madrée, afin de débiter son lait, son beurre et ses œufs, avait aussi fait meubler, d'après *la Nouvelle Héloïse*, quelques chambres du Chatelard qu'elle montrait aux voyageurs sensibles comme le cabinet de toilette de Julie et les appartemens du baron d'Étange. Mais cette spéculation n'a pas réussi, car l'établissement n'existait plus il y a deux ans.

Lord Byron consacre plusieurs strophes de *Childe-Harold* à célébrer Clarens. « C'est là, dit-il, que « l'amour possède un trône dont les Alpes sont le « marche-pied. » Avec toute la crédulité enthousiaste d'un Touriste, il admet cette topographie de *la Nouvelle Héloïse*, quoique Rousseau lui-même, à deux re-

[1] On prononce *Montron*.
[2] Dans *Paul et Virginie* l'on rencontre aussi des noms de lieux très peu nobles et très peu harmonieux, tels que la montagne et la rivière des *Trois Mamelles*, la montagne *Longue*, la montagne *Piterboth;* dans la description de la tempête, l'air retentit des cris des *paille-en-cu*, des *frégates*, des *coupeurs d'eau*, les matelots s'attachent aux *tables*, aux *tonneaux* et aux *cages à poules*.

prises, eût averti qu'elle était *grossièrement altérée* [1]. Mais il est impossible de ne pas relever, sans l'indignation la plus vive, la note qui accompagne ces strophes. Lord Byron prétend, sur je ne sais quel ouï-dire, qu'un petit bois appelé aussi le Bosquet de Julie a été coupé par les moines du Saint-Bernard, propriétaires du terrain, et converti en vignoble pour *ces misérables frelons d'une superstition exécrable*. En vérité, ne croirait-on pas qu'il est ici question de l'une de ces sectes indiennes où la crédulité s'allie à la cruauté ? La rigueur protestante pouvait s'emporter contre la mollesse et la sensualité des moines de Cîteaux ou des chanoines de la Sainte-Chapelle. Mais le prêtre du Saint-Bernard qui, par-delà les forêts et les nuages, court, au milieu de la nuit et de l'ouragan, précédé de son chien, à la recherche du voyageur égaré dans les neiges, frappé de terreur et prêt à périr ; qui ranime avec quelques gouttes du vin de sa calebasse (provenant peut-être de ce vignoble qui fait tant d'horreur à Byron) l'agonisant transi ; ce solitaire si vigilant, si hospitalier d'une Thébaïde glacée ; ce martyr de l'air et de la tempête, qui réside intrépidement sur ces mêmes sommets où les conquérans ne font que passer ; enfin, ce héros si humble du christianisme et de la charité méritait bien que l'on parlât de lui d'un autre ton. On rougit de voir le plus beau génie de la Grande-Bretagne descendre à de tels outrages ; l'ennemi le plus furibond du clergé et de la religion ne se les fût point permis en France. Un de nos jeunes savans, homme plein de candeur et de vertu, et que la mort a frappé avant l'âge, a dédié son unique ouvrage à ces dignes religieux, qui, dans ses courses éru-

[1] *V.* les deux préfaces de *Julie.*

dites, l'avaient reçu ¹, et une Muse française devait réparer un jour, à leur égard, par des vers admirables, les torts du poète anglais. ²

CHAPITRE XXIV.

Vevey. — Jean-Jacques. — Ludlow.

C'est à Vevey, c'est dans cette ville charmante que l'on retrouve les vrais souvenirs de *la Nouvelle Héloïse* et les traces de la jeunesse aventurière de Jean-Jacques et de ses premières impressions; c'est bien là qu'habitait Julie et qu'était née madame de Warens. « Quand l'ardent désir de cette vie heureuse et douce « qui me fuit, et pour laquelle j'étais né, vient en-« flammer mon imagination, c'est toujours au pays de « Vaud, près du lac, dans des campagnes charmantes, « qu'elle se fixe. Il me faut absolument un verger au « bord de ce lac, et non pas d'un autre; il me faut un « ami sûr, une femme aimable, une vache et un petit « bateau. Je ne jouirai d'un bonheur parfait sur la terre

¹ *V. L'Histoire du passage des Alpes par Annibal*, excellente dissertation de feu M. J. L. Larauza, ancien maître de conférences à l'École normale, publiée en 1826 par son ami M. Viguier, qui l'a fait précéder de quelques pages remplies d'intérêt sur la vie et le caractère de M. Larauza : d'éloquentes paroles furent aussi prononcées sur sa tombe par son condisciple et son collègue, M. le professeur V. Cousin.

² La pièce intitulée *l'Écho des Alpes*, par Mlle Delphine Gay, est dédiée aux religieux de l'hospice du mont Saint-Bernard : Mme la duchesse de Duras avait aussi composé une nouvelle très touchante, *le Moine*, dont le héros était un prêtre de ce couvent. J'eus occasion plus tard, en visitant ces bons religieux, de leur apprendre ces divers succès dont ils ne se doutaient guère.

« que quand j'aurai tout cela. Je ris de la simplicité avec
« laquelle je suis allé plusieurs fois dans ce pays-là uni-
« quement pour y chercher ce bonheur imaginaire.....
« Dans ce voyage de Vevey, je me livrais, en suivant
« ce beau rivage, à la plus douce mélancolie : mon
« cœur s'élançait avec ardeur à mille félicités inno-
« centes ; je m'attendrissais, je soupirais et pleurais
« comme un enfant. Combien de fois, m'arrêtant pour
« pleurer à mon aise, assis sur une grosse pierre, je
« me suis amusé à voir tomber mes larmes dans l'eau !

« J'allai à Vevey loger à la Clef, et pendant deux
« jours que j'y restai sans voir personne, je pris pour
« cette ville un amour qui m'a suivi dans tous mes
« voyages, et qui m'y a fait établir enfin les héros de
« mon roman. Je dirais volontiers à ceux qui ont du
« goût et qui sont sensibles : Allez à Vevey, visitez le
« pays, examinez les sites, promenez-vous sur le lac,
« et dites si la nature n'a pas fait ce beau pays pour une
« Julie, pour une Claire et pour un Saint-Preux ; mais
« ne les y cherchez pas »[1]. Malgré l'avis chagrin de ce
dernier passage, j'avoue que j'en aurais appelé volontiers, tant je crus remarquer d'urbanité, de politesse et
de bonne éducation chez le petit nombre d'habitans
que j'eus occasion de rencontrer. L'aubergiste même
est un voyageur qui a été à la Chine avec lord Macartney.

Mais à côté des souvenirs tendres et pathétiques de
la fiction, Vevey offre les souvenirs redoutables de
l'histoire : sa cathédrale renferme les tombeaux de deux
Anglais célèbres dans les révolutions de leur pays :
d'Edmond Ludlow et d'André Broughton, le premier,
juge de Charles Ier, le second, qui lui avait lu son arrêt
de mort. On voyait encore, il y a quelques années,

---

[1] *Confessions*, Ire partie, liv. IV.

sur la porte de la maison qu'avait habitée Ludlow, l'inscription, *Omne solum forti patria, quia patris*; inscription que des Anglais de la famille de Ludlow ont fait depuis enlever et transporter dans leur île. Le régicide dévot de l'Angleterre n'était point, à ce qu'il paraît, du même avis que son imitateur, philosophe de France, et la *patrie* pour lui n'était pas le *sol*. Ludlow, républicain violent, mais sincère, ennemi de Cromwell, vit la restauration de Charles II et la révolution de 1688. Au bruit de la dernière, ce vieil ami de la liberté accourt, après vingt-neuf ans d'exil et presque septuagénaire : il paraît avec joie et fierté au milieu des rues de la capitale; il se montre au peuple qu'il croit devoir le reconnaître ; il s'imagine assister au triomphe de la cause qu'il a si fidèlement servie, et il s'offre encore pour aller en Irlande *combattre le tyran*. Mais cet émigré de la république, ce député du *rump*, était aussi *un demeurant d'un autre âge*: en revenant à ses anciennes menées, il ne s'apercevait point que la monarchie légale avait pour toujours guéri son pays des illusions populaires ; résultat inévitable et certain, à toutes les époques, des progrès de la raison publique. Menacé d'être arrêté comme meurtrier de Charles Ier, obligé de se cacher et de fuir de nouveau, Ludlow revint à Vevey, où il mourut en 1693, à l'âge de soixante-treize ans. Son tombeau, élevé par sa veuve, dont il avait mérité l'affection, est surmonté d'une longue et belle inscription qui rappelle ses titres, ses places, et les principaux événemens de sa vie agitée, coupable, mais non souillée et digne de mépris.

CHAPITRE XXV.

Lausanne.

Lausanne est pour la vue comme une Byzance suisse, mais le rivage opposé ne serait point celui de Chalcédoine ; car la haute végétation d'Évian et ses bords sauvages ont bien aussi leurs beautés. L'admirable site de Lausanne contraste d'une manière frappante avec la laideur des rues. Malgré la multitude des cabinets de lecture et des marchandes de mode, et l'espèce de civilisation que ces graves établissemens pourraient faire présumer, la ville est affreuse, mal bâtie; on dirait une réunion de guinguettes dans lesquelles se boirait tout le vin des nombreux vignobles environnans, tant les maisons, les jardins, les terrasses, sont mêlés au hasard et forment une sorte de labyrinthe qu'il faut perpétuellement monter ou descendre. L'entrée des maisons est particulièrement hideuse. Quand on songe à l'aisance générale de ce pays et aux personnes distinguées qui habitent Lausanne, il est impossible qu'il n'y ait pas dans cet excès de négligence un peu de manie.

La cathédrale, le château, après bientôt trois siècles de protestantisme et de république, ont conservé leur aspect catholique et savoyard. Les restes d'un grand nombre de rois, de reines, de princes, de seigneurs, d'évêques et de prélats, remplissent la cathédrale : là est enterré Amé VIII, premier duc de Savoie, et pape momentané sous le nom de Félix V; double souveraineté qu'il abdiqua, et qui, par le lieu actuel de sa sépulture, semble avoir porté sa bizarrerie et son inconstance jusque dans la mort. Tout dans ce temple réformé respire encore le catholicisme, et les bancs de bois servant au culte actuel ont l'air d'avoir été placés là comme provisoirement. Le culte protestant, au milieu de ces vieilles basiliques, a l'air d'un homme nouveau établi dans un antique manoir; on lui trouve je ne sais quoi de neuf et d'embarrassé, et il n'a point la noble dignité du véritable seigneur.

CHAPITRE XXVI.

Gibbon. — M. de Chateaubriand.

Le nom seul de Gibbon, malgré l'érudition et les qualités morales de cet auteur, ne semble pas devoir produire l'exaltation qu'il avait inspirée à lord Byron; et quoi qu'en dise Childe-Harold, jamais le séjour littéraire de Gibbon à Lausanne n'aura l'éclat et ne pourra être rapproché de celui de Ferney. J'ai visité toutefois le jardin et la maison de l'historien *de la Décadence et de la Chute de l'Empire romain*. Je me rappelais cette sorte d'adieux qu'il adresse à son livre au moment où il vient d'en tracer les dernières lignes : cette scène est plus pathétique et plus touchante qu'il n'appartient à cet écrivain diffus, sans élévation et sans gravité : « Ce « fut le jour, ou plutôt la nuit du 27 juin 1787, entre « onze heures et minuit, que dans mon jardin, dans ma « maison d'été, j'écrivis les dernières lignes de la der- « nière page. Après avoir posé ma plume, je fis plu- « sieurs tours sous un berceau d'acacias, d'où la vue « domine et s'étend sur la campagne, le lac, les mon- « tagnes. L'air était doux, le ciel serein; le disque

« genté se réfléchissait dans les eaux, et toute la nature
« était dans le silence. Je ne dissimulerai pas mes pre-
« mières émotions de joie à cet instant du recouvre-
« ment de ma liberté, et peut-être de l'établissement
« de ma réputation. Mais les mouvemens de mon or-
« gueil se calmèrent bientôt, et des sentimens moins
« tumultueux et plus mélancoliques s'emparèrent de
« mon ame, à la pensée que je venais de prendre congé
« de l'ancien et agréable compagnon de ma vie, et que,
« quelle que fût un jour la durée où parviendrait mon
« histoire, les jours de l'historien ne pouvaient être dé-
« sormais que bien courts et bien précaires. » Certes,
l'historien qui a rempli avec intégrité son ministère,
doit éprouver une joie profonde. L'histoire est de tous
les genres d'écrits celui qui se rapproche le plus des
actions humaines. Gibbon méconnut une partie de ses
devoirs lorsqu'il parla sans respect du courage des premiers chrétiens, qu'il persécuta par l'ironie, et après
dix-huit siècles, ces victimes de leur foi, et fit des épigrammes sur leurs tombeaux [1]. La rencontre de M. de
Chateaubriand, qui était établi depuis deux mois à Lausanne, occupé de l'édition complète de ses œuvres, dis-
sipa bientôt ces fâcheuses impressions ; et j'oubliai aisément près de l'auteur du *Génie du Christianisme* et
du chantre des *Martyrs*, le détracteur de ces mêmes
martyrs et de cette même religion.

---

[1] Quelques unes de ces opinions sur Gibbon ont été émises depuis par M. Villemain dans une de ses éloquentes leçons à la Faculté
des Lettres. Malgré l'éclat d'un tel orateur, j'ai conservé ce passage
tel que je l'avais d'abord écrit. Nous aurions à faire trop de sacrifices
s'il nous était interdit de toucher aux nombreux sujets qu'embrasse
cet esprit si vif, si pénétrant, si étendu.

CHAPITRE XXVII.

Société.

Le vin et les étrangers sont comme l'industrie de Lausanne. Mais le premier produit est moins incertain que la location des maisons. Le séjour des étrangers donne aux manières de la société, polies, naturelles, aimables, empressées, quelque chose de cosmopolite, d'agité, de toujours en l'air; on se visite sans cesse, et toutes les soirées se passent l'un chez l'autre dans de copieux goûters. La conversation est spirituelle, littéraire. Peut-être même, sous ce dernier point, l'opinion de Lausanne est-elle un peu trop indulgente et engouée. On ne se figure pas tous les grands auteurs français connus, admirés dans cette ville, dont à Paris on n'a guère ouï parler. Je profitai, pour ma part, de cette extrême faveur, et me garderai bien d'en médire, puisque je lui dus le succès de *Sainte-Périne* auprès de personnes distinguées et qui avaient le droit d'être sévères. Il existe dans la société de Lausanne un décorum aristocratique, une distinction entre les diverses classes, encore plus marquée qu'à Genève, où chacun est véritablement fils de ses œuvres; les dédains de la rue du Bourg (dédains renforcés encore par les rapports de cette société avec les grands seigneurs que l'émigration avait jetés à Lausanne) sont fort supérieurs à ceux de la haute ville; et Saint-Preux, malgré son ame, son amour, son éloquence, ne serait encore là qu'un quidam, et ne trouverait point à s'établir dans ce faubourg Saint-Germain d'une petite ville et d'une petite république au pied des Alpes.

CHAPITRE XXVIII.

Piétistes.

Lausanne fut de nouveau [1], il y a quarante ans, le foyer des opinions mystiques et spirituelles des *Piétistes,* mélange bizarre d'erreurs inspirées, élevées, subtiles, prises à divers siècles, et qui rassemblaient à la fois la fatalité de la prédestination, les extases de l'amour pur et les sensations du magnétisme; espèce d'ascétisme protestant, qui prouve que la réforme ne suffit plus depuis long-temps aux besoins religieux et à l'ardeur de certaines ames. Les idées des Piétistes subsistent encore chez quelques personnes d'ailleurs fort respectables; mais, comme toutes les illusions, elles se sont affaiblies, modifiées, et elles ne sont plus maintenant qu'une vague et variable *réligiosité* que chacun entend et pratique comme il lui plaît.

[1] Il est déjà question des Piétistes dans le voyage d'Addison. Rousseau parle des Piétistes du pays de Vaud : « Vous ne voyez pas « encore les Piétistes, écrit Saint-Preux à Julie, vii⁰ lettre, vi⁰ par- « tie, mais vous lisez leurs livres. » Il ajoute dans une note que ces Piétistes étaient « une sorte de fous qui avaient la fantaisie d'être « Chrétiens et de suivre l'Évangile à la lettre, à peu près comme les « Méthodistes en Angleterre, les Moraves en Allemagne, les Jansé- « nistes en France, etc. »

CHAPITRE XXIX.

Environs.

Si l'intérieur de Lausanne est affreux, l'impression qu'il produit s'efface bientôt lorsque l'on gagne les hauteurs et les environs. Là, sont de délicieuses et vastes demeures habitées par des Suisses opulens ou des étrangers de distinction. Si je ne craignais de tomber dans le style de roman, il me serait difficile de ne pas essayer de peindre l'impression que je reçus dans un *jardin* [1] charmant, véritable corbeille de roses ; des voix ravissantes de femmes, chantant des airs suisses, s'y faisaient entendre; il se trouvait même là quelques antiquités romaines, et une belle colonne prise, selon l'inscription, de la maison de Titus sur le mont Aventin, et qui était fort bien placée et d'un bel effet. La promenade du *Signal,* célèbre par sa vue, est, comme le belvédère, le panorama de Lausanne. La forêt de la Roveria est une des plus belles que j'aie parcourues : à travers la végétation la plus puissante, mêlée de profonds ravins, sont des vues immenses du lac et des montagnes du Châblais; c'est la nature suisse dans toute sa force et son âpreté, comme la *pineta* de Ravenne, que j'ai depuis visitée [2], est la nature italienne dans toute sa splendeur.

[1] Le *Jardin* est le nom de l'habitation de M. de L********.
[2] *V.* Liv. xi.

CHAPITRE XXX.

Mme de Custine.

Dans ce recueil des impressions de mes divers voyages, il en est une profondément douloureuse que je ne craindrai point de rappeler ici. J'avais passé plusieurs jours à Genève, près de Mme de Custine, que je connaissais de Paris et que je retrouvai à Lausanne. Déjà défaillante, elle espérait, en gagnant la montagne, que l'air des Alpes ranimerait une vie près de s'éteindre. Un mois ne s'était point écoulé, et son cercueil repassait par les mêmes lieux où je la voyais alors quelques instans. Je n'oublierai jamais le dernier regard et le dernier adieu de cette victime qui allait tomber à quelques pas [1]. Mme de Custine, digne émule de Sombreuil, s'était fait remarquer, parmi tant d'autres femmes, par l'intrépidité qu'elle avait montrée au temps de la terreur; pendant toute la durée du procès de son beau-père, elle ne le quitta point et parut constamment à ses côtés au tribunal révolutionnaire; sa jeunesse, les graces de sa personne, les beaux cheveux blonds dont elle enveloppait ses yeux et son visage, afin de cacher ses pleurs et l'indignation qu'elle ressentait contre de tels juges, lui donnèrent au sein même de ce terrible auditoire une sorte de popularité qui parut redoutable; ce simple et touchant aspect faillit à sauver l'infortuné général, et fut à peu près sa seule défense [2]. Elle porta publiquement son deuil,

---

[1] Mme de Custine mourut à Bex, la semaine suivante, au mois de juillet 1826.
[2] Le procès du général Custine se prolongeait déjà depuis près

malgré la menace des lois de cette époque, alors que le voile de la douleur était un emblême séditieux, et que le crime lui-même, effrayé de ses meurtres, tremblait devant cette publique et muette accusation de toute la France. Mme de Custine, à une ame si ferme, joignait un esprit aimable et enjoué; chez elle, la force n'avait point détruit la grace, et, malgré les traverses de sa vie, ses sentimens de femme avaient encore toute leur délicatesse et leur douceur. Une vie retirée, le goût des voyages, avaient conservé à son caractère le naturel, la vérité, la sensibilité, qui s'effacent quelquefois dans le monde; indifférente aux succès de l'amour-propre, à cette considération facile qui n'est souvent que le résultat d'avantages extérieurs dus au hasard, ou de qualités négatives et froides, sa mort fut à peine remarquée. Cet imparfait et tardif hommage est peut-être le seul qu'ait reçu sa mémoire : femme célèbre par son courage, son héroïsme, qui fut illustre et ne fut pas connue!

CHAPITRE XXXI.

Lac.

Après avoir passé quelques jours à Lausanne, je pris le bateau à vapeur pour Genève. Je n'entreprendrai point de décrire cette navigation, presque aussi aventureuse que le voyage par mer de Paris à Saint-Cloud. Les Anglais étaient nombreux sur le bâtiment; à la multitude

d'un mois, lorsque Roberspierre, voyant l'intérêt que cette cause commençait à inspirer, envoya l'ordre à Fouquier-Tainville, accusateur public, de le faire juger dans la même séance: le lendemain il fut exécuté.

de lorgnettes et de longues vues qu'ils braquaient sur tous les points de la côte, à la vivacité de leurs discussions, on eût pu croire vraiment que nous étions dans la mer du Sud, tout près de faire quelque nouvelle découverte. Malgré l'enthousiasme convenu, j'avouerai toutefois que le défaut d'îles m'a paru donner au lac de Genève un aspect triste et monotone ; on y rencontre peu de barques, et les deux bateaux à vapeur, partant à heure fixe, ne contribuent guère à animer cette grande plaine d'eau. L'épithète d'*argenté*, appliquée par Chénier à ce lac, ne paraît pas très exacte ; il est, au contraire, du plus clair et du plus transparent azur.

CHAPITRE XXXII.

Voiturin.

Je m'arrangeai, à Genève, avec un voiturin pour me rendre à Milan. Cette manière modeste de voyager est au fait, en Italie, la plus commode. On n'a pas, il est vrai, toujours *bon souper, bon gîte et le reste ;* mais le voiturin se chargeant de toute la dépense, on est moins importuné par le matériel de la vie. Duclos, avec la dignité des gens de lettres de son temps, recevait du vin, de l'huile, du chocolat et autres denrées des ministres et grands seigneurs chez lesquels il avait logé ; mais ces manières-là ne sont plus de notre goût, et, malgré le régime rigoureux de certaines hôtelleries de voiturins, il est encore préférable à ces habitudes de parasite jusque sur les grands chemins. Il est d'ailleurs quelques embarras, tels que les foires, les fêtes de villes ou de villages, le passage de rivières ou de torrens, dans lesquels l'expérience du voiturin devient fort utile; cette espèce de mentor en blouse et en casquette est presque toujours un très brave homme, et je puis dire que le mien, Mariano Marini, était excellent. C'est, au reste, une jolie vie que celle du voiturin; reçu, accueilli avec joie par ses hôtes, considéré sur toute la route à cause de la dépense qu'il fait et de l'espèce de train qu'il mène, ce voyageur perpétuel est véritablement citoyen de l'univers. Traversant toutes les grandes capitales, il conserve son jargon, ses manières et son caractère primitifs. Spectateur accoutumé des merveilles de l'art ou des beautés de la nature, son indifférence, presque stoïque, contraste avec l'étonnement et l'enthousiasme des voyageurs qu'il conduit; malgré sa lenteur, il ne voyage que pour arriver; son esprit est très positif, et ses petites stations marquées, écrites d'avance, sont irrévocables comme les arrêts du destin.

Dût le mérite de mes chers voiturins en paraître un peu affaibli, je croirais manquer à l'impartialité, ce premier devoir du voyageur comme de l'historien, si je ne parlais aussi de l'intelligence de leurs chevaux, et de l'habitude et de la connaissance singulière des grandes routes qu'ils finissent par acquérir. Un maître voiturin de Rome, m'a-t-on raconté, avait traité pour conduire, de cette ville à Paris, une famille anglaise nombreuse et tous ses bagages. Il n'avait alors de disponible qu'un garçon nouveau, et qui n'avait jamais fait la route. Mais la jument Julie était là. Le maître recommanda à son cocher de suivre, pour les lieux de station et les heures de départ, l'itinéraire de Julie, qu'elle indiquait par certains gestes, certains trémoussemens et l'agitation de ses sonnettes; le cocher eut le bon esprit de s'y conformer; il n'imita point ces muletiers du duc de Vendôme qui avaient, disait-il, toujours tort dans leurs contestations avec leurs mules. Le voyage fut très heureux, et Julie, attelée la cinquième en arbalète, conduisit tous ces humains de Rome à Paris.

CHAPITRE XXXIII.

Thonon. — Ripaille.

Le commencement de la route d'Italie, par un coin de la Savoie, compléta presque mon tour du lac de Genève. On passe, à Thonon, sur les bords du lac. Cette petite ville est célèbre, dans l'histoire de François de Sales, par le courage avec lequel cet illustre saint s'opposa aux violences d'un régiment envoyé par le duc de Savoie pour convertir les habitans, et par la pieuse adresse qu'il mit, comme plus tard Fénelon dans le Poitou, à détourner cette dragonnade.

A vingt minutes de Thonon est Ripaille, négligé par tous les coureurs de Suisse et d'Italie, et qui a donné à deux langues, au français et à l'italien, une expression énergique [1]. Ce cloître du plaisir et du repos, qui vit dans Amédée la double abdication de la souveraineté et du pontificat (exemple unique de l'ennui et du dédain des deux puissances), après avoir été quelque temps une manufacture, est aujourd'hui une grande ferme très bien exploitée et qui appartient à une Française; l'église sert de grange, et les sept tours qu'Amédée avait

---

[1] Les Italiens disent *Andare a Rippaglia*.

fait construire pour lui et les six chevaliers ses compagnons et ses amis, sont presque toutes détruites. Le promontoire de Ripaille, enveloppé de grands arbres qui le cachent du côté de la route, offre une situation délicieuse, solitaire, et l'on comprend très bien encore là bonne vie que l'on devait mener dans ce réduit joyeux, et l'épicuréisme dévot des ermites qui l'habitaient.

CHAPITRE XXXIV.

Meillerie. — Saint-Gingolph.

Le postillon fait aujourd'hui claquer son fouet à travers les rochers de Meillerie, et pousse cette espèce de sifflement qu'il est impossible, selon la remarque de l'auteur de l'*Expédition nocturne autour de ma chambre*, d'écrire d'après les règles de l'orthographe, gh! gh! gh!, aux mêmes lieux qui retentirent jadis des accens passionnés et du désespoir de Saint-Preux. Mais ces bords, malgré le passage de la grande route, n'ont point encore perdu leur aspect mélancolique et sauvage.

Saint-Gingolph, près Meillerie, avec ses vergers qui s'abaissent doucement jusque sur les bords du lac, est un de ces lieux charmans que la rudesse bizarre de son nom a fait bannir aussi de *la Nouvelle Héloïse*, quoiqu'une partie de l'action ait dû nécessairement s'y passer. Une moitié du village appartient à la Savoie, l'autre au Valais; un petit ruisseau, qui tombe de la montagne, sépare ainsi la monarchie de la république.

Saint-Gingolph, dans son exiguité, offre toutefois une image assez juste du caractère des deux gouvernemens; la partie monarchique est la plus étendue, l'église s'y trouve; l'industrie, représentée par une manufacture de clous et de fil de fer, est dans le côté républicain.

CHAPITRE XXXV.

Valais. — Capucins.

Une nouvelle description des beautés de la nature dans le Valais serait assez ridicule après l'admirable peinture de Rousseau et les observations détaillées de MM. Raoul-Rochette et Simond. Et d'ailleurs je cherche moins à décrire qu'à rendre mes impressions personnelles. Ainsi que je l'ai remarqué plus haut, la rencontre d'un capucin, près de Sion, me charma[1]. Ce bon père était sur une grande charrette du pays chargée d'herbe et de foin, et assis familièrement au milieu de paysans; il m'offrait enfin ce pittoresque chez les individus que j'avais jusqu'ici vainement cherché. Montaigne aimait les capucins, et malgré l'anathème des philosophes, j'avoue que je les préfère à d'autres religieux : ils ont souvent défendu leur pays, comme on l'a vu à Saragosse, et je crois même dans le Valais lors de la guerre de 1798, et jamais ils ne l'ont troublé par leurs intrigues. On rencontrait autrefois parmi eux des gens d'esprit, plusieurs ont été de bons poètes, de savans orientalistes, et *il Cappuccino* (qui

---

[1] *V*. chap. xv.

ne fut pas toujours, il est vrai, un très digne capucin) est un des grands maîtres de l'école italienne. Les capucins ont un caractère, une physionomie que l'on ne trouve point à la plupart des autres moines; ils aiment les jardins; leurs églises sont ordinairement remplies d'arbustes et de fleurs, et ils savent choisir, aussi bien que des peintres et des poètes, des vues et des sites admirables pour l'emplacement de leurs couvens. Sous le rapport économique, je ne sais s'ils ont tant d'inconvéniens. Malgré ses capucins, le Valais paraît assez bien cultivé. Leur mendicité, dit-on, est choquante. Mais, puisque avec toute notre civilisation la mendicité n'a pu être encore ni abolie ni même réprimée, je ne sais pas vraiment si une mendicité religieuse, disciplinée et polie comme celle des capucins, n'est point préférable au vagabondage patenté de la police. Cette mendicité n'est point oisive, d'ailleurs, comme celle des gueux ordinaires. Les capucins fabriquent de jolis ouvrages en bois, exécutés, comme dit un grand maître, avec une certaine perfection qui leur est particulière (*con una certa finitezza cappuccinesca*[1]); ils courent à l'incendie et ils exercent le ministère ecclésiastique. Le lendemain de mon arrivée à Sion, je visitai, le matin, à cinq heures, le couvent des capucins, situé dans une jolie prairie hors de la ville; on y disait la messe, tout le monde était debout, et même un vieux capucin allemand, âgé de plus de quatre-vingts ans, qui descendait avec peine l'escalier pour aller à l'église. Je ne crois pas que les capucins soient non plus, comme on dit, *ennemis de la liberté*; ils ont toujours existé dans le Valais, état républicain et même démocratique. J'avoue que le

---

[1] Manzoni. *I promessi Sposi*, cap. XXXVI.

voyage d'Italie m'a depuis un peu blasé sur les capucins, comme on pourra le voir au sujet du couvent d'Assise[1]; mais je n'ai pas voulu, au risque d'inconséquence, supprimer l'impression favorable que j'avais d'abord reçue et qui était très sincère.

CHAPITRE XXXVI.

Simplon.

La route du Simplon ne sera jamais assez vantée. Quelques louangeurs intrépides du passé prétendent cependant que l'apparition de l'Italie était encore plus subite, plus extraordinaire, lorsqu'on avait traversé les Alpes à pied ou à mulet et avec tant de peine. Il est vrai qu'aujourd'hui, dans la belle saison, on les passe à peu près comme on va au bois de Boulogne. Car je n'ai point remarqué la dégradation dont quelques uns des derniers voyageurs semblent menacer la route du Simplon. La grande galerie, ouvrage de dix-huit mois de travail de jour et de nuit, portait pour inscription ces mots : *Ære Italo*, 1805. Il semble que, sans tomber dans la déclamation dont un pareil monument n'a pas besoin, il eût été facile de trouver une inscription un peu plus noble que cet unique et vaniteux souvenir d'argent. A la vue de tous ces rochers mutilés, renversés par la poudre, et de cette brèche audacieuse faite par l'art à cette haute fortification dont la nature avait défendu l'Italie, je ne comprenais pas trop l'his-

---

[1] *V.* Liv. xv.

toire du vinaigre d'Annibal, malgré Tite-Live et les raisons données par le bon Dutems. Bonaparte avait décrété la fondation d'un hospice sur le plateau du Simplon, hospice qui devait être comme une succursale du Saint-Bernard. Cette idée était grande, comme toutes celles qu'il avait prises à la religion, et il est fâcheux qu'elle ait été abandonnée.

FIN DU LIVRE PREMIER.

LIVRE SECOND.

ENTRÉE DE L'ITALIE.

CHAPITRE PREMIER.

Domo d'Ossola. — Aspect de l'Italie.

Il serait difficile de peindre l'aspect enchanteur de la vallée de Domo d'Ossola au pont de Crevola, et lorsque l'on sort de ces galeries du Simplon, longues cavernes humides et sombres. L'œil fatigué de rochers, de forêts, de glaciers, de torrens et de cascades, jouit avec délices d'une nature si sereine et si gracieuse, qui succède à une nature si âpre. On dirait que cette terre nouvelle sourit au voyageur, l'invite à entrer, et se pare pour l'accueillir; des sons joyeux semblent au loin se faire entendre; les festons de vigne qui pendent autour des arbres donnent à toute la contrée un air de fête; quelquefois les branches de l'arbre sont écartées avec art au-dessus du tronc, et la vigne, s'entrelaçant à ces branches, forme un véritable vase antique garni de grappes, comme les vases sculptés qui décorent les jardins et les palais. La rencontre de quelque procession, les chants du peuple, l'expression vive et animée des physionomies, les couleurs éclatantes des vêtemens de femme, la grandeur et la solidité des bâtimens, tout révèle enfin et annonce l'Italie. La magie de ce nom ajoute encore à l'impression très vive des sens : l'Italie! répétais-je involontairement; c'est donc là l'Italie!

CHAPITRE II.

Passeport. — Dom Bourdin.

Lorsque dom Bourdin, bénédictin, voyageant en Italie l'année 1696, entrait à Domo d'Ossola, après avoir été trois jours à traverser le Simplon, que l'on passe maintenant en quelques heures, le gouverneur espagnol qui examinait son passeport, ayant remarqué que dom Bourdin était Franc-Comtois, lui dit fièrement que la Franche-Comté ne tarderait pas à rentrer sous la domination du roi d'Espagne [1]. Le modeste religieux rapporte qu'il ne fit à ce gouverneur d'autre réponse, sinon que Dieu donnait et ôtait les couronnes selon qu'il lui plaisait. Le gendarme piémontais qui prit mon passeport dans la même ville était moins enthousiaste que le commandant espagnol de dom Bourdin. Il ne restait plus d'ailleurs de conquête à reprendre à la France, et j'aurais été bien plutôt tenté de lui redemander la Savoie.

---

[1] L'*Histoire littéraire de la Congrégation de Saint-Maur* fait naître dom Bourdin à Séez en Normandie. L'autorité du passeport (*Voyage d'Italie et de quelques endroits d'Allemagne, fait ès années* 1695 *et* 1696, p. 89) me semble décisive. J'aurai rendu un vrai service à dom Bourdin en le restituant à la Franche-Comté, puisqu'il doit ainsi trouver place dans l'histoire littéraire de cette province à laquelle travaille mon savant et laborieux confrère, M. Weiss, bibliothécaire de la ville de Besançon.

CHAPITRE III.

Iles Borromées.

Les étages, les gradins, les terrasses, les arcades, les balustrades, les rangées de vases et de statues, enfin toute la symétrie des îles Borromées, qui serait excessive ailleurs, ne déplaît point là, et forme un contraste à côté de la terrible irrégularité des Alpes, qui les enveloppent et les dominent. Les jardins, plutôt bâtis que plantés, de l'Isola Bella, ressemblent à une large pyramide de verdure au dessus de l'eau, et rompue à moitié de sa base. Rousseau avait long-temps songé à placer dans les îles Borromées l'action de Julie, mais il trouva avec raison qu'il y avait trop d'art et d'ornement pour ses personnages. Un pareil séjour demande des amours de princes et des amantes comme Lavallière ou mademoiselle de Clermont.

L'Isola Madre est peu visitée; elle doit à son abandon le naturel et la simplicité qu'a perdus sa voisine.

Le palais de l'Isola Bella renferme dans quelques pièces séparées des tableaux du chevalier Tempesta. Condamné à mort pour avoir fait assassiner sa première femme, afin d'épouser celle qu'il aimait, Tempesta fut sauvé par le comte Borromée, qui le cacha dans son île. Ces tableaux sont au nombre de soixante-quinze, et ils représentent la plupart des paysages et des scènes pastorales : on dirait que le peintre cherchait à se distraire de son crime par la vue du calme et de l'innocence des champs. On voit aussi placés vis-à-vis l'un de l'autre les portraits de Tempesta et de sa seconde femme : à l'expression cruelle de la beauté de celle-ci, on sent qu'elle a dû être sa complice. Malgré le mérite des tableaux, on éprouve, dans ce musée d'un seul homme, une sorte d'effroi, lorsqu'on songe qu'il est l'ouvrage du crime et des passions.

J'ai vu dans l'Isola Bella les deux plus grands lauriers qu'il y ait en Europe; on les prendrait presque pour deux arbres des Champs-Élysées. Ces lauriers jumeaux semblent plus particulièrement un emblème de la gloire. On ne connaît point leur origine; ils n'ont été plantés par personne; ils sont antérieurs à la création du Jardin actuel, formé de terres rapportées, et d'eux-mêmes ils avaient pris racine au milieu des rochers. On raconte que dans une des premières campagnes d'Italie, Bonaparte, étant à l'Isola Bella, grava sur le plus grand de ces lauriers le mot *battaglia*. Un soldat autrichien a depuis donné un coup de sabre sur le laurier, comme pour rayer ce mot; mais la nature semble avoir protégé la gloire : et il subsiste encore avec la trace impuissante de la colère des vaincus.

A côté du luxe aristocratique et presque royal de l'Isola Bella est l'aisance laborieuse de l'Ile des Pêcheurs. Là, chaque habitant possède une maisonnette, un bateau, un filet; c'est la petite propriété sur l'eau : la population de l'Ile des Pêcheurs est vraiment extraordinaire; elle confirme la remarque de Montesquieu sur la propagation des peuples ichtyophages : cette île a moins d'un demi-mille de circuit et elle contient plus de deux cents personnes. Son aspect toutefois n'est pas sans agrément : le clocher du village, les petites maisons des pêcheurs, leurs filets suspendus comme en festons pour sécher, plaisent à l'œil qui vient de contempler la pompe monumentale du palais et des jardins des îles Borromées.

CHAPITRE IV.

Lac Majeur. — Fête. — Tempête.

Le bateau à vapeur le *Verbano*, qui part de Sesto-Calende et arrive à Magadino, parcourt le lac Majeur dans toute son étendue. On navigue ainsi en six heures dans trois États divers: la Lombardie, le Piémont et la Suisse. La *Gazette de Lausanne*, le *Courrier suisse*, feuilles indépendantes, comme on dit, se lisent sur le *Verbano*. La liberté helvétique peut flotter impunément à travers les royaumes lombard et de Sardaigne, mais il ne lui est pas permis de gagner la terre-ferme. Le lac Majeur est un espace neutre, une espèce d'oasis pour l'opinion, sur lequel expire la sévère censure des États voisins.

Ce lac majestueux offre un double aspect : du côté de la Lombardie il est environné de plaines fertiles, de collines peu élevées et ornées de maisons nouvelles; l'autre côté, sauvage, est dominé par les Alpes, hérissé de rochers sur lesquels s'élèvent des couvens, des chalets et de vieilles fortifications. Dans cette dernière partie, dont les îles Borromées, situées au milieu du lac, sont comme la limite, est un roc surmonté d'un fort en ruine; il servit au xve siècle de repaire à cinq frères Mazzarda, espèces de pirates qui s'y défendirent pendant dix ans : la princesse de Galles, séduite par l'aspect romantique de ce rocher, avait voulu s'y établir afin d'y créer une autre Isola Bella ; mais la famille Borromée, qui en avait jadis chassé les Mazzarda et leur bande, ne voulut point y recevoir la cour de la princesse.

J'assistai à la fête donnée sur le lac au roi de Sardaigne lorsqu'il visita les îles Borromées, au mois de septembre 1828. Des arcs de triomphe peints, avec l'oripeau italien et le latin d'usage, avaient été dressés sur le passage de Sa Majesté. L'apparition de l'Isola Bella illuminée offrait le soir un merveilleux coup d'œil. Les transparens et les décorations de théâtre allaient fort bien à cette île symétrique, tourmentée, et les roses de San Quirico[1] y semblaient plus naturelles que les roses du printemps. Cette scène de nuit était infiniment supérieure à la pompe des harangues et des réceptions du matin. Une multitude de barques illuminées, ayant la forme de dragons ou de temples avec des colonnes corinthiennes ornées de feuillage, se pressaient autour de l'île en feu, et l'enthousiasme des Milanais pour ce genre de plaisir était à son comble. Malheureusement le mauvais temps vint déranger cette fête, et la nuit s'acheva au milieu d'un orage perpétuel; on eût dit que les vastes éclairs, que les vieux tonnerres des Alpes, s'indignaient contre les feux de joie et contre les nouvelles clartés qui troublaient leur solitude et semblaient parodier leur majesté : les éclairs répondaient aux fusées, les tonnerres aux pétards; et ce contraste, qui dut contrarier les personnes en toilette, ajoutait encore à l'effet curieux du spectacle. La fin de la partie ne répondit point à son commencement; il fallut subir à Sesto-Calende les visa de passeport de la police, l'examen des nécessaires par les douaniers, tout cela à bord de la barque du bateau à vapeur et par une pluie effroyable; et, descendu dans ce trou de Sesto, mon prudent voiturin ne voulut se mettre en route pour Milan qu'au jour, à cause des

---

[1] Peintre célèbre des décorations de la Scala.

voleurs. Ainsi l'Italie, au milieu même de ses fêtes, ne peut échapper soit à la surveillance importune, vexatoire de ses maîtres étrangers, soit au brigandage de ses propres habitans.

CHAPITRE V.

Arône. — Colosse.

Je ne me suis pas contenté d'apercevoir de la route le colosse de saint Charles Borromée, placé sur la colline d'Arône; comme confrère, je lui devais une visite; car si je n'ai pas tout-à-fait le génie de Leibnitz et de Fielding (quoique je me sois occupé comme un autre de philosophie et que j'aie aussi composé ma nouvelle), j'ai été doué de la haute stature de ces grands hommes. J'aurais bien voulu pénétrer dans l'intérieur de cette grosse et médiocre statue de saint Charles, et méditer dans le nez du saint comme d'autres voyageurs; mais ma taille était un obstacle pour monter l'escalier, et j'en suis resté là avec le colosse : c'est ainsi qu'une mutuelle supériorité s'oppose quelquefois à l'intimité.

Tel est l'avantage d'avoir une position : tout le monde visite ce grossier colosse de saint Charles, espèce de monument égyptien qui s'aperçoit de plusieurs milles; tandis que l'on néglige les belles peintures de l'église d'Arône, ouvrage de Gaudenzio Vinci, excellent artiste, que son redoutable homonyme Léonard a fait à peu près oublier.

CHAPITRE VI.

Lombardie.

On entre en Lombardie à Sesto-Calende sur le Tessin, à huit lieues de Milan. Plaine vaste, triste et monotone, la Lombardie contraste avec l'ardeur vive, fière, presque française de sa population et les souvenirs orageux de son histoire; et cette contrée, sans pittoresque, sans physionomie, ressemble moins à ses propres habitans qu'à ses lourds dominateurs.

CHAPITRE VII.

Entrée de l'Italie par le grand Saint-Bernard et la vallée d'Aoste. — Grand Saint-Bernard. — Couvent.

La route du Saint-Bernard a été mille fois parcourue et décrite. Sans diminuer assurément la gloire du passage de notre armée avec ses canons et les lourds bagages des armées modernes, ni chercher à affaiblir l'admiration que doit inspirer cette grande surprise militaire, on sent toutefois que cette montagne a dans tous les temps été un chemin pour les invasions de l'Italie, et qu'il y avait possibilité de la franchir. On montre encore la petite vallée où nos soldats campèrent, et l'endroit où Bonaparte, renversé par son mulet, eût péri sans le secours de son guide [1]. On offrit à ce mon-

[1] Un auteur qui paraît très véridique sur Bonaparte, M. de Bour-

tagnard de suivre le Premier Consul, mais il refusa parce qu'il bâtissait, dit-il, une maison que Bonaparte lui paya : cet homme l'habite encore, et son compagnon de danger, moins avisé, a perdu ses palais. Les enfans et les habitans de cette partie des Alpes ont un air de force et de santé qui réjouit ; ceux-ci sont presque tous propriétaires, et cette propriété cultivée soigneusement rappelle *les champs sur les abîmes* de la lettre de Saint-Preux.

Le couvent du grand Saint-Bernard et la métairie d'Antisana sont les points habités les plus élevés de l'ancien et du nouveau continent ; des prêtres, des laboureurs, ces premières et presque les deux seules conditions des sociétés primitives, semblent, par la pureté, par l'innocence de leur état et de leur vie, les habitans de la terre les plus dignes d'approcher des cieux.

Le mauvais temps ne me permit d'arriver à l'hospice du grand Saint-Bernard qu'à la nuit. Si quelques beaux aspects de la nature m'ont peut-être échappé, je n'ai rien perdu certes du spectacle de courage et de vertu que donnent les religieux, spectacle plus noble que la scène qui les environne ; car il tient à la grandeur de l'homme. En relevant l'inadvertance injurieuse de lord Byron au sujet des prêtres du Saint-Bernard[1], je ne les avais peints que sur leur renommée ; je n'ai pas été moins touché en les voyant de près. Ces hommes, pres-

---

rienne, ne parle point de ce fait dans ses *Mémoires* ; il m'a été confirmé par M. le clavendier de l'hospice du grand Saint-Bernard, homme d'un rare mérite. Peut-être M. de Bourrienne est-il une autorité plus sûre pour le cabinet et pour le Luxembourg, les Tuileries et la Malmaison, que pour le passage des montagnes. C'est ainsi qu'il prétend que le soleil ne pénètre presque jamais à Martigny, tandis qu'il y est au contraire fort incommode.

[1] *V.* Liv. 1ᵉʳ, chap. XXIII.

que tous du Valais, joignent à une instruction variée la politesse chrétienne et ecclésiastique des religieux, et la simplicité et l'hospitalité des montagnards; prêtres édifians, ils sont pleins d'indulgence et sans étroites préventions; leur montagne, traversée perpétuellement par des pauvres, des paysans, des marchands de divers pays, ou par des voyageurs opulens, des écrivains, des poètes, des savans, des artistes et des femmes distinguées, les rend plus éclairés sur la plupart des choses de ce monde que certains fougueux abbés des villes. C'est ainsi que la quantité d'habitans, de mendians qui abandonnent un pays, leur fait assez bien juger de la richesse ou de la pauvreté de cet état; leur statistique de charité serait en ce point moins incertaine que celle de l'administration ou de certains auteurs célèbres. Le couvent reçoit la *Bibliothèque universelle de Genève*, journal fort instructif, la *Gazette de Lausanne*, et des ouvrages de science. J'ai regretté de ne pouvoir examiner la bibliothèque; mais elle était en pile, non par négligence, mais à cause des nouvelles constructions; car la maison vient d'être élevée d'un étage. La terre de ce côté s'est rapprochée du ciel de quelques pieds, et l'on aime cet accroissement d'une institution aussi belle et aussi utile. L'adversaire le plus intrépide des vœux monastiques éprouverait ici quelque embarras: quels hommes autres que des moines pourraient, depuis plus de huit siècles [1], vivre sous un tel climat? La charité leur tient lieu de cet instinct de patrie qui peuple les glaces de l'Islande ou du Groenland. Dites à des pères de famille d'habiter le Saint-Bernard, et vous verrez en peu de temps quelle différence sépare l'institut philanthropique de l'œuvre de la religion.

---

[1] La fondation du couvent actuel remonte à l'année 962.

Toute la partie descriptive du grand Saint-Bernard, est excellente dans M. de Saussure; au lieu de le copier, on ne peut après lui qu'essayer de rendre quelques unes de ses propres impressions. L'une des plus vives que j'aie ressenties fut l'effet de la prière du matin dans l'église du couvent : le *Laudate Dominum, omnes gentes*, accompagné de l'orgue, était là encore plus solennel, et la *miséricorde* semblait véritablement *affermie* sur les hommes vénérables qui le chantaient. Le catholicisme charitable de ces religieux me parut, certes, d'un plus bel exemple au protestantisme limitrophe, que celui d'un de nos évêques dont j'avais traversé le petit diocèse deux jours auparavant.

Un de nos plus illustres capitaines, Desaix, est enterré dans l'église du grand Saint-Bernard. Si la colonne qui lui fut érigée a disparu de la plaine de Marengo [1], son cercueil est mieux défendu par la religion sur la montagne d'un état libre : ce tombeau français est le plus élevé de l'univers ; il est sur cette haute limite, par-delà les nuages, comme un monument avancé de notre gloire ; et la sépulture du héros qu'il renferme est presque une apothéose.

Le tombeau de Desaix est sans aucune inscription ; son nom même ne s'y lit point : Napoléon avait promis, dit-on, de composer l'inscription. Si les travaux de son règne lui firent oublier sa promesse, peut-être se l'est-il rappelée dans son exil, lorsque songeant à tant de belles et si glorieuses vies sacrifiées à sa cause, il dut envier le victorieux mausolée de Desaix au sommet des Alpes, lui dont la dépouille allait être enfouie au sein de ce roc battu des flots sur lequel il etait captif. L'épitaphe de Desaix par son frère d'armes

---

[1] *V*. liv. xvi.

d'Égypte et de Marengo serait aujourd'hui un monument impérissable et sacré qui, certes, ferait plus d'honneur à Napoléon dans la postérité que toutes ces créations, ces proclamations de princes et de rois dont il n'est rien resté : celles-ci n'ont prouvé que son orgueil, celle-là montrerait qu'il était digne d'avoir un ami.

Malgré le marbre blanc dont il est formé et le gros hibou qui est au milieu, le tombeau de Desaix est nu : on regrette de n'y trouver aucun emblême chrétien, et une croix y semblerait mieux placée que le triste et classique oiseau de Minerve.

Je n'ai pas manqué d'aller rendre visite aux célèbres chiens de l'hospice; il y en avait un de blessé; ce n'était, à la vérité, que d'un coup de pied de mulet, mais j'aimais à ennoblir la blessure de ce pauvre animal et à supposer qu'il l'avait reçue dans une de ses chasses périlleuses au secours de l'humanité. Buffon, à l'article du chien, ne s'est point souvenu du chien de l'aveugle, et M. de Chateaubriand le lui a justement reproché. Son oubli des chiens du grand Saint-Bernard est aussi blâmable et s'explique encore moins. Le pompeux auteur des *Époques de la Nature* pouvait fort bien n'avoir pas aperçu le chien un peu vulgaire de l'aveugle des villes, mais il aurait pu rencontrer, et il n'aurait pas dû omettre ce chien de grande et noble stature, cet hôte vigilant de la montagne, ce compagnon des travaux, des dangers et presque de la charité de ses maîtres, ce chien enfin le plus respectable de son espèce.

Dans un coin du couvent, je remarquai à terre une superbe plaque de marbre noir. Cette pierre, d'après l'inscription latine, avait été consacrée par les Valaisans à Napoléon, comme restaurateur de leur république, dont, malgré les traités, ce destructeur opiniâtre de républiques finit par faire une préfecture pour un de ses chambellans [1]. Le luxe lapidaire de ces pauvres gens ne leur a pas réussi, et il n'est aujourd'hui qu'un monument de plus de la mauvaise foi impériale.

En face de l'hospice, dans une petite plaine, sont des espèces de ruines parmi lesquelles on a trouvé de nombreuses médailles, *ex voto* des dévots et des pélerins de l'antiquité. On ne sait si l'édifice était un temple de Jupiter ou un hospice; j'incline pour le temple, et ne crois guère, dans un lieu aussi affreux, à un hospice païen.

La société helvétique des Amis des Sciences naturelles doit se réunir à l'hospice du grand Saint-Bernard au mois de juillet prochain. Jamais société savante n'aura tenu si haut ses séances. Le couvent logera ces nouveaux et nombreux Saussures, et tandis qu'ailleurs une sorte de défiance, d'inimitié subsiste entre le cloître et la science, ici elle sera bien reçue, traitée comme un hôte familier, et admise au banquet et au foyer de la maison. [2]

---

[1] Malgré l'iniquité de cette réunion, l'administration de M. le comte de R******** a laissé dans le Valais les plus honorables souvenirs.

[2] Cette réunion a eu lieu le 21 juillet 1829; elle était de quatre-vingt-six personnes, parmi lesquelles se trouvaient quelques savans étrangers, tels que M. le baron allemand de Buch, connu par ses travaux géologiques, et MM. Bouvard et Michaux, naturalistes français. Il y eut deux séances, le 21 et le 22, sous la présidence de M. le chanoine Biselx, curé de Vauvry, dans lesquelles on a lu différens mémoires; et le 23, dit un journal, tout le monde est redescendu également satisfait du zèle et de l'esprit d'union des membres de la société, et de la manière dont les religieux du mont Saint-Bernard ont fait les honneurs de leur couvent.

CHAPITRE VIII.

Aoste. — Vallée d'Aoste.

La vallée d'Aoste, malgré sa richesse, sa beauté, sa variété, n'offre point le riant contraste de l'entrée de l'Italie par Domo d'Ossola. Cette vallée conserve long-temps les traits principaux de la nature alpine, tels que torrens, forêts, rochers, cascades, abîmes, au fond desquels gronde la Doire. L'antiquité de ce chemin militaire, déjà sensible en montant au grand Saint-Bernard, l'est encore bien davantage à la descente; et cette étroite vallée rassemble à chaque pas les traces redoutables des deux premiers peuples guerriers de l'histoire, les Romains et les Français.

La vallée d'Aoste, les bords de la Doire et les impressions qu'ils produisent ont été peints éloquemment dans les divers ouvrages de M. le comte Xavier de Maistre, écrivain sentimental et militaire, et qui est comme le barde de cette petite contrée.

Quelques jours plus tôt j'aurais retrouvé un second lépreux à la cité d'Aoste et dans la même maison qu'occupait celui de M. de Maistre. Ce lépreux obscur, d'après tout ce qui me fut rapporté de sa douceur, n'était pas moins digne de pitié que son célèbre devancier : peut-être même était-il plus résigné, quoiqu'il fût encore plus malheureux. Il n'occupait plus à lui seul la petite maison et sa tour, appartenant à l'hospice, demeure du premier lépreux; il n'y avait qu'une chambre soigneusement fermée; le reste de la maison était loué dix écus à des paysans, ainsi que le jardin loué aussi dix écus à un débitant de tabac du quartier, qui n'avait que sa boutique, et qui aimait la nature. Ce nouveau lépreux n'avait pu cultiver et offrir les fleurs de son petit parterre ; les enfans de la ville n'étaient point venus folâtrer sous sa fenêtre et lui dire en dérobant ses fleurs : *bonjour, lépreux*, ce qui l'aurait *réjoui un peu* ; il n'avait pu errer dans la campagne, monter sur la colline, serrer dans ses bras les arbres de la forêt, en priant Dieu de les animer pour lui, ou suivre des yeux, à travers la prairie, ces jeunes époux accompagnés de leurs familles. Grâce aux *voies et moyens* de l'administration de l'hôpital, cet infortuné était plus qu'un solitaire et un malade : c'était un captif. Lorsqu'à la lecture du *Lépreux* j'étais touché des souffrances de ce poétique successeur de Job et de Philoctète, je ne m'attendais pas qu'elles dussent être un jour surpassées dans les mêmes lieux.

Au milieu de la place publique est une colonne de pierre surmontée d'une croix, élevée, selon l'inscription, en souvenir de la fuite de Calvin de la cité d'Aoste, à son retour d'Italie. Ne dirait-on pas, à la vue de cette étrange colonne, qu'il s'agit de la dispersion de quelque puissant vainqueur, au lieu de la retraite précipitée d'un homme, d'un docteur errant, isolé, et qui ne marchait qu'avec des doctrines ?

La population de Cretins et d'Albinos qui habitent la vallée d'Aoste, contraste singulièrement avec la beauté du site et la grandeur des antiquités romaines que l'on y trouve. J'ai aperçu quelques uns de ces tristes monstres sous l'arc de triomphe d'Auguste, et l'espèce humaine m'a semblé là bien plus dégradée, bien plus décrépite que les monumens de dix-huit siècles.

CHAPITRE IX.

Ivrée. — Prisons d'Italie.

Avant de gagner la route de Turin à Milan, on rencontre Ivrée, ville laide au-dedans, d'un bel aspect au-dehors : le pont romain, d'une seule arche, jeté sur les rochers de la Doire, et le château formé de quatre tours élevées réunies par une haute muraille de briques, ont un air grand et semblent en harmonie avec le site pittoresque qui les environne. Ce château est une prison redoutable, qui ne ressemble point aux bénignes maisons pénitentiaires de Genève et de Lausanne ; les évasions de ces anciennes forteresses devaient être bien plus difficiles, et les geôliers de vieille roche exerçaient sans doute une surveillance bien plus rude que les concierges philanthropes des maisons nouvelles. Cette grande prison, à l'entrée de l'Italie, me rappelait le rôle important que jouent les prisons dans son histoire : indépendamment des emprisonnemens politiques communs à tous les peuples et à tous les pays, jamais contrée n'eut autant ni de plus illustres captifs; poètes, savans, historiens, artistes, pour peu qu'ils atteignent à quelque célébrité, ont presque tous été enfermés ; il semble que la prison soit là dans la destinée de tout ce qui s'élève, qu'elle devienne alors comme un accident, un événement ordinaire de la vie : elle est pour la gloire ce qu'était à Athènes l'ostracisme pour la popularité, ou ce qu'est à Constantinople le cordon ; vous diriez qu'elle y est comme naturalisée. Les prisons de l'Italie sont une partie de ses monumens ; et si la tradition quelquefois en était moins incertaine, elles auraient bien aussi leur grandeur, puisqu'elles reçurent des détenus tels que le Tasse, Machiavel et Galilée.

Un Français dévoué à la cause royale, M. le duc de C******, après avoir été mis au Temple, fut transféré, en 1803, à la forteresse d'Ivrée ; il peignit, sur les murs de sa prison, d'élégantes draperies, des vases étrusques qui se voient encore, et il y inscrivit ces mots qu'il avait lus dans la tour du Temple : *patience, silence, prudence*. M. de C****** reçut dans son donjon la visite de Mme de Staël lorsqu'elle se rendait en Italie : je doute que l'inscription ait été du goût de cette femme illustre, si éprise du bruit, si impatiente de renommée, et dont les opinions et les principes furent à la fois si généreux et si téméraires.

CHAPITRE X.

Verceil. — Invasion des Barbares. — Évangéliaire d'Eusèbe.

C'est dans les plaines de Verceil que Marius défit l'armée des Teutons et des Cimbres qu'avaient déjà repoussés plusieurs généraux romains. Les antiques invasions de Barbares étaient naturelles, puisque le soleil et l'abondance devaient attirer ces peuples ; tandis que le vertige des dernières années de l'Empire a pu seul entraîner le chef d'une nation civilisée à faire des conquêtes dans le nord, fait unique dans l'histoire des expéditions lointaines ; car les guerres de Charlemagne avaient du moins pour prétexte de convertir les Saxons au christianisme, ou plutôt, comme l'a judicieusement fait observer M. Guizot [1], il obéissait à la grande né-

[1] Troisième leçon. — 1828.

cessité de réprimer lui-même l'invasion constante des Barbares. « Il n'avait point envie, dit Mézerai, de pos-« séder les glaces et les rochers du nord. »

Il faut en vérité remonter au souvenir du grand capitaine de Rome pour animer cette triste et ennuyeuse route de Turin à Milan, qui, de ce côté, n'offre point l'imposant et majestueux aspect des Alpes.

Verceil a une belle cathédrale nouvelle, mais avec un *pronaos* à la manière des temples antiques, et une ancienne église gothique, Saint-André, qui contraste avec la splendeur récente du Dôme [1]. Je vis dans le trésor le célèbre *Livre des Évangiles*, copié, dit-on, de la main d'Eusèbe, premier évêque de Verceil au IVe siècle, et que Lalande donne pour l'autographe de saint Marc, quoique la version soit latine et que les apôtres n'aient jamais écrit qu'en hébreu ou en grec. Ce manuscrit, autrefois scellé du sceau de l'évêque, qui n'était ouvert qu'avec sa permission, dont il n'était permis que de baiser la couverture à genoux, me fut montré familièrement par un jeune enfant de chœur : il est en très mauvais état, et l'on pourrait, je crois, lui souhaiter un bibliothécaire plus attentif. Je remarquai aussi une lettre autographe de saint François de Sales au duc de Savoie, datée d'Annecy, le 17 février 1615, sur la canonisation d'Amée III; elle est écrite avec élégance, et mériterait de trouver place dans l'édition des œuvres complètes de cet aimable et tendre saint.

[1] En Italie, le Dôme (*il Duomo*) se prend toujours pour la cathédrale.

CHAPITRE XI.

Novare. — *Dôme.* — Église *St.-Gaudence.* — Prina.

Novare, vieille ville espagnole, sale, a de riches et belles églises. Au dôme, les *Sibylles* et le *Père Éternel* sont d'excellens ouvrages de Bernardin Lanino, grand peintre de l'école lombarde du xvie siècle. A S.-Gaudence, une *Déposition de Croix*, très remarquable, passe pour le chef-d'œuvre du Moncalvo, habile artiste du pays et de la même époque; la coupole est peut-être aussi le chef-d'œuvre d'Étienne Legnani, bon peintre du siècle suivant; dans la sacristie est un beau *S. Jérôme* écrivant, du Guerchin, retiré de Paris par le crédit du ministre Prina, qui l'a restitué à sa ville natale. On voit à Novare la grande maison possédée par cet ancien ministre des finances du royaume d'Italie, massacré dans une émeute, sorte de sédition contre les surintendans, commune autrefois, et qui heureusement se termine depuis long-temps chez nous par des chansons, des vers ou des brochures. Le meurtre de Prina, comme tous les meurtres populaires, fut un crime inutile; le plus ardent des factieux, le comte Gonfalonieri lui-même, victime plus tard de son délire patriotique, est maintenant chargé de fers dans la forteresse de Spielberg. Ce n'est point par de telles violences que se produit et s'obtient de nos jours la liberté; fille de la civilisation et des lumières, cette haute liberté ne s'agite plus au milieu des carrefours, des rues ou sur la place publique, elle réside au palais, siége au sénat ou délibère dans des assemblées d'élite; la tribune pour se soutenir doit être adossée au trône; la liberté n'est devenue possible et durable que lorsqu'elle est donnée par la justice et la grandeur. « C'est un rayon du soleil, a dit un « homme éloquent [1], il doit venir d'en haut. »

CHAPITRE XII.

Du *Forestiere*. — Anglais.

A peine êtes-vous en Italie, que, revêtu de votre caractère de *forestiere* (étranger), vous trouvez chez ses divers habitans une conduite et des manières toutes différentes : dans les classes élevées, beaucoup d'obligeance, d'hospitalité et de bonhomie; pour le peuple, au contraire, l'étranger, malgré les formules cérémonieuses dont on l'accable, n'est qu'une proie, qu'une espèce de butin sur lequel chacun se rue, et dont il tâche d'emporter sa part selon ses moyens : le petit garçon, à demi-nu, court après la voiture en criant *carità*, jusqu'à ce que, devenu homme, il puisse prendre sa carabine et mendier plus noblement; le *perfidus caupo* n'est pas moins madré qu'au temps d'Horace; enfin, voiturins, valets de place, postillons, camériers, patrons de barques, tous semblent vouloir faire restituer en détail à l'Italie les tributs que l'invasion étrangère ne lui a que trop souvent enlevés, et il n'en est point qui ne fasse à cet égard acte de citoyen. Quelques autorités ne dédaignent point d'entrer dans cette sorte de ligue; les éternels et coûteux visa de passeports ne sont qu'un impôt indirect sur la curiosité des voyageurs; et dans quelques villes de second ordre, telles

[1] M. de Fontanes.

que Ferrare, Reggio, Plaisance, les billets de spectacle des étrangers ont été depuis quelques années taxés au double du consentement municipal. Indépendamment des services payés, le laquais des maisons où vous êtes reçu, le *custode*, le douanier, le gendarme, tout le monde tend la main ; ce qui coûte cher n'est pas ce que l'on achète, mais ce qu'il faut perpétuellement donner, et il n'est pas jusqu'au poète de la *locanda* (auberge), auteur du sonnet sur votre heureuse arrivée, dans lequel il n'a pas manqué de faire réjouir pour la millième fois le Tibre et l'Arno, qui ne demande aussi la pièce. Il faut donc que le *forestiere* se résigne, qu'il finisse par ne pas trop calculer ; ses jouissances de voyageur y perdraient ; la lutte ne saurait être égale, tant ces gens ont l'instinct et la science du gain.

Le *forestiere* et l'*Inglese* sont, en Italie, presque synonymes, tant le nombre des Anglais voyageurs surpasse celui des voyageurs d'aucune autre nation. La langue anglaise est, sur les grandes routes, comme une espèce de sifflement perpétuel, comme le bourdonnement des cigales à travers les champs :

Querulæ rumpent arbusta cicadæ [1].

Cette population nomade est, en général, déplaisante : l'Anglais transplanté perd une partie de ses qualités ; sa dignité devient de la morgue, sa raison est de la moquerie et de l'intolérance ; la nécessité de se quitter soi-même, si l'on peut le dire, premier devoir du voyageur, n'est point sentie par lui ; il porte son ennui, son exigence et ses manies chez le peuple dont les mœurs et les usages y sont le plus opposés ; et la *soverchia inglese* choque singulièrement la facilité italienne. Il est vrai

[1] *Geor. III*, 329.

que ces nombreux voyageurs diffèrent tout-à-fait de ceux des autres contrées qu'attirent en Italie le goût des arts et le désir de l'instruction : le *touriste* va pour aller; il fait ce que fait son voisin ; c'est un imitateur que n'excite, que n'entraîne aucun besoin de l'intelligence ou du sentiment : l'instinct voyageur n'est chez lui que de la curiosité, une envie d'avoir vu du pays, une autre sorte de fantaisie et de vanité. Il constate avec exactitude tout ce qu'il aperçoit en chemin, mais il ne s'en inspire pas; les beautés de la nature, les merveilles de l'art, ne sont pour lui qu'une aride nomenclature; sa conversation est stérile, sans imagination, et, dans nos diverses rencontres ou nos courses de compagnie, j'ai plus d'une fois été frappé de la vulgarité des faits et des remarques qu'enregistrait l'inséparable journal. Cette sorte de voyageurs offre d'ailleurs plusieurs nuances très distinctes : au nord de l'Italie, elle est extrêmement mélangée, et se compose même de marchands, d'artisans, fort estimables sans doute, mais qui ne répondent pas tout-à-fait à l'idée que, d'après leur accent, on voudrait se faire de véritables *gentlemen*; cette partie commune des voyageurs anglais ne dépasse guère Florence; les voyageurs de Rome, et surtout de Naples, sont infiniment plus distingués, et il est parmi eux des hommes d'un mérite réel et supérieur.

CHAPITRE XIII.

Auberges. — Registres.

Les Anglais, à force de scènes et de train, ont contribué à l'amélioration des auberges d'Italie; ils peuvent prétendre à la gloire de les avoir réformées ; elles sont, en général, devenues fort tolérables, et je les crois même meilleures qu'en France. Le registre que la sévérité des diverses polices y fait tenir exactement, est une lecture à laquelle j'ai souvent cédé, et ce livre ne laisse pas à sa manière que de faire penser. Les noms divers de tous ces voyageurs qui passent montrent l'agitation souvent bien vaine des choses du monde ; ils rappellent quelquefois les caprices de la fortune, et révèlent l'existence oubliée d'aventureux personnages autrefois célèbres, autrefois puissans, et dont les anciens palais n'ont eux-mêmes été que des hôtelleries. La colonne *condizioni* de l'inévitable registre est pour beaucoup de gens difficile à remplir ; ils ne savent pas précisément ce qu'ils sont, tant il y a de nos jours de destinées incertaines ; tant l'ordre social, malgré ses lumières, est en quelques points incomplet et provisoire. Les Italiens prennent fréquemment le titre de *nobile ;* celui de gentilhomme ou d'homme de qualité n'est pris par aucun Français, quoique la noblesse soit dans la Charte, et même qu'il y en ait deux : les noms de rentiers, propriétaires, sont assurément fort doux, mais ils ont quelque chose de commun. L'*età* (l'âge) est une autre question positive qui, pour les femmes, est embarrassante à une certaine époque : on ne s'imagine guère la quantité prodigieuse de dames de trente-huit ans qui voyagent ; on dirait que c'est pour cela le bel âge ; la difficulté, quelquefois, se complique par le voisinage de quelque fille charmante, qui déjà commence à plaire, et prouve que madame sa mère a commencé depuis assez long-temps. Le registre des auberges d'Italie est presqu'un manuscrit anglais, tant les noms, l'écriture et même le caractère dédaigneux ou engoué de la nation y dominent : j'ai trouvé sur quelques uns de ces registres des hymnes ou des anathèmes contre la *locanda;* d'autres Anglais, avec une prétention tout aristocratique, détaillent complaisamment leurs titres, et je me souviens d'avoir lu écrit en français, sans doute parce que c'est la langue universelle, et de la manière suivante, le nom d'un noble pair : *Lord* ********, *chevalier de* LA *très illustre ordre de la jarretière, et* PAIRE *du royaume uni de la Grande-Bretagne.* Mais les meilleurs chapitres sont les noms de vos amis, comme vous voyageurs; il semble qu'en retrouvant, qu'en suivant leurs traces, vous diminuez la tristesse de l'absence, que cette sorte d'apparition vous les rend, et qu'elle est comme cette rencontre chantée dans ces mêmes lieux par le poète :

Plotius et Varius Sinuessæ, Virgiliusque
Occurrunt, animæ quales neque candidiores
Terra tulit, neque quis me sit devinctior alter.
. . . .
Nil ego contulerim jucundo sanus amico.

CHAPITRE XIV.

De l'époque du voyage d'Italie.

QUOIQUE l'hiver soit la saison convenue des voyages d'Italie, je n'inviterai point à suivre cet usage, à moins qu'on ne s'y rende par ordonnance du médecin. L'hiver ne va point à cette belle contrée; son aspect alors n'est guère différent de celui de nos provinces : c'est, à peu près, la même humidité et le même froid; les fleuves sont débordés, des pluies immenses et continues obscurcissent le ciel et inondent les champs; les arbres peu élevés paraissent encore plus chétifs dépouillés de verdure, et la vigne, qui s'y entrelaçait avec grâce, n'est plus qu'une espèce de gros reptile qui les serre, tortueux et noir. Les orangers seuls semblent chargés de faire les honneurs du pays, et de rappeler quelques uns de ses charmes; mais malgré la beauté de leurs fruits, il n'y en a pas autant que l'imagination se le figure, et ils ne sont pas réellement plus hauts que nos orangers de Versailles ou des Tuileries. Lorsque je quittais ordinairement l'Italie vers la fin de l'année, et le plus souvent par un temps affreux, tandis que la foule des étrangers s'y rendait dans d'élégans équipages, je songeais avec peine, dans ma tendresse pour elle, à la première impression que ces étrangers devaient en recevoir; j'étais tenté de leur crier au milieu du chemin que ce n'était pas là l'Italie, la véritable Italie : les pauvres femmes de chambre anglaises, exposées inhumainement sur les siéges de devant et de derrière, m'inspiraient surtout une vraie pitié; elles avaient lu probablement les *Mystères d'Udolphe*, dans lesquels se trouve, parmi tant d'horreurs, une si riante description de l'Italie au printemps, et elles devaient éprouver en la voyant ainsi un triste mécompte. Mais si la nature a perdu son éclat, les monumens de l'art ne sont guère plus reconnaissables; ils sont faits pour la lumière et le soleil d'été et non pour les brouillards de l'hiver. Combien de tableaux, de bas-reliefs, chefs-d'œuvre des plus grands maîtres, disparaissent alors dans l'obscurité de cette triste saison et le jour un peu sombre des églises d'Italie! Cet effet désagréable de l'hiver en Italie fut singulièrement éprouvé à Rome en 1828 par deux Anglais : arrivés le 10 novembre, ils en repartirent le 11, au grand regret de leur banquier, M. Torlonia, chez lequel ils avaient un crédit de plus de cent mille francs. Je connus aussi à Rome, à la même époque, un jeune Français, qui, comme un autre, faisait l'hiver son voyage d'Italie ; il se défiait, en quittant Paris, de son enthousiasme pour cette terre illustre, enthousiasme que je vis certes fort paisible : ce voyageur désappointé avait eu froid en route ; dilettante, la musique qu'il avait entendue était médiocre ; Turin et Florence, qu'il n'avait fait que traverser, ne lui avaient semblé, pour les rues et les habitans, que des espèces de chefs-lieux de préfecture, et les petites boutiques du Corso, les hôtels de la place d'Espagne, où il était descendu, ne contribuaient guère à exciter cette admiration qu'il avait craint d'abord d'être obligé de contenir.

La multitude d'étrangers qui accourent l'hiver en Italie contribue encore à lui ôter une partie de sa physionomie ; les naturels du pays, les hommes distingués, semblent comme disparaître, perdus au milieu de cette société transplantée et bruyante ; on ne fait que les apercevoir, et il est moins facile de se lier avec eux, de profiter de leurs lumières, entraînés qu'ils sont par le tourbillon. Quant aux fêtes populaires, aux pélerinages à ces Notre-Dame-du-Mont, de la Grotte, des Fleurs, ils ont tout-à-fait cessé, et j'ai la grossièreté de les préférer aux pompeux *routs* des banquiers ou des ambassadeurs. L'étranger, le compatriote que j'aime et que je recherche en Italie est quelque artiste, peintre ou architecte, dessinant des vues, observant les monumens sur place au lieu de les regarder sur le papier, travaillant, étudiant, aimant les longs jours, joyeux compagnon des courses de la montagne, des horreurs de la *locanda*, ou passager comme vous sur la barque rapide qui vogue à tant de bords célèbres dans la fable ou l'histoire. Voilà l'heureuse rencontre que je souhaite aux véritables voyageurs ; elle leur sera certes plus agréable que celle de nos gens à la mode qui ne passent les Alpes que pour la Scala de Milan, les Cassines de Florence, le Corso de Rome, le Chiaja de Naples et autres frivoles rendez-vous des vanités européennes. L'Italie, cette source inépuisable d'enchantemens ou de méditations pour l'esprit et la pensée, n'est, pour tout ce monde, qu'un spectacle des yeux, qu'une espèce de course, qu'une sorte de représentation théâtrale où l'on se rend en poste, dont le but est de se montrer, et de savoir et de dire ceux qu'il y avait et qu'on y a vus. A l'époque choisie par tous ces visiteurs, les belles solitudes de Vallombreuse, du mont Cassin, des Camaldules, sont à peu près inaccessibles; et c'est n'emporter de l'Italie qu'une idée bien imparfaite que de n'avoir pu les contempler.

Il me semble d'ailleurs que les divers pays doivent être vus avec les climats qui leur sont propres : il faut à la Russie l'hiver et les frimas, et le soleil à l'Italie. L'été n'y est point aussi accablant qu'on se l'imagine; il y a de l'air, et l'on s'y entend bien mieux que chez nous à s'y défendre du chaud. Cette réputation de chaleurs intolérables a sans doute été faite à l'Italie par les Anglais et les voyageurs du nord; mais l'incommodité passagère qu'elles peuvent causer quelques heures au milieu du jour, est bien compensée par l'éclat et la pureté de la lumière du ciel, la magnificence du matin et du soir, et même le charme des nuits.

CHAPITRE XV.

Route. — Ponts. — Chemins de Lombardie.

On entre en Lombardie de ce côté, à Buffalora, sur le Tésin : un pont magnifique vient d'y être construit de cette belle pierre dure et brillante qui se trouve près du lac Majeur. Nulle part peut-être l'administration des ponts et chaussées n'est plus occupée et n'a rendu plus de services. On passe aujourd'hui commodément les nombreuses rivières et les canaux de cette route. Toute cette partie de l'Italie annonce une prospérité solide, agricole, matérielle; la domination autrichienne est là sous son beau côté. Les routes sont de véritables allées de jardin très soignées; on y arrache même l'herbe qui commence à croître. Ce gouvernement si économe, si mesquin, est en cela grand et magnifique.[1]

[1] L'entretien si parfait des routes du royaume lombard-vénitien coûte 1,500,000 liv. autrichiennes, c'est-à-dire 1,305,000 fr. pour quinze cent dix-huit milles d'Italie : c'est un peu plus de 1,800 fr. par lieue de France. D'après le rapport lumineux lu à la commission des routes et canaux, par M. le baron Pasquier, dans la séance du 6 octobre 1828, l'entretien de nos routes est de 1,750 fr. par lieue; en Angleterre, il s'élève de 3,700 à 4,215 fr. environ.

FIN DU LIVRE SECOND.

LIVRE TROISIÈME.

MILAN.

CHAPITRE PREMIER.

Aspect français de Milan. — Palais.

Il est impossible de n'être pas frappé, même en passant, de l'air de richesse, de commerce et d'industrie de cette grande cité. Son aspect français, si fort accru dans ces derniers temps, avait été déjà remarqué par Montaigne. Il trouvait que « Milan ressem-« bloit assez à Paris, et avoit beaucoup de rapport avec « les villes de France. » La même ressemblance avait frappé le Tasse lorsqu'il vint passer à Paris deux années à la suite du cardinal d'Este, et qu'il écrivit son étrange parallèle de l'Italie et de la France. La rue du Cours aujourd'hui a toute la magnificence moderne de la rue du Mont-Blanc ; et sans le lourd hulan qui escorte le soir les brillantes calèches du Cours, on pourrait presque se croire aux boulevards.

La multitude de guérites placées à tous les coins de rues, et le soldat automate que l'on y pose tous les soirs, ont quelque chose de triste et de menaçant. Mais de pareilles précautions ne sont que trop nécessaires, attendu l'état de la législation du pays. La loi autrichienne ne condamne jamais sur la déclaration du plaignant, s'il n'y a aussi déposition de deux témoins ou l'aveu du coupable. Cette disposition, qui n'a pas d'inconvénient chez les peuples heureux et tranquilles de l'Autriche, ne convient pas du tout aux Italiens et particulièrement aux Lombards. Singulière opposition de mœurs, qui fait que la partie même débonnaire des lois du peuple conquérant est impraticable et funeste chez le peuple conquis!

Cet aspect français de Milan se retrouve encore plus fidèlement dans les palais du prince, imitations brillantes, mais moins magnifiques, des palais impériaux de France. Leur nombre même est à peu près égal; indépendamment du palais ordinaire du vice-roi, *la Villa*, avec son jardin anglais et sa situation dans l'intérieur de la ville, est comme l'Élysée-Bourbon de ce Paris bâtard; et Monza, autre résidence royale à trois lieues de Milan, rappelle Saint-Cloud. Ces palais et leur élégant mobilier ne me paraissaient, je l'avoue, que des espèces de dépôts du garde-meuble de la couronne, et j'aurais volontiers donné tout leur éclat pour quelque vieux et noble débris du passé.

Les fresques d'Appiani, qui se voient dans ces diverses résidences, et principalement la grande fresque du palais de Milan représentant l'*Assemblée des Dieux*, et le médaillon du salon principal qui offre *Napoléon sous les traits de Jupiter*, sont peut-être trop vantées par les Italiens; mais ces peintures d'apparat, de décoration, produisent un grand effet, et semblent d'ailleurs assez conformes à la gloire théâtrale qu'elles consacrent.

Les divers palais de Milan sont plutôt de vastes et opulentes demeures que des monumens : les cours, environnées de portiques, ont toutefois une sorte de grandeur. Malgré l'usage italien de prodiguer le titre de *palazzo*, ces palais ne portent point une désignation aussi superbe, et, à moins qu'ils ne soient consacrés à quelque service public, ils s'appellent, en général, plus modestement maisons (*ca s*).

L'architecture de la cour du *Palais archiépiscopal* est ingénieuse ; le bâtiment octogone des écuries et son vestibule grec, bel ouvrage du grand peintre et architecte bolonais Pellegrino Tibaldi, paraissaient à saint Charles et sont véritablement dignes d'une plus noble destination. Sur la place, vis-à-vis du palais, les sirènes de la fontaine, par le sculpteur de Carrare, Joseph Franchi, sont au rang des meilleurs ouvrages de sculpture de ces derniers temps.

Près du palais *Durini*, grand et régulier bâtiment, est une statue appelée par le peuple l'*Homme de pierre* (*Uomo di pietra*), que les uns ont pris pour Cicéron, Marius, et même pour l'archevêque de Milan du xe siècle Menclozzi, mais que l'on doit toujours regarder comme un des monumens les plus anciens de la ville.

Le palais *della Contabilità*, de Fabius Mangoni et de Richini, est le plus parfait des palais de Milan sous le rapport de l'art. Le plus grand est le palais *Marini*, bâti en 1525 par l'habile architecte Galéas Alessi, pour le fermier général de Milan dont il porte le nom, et qui est encore occupé par le ministre des finances et l'administration des douanes. Au bout de la même rue Marino est la maison *Patellani*, demeure de Pellegrino Tibaldi, dans laquelle il mourut à son retour d'Espagne, après y avoir comme fondé la peinture.

Le palais *Bossi*, donné par le duc François Sforce à Cosme, père de la patrie, conserve sur sa façade deux superbes figures de femmes armées, de la plus riche sculpture, ouvrage de l'habile statuaire et architecte florentin Michelozzo Michelozzi.

Le palais *Cicogna*, d'une architecture gothique et mâle, est le plus ancien de Milan. Le palais *Erba Odescalchi*, élégant, léger, est de Pellegrino Tibaldi.

Les autres principaux palais, sont les palais *del Go-*

verno, du *Séminaire*, de *Brera* [1], et les maisons *Serbelloni*, *Pezzoli*, *Belgiojoso*, *Cusani*, maintenant casin des négocians, qui a paru digne de Palladio; *Litta*, de très mauvais goût malgré sa magnificence; *Mellerio*, *Stampasoncino*, où se voient de beaux tableaux; et *Trivulzio*, séjour d'une noble et aimable famille, qui a conservé le vieux bâton du maréchal de France, non moins précieux que tous les chefs-d'œuvre de son riche musée et que les raretés de sa bibliothèque. [2]

CHAPITRE II.

Dôme. — S. Charles Borromée. — Le cardinal Frédéric. — *L'Écorché.* — Jean-Jacques Médicis. — Vue.

Le Dôme, avec ses cent aiguilles et les trois mille statues que l'on y voit perchées, n'est qu'un énorme colifichet, plus hardi, plus extraordinaire que beau; toute cette population de pierre est commune de forme et d'expression [3]. Le gothique du Dôme manque de naïveté; il est à la fois vague et recherché, et ce n'est pas là le gothique grand, primitif, de la cathédrale de Cologne [4]. Les portes d'ordre romain, et qui jurent avec le caractère général de l'édifice [5], sont décorées de

[1] *V.* ci-après, chap. x et xiv.
[2] *V.* ci-après, chap. xi.
[3] Le nombre des statues, quand l'édifice sera terminé, doit s'élever à quatre mille cinq cents; la façade seulement en compte à peu près deux cent cinquante.
[4] On a prétendu que le Dôme était une imitation de la cathédrale : comme toutes les imitations, il doit être inférieur à son modèle, et cette opinion ne me paraît pas contredire l'impression que m'a laissée le Dôme de Milan.
[5] Lors de la reprise des travaux, en 1806, les fenêtres furent aussi

beaux bas-reliefs et d'ornemens de Cerani et de Fabius Mangoni. Les deux gigantesques colonnes de granit rouge d'un seul bloc, qui s'élèvent de chaque côté de la porte principale, furent tirées des monts voisins; elles sont peut-être les plus hautes qui jamais aient été employées dans aucun édifice. La peinture architectorale de la voûte, cette sorte de décoration, peut-être bien exécutée et qui conviendrait à un bâtiment neuf, déplaît dans un de ces vieux monumens où tout est ordinairement si réel. J'ai regretté les anciens vitraux représentant des histoires du vieux et du nouveau Testament, remplacés par des carreaux blancs à plusieurs fenêtres : les premiers, par le jour religieux qu'ils répandent, convenaient bien mieux à cette ancienne basilique ; ils furent, dit-on, brisés par la détonation des coups de canon tirés au moment du couronnement de Bonaparte comme roi d'Italie : on dirait qu'il eût craint de ne pas faire retentir assez haut le bruit de sa fortune.[1]

Les quatre Évangélistes et les quatre Pères de l'Église, en bronze, des deux chaires, par François Brambilla, malgré quelque recherche et quelque confusion dans les draperies, sont des figures sculptées et fondues avec beaucoup de soin et d'habileté.

Les dix-sept bas-reliefs de la partie supérieure du mur d'enceinte du chœur, dessinés par le même artiste, sont d'une finesse de ciseau rare; il a fait encore le modèle du grand et riche tabernacle de bronze doré du maître-autel. Au-dessus de ce dernier est le brillant reliquaire du *Santo Chiodo* (un des clous de la vraie croix), relique

faites romaines par économie. On se propose de les arranger à la manière gothique.

[1] Deux petites fenêtres en verres de couleur, exécutées à Milan, ont été refaites dernièrement, et leur effet égale presque celui des anciens vitraux.

vénérée, qui, le 3 mai de chaque année, anniversaire de la terrible peste de 1576, est portée processionnellement par l'archevêque de Milan, à l'exemple de S. Charles, après avoir été retirée de la voûte par quelques uns des dignitaires du chapitre, hissés théâtralement jusque-là dans une machine peinte, ayant la forme d'un nuage et mêlée de petits anges. Les stalles en bois du chœur sont revêtues de superbes sculptures d'après les dessins de Pellegrino, de Brambilla, de Figini et de Meda, et représentent divers traits de la vie de S. Ambroise et d'autres archevêques de Milan.

La célèbre statue de l'*Écorché*, dite de *S. Barthélemy*, placée aujourd'hui derrière le chœur, me paraît bien peu digne du ciseau de Praxitèle, malgré l'inscription gravée, sous ses pieds, avec peu de modestie, par l'artiste[1]. Cette sorte de réalité est horrible; et je ne crois pas que les Grecs, qui ont tant fait de statues d'Apollon, aient jamais représenté le squelette de Marsyas.[2]

Il est difficile de n'être pas ému en voyant dans la chapelle souterraine le corps de S. Charles, qui est comme le héros de cette contrée; génie vaste, ardent, inflexible, espèce de saint administrateur, dont le souvenir, ainsi que celui de sa famille, domine là tous ceux des rois et des empereurs. Le saint archevêque est revêtu de ses habits pontificaux enrichis de diamans; sa tête mîtrée repose sur un coussin d'or; le sarcophage est de cristal de roche. Ainsi le cadavre est sous verre, et l'on peut aisément contempler jusqu'aux traits de ce

---

[1] *Non me Praxiteles, sed Marcus finxit Agrates.*

[2] La statue antique, connue sous le nom de *Marsyas*, autrefois à la Villa Borghèse, maintenant au Musée royal, n'est qu'un faune pendu par les mains à un arbre, et ne représente point Marsyas écorché.

grand homme. La devise *humilitas*, écrite sur le tombeau, et qui est celle de la famille Borromée, contraste, il est vrai, un peu avec l'exhibition de tant de richesses.

Le tombeau du cardinal Frédéric Borromée, non moins digne de mémoire que son cousin le saint, est beaucoup plus modeste. Le cardinal Frédéric devait être canonisé comme S. Charles; mais il paraît que les frais de la canonisation de celui-ci avaient été si coûteux, que la famille fut obligée de renoncer à ce nouvel honneur. Les intéressans *Promessi Sposi* de M. Manzoni, dont le cardinal Frédéric est comme le héros, ont été depuis une sorte de réparation à l'injustice du sort.

On voit, sous verre, dans une chapelle, le crucifix porté processionnellement par S. Charles, ainsi que l'indique l'inscription, lors de la peste de 1576; véritable trophée, monument de la charité du grand archevêque, noblement exposé sur un autel de sa cathédrale.

Le mausolée d'Othon-le-Grand et de Jean Visconti, oncle et neveu, archevêques et seigneurs de Milan aux XIIIe et XIVe siècles, est surmonté de la statue assise de *Pie IV*, oncle maternel de S. Charles, un des bienfaiteurs de la cathédrale, ouvrage estimé de Brambilla, et très vanté par Vasari.

Le magnifique mausolée du cardinal Marin Caracciolo est un monument de bon goût du Bambaja.

Au-dessus d'une console de fleurs entrelacées est la statue de *Martin V*, assis et donnant sa bénédiction, par le fameux Jacopin da Tradate, aussi comparé à Praxitèle dans l'inscription du maître-autel qu'il a fait en 1418 [1], tant cette comparaison exagérée paraît le lieu commun du style lapidaire du dôme.

La sacristie méridionale offre les débris de l'antique

---

[1] *V.* Cicognara. *Stor. della scult.* Vol IV, p. 585.

et riche trésor de cette cathédrale. La statue du *Christ lié à la colonne* est du Gobbo ; un grand tableau de *S. Charles bénissant les croix*, du Cerano ; deux calices ornés de petites figures d'enfans et de divers groupes sont d'un travail merveilleux ; une patène en or est un chef-d'œuvre de ciselure, attribuée au milanais Caradosso, et le groupe principal, une *Déposition de Croix*, est admirable d'expression, malgré l'exiguité des figures ; enfin, on y conserve le célèbre *Pallium*, représentant *la Naissance de la Vierge*, brodé par Louise Pellegrini, peintre à l'aiguille, de la première moitié du xviie siècle, qui obtint par son adresse le surnom de *Minerve Lombarde*.

La statue de *S. Ambroise* est de César Procaccini ; celle de *S. Satyre*, d'André Biffi, d'après un modèle de Brambilla. Le grand bas-relief en marbre de la chapelle de la Présentation, si gracieux, si naturel, si vrai, est du Bambaja ; une belle statue de *Ste. Catherine*, de Christophe Lombardo.

La chapelle de Jean-Jacques Médicis, marquis de Marignan, a été débarrassée de la grille qui la fermait ; on peut maintenant contempler bien mieux le riche mausolée, du dessin de Michel-Ange, élevé par le pape Pie IV, son frère, à ce hardi capitaine, mais perfide, cruel, avide, comme la plupart des chefs militaires de l'Italie à cette époque. Les statues et les bas-reliefs en bronze qui le décorent, sont un travail estimé de Lion Lioni, habile sculpteur, fondeur et graveur toscan du xvie siècle.

Le *Baptistère*, élégant, gracieux, est de Pellegrino ; le bassin baptismal, de porphyre, passe pour avoir appartenu aux thermes de Maximien Hercule, à Milan.[1]

---

[1] *V.* le chap. suivant

La chapelle *Dell'albero*, ainsi appelée du magnifique candélabre en bronze ayant la forme d'un arbre, présent de l'archiprêtre de la cathédrale, Jean-Baptiste Trivulzio, est décorée de beaux bas-reliefs de Brambilla, d'André Fusina, du Gobbo, et autres excellens artistes.

La vue, du haut de ce dôme, énorme pyramide, espèce de montagne de marbre, est vraiment admirable; les plaines cultivées de la Lombardie paraissent, sous l'azur des cieux, un océan de verdure : l'œil découvre à la fois les Alpes et les Apennins, et cet immense horizon est comme une apparition nouvelle et superbe de l'Italie.

CHAPITRE III.

Églises. — *Ste.-Marie de la Passion.* — Chalcondyle. — *Notre-Dame de San Celso.* — *S.-Nazaire.* — Trivulce. — *S.-Sébastien.* — *S.-Alexandre in Zebedia.* — Paul Frisi. — *S.-Eustorge.* — Premiers sculpteurs. — George Merula. — *Ste.-Marie de la Victoire.* — Colonnes, église *S.-Laurent.* — *Monastero maggiore.*

Le dessin de la façade de l'église S.-Raphaël est de Pellegrino. Plusieurs peintures sont remarquables : le *S. Matthieu*, grandiose, est d'Ambroise Figini; *S. Jérôme*, de Procaccini; un *Christ mort*, de Gherardini; *Élie endormi*, de Morazzone; *Jonas refusant d'obéir à son père*, du Cerano.

La restauration du clocher nouveau de Ste.-Marie de' Servi est d'un goût horrible, et le bruit des cloches si importun qu'il a fait baisser le prix des loyers des maisons voisines; l'intérieur de l'église est richement décoré : la *Vierge distribuant l'habit de l'ordre aux Ser-*

vites est du Fiamminghino; le *Baptême de S. Jean*, d'un des frères Campi; le *Christ au Jardin des Oliviers*, de Lomazzo, illustre Milanais, peintre, poète, savant, géomètre, physicien, écrivain distingué, dont Cardan, d'après ses calculs d'astrologie, avait prédit la précoce cécité [1]; une ancienne et belle *Assomption*, d'auteur inconnu; les peintures du chœur, très bonnes, sont de Nuvolone, et une *Adoration des Mages*, à la sacristie, a paru digne de Bernardin Luini.

S.-Pierre Célestin, une des plus anciennes églises de Milan, rebâtie dans le dernier siècle, a une *Assomption* et un *S. Benoît*, ouvrages élégans de Camille et d'Hercule Procaccini.

S.-Cosme et Damien a quelques peintures estimées : *S. Nicolas de Tolentino*, du Cav. del Cairo; la *Vierge, S. Augustin et Ste. Monique*, d'André Porta; le *Christ à la colonne; S. Cosme et S. Damien*, d'auteurs inconnus.

Ste.-Marie de la Passion, de l'architecture du Gobbo, est une des belles églises de Milan, et peut-être la plus riche en tableaux : une *Assomption*, de Nuvolone, décore la coupole; le *Christ et la Vierge* est de Bernardin Luini; une petite *Descente de Croix*, de César Procaccini; un *S. François*, de son frère Camille; les orgues sont de Charles Urbini et Daniel Crespi, qui a fait encore les divers sujets de la *Passion*, les belles peintures de la nef, et un *S. Charles Borromée déjeunant au pain et à l'eau*, dont la terrible physionomie ferait croire qu'il médite quelque action violente et fanatique; une belle *Cène* est de Gaudence Ferrari; le *Christ*

---

[1] Lomazzo, devenu aveugle à trente-trois et peut-être à vingt-trois ans, fit des vers, composa plusieurs ouvrages, et dicta son *Traité de la Peinture*, regardé comme le plus complet qui existe, et supérieur même aux fragmens de Léonard de Vinci, recueillis sous ce titre.

au Jardin des Oliviers, une *Flagellation*, sont des meilleurs ouvrages d'Énée Salmeggia; les *Saintes Femmes au tombeau* sont d'Antoine Campi; l'*Enfant Jésus s'échappant du sein de la Vierge pour courir dans les bras de S. Joseph*, est une des deux bonnes saintes familles de Frédéric Bianchi; un *S. Jean-Baptiste* est de Camille Landriani. Les peintures de la sacristie, remarquables, d'auteurs inconnus, offrent les beautés de l'ancien style lombard. Une *Ste. Monique* est de Joseph Vermiglio, regardé par Lanzi comme le premier peintre du Piémont et l'un des meilleurs peintres du XVIIe siècle.

Le mausolée du prélat Daniel Birago, ouvrage d'André Fusina, un des premiers sculpteurs lombards du XVe siècle, est un monument noble, élégant, gracieux.

Le tombeau de Démétrius Chalcondyle a cette inscription simple et touchante du Trissin, son élève : *Jean-George Trissin, fils de Gaspard, a élevé ce tombeau à son très bon et très vénérable maître Démétrius Chalcondyle, d'Athènes, très éminent dans les lettres grecques, qui vécut quatre-vingt-sept ans cinq mois, et mourut l'an du Christ* 1511 [1]. La cendre de cet Athénien fugitif chez les Lombards, de ce premier éditeur d'Homère, de ce maître de grec de Benoît Jove, frère de Paul, de Grégoire Giraldi, du comte Castiglione, et d'autres savans italiens, de l'allemand Reuchlin, de l'anglais Linacer, célèbres fondateurs des études grecques

---

[1]
P. M.
Demetrio Chalcondylæ Atheniensi
In studiis literarum græcarum
Eminentissimo
Qui vixit annos LXXXVII mens. V.
Et obiit anno Christi MDXI.
Joannes Georgius Trissinus, Gasp. filius,
Præceptori optimo et sanctissimo
Posuit.

dans leurs pays, la reconnaissance du Trissin, premier restaurateur de l'art tragique en Europe [1], montrent tout ce que l'on doit à cette nation, et sont, à l'entrée de l'Italie, comme un monument avancé des services qu'elle a rendus. La pierre de Chalcondyle est sous la grande table de la sacristie, sur laquelle étaient étendus les habits des prêtres : il me semblait qu'il y avait là une sorte de profanation, et j'aurais aimé, en recherchant l'inscription cachée sous la table, à me prosterner d'une autre manière, afin de contempler cette docte cendre.

Quelques belles peintures sont à S.-Pierre in Gessato : l'*Adoration des Mages* est du Caravaggino; *S. Maur*, de Daniel Crespi; plusieurs traits de la vie du même saint sont du Moncalvo; une image de la *Vierge*, sous verre, est de Bernardin Luini. A la chapelle S.-Ambroise, les ouvrages de Bernardin da Trevilio et du Butinone, peintres du xve siècle, sont remarquables pour la perspective; une *Vierge* est attribuée au Bramante.

L'église S.-Étienne majeur, embellie par le cardinal Frédéric Borromée, a *S. Gervais* et *S. Protais*, du Bevilacqua; une *Nativité*, du Fiamminghino; la seconde bonne *Ste. Famille*, de Bianchi [2]; le tableau de la chapelle Trivulzio, de Camille Procaccini.

S.-Barnabé est d'une bonne architecture, attribuée au Père Antoine Morigia, grand prédicateur, devenu évêque et cardinal; un *Christ mort* est un ouvrage estimé d'Aurèle Luini, qui n'a pas toujours conservé le naturel et la grâce de son père Bernardin; *S. Jérôme* est de Charles Urbini; la *Vierge avec l'Enfant Jésus, Ste. Catherine et Ste. Agnès*, superbe, d'Antoine Campi;

---

[1] *V*. Liv. v, chap. xxxiv.
[2] *V*. la page précédente.

S. Barthélemi, *S. François*, *S. Bernardin*, d'une belle composition, de Lomazzo.

Ste.-Marie de la Paix, qui fut changée en magasin militaire, conserve encore quelques débris des fresques de Marc d'Oggiono, élève de Léonard, de Gaudence Ferrari et d'autres habiles peintres. A l'ancien réfectoire du couvent est un *Crucifîment* de ce même artiste, et la copie de la *Cène*, faite à vingt-deux ans par le docte et infortuné Lomazzo, peut-être quelque temps avant sa cruelle cécité.[1]

A S.-Calimère est un ange *Raphaël* de Charles Cane, peintre assez vigoureux, mais commun de forme et d'invention; et l'on y voit l'épitaphe et le tombeau du criminel et aventureux Tempesta.[2]

Notre-Dame de San-Celso, avec les colonnes de marbre, les belles statues, les sculptures qui décorent sa façade, la magnificence des peintures et des fresques de la voûte et des chapelles, la richesse des ornemens, a déjà toute la grandeur et l'éclat des églises de Rome. Les deux statues d'Adam et d'Ève, du sculpteur florentin Lorenzi, placées à l'entrée, ont la grâce et la pureté de statues antiques. Les deux *Sibylles* du fronton, les quatre statues de prophètes, la *Présentation de J. C.*, les anges en haut de l'église, sont d'excellens ouvrages d'Annibal Fontana. Un *Repos en Égypte*, très beau tableau de Raphaël, maintenant dans la galerie de Vienne, devait jadis ajouter encore à cette ressemblance. La croix d'argent et les chandeliers donnés par Joseph II sont une bien faible compensation d'une telle perte[3]. On ne sait pas précisément

[1] *V.* ci-dessus, même chapitre.
[2] *V.* Liv. II, chap. III. L'inscription très louangeuse n'a de rapport qu'aux talens de Tempesta, et ne fait aucune allusion aux événemens de sa vie.
[3] Ce *Repos en Égypte* a été supérieurement gravé par un élève

auquel du Bramante ou du Gobbo appartient le plan de l'édifice; la façade est de Galeas Alessi. La *Ste. Catherine de Sienne*, fresque, est de Pierre Gilardini; le *Martyre de S. Celse*, une *Descente de Croix*, sont de César Procaccini, qui, aussi bon statuaire que grand peintre, a fait les deux anges de marbre qui mettent la couronne sur la tête de la Vierge ; l'ange *Raphaël* est de Christophe Storer; deux *Martyres de Ste. Catherine* sont du Cerano; le grand tableau de l'autel, très beau, est de Pâris Bordone, ainsi que les deux prophètes et le *S. Roch*, peint à fresque au-dessus et en dessous; la *Résurrection du Sauveur*, facile, originale, est d'Antoine Campi; le *S. Maxime*, une *Assomption*, le *Christ quittant sa Mère au moment de la Passion*, tableau qui, selon Lanzi, n'a rien à redouter du voisinage des meilleurs ouvrages lombards placés dans cette église, sont d'Urbini; le *Baptême du Christ*, avec une gloire d'anges fort belle, est de Gaudence Ferrari; un *S. Jérôme assis*, de Caliste Piazza; la *Chute de Saül*, superbe, du Moretto; une *Assomption*, de Camille Procaccini; un *S. Sébastien* est attribué au Corrège; un groupe d'anges bien disposé est de Nuvolone; de petites figures en clair-obscur ont été parfaitement exécutées par Jean da Monte, élève du Titien. Les fresques de la coupole par Appiani, représentant les quatre Évangélistes et les quatre Pères de l'Église, avec des anges et des nuages, sont une des productions les plus vantées, les plus aériennes, de ce brillant décorateur. Les statues mises dans les niches sont de l'habile Lorenzi, à l'exception du *S. Jean*, de Fontana, qui est aussi l'auteur des prophètes et des bas-reliefs

de Longhi, M. Ado Fioroni, et lui a mérité, en 1829, la médaille d'or au concours de l'Académie des Beaux-Arts de Milan.

de la chapelle de la Vierge. Les stalles du chœur, très belles, furent dessinées par Galeas Alessi.

La façade de S.-Paul, élégante, est du Cerano; la nef, peut-être, de Galeas Alessi. *S. Charles et S. Ambroise* est un des ouvrages irréprochables du Cerano, et même supérieur, pour le coloris, aux tableaux ci-après des Campi, qui brillent toutefois singulièrement dans cette église. Ces tableaux sont : le *Martyre de S. Laurent*, la *Décollation de S. Jean*, la *Chute* et la *Mort de S. Paul*; le *Baptême du même saint*; le *Miracle du Mort ressuscité*; une *Nativité*, d'Antoine; *la Vierge, l'Enfant Jésus, S. Joseph*, et d'autres figures, de Jules; le *Sauveur donnant les clefs à S. Pierre*, de Bernardin; un *S. Simon* est de Salmeggia.

A Ste.-Euphémie, l'*Adoration des Mages*, par Ferdinand Porta, imitateur du Corrège, est estimée, ainsi qu'une *Présentation au Temple*, d'auteur inconnu; et le tableau de la *Vierge*, avec des anges et des saints, de Marc d'Oggiono.

L'église S.-Nazaire fut bâtie par S. Ambroise, en l'honneur des saints Apôtres. Avant d'y entrer, on traverse le mausolée de Jean-Jacques Trivulce et de sa famille; en face de la porte, et presqu'à moitié de la voûte très élevée, est le tombeau de cet Italien aventureux, de ce maréchal célèbre, créateur de la milice française, mort disgracié à Chartres ou Arpajon, comme un seigneur de la cour de France, et sur lequel est inscrite l'épitaphe faite par lui : « Jean-Jacques Trivulce, fils « d'Antoine, qui jamais ne se reposa, repose ici; tais-« toi »[1]. A la même hauteur, sont les autres tombeaux de sa famille, au nombre de sept. L'effet de ces huit grands cercueils de pierre suspendus est très singulier; ils sem-

---

[1] *Joannes Jacobus Trivultius, Antonii filius, qui nunquam quievit, quiescit. Tace.*

blent véritablement aussi vouloir porter jusqu'au ciel le « magnifique témoignage de notre néant ». Dans une des chapelles, le tombeau de Manfred Settala, mécanicien, surnommé, un peu fastueusement, l'*Archimède milanais*, homme dont les voyages et la vie furent consacrés aux sciences, aux lettres et aux arts, contraste avec le tombeau guerrier de Trivulce. Les peintures sont, une *Assomption*, de Lanzani, et quatre grands et bons tableaux de Jean de Monte au portail intérieur; *S. Jean-Baptiste* et *S. Jacques*, de Nuvolone; une *Cène*, de Bernardin Lanino, très belle.

S.-Antoine abbé est extrêmement remarquable par ses peintures. La voûte est des frères Carloni, Génois, habiles peintres à fresque, qui travaillèrent aussi dans le chœur avec le Moncalvo. Une *Conception*, charmante, est d'Ambroise Figini; *S. Charles* avec le s. clou, de Foi Galizia; une *Nativité*, la *Tentation de S. Antoine*, sont de Camille Procaccini; une *Descente de Croix*, une *Résurrection*, du Malosso; le riche maître-autel est décoré d'ouvrages du Morazzone et du cav. del Cairo, qui a fait aussi un *S. André*; le *Christ portant sa croix*, est du jeune Palma; le *Christ couronné d'épines*, de Maganza; une *Annonciation*, de César Procaccini, chef-d'œuvre gracieux, trop gracieux peut-être, et dans lequel le sourire mutuel et presque malin de la Vierge et de l'Ange ne paraît pas fort convenable; *S. Gaetan*, une *Assomption*, sont du Cerano; la *Vierge*, l'*Enfant Jésus*, *Ste. Catherine*, *S. Paul*, bel ouvrage, est de Bernardin Campi; la gloire d'anges fut ajoutée par Camille Procaccini; un *S. Esprit*, judicieux, mais faible de coloris, est du Fiorentino; une *Nativité*, d'Annibal Carrache, est peu digne de ce grand maître.

La chapelle de Ste.-Catherine, voisine de S.-Antoine abbé, bâtie sur le dessin du Bramante, est encore remarquable par les fresques expressives, pittoresques, exécutées en 1546, par Bernardin Lanino, représentant le *Martyre de la sainte*, et qui ne laissent à désirer qu'un peu plus de soin dans les draperies : par une bizarrerie alors commune aux artistes, le peintre a représenté en bas son maître, Gaudence Ferrari, dans son costume ordinaire, et disputant avec un autre de ses élèves, J.-B. de la Cerva.

La sacristie de l'église S.-Satyre, en forme de petit temple, est célèbre sous le rapport de l'art : l'architecture, du Bramante, est digne de lui; les têtes plus fortes que nature et les petits enfans sont des ouvrages distingués du Caradosso, habile sculpteur et graveur très loué, très admiré par Benvenuto Cellini, qui l'avait connu à Rome. L'image miraculeuse de la Vierge est du XIe siècle; l'action du fou qui poignarda cette image est du chevalier Peruzzini, bon peintre d'Ancône; la *Fuite en Égypte*, de Frédéric Bianchi; *S. Philippe de Neri*, agréable et bien dessiné, passe pour un des meilleurs tableaux de l'abbé Peroni. Dans une autre sacristie sont quelques anciennes peintures et un *S. Barnabé*, attribué à Beltraffio, amateur et bon peintre milanais du XVIe siècle, élève de Léonard.

L'église S.-Sébastien, fondée par S. Charles, sur le dessin de Pellegrini, est un des monumens d'architecture les plus splendides de Milan. Le *Martyre du saint*, du Bramante, est le meilleur tableau qu'il y ait de lui dans cette ville, et réfute l'opinion de Cellini, qui lui refusait le talent de peindre; l'*Annonciation*, le *Massacre des Innocens*, du Montalto, rappellent l'élégance et la grâce du Guide, son maître; la *Vierge et l'Enfant Jésus* est de Genovesini; *S. Martin*, d'Antoine Rossi; *S. Charles*, *S. Philippe*, un *Crucifix avec la Vierge*, *S. Jean et Madeleine*, sont de François Bianchi et d'Antoine Ruggieri, peintres du xviii° siècle, artistes inséparables, et qui ont laissé un meilleur exemple de concorde et d'amitié que de goût.

S.-Alexandre in Zebedia est riche, magnifique. Divers traits de la *Vie du saint* et d'autres martyrs, la *Trinité*, plusieurs faits de l'*Ancien Testament*, à la voûte, dans le chœur, au maître-autel, sont de grandes et nobles peintures de Frédéric Bianchi, de Philippe Abbiati et de son élève Pierre Maggi; les peintures d'une chapelle ornée de sculptures exquises, deux tableaux encore relatifs à la *Vie de S. Alexandre*, ouvrages agréables, expressifs, quoiqu'un peu recherchés, sont d'Augustin-S.-Agostino, le plus habile des trois S.-Agostini; la *Nativité*, l'*Assomption*, un *Crucifiment*, sont de Camille Procaccini. Une chapelle à gauche, en face de la porte latérale, est peinte par Louis Scaramuccia, élève distingué du Guide et du Guerchin, artiste écrivain, auteur du livre intitulé: *Le finezze de' penni italiani* (de l'excellence des pinceaux italiens)[1]. La *Décollation de S. Jean-Baptiste*, l'*Adoration des Mages*, très belle, à la sacristie, sont de Daniel Crespi; la voûte de cette dernière est du Moncalvo, et les peintures qui l'environnent sont du Fiamminghino. S.-Alexandre possède un illustre tombeau, celui du mathématicien et physicien célèbre Paul Frisi, qui lui fut élevé par le comte Pierre Verri, noble milanais, partisan et propagateur, comme ce barnabite, des idées nouvelles et de perfectionnement social.

S.-Eustorge est une des plus anciennes églises de Milan. A l'entrée en dehors est la chaire, espèce de grosse tribune de pierre, de laquelle, selon l'inscription, S. Pierre martyr réfutait les Manichéens. Ces souvenirs religieux sont touchans: on ne sait ce que sont deve-

[1] Pavie, 1654.

nues les chaires de Bossuet et de Massillon; la foi du moyen âge était moins indifférente, moins ingrate à ses grands hommes que notre raison, notre civilisation et nos lumières. Le mausolée de ce même saint, ouvrage du Pisan Jean di Balduccio, est un reste singulièrement curieux de l'art au xive siècle. C'est le chef-d'œuvre d'un de ces maîtres primitifs si naturels et si vrais : les cariatides gothiques représentant les diverses vertus du saint, et qui soutiennent tout l'édifice, joignent la grâce à la hardiesse; la bizarrerie de quelques détails est du temps et non de l'artiste, et cet ouvrage serait parfait si l'imagination eût alors été réglée par le goût. Un mausolée orné de colonnes, soutenues par des lions, de la fin du xiiie siècle, fut consacré par Matthieu Visconti-le-Grand à l'un de ses fils, Étienne, qui avait contribué, par son courage, à relever sa fortune. L'autel, en trois compartimens, de la première chapelle, est une bonne peinture d'Ambroise Borgognone. La chapelle suivante est décorée des fresques du Fiamminghino et de J.-B. del Sole; la voûte est de Charles Cornara et de Frédéric Bianchi, qui en a fait aussi une autre à la chapelle voisine de la riche chapelle du Rosaire. La voûte de la chapelle S.-Vincent, très belle, est de Charles Urbini. La chapelle élevée, en 1307, par Cassone Torrione, et dans laquelle son fils Martin repose, offre *S. Dominique, S. Martin, Ste. Agnès*, du Duchino; un *Massacre des Innocens*, de Storer; une *Décollation de S. Jean*, harmonieuse quoique de la main de trois artistes, de César, de Camille et d'Antoine Procaccini. L'architecture de la chapelle de S.-Pierre martyr, fondée par un commis de Cosme de Médicis, Pigello Portinari, paraît de Michelozzi; une peinture du temps représente le pieux et industriel fondateur, à genoux devant le saint. De belles fresques de Daniel Crespi sont à la chapelle de l'Annonciation. Les corps des trois mages, que l'on vénère toujours à Cologne, étaient dans une chapelle de cette église, d'où ils furent enlevés lors de l'invasion de Frédéric Barberousse. Sur le mur de cette même chapelle est un bas-relief en marbre de la *Passion*, ouvrage du xive siècle, d'auteur inconnu, qui n'est pas sans simplicité et sans grâce, et annonce déjà une sorte de splendeur des arts en Lombardie. Le cercueil qui renfermait l'incertaine et pompeuse relique est resté à S.-Eustorge, et l'on y lit encore l'étrange inscription : *Sepulcrum trium magorum*. Près de la sacristie est le tombeau de Georges Merula, l'élève, l'ennemi acharné de Philelphe, l'adversaire de Politien, de Calderino, de Galeotti Marzio, l'un des premiers et des plus querelleurs savans de la renaissance, qui avait traité l'imprimerie d'invention barbare (*barbarum inventum*), paradoxe soutenu depuis par d'autres Merula moins érudits que ce laborieux critique et historien. Le tombeau de cet homme haineux lui fut toutefois élevé par un ami, son élève, le poète Lancinus Curtius : l'inscription qu'il y a mise est même assez touchante. [1]

L'église Ste.-Marie de la Victoire, inachevée à l'extérieur, est d'une belle architecture ; deux peintures sont remarquables, *S. Charles communiant les pestiférés*, de Hyacinthe Brandi, le plus célèbre disciple de Lanfranc ; *S. Pierre délivré de la prison*, tableau fait à Rome, où l'auteur, Ghisolfi, excellent peintre de perspective, suivait les leçons de Salvator Rosa. Les anges qui soutiennent ce tableau sont un bon travail d'Antoine Raggi, dit le *Lombard*, habile élève du Bernin.

Les seize hautes colonnes antiques de S.-Laurent,

---

[1] *Vixi aliis inter spinas, mundique procellas,*
Nunc hospes cœli Merula vivo mihi.
Lancinus Curtius f. amicus posuit.

uniformes et de front, offrent un superbe débris et prouvent la grandeur, l'importance et la magnificence de l'ancien Milan; ces belles colonnes sont même plus élevées que celles du Panthéon : on dirait qu'elles sont là comme un portique aux ruines et aux anciens monumens de l'Italie. Une dissertation sur les colonnes de S.-Laurent a été publiée par M. l'abbé A. Guillon, dans laquelle il établit avec sagacité jusqu'à la distinction des diverses pièces de ces anciens thermes herculéens, qu'il attribue à Maximien Hercule, et qu'il regarde comme une imitation rivale des thermes de Dioclétien. Les nouvelles fouilles de Brescia ont depuis confirmé cette conjecture. Les restes d'un palais de Maximien ont été découverts près de l'amphithéâtre, et il avait habité le nord de l'Italie à l'époque où il partagea l'empire avec Dioclétien lui-même[1].

L'église actuelle de S.-Laurent fut rebâtie par S. Charles sur le dessin hardi et noble de Martin Bassi. On y remarque quelques bonnes peintures : le *Baptême du Christ*, d'Aurèle Luini, paraît digne de Bernardin; l'*Assomption* est de Rivola, un des meilleurs élèves de l'Abbiati. La chapelle S.-Antoine a été peinte par Bianchi, Legnani, Molina et Vimercati; celle de S.-Aquila a un *S. Hippolyte* et un *S. Cassian*, d'Hercule Procaccini.

S.-Georges *al Palazzo*, vieille église refaite, doit son titre, dit-on, au voisinage de l'ancien palais de Trajan ou de Maximien. Un *S. Jérôme* est de Gaudence Ferrari; la *Passion*, peinte par Bernardin Luini et ses élèves, offre un admirable et merveilleux effet de lumière.

Sur le portail du Saint-Sépulcre, le *Christ mort* et

[1] *V.* ci-après, Liv. v, chap. v.

quelques figures, est une fresque du Bramante; dans un oratoire intérieur, le *Christ couronné d'épines* est un admirable ouvrage de Bernardin Luini. Six fresques précieuses de ce même grand maître, de ses fils et de ses élèves se conservent dans une maison voisine, maintenant l'auberge de la Croix de Malte ; elles y furent transportées en 1786 de l'oratoire de l'hospice de la Sainte-Couronne alors déplacé.

Ste.-Marie Porta a de la magnificence; le bas-relief en marbre du portail est un bel ouvrage de Charles Simonetta, qui a fait aussi une bonne *Madeleine*, à laquelle un ange donne la communion ; un *S. Joseph* est de Louis Quaini, élève distingué et imitateur du Guerchin et de Cignani; l'*Adoration des Mages*, à la chapelle N.-D., est de Camille Procaccini.

L'église S.-Maurice, ou du *Monastero Maggior*, dont la façade en marbre, simple et de bon goût, est attribuée au Bramantino, a d'admirables fresques de Bernardin Luini. L'*Adoration des mages*, au maître-autel, est d'Antoine Campi.

CHAPITRE IV.

S. Ambroise. — Liberté réfugiée dans la religion. — Chaires anciennes, actuelles. — *Serpent.* — *Paliotto.* — Anspert. — Chapelle *Marcellina.* — Missel. — Monastère.

L'église S.-Ambroise, le plus ancien monument de l'antiquité chrétienne à Milan, offre un véritable chaos d'architecture; ces travaux d'âges éloignés et divers forment une disparate, une bigarrure choquante: les architectes italiens ont trop souvent le tort de ne point restaurer d'après le caractère primitif des édifices, ce qui n'arrive jamais aux habiles architectes de France [1]. Au-devant de l'église est un de ces vastes parvis, de ces *pronaos* des temples grecs, que les architectes du moyen âge avaient déjà empruntés à ceux de l'antiquité, et que l'on retrouve dans un grand nombre d'églises d'Italie. C'était là que, sous le polythéisme, se tenaient les profanes, et que plus tard avaient lieu ces rigoureuses pénitences publiques des premiers siècles de l'Église. L'aspect de ces vieux portiques a quelque chose de religieux, et ils séparent noblement le sanctuaire du tumulte des villes. Quelques détails de ce portique du IXe siècle annoncent un goût et une sorte d'imagination singulièrement remarquables à cette époque. J'ai regretté que, d'après quelques savans, les portes actuelles ne soient plus celles que ferma S. Ambroise à Théodose, après le massacre de Thessalonique [2], alors que la liberté s'était réfugiée dans la religion, et que les remontrances, les actes de ses ministres, hommes élus du peuple, étaient le seul recours, la seule opposition contre le pouvoir absolu et les violences des empereurs. On comprend très bien, en présence de tels souvenirs, que ce conjuré républicain de Milan, peint par Machiavel, au moment de délivrer sa patrie du tyran Galéas, ait, ainsi que ses compagnons, invoqué S. Ambroise après avoir entendu la messe et contemplé sa statue.[3]

[1] *V.* les belles restaurations du Louvre par MM. Percier et Fontaine, du château de Fontainebleau par Heurtaud, de l'église de Saint-Germain-des-Prés par Mazois, et même les travaux du Palais-Royal. Il eût été bien facile à MM. Percier et Fontaine de surpasser l'architecture médiocre de ces bâtimens : leurs nouvelles constructions s'y rapportent au contraire.

[2] Ces portes ne sont, dit-on, que du IXe siècle.

[3] *V.* l'allocution de Jean André à la statue de S. Ambroise, Liv. VII de l'*Histoire de Florence*.

Une vaste et ancienne chaire de marbre est dans l'intérieur de l'église, vis-à-vis de la chaire actuelle; elle est assez pareille à la tribune antique dans laquelle les orateurs pouvaient marcher et se promener. Il me semblait, en la contemplant, que, pour la forme comme pour l'indépendance, la chaire chrétienne avait remplacé la tribune. Ces anciennes chaires sont d'un goût bien plus noble que l'espèce de boîte de sapin suspendue de nos paroisses, d'où surgit un homme qui se courbe et s'agite, et qui semble mal à l'aise dans un si étroit espace. Si l'on n'était fait à cette manière de haranguer, elle paraîtrait véritablement bien singulière.

Dans la nef de S.-Ambroise est placé, sur une colonne, le fameux serpent d'airain que l'on a été jusqu'à prendre pour celui que Moïse éleva dans le désert, ou du moins comme fait du même métal, et sur lequel les savans ont énormément disserté. Le peuple est persuadé qu'il doit siffler à la fin du monde; et le sacristain l'ayant un jour dérangé en l'époussetant, il y eut un mouvement général d'épouvante, lorsque le reptile menaçant parut tourné du côté de la porte; il fallut aussitôt le remettre droit, afin de calmer la terreur de ceux qui croyaient déjà l'avoir entendu.

Telle est l'antiquité des monumens de cette église, que le père Allegranza a prétendu reconnaître dans le grand sarcophage de marbre blanc placé sous la chaire actuelle, le tombeau de Stilicon et de sa femme Serena. Sur un pilastre est un portrait de S. Ambroise, qui, selon l'inscription, a été fait d'après nature; le marbre du visage est noir, la coiffure et le vêtement d'une couleur moins foncée. S. Ambroise, né dans les Gaules, devait être blanc, et l'on a peine à se figurer les abeilles déposant leur miel dans la bouche de cette espèce de Maure.

Le célèbre *Paliotto* d'or de l'autel, merveilleux travail d'un artiste lombard du x*e* siècle, Volvino, est regardé comme comparable aux plus beaux diptiques d'ivoire dont puissent se vanter les musées sacrés.

En avant du chœur, deux larges pierres de marbre blanc, couvertes d'inscriptions, indiquent la sépulture de l'empereur Louis II, prince conquérant et législateur, mort en 875, et celle de l'illustre archevêque de Milan, Anspert, son contemporain, le fondateur de S.-Ambroise, pontife charitable, actif, éclairé, plein de courage et d'indépendance,

Effector voti, propositique tenax,

comme dit l'épitaphe,[1] et qui semble le S. Charles Borromée du moyen âge.

La mosaïque du chœur, représentant le Sauveur sur un trône d'or, orné de pierreries, et à ses côtés S. Gervais et S. Protais, paraît un ouvrage d'artistes grecs et du xi*e* siècle. Une autre mosaïque, du ix*e* siècle, est assez extraordinaire : S. Ambroise s'endort en disant la messe, tandis qu'un sacristain lui frappe sur l'épaule pour le réveiller et lui montrer le peuple qui attend. Singulier moment choisi par l'artiste dans la vie de ce grand saint! On savait que Fénelon s'était endormi au sermon ; S. Ambroise dormant debout à l'autel est encore moins édifiant. Sur le mur extérieur du chœur, le

---

[1] Les vers qui précèdent celui-ci peignent très bien le caractère d'Anspert :

Hic jacet Anspertus, nostræ clarissimus urbis
Antistes, vita, voce, pudore, fide,
Æqui sectator, turbæ prælargus egenæ.

Les autres vers de l'épitaphe rappellent les principales actions de la vie de ce grand homme, oublié dans la plupart des dictionnaires historiques. On y remarque qu'il avait relevé les murs de la ville, et restauré les colonnes antiques de S.-Laurent.

Christ souffrant debout entre deux anges, fresque touchante, une des meilleures peintures de cette basilique, a été attribué par Lanzi à Luini, et par d'autres à Lanino ; elle paraît d'Ambroise Borgognone.

La chapelle de S.-Satyre ou de S.-Victor *in ciel d'oro*, ainsi appelée de l'antique et brillante mosaïque dorée qui la surmonte, a de bonnes fresques de Tiepolo, représentant le *Naufrage de S. Satyre* et le *Martyre de S. Victor*.[1]

La riche chapelle voisine a *S. Ambroise recevant le viatique*, un des meilleurs ouvrages d'André Lanzani ; la chapelle S.-Georges, la *Vie du saint*, de Bernardin Lanino ; la chapelle S.-Bernard, la *Vierge entre S. Laurent, S. Benoît et le Saint*, de Legnani ; la chapelle S.-Sébastien, le *Saint détaché du poteau*, bel ouvrage d'Ambroise Besozzi, selon Lanzi, et peut-être d'Ambroise Borgognone ; le *même prêchant la foi*, d'Étienne Legnani ; le *même devant le proconsul*, de Vimercati.

La chapelle *Marcellina*, autrefois de Ste-Catherine, a été décorée récemment avec toute l'élégance du jour, par M. le marquis Cagnola, célèbre architecte milanais, auteur de l'arc du Simplon[2] ; la statue de la sainte, en marbre, est un bon ouvrage de Pacetti. Mais le peintre d'ornemens ne s'est-il pas avisé de mettre à la voûte de grandes figures d'Herculanum qui contrastent étrangement avec la sainteté du lieu et l'air modeste de la sainte : l'une de ces figures porte sur sa tête un agneau, et, dans cette bizarre peinture, l'agneau des bacchanales a pu souvent être pris pour l'agneau pascal.

[1] Une des inadvertances les plus extraordinaires de Millin (*Voyage dans le Milanais*) est d'avoir attribué à Tiepolo, peintre du dernier siècle, les figures de cette mosaïque, dont l'époque reculée est un objet d'incertitude parmi les savans.

[2] *V.* ci-après, chap. XXIII.

La chapelle S.-Barthélemi a ce saint et *S. Jean devant la Vierge*, de Gaudence Ferrari. Près de là le *Christ mort avec la Vierge, Madeleine pleurant*, et d'autres figures, n'est plus qu'un superbe débris de peinture du même artiste. Dans une chapelle voisine, la *Madone dell' ajuto* (de bon secours) est un beau tableau de l'école de Luini. A l'entrée de la sacristie sont deux fresques remarquables : *Jésus disputant contre les docteurs*, du Borgognone ; la *Vierge, l'Enfant Jésus, S. Ambroise et S. Jérôme*, de l'ancienne école milanaise. A la chapelle suivante, une *Nativité*, du Duchino, est gracieuse, bien dessinée et pleine de *morbidesse ;* les figures qui l'entourent et la voûte sont d'Hercule Procaccini. Sur l'autel de la chapelle S.-Pierre, le *Christ donnant au saint les clefs*, est un ouvrage distingué de la fille de Cornara. Le *S. Jean évangéliste*, d'une chapelle voisine, est du cav. del Cairo ; François Nuvolone a fait le tableau d'autel de la chapelle S.-Ambroise. Les peintures de la coupole de la dernière chapelle, par Isidore Bianchi, sont belles.

Le Missel conservé dans l'archive de la basilique S.-Ambroise, manuscrit vélin de la fin du xive siècle, est singulièrement magnifique et curieux : le principal ornement est une riche miniature qui représente le couronnement de Jean Galeaz Visconti, comme premier duc de Milan. Parmi les ambassadeurs et personnages importans qui forment le cortége de Galeaz et assistent à la cérémonie, on remarque, en qualité d'*orateur* du roi de France, un évêque de Meaux, dont le nom est ignoré, mais qui certes dut moins mériter son titre officiel que cet autre véritable et grand orateur apparu trois siècles après et qu'il eut pour successeur.

Le vaste monastère bâti par Louis-le-More sur le dessin du Bramante, cet édifice d'une architecture si noble et si hardie, véritable monument, et l'un des plus splendides de ce genre, est aujourd'hui un hôpital militaire. Dans le réfectoire, une vaste fresque représentant les *Noces de Cana*, est un chef-d'œuvre de Caliste Piazza, habile imitateur du Titien et probablement son élève. On y remarque toutefois un détail bizarre : l'artiste a mis six doigts à la main d'une femme à droite du tableau.

CHAPITRE V.

S.- Victor. — Ste.-Marie des Grâces. — Cénacle. — Le comte Firmian. — S.-Marc. — Église du Jardin.

S.-Victor *al corpo*, belle, majestueuse église, est de l'architecture de Galeas Alessi. A la coupole, *S. Jean et S. Luc*, superbes, sont de Bernardin Luini ; deux *Évangélistes* ; les *Sibylles*, du Moncalvo ; la voûte du chœur est d'Ambroise Figini, qui a peint aussi un beau *S. Benoît* dans une chapelle ; la voûte du milieu, un *S. Bernard*, de la porte, sont d'Hercule Procaccini ; *Ste. Françoise*, romaine, *S. Victor à cheval* et *S. Bernard*, de Salmeggia ; *S. Christophe*, de Ciocca, est médiocre ; le *S. Pierre*, de Gnocchi, bon. A la brillante chapelle Aresi, du dessin de Quadri, la statue de la Vierge et les prophètes de Vismara sont estimés. La dernière chapelle à droite offre trois beaux tableaux de Camille Procaccini, représentant quelques traits de la vie de S. Grégoire ; la *Vierge* et *S. François* est du Zoppo, coloriste vrai ; *S. Paul ermite*, de Daniel Crespi ; *S. Bernard Tolomei*, de Pompée Batoni, peintre du dernier siècle, qui a contribué à la réforme du goût ; *S. Benoît*,

S. Bernard, *S. François* et *S. Dominique*, près du portail, passent pour des meilleurs ouvrages du cav. del Cairo.

Ste.-Marie des Grâces n'a plus que l'ombre de sa beauté première. Les débris de la *Flagellation*, et d'autres peintures de Gaudence Ferrari, témoignent encore de leur ancienne magnificence; un *S. Jean-Baptiste* est attribué au comte François d'Adda, noble amateur du XVIe siècle, qui a imité Léonard de Vinci; les belles fresques de la coupole du chœur appartiennent à l'école de ce grand maître. Dans la chapelle Borromée, repose le père de S. Charles; les peintures de cette chapelle sont, *S. Pierre*, de Gnocchi; *Ste. Rose devant la Vierge*, du Montalto.

Le *Cénacle*, de Léonard de Vinci, placé dans le réfectoire de l'ancien monastère de Ste.-Marie des Grâces, n'est point aussi méconnaissable que je l'aurais cru; à travers le nuage de destruction qui l'enveloppe, et les restaurations maladroites qu'il a subies, on découvre encore le mouvement, l'expression et la vie de cette admirable composition. On comprend l'enthousiasme qu'elle causait à François Ier, victorieux, qui, ne pouvant la transporter en France, emmena et s'attacha l'auteur, malgré son âge avancé [1]. Un poète distingué de l'Italie contemporaine, Parini, se faisait conduire, dans

---

[1] Une dissertation de M. A. Guillon paraît toutefois démontrer, contre l'opinion commune, que c'est Louis XII et non François Ier qui avait eu l'idée de transporter en France la vaste muraille sur laquelle est peint le *Cénacle*. Vasari dit seulement *le roi de France*, sans le nommer, tandis que Paul Jove, historien plus voisin et plus contemporain, désigne formellement Louis XII dans une vie manuscrite de Léonard. *V.* la dissertation sur l'*Ancienne copie de la Cène de Léonard de Vinci, qu'on voit maintenant au Musée Royal*. Paris, 1817, p. 9. Ce projet pourrait bien encore avoir appartenu à nos deux rois.

ses vieux jours, devant le *Cénacle*; la vue de ces belles peintures, malgré leur dégradation, excitait, nourrissait encore la pieuse rêverie qui consolait sa tristesse, et, si la mort ne l'eût atteint, il eût voulu les décrire et les expliquer. Une mosaïque de *la Cène*, d'après une copie à l'huile de Bossi, quoique exécutée en 1809 aux frais du gouvernement italien, a été envoyée à Vienne [1]; M. Gagna, peintre estimé, en faisait, en 1827, une nouvelle copie pour le roi de Sardaigne. Ces hommages tardifs des rois, des conquérans et des empereurs, semblent comme une réparation de l'abandon barbare dans lequel les Dominicains avaient jadis laissé le *Cénacle*, et des outrages révolutionnaires qu'il reçut en 1797, lorsque la pièce dans laquelle il se trouve servait d'écurie et de grenier.

S.-Thomas *in terra amara*, dont l'étymologie du sinistre surnom est restée incertaine [2], a été récemment orné d'un élégant *pronaos*; le *S. Charles* est de César Procaccini; l'*Apparition du Christ à Madeleine*, d'Aurèle Luini.

L'ancienne église de Ste.-Marie *del Carmine* est gothique; le portail, d'une riche composition, est attribué à Ricchini. Les peintures du chœur sont de Philippe Abbiati et de Frédéric Bianchi. La statue de la *Vierge*, avec les anges, est un bon ouvrage de Volpi : la chapelle a été peinte par Camille Procaccini, à l'exception des *Quatre Vertus*, de Legnani. La *Purification*, belle, la *Résurrection de Lazare*, sont du Fiamminghino.

[1] La fidélité de cette copie a été fort contestée. L'habile mosaïste milanais Raffaelli a eu le bon esprit de se rapprocher davantage du modèle.

[2] On a prétendu qu'il provenait du supplice infligé par Jean Marie Visconti à un curé de cette église, enterré vif pour avoir refusé d'accorder la sépulture à un mort dont la famille ne pouvait en payer les frais. Il paraît que le surnom est plus ancien.

La chapelle Ste.-Élise est de Philippe Abbiati et de Camille Procaccini; *Ste. Lucie*, de Gnocchi; *Ste. Thérèse*, de Frédéric Bianchi.

S.-Simplicien, gothique, a une *Annonciation*, de Bernard da Trevilio, l'ami de Léonard, peintre très vanté par Vasari, ouvrage dont l'architecture et la perspective sont habiles, mais les figures et les vêtemens d'un goût chétif; *S. Benoît* est de Salmeggia; deux sujets de l'*Ancien Testament*, à la chapelle du *Corpus Domini*, sont de Camille Procaccini. On admire les peintures du dôme; les deux grands tableaux du sanctuaire, de François Terzi, artiste bergamasque du XVIᵉ siècle, dessinés avec quelque sécheresse, sont d'un vigoureux coloris. Le *Couronnement de la Vierge*, dans le chœur, est un bel ouvrage du XVᵉ siècle.

Ste.-Marie *incoronata*, composée de deux églises, a de beaux bas-reliefs à la chapelle Bossi; le tableau de la chapelle S.-Augustin est de Cyrus Ferri, élève de Pierre de Cortone; les fresques de la voûte sont de Louis Scaramuccia; les fresques latérales, d'Hercule Procaccini et du Montalto.

S.-Ange, belle église, devenue quelque temps hôpital, conserve encore de bonnes peintures : le *Mariage de la Vierge*, de Camille Procaccini, qui a fait aussi la voûte du chœur et les trois tableaux qui le décorent : les fresques latérales sont de Barabbino; la *Vierge* entourée de plusieurs saints est du Caravaggino; un *S. Jérôme*, ancien tableau, d'auteur inconnu; *S. François*, du Fiamminghino; la statue de la *Vierge*, estimée, d'Étienne Legnani.

S.-Barthélemi a de la magnificence : le *Martyre du saint* est du Fiamminghino. L'illustre Firmian, qui pendant vingt-trois ans administra la Lombardie d'une manière si éclairée et si paternelle, repose dans cette église ; le mausolée de cet ami des lettres, des arts, des sciences et de l'humanité, est un bon ouvrage du sculpteur Franchi.[1]

S.-Marc est superbe. Plusieurs de ses tableaux ont de la réputation : la *Vierge et l'Enfant Jésus* qui offre avec une gentillesse un peu singulière les clefs à S. Pierre, est de Lomazzo ; une *Ste. Barbe*, d'un beau coloris, de Scaramuccia. La chapelle du Crucifix a des fresques estimées d'Hercule Procaccini, de Busca et du Montalto ; la chapelle Trotti un *S. Augustin*, de Salmeggia, et de belles fresques, d'Étienne Legnani. Le riche maître-autel a été décoré avec goût par M. le professeur Joconde Albertolli. A la sacristie est un excellent tableau de Bernardin Campi, portant la date de 1569.

La petite église S.-Joseph, d'une simple et bonne architecture de Ricchini, a le *Mariage de la Vierge*, de Gherardini ; sa *Mort*, de César Procaccini ; une *Sainte Famille*, de Lanzani ; *S. Jean-Baptiste*, du Montalto.

L'église Ste.-Marie du Jardin, qui n'est plus qu'un magasin de la ville, est célèbre par la hauteur et le prétendu prodige des arcs qui soutiennent sa voûte, construction singulière du xv⁰ siècle, mais beaucoup trop vantée.

S.-Jean *alle case rotte* (des maisons démolies), occupe l'emplacement du palais de la famille della Torre, anciens chefs du peuple milanais, démagogues devenus despotes[2], et dont la demeure fut démolie dans une émeute. L'architecture actuelle est de Ricchini ; une *Décollation de S. Jean-Baptiste*, du cav. del Cairo ; la voûte à compartimens est très belle.

[1] *V.* ci-dessus, chap. 1ᵉʳ.
[2] L'un d'eux, Pagano della Torre, mort en 1241, paraît avoir été véritablement aimé du peuple milanais, qui lui éleva un tombeau dans le cimetière du couvent de Chiaravalle. *V.* ci-après, Liv. IV, chap. VII et IX.

L'église S.-Fidèle, inachevée, est un splendide monument de Pellegrini. Le *S. Ignace* est du Cerano; une *Transfiguration*, de Bernardin Campi; les peintures du chœur sont de grands et bons ouvrages des frères S.-Agostini.

CHAPITRE VI.

Luxe des autels.

Le luxe des églises italiennes, avant que l'on y soit fait, paraît vraiment merveilleux. L'autel, la chaire même, sont quelquefois garnis d'agates et d'autres pierres précieuses. Il doit être embarrassant de parler au milieu de toutes ces richesses, et il faut de bien magnifiques paroles pour toucher un auditoire aussi ébloui. Je crains bien que le précepte d'Horace ne soit très souvent applicable aux sermons prononcés dans ces chaires,

Segnius irritant animos demissa per aurem,
Quam quæ sunt oculis subjecta fidelibus.

Au reste, je n'ai jamais partagé les préventions des économistes contre le luxe des autels. Ce luxe, loin de corrompre et de dissiper comme le luxe du monde, est conservateur et utile. Il est aussi des ornemens qui ne peuvent changer de nature, tels que certaines pierreries; objets d'orgueil national, il serait difficile de les rendre à la circulation; et alors ne vaut-il pas mieux les placer sur un autel, où ils ajoutent à la majesté de la religion, et n'excitent ni haine, ni envie, que d'en charger le front d'une prostituée ou le sabre du despote?

CHAPITRE VII.

Clôture des églises d'Italie. — Bancs. — Tentures.

Les églises d'Italie sont ordinairement fermées pendant quelques heures vers le milieu du jour [1]. Cet usage a quelque chose de protestant; il semble contraire aux mœurs religieuses des Italiens et aux pratiques du catholicisme; il est, en outre, incommode aux voyageurs, qui n'ont souvent que peu de temps pour visiter ces églises moitié temples, moitié musées. Importune aux fidèles, la visite des étrangers n'est pas moins désagréable et pénible à ceux-ci : l'on éprouve quelque gêne et quelque confusion à se trouver seul, debout, avec son livret, au milieu de la foule qui se prosterne et qui prie, à compter les colonnes de vert antique, de marbre de Carrare et de lapis-lazzuli, entouré de mendians à demi nus. Si l'on tombe au milieu d'un sermon, l'embarras n'est pas moindre; la fougue de l'orateur, les éclats retentissans de sa voix au milieu du silence de son auditoire, l'expression vive et animée de sa physionomie, contrastent singulièrement avec l'espèce de sang-froid et l'air toujours un peu gauche de gens qui regardent et qui cherchent. Combien de fois la piété, la ferveur de ces fidèles ne m'a-t-elle point paru *la meilleure part;* et que l'inquiète curiosité du voyageur semble vaine à côté de la sublime simplicité du croyant! Il serait convenable de laisser la matinée aux exercices du culte; car midi, heure de la clôture, est l'instant

[1] De midi à quatre ou cinq heures.

où précisément le jour des tableaux est le plus beau. Malgré l'indolence italienne, une considération plus sérieuse devrait faire cesser ce mauvais usage : indépendamment de ce besoin fréquent de prière que l'âme éprouve, combien de fautes, de crimes même, ont été prévenus par l'entrée fortuite dans une église ! On dit que tout le monde dort à cette heure, mais les malheureux ou les coupables veillent, et les passions ne connaissent point la *sieste*.

Dans un moment où l'on parle tant d'ultramontanisme, notre clergé ne ferait pas mal de prendre aux Italiens les bancs et la propreté de leurs églises ; la France est le pays peut-être où Dieu est le plus mal logé, et notre négligence sur ce point est indigne du degré de civilisation où elle est parvenue.

Mais il est un excès de zèle et de soin que je me garderai bien de prescrire, puisqu'il cause une des plus vives contrariétés du voyageur. C'est la manie qu'ont les Italiens de tendre leurs églises les jours de fêtes. Alors, dès la veille, le tapissier, armé de son marteau et de ses échelles, prend possession du monument; de curieuses inscriptions, les tombeaux des grands hommes, disparaissent sous ses tentures; de magnifiques colonnes de granit, de marbre de Carrare, sont enveloppées par son oripeau, et l'on voit pendre, soit à la façade, soit aux voûtes de quelque vieille basilique ou de quelque temple élégant du Bramante, de Palladio ou de Michel-Ange, de longues pièces d'étoffe jaune, blanche, rose, etc., ainsi qu'aux boutiques de nos marchands de nouveautés. Cette décoration ridicule, appliquée de si mauvais goût, semble le fard de l'architecture. J'ai vu S.-Pierre même subir cette espèce d'étalage : il est vrai que l'immensité de ses voûtes rendait l'opération du tapissier assez difficile, et que les petits morceaux carrés d'étoffe cramoisie qu'il avait placés contre ses vastes murs étaient à peu près imperceptibles. Les bruyans travaux du tapissier n'étant pas toujours achevés au moment de la fête, se prolongent pendant les offices, qu'ils troublent, tandis que d'autres fois il se presse de détendre avant la fin de ces mêmes offices, pour ne point laisser flétrir l'éclat de si belles couleurs.

CHAPITRE VIII.

Prédication.

Les plaisanteries de quelques voyageurs sur les grimaces, l'exagération et les bouffonneries des prédicateurs italiens, ne m'ont point paru méritées. Excepté peut-être quelques sermons populaires, cette prédication est ordinairement paisible, familière; et, avec son espèce de commérage, elle a du moins le mérite d'être applicable et pratique. Malgré le grand crucifix placé en chaire, ces sermons sont à peu près aussi froids que les nôtres; mais la langue musicale et la physionomie animée de l'homme qui parle leur donnent, dans la forme, une sorte de chaleur et de vivacité. Si parmi les sermonaires italiens il n'en est aucun qui puisse être opposé à nos quatre grands sermonaires, le genre de leurs panégyriques semble préférable à celui des panégyriques français : ils n'ont ni la même monotonie ni la même sécheresse; ils sont plus ornés, plus poétiques, comme leurs autres discours sacrés, et cette sorte de parure convient assez à l'histoire merveilleuse de la plupart des saints et des saintes. Au reste, le fond de la prédication dans les deux pays doit fort différer.

En Italie, la foi et les erreurs de conduite sont communes; il n'y a guère là de *libertins* proprement dits, et les conférences de M. Frayssinous, quoique traduites dernièrement, y seront moins utiles qu'à Paris. Le prédicateur doit combattre les passions, les fragilités des classes élevées, et les excès, les appétits violens et grossiers du peuple; tandis qu'il faudrait des prédicateurs raisonneurs à la population plus morale, mais plus incrédule de France.

Le réformateur de la chaire italienne fut le P. Segneri, jésuite, contemporain de Bourdaloue; mais ce missionnaire romain, si puissant sur le peuple des villes et des campagnes, qui, nommé théologien du palais, et prêchant au Vatican, était au-dessous de lui-même, et regrettait son ancien et tumultueux auditoire, n'a point imprimé à sa réforme ce goût littéraire et correct de nos orateurs du siècle de Louis XIV, parlant à une cour élégante et polie. Le génie de la langue italienne, moins précise, moins didactique, moins régulière et beaucoup plus figurée et ornée que la française, doit d'ailleurs convenir davantage à l'éloquence populaire. J'ai entendu de fort bons juges critiquer le purisme dont se piquent aujourd'hui quelques uns des prédicateurs italiens, modulant des sermons harmonieux et glacés, et qui auraient bien mieux fait de rester missionnaires.

La naïveté, le naturel, l'abandon du caractère italien se retrouvent jusque dans les sermons; l'auditoire, malgré la solennité du lieu, ne s'étonne point des épanchemens, des aveux, des confidences personnelles de l'orateur; et cette sorte de sympathie produit chez les hommes de talent des effets d'une éloquence neuve et pathétique. Un jeune prédicateur, le P. Scarpa, de Padoue, après avoir prêché le carême à Rome, avec le plus grand succès, il y a quelques années, suppliait ses auditeurs de joindre leurs prières aux siennes pour lui conserver sa mère ; c'était l'unique prix qu'il demandait de ses efforts, et ce n'était pas la seule fois qu'il avait ramené en chaire le souvenir de cette mère chérie. A la suite d'un discours de ce véritable orateur, une quête ayant été faite pour les pauvres, on vit les gens du peuple, de la campagne, qui manquaient d'argent, jeter dans la bourse leurs bagues, leurs boucles d'oreilles, joyaux rustiques et de peu de valeur, mais dont le sacrifice attestait la puissance de l'homme qu'ils avaient entendu, et à quel point ils étaient eux-mêmes susceptibles d'entraînement et d'émotion. On ne se figure guère un pareil mouvement chez nos paysans de Gonesse ou de Villejuif ; et cependant la prédication du P. Scarpa était une prédication élevée, rationnelle, et qui ne charmait et ne touchait pas moins les esprits les plus éclairés.

J'ai été assez heureux pour connaître à Rome un des hommes qui honorent le plus la chaire italienne, le révérend P. Jabalot, procureur général des Dominicains de la Minerve, d'origine française, et qui pourrait aussi briller dans notre chaire : orateur ardent, très évangélique, le P. Jabalot est encore un dialecticien fort habile ; il a, m'a-t-on dit, appris l'anglais en trois mois, afin de traduire un fort beau sermon sur la foi, l'espérance et la charité, prononcé à la dédicace de la chapelle catholique de Bradford, dans le comté d'York, par M. Baines, évêque de Siga ; résumé excellent et très net des principales preuves de la vérité du catholicisme, et rempli toutefois d'une tendre charité envers les protestans : la traduction italienne du P. Jabalot est très exacte, et l'on sent qu'il y a plus d'un rapport entre l'auteur original et son éloquent interprète.

CHAPITRE IX.

Ambrosienne. — Virgile de Pétrarque. — Palimpsestes. — Cheveux de femme dans une bibliothèque. — Catalogue mystérieux de l'Ambrosienne.

Je visitai plusieurs fois, chaque année, l'Ambrosienne, qui me fut montrée par MM. les abbés Mazzucchelli, préfet; Bentivoglio, sous-préfet; et Mancini, employé : hommes pleins de savoir, de modestie et de politesse. Elle compte soixante mille volumes imprimés, et dix mille manuscrits. Le fameux Virgile de Pétrarque, offrant la note passionnée sur Laure, appartint après lui à Galéaz Visconti, cinquième duc de Milan, ainsi qu'on peut le voir par son nom écrit et presque effacé sur le feuillet décollé en 1795, par M. l'abbé Mazzucchelli [1]. Un habitant de Pavie parvint à soustraire ce précieux volume, et à le cacher lors de la prise et de l'enlèvement de la bibliothèque de cette ville, par Louis XII, en 1499; trois siècles après, il n'échappa pas aux commissaires de la république : s'il eût fait partie du butin littéraire de la monarchie, il nous serait resté comme la *Sforzéide*, et autres beaux articles de la même bibliothèque placés à notre grande bibliothèque du

---

[1] L'auteur instruit de l'article consacré à Laure dans la *Biographie*, parle de ce feuillet comme s'il était encore collé au bois de la reliure du manuscrit : il fut transporté décollé à Paris en 1796, où, pendant dix-neuf ans, on a pu l'y voir. Un *fac simile* des huit lignes de la note de Pétrarque se trouve dans l'édition des *Rime*, publiée à Padoue par M. le professeur Marsand (1819-20, 2 vol.) : il l'a fait suivre de remarques historiques et critiques très exactes, dans lesquelles il rectifie plusieurs erreurs commises par les écrivains qui en avaient précédemment donné le texte. *V.* t. Ier, p. 358.

Roi, et si bien décrits par M. Vanpraet [1]; mais cepillage de la révolution n'avait pas vingt ans de date; cette sorte de prescription politique, qui rend tout légitime, ne lui était point acquise, et le volume fut repris en 1815. Les notes marginales de Pétrarque, et celles qu'on lit au-dessous des pages, paraissent de la même écriture que la note sur Laure; mais il faut que ces notes étendues, nombreuses, et rappelant des citations d'autres auteurs anciens et des rapprochemens critiques, soient peu dignes de ce poète érudit, puisque M. Maio n'a pas cru devoir les publier. Peut-être sont-elles de la jeunesse de Pétrarque, lorsque son père lui arrachait et jetait au feu le Virgile qu'il lisait furtivement, au lieu d'étudier les *Décrétales*.

Le *Josèphe*, traduit par Ruffin, est peut-être, avec le papyrus grégorien de Monza [2], le plus singulier des manuscrits; écrit sur papyrus et des deux côtés, il aurait aujourd'hui, suivant Mabillon, douze cents ans d'antiquité.

Un manuscrit grec de la vie d'Alexandre par un anonyme, mais que Montfaucon croyait être Callisthènes, m'inspira d'abord un véritable respect. Je ne connaissais Callisthènes que par le *Lysimaque* de Montesquieu, cette peinture admirable du stoïcisme, dont Callisthènes est comme le héros et le représentant. La vie d'Alexandre par un homme d'une telle force et d'une telle vertu, et qui avait été si cruellement victime de la colère d'Alexandre, me semblait un véritable monument. Le savant M. de Sainte-Croix a démontré depuis, que Callisthènes n'était qu'un flatteur révolté [3]; historiographe

---

[1] *V*. le tome IV du *Catalogue des livres imprimés sur vélin de la Bibliothèque du Roi*.

[2] *V*. Liv. IV, ch. III.

[3] *Examen critique des anciens historiens d'Alexandre*.

d'Alexandre, il avait servilement appuyé par mille fables ses prétentions à la divinité, et dans la suite, ne se trouvant point assez payé, il s'était fait conspirateur.'

Je ne pus me défendre d'une sorte d'émotion littéraire, en voyant, dans une grande caisse de bois carrée, les célèbres palimpsestes des plaidoyers de Cicéron pour Scaurus, Tullius et Flaccus, sur l'écriture desquels avaient été transcrits les poëmes de Sedulius, prêtre du VI° siècle, ainsi que plusieurs phrases inédites des discours contre Clodius et Curion, que recouvrait naguère une traduction latine des actes du concile de Chalcédoine : premières découvertes et préludes des heureux travaux de M. Maio. En contemplant ces vieux feuillets noircis, calcinés, percés, en quelques parties, par l'acide muriatique oxigéné, j'aimais à voir la science moderne venant au secours de l'éloquence et de la philosophie antiques, et la chimie arrachant, détruisant ce texte vulgaire qui cache un écrit sublime. Il était impossible de n'être pas frappé à l'aspect de cette autre espèce de ruines et de cette fouille opiniâtre, si l'on peut le dire, des monumens de la pensée et du génie du plus grand orateur de Rome, retrouvés après plus de dix siècles sous les lignes gothiques d'un versificateur du moyen âge, et sous le protocole d'arrêts de théologie. Les palimpsestes de l'Ambrosienne provenaient du monastère de S.-Colomban de Bobbio, situé au fond de l'Apennin, et qui recueillit, comme le mont Cassin, une foule de précieux manuscrits ' : dans ces temps de bar-

---

' *L'Histoire d'Alexandre* attribuée à Callisthènes, et dont les copies ne sont pas rares, n'est en effet qu'un long et ennuyeux roman plein d'invraisemblances et d'absurdités. M. Maio a depuis publié ce manuscrit. Milan, imprimerie royale, 1817.

' Le monastère de S.-Colomban de Bobbio existe encore; mais la plus grande partie des manuscrits sont passés à l'Ambrosienne : un ancien moine de S.-Colomban, dom Hyacinthe Pezzi, aujour-

barie, le cloître et les montagnes furent l'asile des lettres; publiés, commentés, traduits de nos jours par d'habiles écrivains et des éditeurs exercés, ces doctes débris se répandent avec gloire et avec éclat dans le monde civilisé; leur apparition est un événement au milieu du triomphe des rois et de la chute de l'homme qui leur fut si fatal; et Cicéron, haranguant, dissertant, se fait entendre de nouveau à un plus grand nombre qu'au milieu du Forum ou dans les Comices [1].

Les manuscrits de l'Ambrosienne ont encore offert plus tard à M. Maio une partie de sa plus complète et de sa plus heureuse découverte, les *Lettres de Marc-Aurèle et de Fronton*, retrouvées sous une histoire du concile de Chalcédoine, et provenant aussi du monastère de S.-Colomban de Bobbio [2], monument curieux

d'hui chanoine de la cathédrale de Milan, en possède aussi quelques uns.

[1] C'est en 1814 que M. Maio a découvert et déchiffré les premiers manuscrits de l'Ambrosienne. Tout le monde a lu la traduction élégante de la *République* par M. Villemain, et le discours préliminaire. Le savant travail de M. le professeur Le Clerc, véritable premier éditeur des œuvres complètes de Cicéron, sur les *Fragmens*, accrus par ces nouvelles découvertes, est presque une création, par l'ordre et la suite qu'il a mis entre ces lambeaux épars et si confusément entassés dans les éditions précédentes. Un autre professeur français non moins distingué, M. Cousin, a trouvé dans les manuscrits de l'Ambrosienne de nombreuses variantes au commentaire de Proclus sur le premier Alcibiade. *V*. t. II et III de son édition de *Proclus*, publiée en 1820. Malgré le passage de bibliothécaires tels que Muratori, qui a donné les 4 vol. in-4°. de ses *Anecdota ex Ambrosianæ biblioth. codicibus*, et M. Maio, l'Ambrosienne peut offrir encore de nouvelles découvertes d'auteurs anciens. Quant aux modernes, quel ne serait pas l'intérêt pour l'histoire encore à faire de la renaissance, du recueil formant plus de vingt volumes de lettres manuscrites et originales latines et italiennes d'un grand nombre de savans et de personnages illustres du xvie siècle?

[2] Publiées à Milan en 1815, 2 vol. in-8°; à Rome en 1823, 1 vol. gr. in-4°, avec les fragmens de la Vaticane, qui, d'après M. Maio, ont appartenu au même palimpseste que ceux de l'Ambrosienne. Préface, p. xij, de l'édition romaine.

des mœurs, de l'histoire et de la littérature romaines, dans lequel le jeune prince, si passionné pour la philosophie, si vertueux, si pur, si tendre, paraît fort supérieur à son maître, resté sophiste et rhéteur, malgré les louanges qu'il avait autrefois obtenues, et l'inscription célèbre mise au-dessous de sa statue : *Rome, maîtresse du monde, à Fronton, roi des orateurs !* [1]

Mais un manuscrit moins imposant que ces divers palimpsestes, sont dix lettres de Lucrèce Borgia au cardinal Bembo, à la suite desquelles est une pièce de vers espagnols de celui-ci, qui respire le platonisme le plus exalté, le plus pur; la réponse de la dame est beaucoup plus nette, et elle l'accompagne d'une boucle de ses blonds cheveux. Ainsi le fond de ce portefeuille offre un monument frappant, caractéristique, de la corruption des mœurs italiennes au XVI° siècle, ce mélange bizarre, pédantesque de poésie, de philosophie et de sensualisme [2]. Ces che-

---

[1] Les lettres de Marc-Aurèle et de Fronton ont été, en 1825, le sujet de quelques unes des excellentes leçons du cours d'éloquence latine fait à l'Académie de Paris par M. Le Clerc. Un jeune homme instruit, M. Armand Cassan, est auteur d'une traduction française de ces lettres, qui a paru cette année.

[2] La pièce de Bembo est imprimée dans l'édition in-folio de ses œuvres. Venise 1729, t. II, p. 54. *Yo pienso si me muriesse.* La lettre de Lucrèce Borgia a été textuellement donnée à la suite des *Essais sur Pétrarque*, de Foscolo, p. 255 de la traduction italienne de M. Camille Ugoni, auquel on est redevable de la publication de cette pièce singulière. Un grave auteur, le docteur Balthazar Oltrocchi, préfet de l'Ambrosienne, collègue de Muratori, a fait une savante dissertation sur *Les* PREMIÈRES AMOURS *de Pierre Bembo*, qui se trouve t. IV du nouveau recueil d'opuscules scientifiques et philologiques adressés à Louis Arici de Brescia. Ven. Sim. Occhi, 1758. Ces recherches sont curieuses; malgré l'opiniâtre investigation du docteur, il n'a pu découvrir quelle avait été la première maîtresse de Bembo; il avait trente ans quand il fut aimé de la seconde. Les complimens de Bembo à cette maîtresse sont assez fades; il vante « ses bras d'ivoire qui lui dérobent et déchirent le cœur »; il veut que les gants qu'il lui envoie « cachent ce bel ivoire à tous les « regards, excepté aux siens »; ces mêmes mains « tenaient la

veux de femme, dans une grande bibliothèque, au milieu de vieux manuscrits, sont une piquante singularité ; ce n'est guère là, certes, qu'on s'attend à les trouver, et

« double clef de son cœur. » Cet amour dura vingt mois, et finit, à ce qu'il paraît, quand la dame quitta Venise. Au moment du départ, la tendresse de Bembo s'exprime avec plus de vérité : « Aus-« sitôt que le souffle favorable du vent, lui dit-il, nous sépara enfin, « et déroba cruellement, vous d'abord, et ensuite les voiles de votre « navire à mes yeux.... seul, abandonné de mon aide accoutumé, le « cœur resserré par la tristesse, je ne pus retenir mes larmes, et la « tête enveloppée de mon manteau, je regagnai ma demeure, bien « plus malheureux encore que je ne m'y attendais. » Selon le docteur Oltrocchi, la liaison de Bembo avec Lucrèce Borgia, commencée en 1503, était à peu près finie en 1506, lors de son départ pour Urbin, où il eut une autre maîtresse qu'il aima jusqu'en 1509 ; sa correspondance avec la duchesse d'Este, quoique moins fréquente, continua cependant jusqu'à l'année 1517, lors même que Lucrèce, revenue de ses égaremens, ne se contentait plus d'un seul prédicateur par jour, mais en voulait deux, un le matin, l'autre l'après-dînée, et leur demandait encore les sermons qu'ils avaient entendus et les écrits dévots qu'ils avaient pu composer. Une lettre fort curieuse et peu connue du Trissin à Bembo, réimprimée t. X, p. 195 et suiv. de la traduction italienne de la *Vie et du Pontificat de Léon X*, de Roscoë, par M. Louis Bossi, et dont il est fâcheux de ne point connaître la date, apprend que Bembo avait sollicité avec instance du Trissin, alors probablement auprès de la duchesse de Ferrare, un certain portrait de celle-ci, auquel le Trissin paraît singulièrement tenir, et qu'il refuse poliment à Bembo. Ainsi que le prétend l'auteur de la *Vie et du Pontificat de Léon X* (ch. XVI), et la *Biographie universelle* (IV, 142), Bembo n'a pu vivre vingt-deux ans avec la charmante Morosina, dont il eut deux fils et une fille, puisqu'elle mourut à Padoue en 1535, lorsque Bembo s'y était retiré en 1522, après la mort de Léon X, et avant son élévation imprévue au cardinalat par Paul III, en 1539. Son ménage avec la Morosina n'a guère pu durer que douze ans, au lieu de vingt-deux. Il ne paraît point, affirme M. Bossi, qu'il l'eût connue à Rome quand il était secrétaire du pape, malgré la singulière conjecture de Ginguené (article de la *Biographie*) sur son *trop d'assiduité* auprès d'elle à cette même époque. *V.* la note (a) de la page 25, t. VII, de la traduction italienne de la *Vie et du Pontificat de Léon X*, par M. Bossi ; les notes additionnelles du même volume, p. 268 et suiv. ; et les notes de M. Jean Palamède Carpani, jointes aux Mémoires de Benvenuto Cellini, de l'édition des classiques italiens de Milan, t. Ier, p. 339-40.

la garde d'un tel dépôt semble étrangement confiée aux docteurs de l'Ambrosienne. [1]

Je parcourus le manuscrit de Philelphe *De Jocis et Seriis*, recueil d'épigrammes sérieuses ou badines, d'épîtres aux princes et aux grands, qui forme dix mille vers, symétriquement divisé en dix livres; manuscrit, dit-on, unique, dont le premier livre et une partie du dixième manquent, mais que M. Rosmini a suffisamment fait connaître [2]. Les *Joca et Seria* rappellent beaucoup plus la licence d'Horace que son naturel, sa grâce et sa raison; et Philelphe, solliciteur nécessiteux, pensionnaire mal payé, père de famille aux expédiens [3], n'a point dans ses éloges l'adresse, l'aisance et presque la liberté du voluptueux et opulent flatteur d'Auguste et de l'ami de Mécène.

Un manuscrit qui contraste avec les mœurs littéraires

[1] Les bibliothécaires de l'Ambrosienne ont le titre de docteurs; mais, quoique prêtres, ils sont dispensés par le fondateur d'une partie des fonctions du ministère ecclésiastique, afin de vaquer plus soigneusement à leurs devoirs de bibliothécaires.

[2] *Vita di Filelfo. V.* les diverses citations rejetées dans les *Monumenti inediti* des 3 vol.

[3] Il paraît qu'une des filles de Philelphe avait une singulière envie d'être mariée, car il ne cesse de demander une dot pour elle, soit qu'il adresse des vers à François Sforze, à la duchesse Blanche-Marie, sa femme, à Gentilis Simonetta, chevalier de la Toison-d'Or, ou même à Gaspard de Pesaro, médecin du duc. « Tandis que je « chante les actions de Sforze, dit-il à Gentilis, et qu'Apollon fait re- « tentir mon luth sonore, je suis détourné de mes chants : l'une « de mes filles veut une dot, l'autre des habits, et les garçons me « demandent aussi quelque chose. Sans dot, et si elle n'a son pesant « d'or, aucune fille ne croit pouvoir plaire à un mari ; ce n'est ni la « naissance ni l'honnêteté que l'on cherche dans une épouse ; c'est « l'or qui la fait ce qu'elle est, c'est par l'or qu'elle est belle. »

Nam sine dote quidem, quam multum ponderet aurum,
Nulla placere putet posse puella viro.
Non genus aut probitas in sponsâ quæritur : aurum
Hæc facit, et formam comprobat esse bonam.

de Philelphe, si violentes, si injurieuses, est une sorte d'élégie intitulée *Lamento* ou *Disperata*, composée par Virginie Accaramboni, sur la mort de son époux assassiné par des brigands; femme infortunée, qui elle-même périt avec son frère de la main de Louis Orsini, son beau-frère.

J'aurais désiré retrouver à l'Ambrosienne les canevas des pièces nouvelles que S. Charles Borromée faisait examiner par le prévôt de S.-Barnaba, et que lui-même il apostillait[1]. Cette censure dramatique de S. Charles serait aujourd'hui curieuse; on ne se figure pas quelle était alors la licence des premières farces italiennes[2]. Il est fort probable que les manuscrits de comédies censurées auront été légués par S. Charles, ainsi que ses autres livres, au chapitre de Milan, dont la bibliothèque fut supprimée en 1797, et qu'ils auront alors disparu dans cette espèce de pillage.[3]

Les recherches à l'Ambrosienne sont, au reste, singulièrement difficiles. Croirait-on que son illustre fondateur, le cardinal Frédéric Borromée, a interdit la formation du catalogue? Il faudrait même, dit-on, pour l'établir, une dispense de Rome. Le simulacre de catalogue qui existe est véritablement une espèce de chif-

---

[1] *V*. Riccoboni, *Histoire du Théâtre ital.*, ch. vi, cité par Ginguené, *Hist. litt. d'It.*, t. VI, p. 161.

[2] *V*. l'ouvrage intitulé : *I Sentimenti di S. Carlo Borromeo intorno agli spettacoli*, Bergame, 1759, in-4°, que je lus à Milan, et que j'ai regretté de ne pas retrouver dans nos bibliothèques de Paris.

[3] On trouve quelques détails sur les suites de cette suppression dans une lettre de M. Bossi adressée le 20 février 1807 à M. Rosmini, qui recherchait les traces du testament de Philelphe, autrefois déposé dans la bibliothèque du chapitre de Milan. Ce ne fut qu'en 1799 que M. Bossi, nommé préfet général des archives et des bibliothèques, put reconnaître les articles qui manquaient dans cette dernière, et dont il a indiqué les principaux au savant auteur de la *Vie de Philelphe*. T. III, p. 102.

fre : les auteurs y sont portés à leurs prénoms (qui, en Italie, ont, à la vérité, beaucoup plus d'importance que chez nous); il y a sur cette table une multitude de Jean, de Jacques et de Pierre, et pour trouver Pétrarque, il faut chercher François. Afin d'accroître encore le mystère, on ne lit aucun titre sur le dos des livres; l'aspect de ces volumes sans noms, couvrant les murs de l'immense salle, a quelque chose de redoutable, et, sans la bonne renommée du fondateur, on pourrait mal penser de toute cette science occulte. Les bibliothécaires cependant savent assez bien ce qu'ils ont ou ce qu'ils n'ont pas; mais ils ne peuvent guère consulter que leur mémoire, et le catalogue n'est là qu'une tradition. On a peine à s'expliquer la contradiction du cardinal Frédéric : il avait recueilli, recherché à grands frais des livres et des manuscrits dans toute l'Europe, et jusque dans l'Orient [1], nommé des

---

[1] Un petit ouvrage très rare intitulé *Monumenta bibliothecæ Ambrosianæ*, par Jacob-Philippe Opicello, Milan 1618, contient de curieux détails sur ces véritables expéditions littéraires. Grazio parcourt l'Italie; Olgiati, le premier bibliothécaire de l'Ambrosienne, l'Allemagne, la Hollande et la France; Bernardin Ferrari, l'Espagne; Antoine Salmazi, les îles et le continent de la Grèce, et un prêtre maronite, nommé Michel, l'Orient, où il meurt de la peste. Le plus intrépide de ces explorateurs est, je crois, Salmazi; il éprouve une douleur profonde de trouver dans les prêtres de Corfou, au lieu d'un clergé instruit, des espèces de paysans occupés de leurs bœufs et de leur labourage, et qui ne pouvaient rien lui indiquer; la bienséance chrétienne, dit-il, doit avoir horreur d'une telle ignorance (*quod sanè christianus decor horrescit*). Apprend-il l'arrivée d'un navire, ce digne érudit court au port et s'informe aux patrons s'ils n'ont point entendu parler de ventes de livres; l'historien partage l'ardeur et le pathétique du héros, et c'est à la faveur des dieux (*annuentibus superis*) que celui-ci doit ses découvertes. L'accueil le plus gracieux est toujours fait par le cardinal Frédéric à ces savans lorsqu'ils reviennent chargés de leurs doctes dépouilles; malgré la délicatesse de ce genre de mission, ils paraissent d'une intégrité parfaite, et je n'ai point trouvé dans la petite Odyssée bibliographique d'Opicello de vilain trait comme celui

savans pour les éclaircir et les publier, attaché à l'Ambrosienne une superbe imprimerie qui n'existe plus [1], et il cachait timidement une partie de ces mêmes découvertes ; il est impossible de montrer à la fois plus de zèle, plus d'amour des lettres, et de prendre contre elles plus de précautions.

Il ne reste à l'Ambrosienne, de manuscrits physico-mathématiques de Léonard de Vinci, qu'un seul et énorme volume contenant des machines, des figures et des notes recueillies par Pompée Leoni. Les lettres sont tracées de droite à gauche, à la manière des Orientaux, et ne peuvent être lues qu'au miroir. Comme son digne émule Michel-Ange, Léonard de Vinci était aussi savant sculpteur, architecte, ingénieur, chimiste, mécanicien et littérateur : chez de pareils hommes, la multitude des talens, au lieu de se nuire, semble, au con-

l'on raconte aux voyageurs à la Laurentienne. Un des envoyés de Cosme l'ancien, peut-être un de ses commis-voyageurs pour le commerce et les lettres, revenant aussi à Florence avec des ballots de livres et de manuscrits dont il faisait grand étalage : « Je vous abandonne tout cela, dit à son agent infidèle le rusé Médicis, qui s'était trouvé à l'arrivée de la voiture, je ne veux que la petite caisse cachée entre les roues de derrière. » C'était là qu'étaient les vrais trésors. Le savant auteur de l'article du cardinal Frédéric Borromée dans la *Biographie* semble s'être mépris lorsqu'il a prétendu qu'Olgiati avait lui-même été rechercher en Grèce les manuscrits destinés à l'Ambrosienne ; on voit qu'il avait été ailleurs, et que, dans ce partage des contrées à exploiter au profit des lettres, la Grèce était échue à Salmazi.

[1] *Neque vero ex grege*, dit Opicello, *Typographos in ea constitui voluit, sed peritos, præside Jacobo Como, non vulgaris famæ Bibliopola, qui partes jussu Federici varias circuivit ut caracteribus probatissimæ notæ Typographiam dictaret.* L'ouvrage *Monumenta bibliothecæ Ambrosianæ*, imprimé à Milan par ce même Jacques Como, et qui fait peu d'honneur à la correction et à l'élégance de ses presses, se termine par un magnifique éloge de ses travaux et de son infatigable activité. On dirait un de nos éditeurs en vogue (*non vulgaris famæ bibliopola*) parlant aujourd'hui dans la feuille d'annonces de ses publications nouvelles.

traire, les étendre et les fortifier. La vue de cet étrange manuscrit, avec ses caractères renversés, prouve, à sa manière, l'influence, le reflet de l'Orient sur l'Italie dans le siècle de Léonard, et à quel point le génie italien lui dut de sa chaleur et de son éclat.[1]

La bibliothèque de l'Ambrosienne possède un petit et riche musée : là se voit le carton de l'école d'Athènes, première inspiration naïve et grande de cette immortelle composition. M. de Chateaubriand, en présence du tableau, disait : « J'aime autant le carton. » Celui-ci est très bien conservé, et il semble devoir survivre au tableau, dont la dégradation s'accroît chaque jour. Un portrait de Léonard de Vinci, au crayon rouge, fait par lui-même, est une véritable figure de patriarche; les traits en sont calmes et doux, malgré l'épaisseur des sourcils et l'immensité de la barbe et des cheveux. Plusieurs tableaux charmans de Bernardin Luini, tels que le jeune *S. Jean jouant avec un agneau*, la *Vierge aux rochers*, revenus de Paris, sont aussi à l'Ambrosienne, ainsi qu'une belle fresque du *Couronnement d'épines*, qui n'a pas, je crois, toute la réputation qu'elle mérite.

Un monument a été élevé à l'Ambrosienne, au pein-

---

[1] Ces manuscrits de Léonard de Vinci sont nombreux et épars : la bibliothèque Trivulzio en possède quelques uns; quatorze petits volumes et cahiers du même genre sont à la bibliothèque de l'Institut, et ont été fort bien décrits dans l'essai lu à la première classe en 1797 par M. J.-B. Venturi (Paris, Duprat, 1797). Le plus important des manuscrits de Léonard est celui qui faisait partie de la bibliothèque du roi George III, donné par George IV au Musée britannique; ce manuscrit offre différentes figures, des têtes de chevaux et d'autres animaux, des sujets d'optique, de perspective, d'artillerie, d'hydraulique, de mécanique, et des dessins à la plume parmi lesquels on distingue un dessin de sa propre *Cène*, regardé par Canova comme ce qu'il avait vu de plus précieux en Angleterre. Quelques manuscrits de Léonard se trouvent aussi dans la bibliothèque de lord Spencer.

tre et écrivain ingénieux milanais Joseph Bossi : le dessin, les bas-reliefs, sont de MM. Palagi et Marchesi, et le buste, colossal, est un ouvrage plein de vie et d'expression de Canova.

CHAPITRE X.

Brera.

La bibliothèque de Brera est principalement formée de l'ancienne bibliothèque des Jésuites et d'autres bibliothèques de couvens et maisons religieuses supprimées en 1797, d'une partie des livres de Haller, et de la petite mais précieuse collection léguée par le cardinal Durini. Le cabinet des médailles occupe un très beau local ; il possède une bibliothèque numismatique composée avec goût par le conservateur, M. Cattaneo ; disposition commode pour les personnes qui travaillent et qui ne sont point obligées de recourir à la grande bibliothèque afin de réclamer les livres dont elles ont besoin, et qui pourraient ne pas se trouver en place. La bibliothèque de Brera a peu de manuscrits, mais elle compte cent mille volumes, et, de toutes les bibliothèques d'Italie, elle est la plus au courant. Le grand nombre des lecteurs est un autre rapport entre Milan et Paris, et l'on pourrait presque, en traversant la grande salle, se croire à la bibliothèque de la rue de Richelieu.

CHAPITRE XI.

Bibliothèques particulières. — Bibliothèque Trivulzio. — Vers de Gabrielle d'Estrées.

Milan compte plusieurs bibliothèques particulières remarquables; telles sont les bibliothèques *Fagnani*, qui offre une belle collection d'Alde; *Melzi*, si riche en xv⁹ˢ siècles italiens; *Reina, Litta, Archinto, Trivulzio*. Une bienveillance dont je conserverai un profond souvenir me rendit accessible cette dernière, qui ne compte pas moins de trente mille volumes et d'environ deux mille manuscrits. Une notice détaillée sur la bibliothèque Trivulzio, transmise par le possesseur à M. Millin, est insérée dans les *Annales encyclopédiques*, année 1817, t. VI; mais elle n'est plus aujourd'hui parfaitement exacte, une partie de cette bibliothèque étant passée dans une autre branche de la famille Trivulzio, et le zèle éclairé de M. le marquis Jacques Trivulzio n'ayant cessé depuis d'ajouter à ce qui lui restait. Lady Morgan a donné aussi la description de quelques articles; telle est celle du livre d'*Heures*, ou livre d'école à l'usage du jeune Maximilien, fils de Louis-le-More, avec de belles vignettes de Léonard de Vinci, peintures caractéristiques qui sont comme le tableau de l'éducation des princes à cette époque, et dont un des sujets représente le jeune duc à cheval, contemplé par les dames (*Il principe contemplato dalle donne*). La bibliothèque Trivulzio est riche de manuscrits et de premières éditions du Dante, de Boccace et de Pétrarque. Un manuscrit de ce dernier, très beau, est du temps ; il pourrait même paraître de sa main, car l'écriture est tout-à-fait semblable à la note du Virgile de l'Ambrosienne ; l'édition de Padoue (1472) est ornée de miniatures charmantes de Mantegna. Lady Morgan cite une édition du même poète, imprimée, dit-elle, seulement quinze ans après sa mort : en vérité, j'hésiterais à relever pédantesquement cette erreur d'un demi-siècle [1] de la part d'une femme, si elle-même ne s'était placée hors de son sexe par d'autres inadvertances un peu moins gaies que celle-là [2]. Il est un beau manuscrit sur vélin qu'il lui convenait mieux de décrire, et dont elle n'a dit que quelques mots inexacts, c'est l'oraison d'Isocrate au roi Nicoclès, avec des vers charmans de Gabrielle d'Estrées, à laquelle ce manuscrit avait appartenu, après avoir été primitivement dédié au Dauphin depuis Henri II. Voici quelques uns des vers de Gabrielle :

> De vraye amour aultre amour reciprocque
> C'est le parfaict de son plus grand desir
> Mais sy l'amour de l'aultre amour se mocque
> Pour ung amour trop moings digne choisir
> C'est ung ennuy qui ne donne loysir
> Temps ne repos pour trouver reconfort.
> Le desespoir est pire que la mort
> Et jalouzie est ung vray desespoir.
> O foy rompue o trop apparent tort
> Pour vous me fault pis que mort recepvoir.

[1] Pétrarque mourut en 1374, et l'imprimerie ne fut inventée, comme on sait, que vers 1440.

[2] Des pères de famille ont été enfermés à Milan par suite des indiscrétions libérales de lady Morgan ; ces éloges contre les gens sont singulièrement odieux : sans doute il est doux de citer les grands seigneurs chez lesquels on a dîné, de parler des succès qu'on a obtenus ; mais je ne crois pas qu'il y ait de jouissance d'amour-propre qui vaille un quart d'heure du repos de personne ; et des phrases, des déclamations faites de l'autre côté de l'eau, sont bien condamnables quand elles servent à dresser des listes de proscription.

D'après la place où se trouvent ces vers peu connus [1], ils sont authentiques et du temps, avantage qu'ils ont sur d'autres vers plus célèbres, tels que les *Adieux de Marie-Stuart*, insérés, je crois, pour la première fois dans l'*Anthologie* de Monnet [2], ou les vers d'Henri IV, *Viens, aurore*. Les vers de Gabrielle détruisent la réputation qui lui avait été faite de manquer d'esprit; ils lui font encore plus d'honneur comme amante et comme femme sensible : pourquoi les infidélités d'Henri IV n'auraient-elles point inspiré ce trait d'une douleur si amère et si vraie sur cet amour *qui de l'aultre amour se mocque ?* La lecture faite par Gabrielle du discours d'Isocrate touchant l'administration d'un royaume, prouve que cette maîtresse de roi se mêlait aussi du gouvernement, et qu'elle a peut-être cherché des argumens contre Sully dans le rhéteur d'Athènes.

La bibliothèque Trivulzio possède plusieurs manuscrits provenant de la bibliothèque de Mathias Corvin, et qui portent ses armes: tels sont le commentaire de Porphirion et d'Acron sur Horace, un Diogène Laërce,

---

[1] Ils sont aussi insérés au t. II, p. 126, n° 878, de la *Bibliotheca Roveriana*, d'où le livre est passé dans la bibliothèque Trivulzio; mais nous autres lecteurs de catalogues faisons peu d'attention à ces bagatelles-là. Voici d'autres vers inscrits au recto d'un feuillet blanc à la tête du volume, qui sont plus de notre goût parce qu'ils constatent le fait bibliographique :

> Ce livre est a moy Gabrielle
> Qui voudrois bien avoir l'esprit
> Et le sçavoir semblable a celle
> Qui l'a mis icy en escript.

[2] T. Ier, p. 19. Brantôme fait dire en prose à Marie à peu près ce que disent les vers; s'ils eussent été connus de son temps, il n'eût assurément pas manqué de les citer. Monnet prétend avoir tiré la chanson, comme il l'appelle, d'un *manuscrit qu'on assure avoir appartenu au fameux duc de Buckingham*; mais il n'indique ni la date de ce manuscrit, ni ce qu'il est devenu.

et quelques autres articles; je remarquai parmi les manuscrits huit madrigaux et dix sonnets autographes du Tasse publiés, pour la première fois, à Venise en 1827[1]; l'*Orlando innamorato* du Boiardo, aussi autographe, et d'une écriture extrêmement nette et soignée; le traité d'architecture d'Averulino, ou Filarete, florentin, habile élève de Donatello, architecte du grand hôpital de Milan, adressé à François Sforze, manuscrit en papier de coton, dont il n'existe qu'un seul autre exemplaire à la Magliabecchiana de Florence [2]; un traité inédit de musique composé par le prêtre Florentio, dédié au cardinal Ascagne Sforze, manuscrit charmant, au frontispice duquel Léonard de Vinci, qui était aussi grand musicien, est représenté tenant à la main une lyre, espèce de grosse mandoline renversée. Une des dernières et curieuses acquisitions de M. Trivulzio était une première mise au net (*abbozzo*) très bien conservée du *Dictionnaire de Calepin*, dont j'ai depuis inutilement recherché à Bergame l'original, qui s'y trouvait autrefois au couvent des Augustins devenu caserne. On ne saurait trop estimer ces hommes intrépides qui, les premiers, défrichèrent les déserts de la science. Le nom de Calepin, qu'on a défiguré en le latinisant, était Calepio,

---

[1] Un recueil estimé, la *Revue française*, en traduisant l'annonce de ces poésies insérée dans la *Bibliothèque italienne*, a parlé du *soin jaloux* avec lequel M. le marquis J.-J. Trivulzio conservait la collection de ces poésies inédites du Tasse; M. Trivulzio, un des hommes d'Italie qui accordent aux lettres les plus nobles encouragemens, ne méritait point ce reproche d'égoïsme réfuté par le fait même, et que la Bibliothèque italienne a depuis rétracté.

[2] Le génie de Filarete était singulièrement fertile et surabondant; c'est de lui qu'on a dit qu'il aurait voulu rebâtir le monde et aurait cru l'embellir. Vasari ne paraît pas faire grand cas de ce traité d'architecture : *E comecchè alcuna cosa buona in essa si ritrovi, è per lo più ridicola e tanto sciocca, che per avventura è nulla più.*

famille ancienne et illustre comme beaucoup d'autres noms des savans de la renaissance [1]. Ce nom est devenu immortel, puisqu'il a donné un mot à la langue, et que ce mot a été employé par Boileau [2]. La suite des éditions du xve siècle, grand papier, est très belle, et une collection des premières éditions de l'Arioste, presque complète.

CHAPITRE XII.

Domination autrichienne. — Écoles. — Imprimerie, librairie, censure. — Liberté de conscience. — Perfectionnement. — Gêne politique.

Malgré l'accusation de la *Revue d'Édimbourg*, le gouvernement absolu de l'Autriche n'est point un gouvernement *obscurant* dans le sens ordinaire. Après l'Écosse, peut-être, l'enseignement populaire est là plus encouragé et plus répandu que dans aucun autre pays de l'Europe. Les écoles paroissiales écossaises sont louées et connues de tout le monde, et il a été fort peu parlé des écoles autrichiennes [3]. Fondées par Marie-Thérèse, ces écoles furent étendues, il y a sept à huit ans, au royaume lombard-vénitien; le mot *Scuola* s'y lit au-

---

[1] Lascaris, Bessarion, François et Hermolao Barbaro, Poggio, Budé, etc.

[2] Satire I, 39.

[3] M. le baron Charles Dupin, dans son ouvrage intitulé *Forces productrices et commerciales de la France*, Paris, 1827, 2 vol. in-4°, a reconnu les progrès de l'enseignement élémentaire dans les États autrichiens. En Angleterre, d'après la statistique de M. Dupin, les écoles ne sont fréquentées que par le *seizième* de la population, tandis qu'en Autriche elles sont fréquentées par le *treizième*; en Bohême même, elles le sont par le *onzième*. On pourra juger de

dessous des armes de l'empereur, jusque dans les villages; et chaque commune, même la plus petite, doit

l'organisation des écoles élémentaires autrichiennes, en Italie, par le détail des classes ci-après :

PREMIÈRE CLASSE.

Épeler, écrire sur le tableau, principes de religion, arithmétique, addition et soustraction.

DEUXIÈME CLASSE.

Lire, écrire, catéchisme, arithmétique, les quatre règles et les fractions, histoire sacrée.

TROISIÈME CLASSE.

Calligraphie, orthographe, grammaire italienne, préceptes pour écrire de petites compositions, telles que la relation d'un voyage, etc.; lire et écrire le latin sous la dictée, catéchisme, histoire sacrée, les évangiles des dimanches et des fêtes, arithmétique, calcul des fractions et règle de trois.

QUATRIÈME CLASSE, CRÉÉE EN 1828.

Architecture, géométrie, mécanique, stéréométrie, dessin, géographie, histoire naturelle, physique.

Une autre classe est établie dans les chefs-lieux de gouvernement; on y enseigne :

L'histoire, la science du commerce, la tenue des livres, les mathématiques, l'histoire des arts, la chimie, les langues allemande, française et anglaise.

Tout cela n'est pas encore l'éducation du collége, qui probablement est moins sensée. Les deux premières classes existent dans de très petits villages; les trois premières sont communes, et j'ai trouvé la troisième dans un village qui n'avait pas plus de sept cents habitans. L'enseignement des écoles élémentaires de filles ne paraît pas moins satisfaisant; en voici la répartition entre les trois classes de ces écoles :

PREMIÈRE CLASSE.

Section inférieure. L'instruction religieuse (c'est-à-dire le petit catéchisme), épeler, écrire; l'arithmétique mentale; les premiers ouvrages de femme.

Section supérieure. L'instruction religieuse (c'est-à-dire le petit catéchisme et l'appendice sur la confession); lire les divers caractères, écrire; l'arithmétique écrite, les élémens de la prononciation et de l'orthographe, les ouvrages de femme.

DEUXIÈME CLASSE.

L'instruction religieuse avec le petit catéchisme et l'appendice;

avoir son école, ou contribuer à l'entretien de celle où ses enfans vont apprendre à lire, lorsqu'elle n'en a point; cas du reste infiniment rare [1]. Le gouvernement autrichien est à la fois pédagogue et militaire : il a pour fonctionnaires des sergens et des maîtres d'école, pour ressort la canne et la férule. L'effet de cette éducation générale est déjà très sensible en Lombardie, et l'on peut espérer de voir s'y réaliser une parole très belle de l'empereur. Invité à établir une jurisprudence exceptionnelle pour cette province, attendu la trop grande douceur de la loi autrichienne, il s'y refusa; il prétendit que la civilisation devait rendre un jour, là, son code bon comme en Autriche, qu'il ne s'agissait que de l'y

lire couramment, avec intelligence et avec une prononciation accentuée; écrire d'après un exemple d'un numéro plus élevé. L'arithmétique (c'est-à-dire connaître les poids et les mesures anciens et nouveaux, les monnaies courantes, et faire les quatre règles en nombres complexes); les élémens de la grammaire; c'est-à-dire savoir toutes les parties du discours et l'orthographe; écrire sous la dictée; décliner les noms, les pronoms et les adjectifs, et conjuguer les verbes *amare*, *temere* et *sentire* (le choix de ces trois derniers verbes aimer, craindre et sentir, si analogues à la destinée de la femme, paraît assez heureux pour un réglement d'écoles); les ouvrages de femme, c'est-à-dire coudre, marquer, broder, etc.

TROISIÈME CLASSE.

L'instruction religieuse, qui se compose de la lecture du Traité des Sacremens, de l'Histoire Sainte, et de l'explication des Évangiles; l'exercice de la lecture comme dans la classe précédente; la calligraphie d'après un exemple d'un numéro plus élevé; l'arithmétique, comprenant les quatre règles accompagnées d'opérations plus difficiles; la grammaire italienne; la composition de quelque lettre ou courte description; les ouvrages de femme perfectionnés.

[1] La dépense des maîtres d'école de village est de 250 à 400 livres autrichiennes (217 à 348 francs), tandis que la dotation de nos écoles, d'après un document jadis semi-officiel (*le Messager des Chambres*, du 1ᵉʳ mai 1828), est de 30 à 40 francs.

répandre : « Quand le peuple saura lire, ajouta-t-il, il « ne tuera plus. » Ce vaste système d'enseignement populaire a excité les alarmes convenues de quelques fortes têtes, et provoqué de singulières remontrances. Quelques seigneurs de Milan, d'ailleurs infiniment respectables, allaient jusqu'à dire dans ces remontrances, qu'avec tant d'écoles, la Lombardie était un pays perdu. Le travail des écoles part du cabinet de l'empereur, qui examine lui-même les divers rapports d'inspection : jamais prince depuis Denys ne s'est autant occupé d'écoles, et c'est assurément le seul rapport qu'il y ait entre un monarque aussi honnête homme et le tyran de Syracuse.

Malgré les contrefaçons inévitables dans un pays divisé en petits États, comme l'Italie, et les inepties ordinaires de la censure [1], la librairie et l'imprimerie sont florissantes dans l'État lombard. Les ouvrages imprimés

[1] Walter Scott avait été défendu en 1826 ; et, chose singulière, peu de temps après la publication de *Woodstock*, ou *le Cavalier*, roman tout-à-fait aristocratique. Notre *Journal des Savans*, rédigé à la chancellerie avec le produit des droits du sceau, imprimé à l'Imprimerie Royale, et si peu offensif, est même quelquefois arrêté ou remis avec un *transeat* qui invite à ne le communiquer qu'avec circonspection. Cette rigueur de la censure n'est pas toujours sans maladresse : si la permission de paraître a été accordée à un mauvais livre (ce qui arrive ordinairement lorsqu'on défend les bons), ce mauvais livre est aussitôt répandu avec profusion. Au moment de mon premier séjour à Venise, le *Voyage d'Antenor* était dans ce cas ; aussi le voyait-on affiché, étalé chez tous les libraires comme une nouveauté du Palais-Royal. Il y a même des censeurs typographes. On me citait que, dans un ouvrage sur Venise, l'initiale majuscule de cette ville avait été supprimée, et remplacée par une petite lettre, attendu que, d'après les règles de cette étrange typographie, la majuscule n'appartient qu'aux États indépendans. Indigne et dernier affront à la patrie d'Alde Manuce ! Les effets de cette censure sont, au reste, à peu près nuls ; c'est, comme on l'a toujours vu, de l'odieux en pure perte, car chacun reçoit et lit tout ce qu'il veut. La censure dramatique paraît agir à peu près au hasard, et s'exerce selon le bon plaisir du censeur de l'endroit. La

par la Société typographique des classiques italiens sont la plupart d'une netteté et d'une correction remarquables; l'*Histoire des campagnes et des siéges faits par les Italiens en Espagne*, de 1808 à 1813, par M. Vacani, dédiée à l'archiduc Jean, et imprimée, en 1823, à l'imprimerie royale de Milan, malgré quelques bizarreries typographiques[1], est très supérieure aux livres imprimés, il n'y a pas encore long-temps, avec les vieux caractères de notre imprimerie royale; les *Fragmens de l'Iliade*, publiés, en 1819, par M. Maio, et qui sortent des mêmes presses, sont aussi un très beau livre. Parmi les entreprises particulières, l'ouvrage intitulé *Famiglie celebri italiane*, publié par le comte Pompeo Litta, est à la fois magnifique et national; la *Collection des anciens historiens grecs* traduits en italien, et dont il a déjà paru environ soixante volumes, est un travail dont quelques parties sont estimées, et qui est d'une bonne exécution typographique; la publication des œuvres complètes d'Ennius Quirinus Visconti, due aux soins de M. le docteur Labus pour la partie archéologique et littéraire, et de M. Palagi pour l'exécution des planches, ferait honneur aux premières maisons de la librairie française.

Quant à la liberté de conscience, je doute qu'elle soit nulle part plus religieusement respectée; il n'est point là du tout question de la dévotion qui gouverne, et, par un inutile emploi de l'autorité, il a même été défendu aux prédicateurs de déclamer contre l'hérésie. Tandis que l'infâme *Ghetto*, cette espèce de bagne empesté, fondé par le fanatisme, souille encore quelques

---

tragédie de *Foscarini*, par M. Nicolini, défendue à Mantoue, avait été jouée à Brescia.

[1] C'est ainsi que l'auteur imprime les noms de villes en caractères différens, selon que ces villes sont plus ou moins importantes, intendances ou sous-intendances.

unes des plus belles cités de l'Italie, le gouvernement du royaume lombard-vénitien consulte ses délégués *sur l'état et les moyens d'améliorer le sort* des hommes qu'ailleurs on y condamne ; l'empereur, prince religieux, visite lui-même à Mantoue leur maison de refuge et de travail, et la chancellerie de Vienne félicite officiellement la sociéte israélite de cette ville sur le zèle qu'elle met à faire le bien. [1]

La mendicité a été supprimée, et deux maisons de travail sont établies à Milan. L'administration cherche à s'aider des nouveaux et divers moyens de perfectionnement social : la vaccine est généralement pratiquée [2] ; une caisse d'épargnes a été créée à Milan en 1823 ; le cadastre, continué sans interruption, occupe l'ancien couvent des Jésuites, et des chaires de statistique ont été fondées à Pavie et à Padoue. Sans doute cette autorité étrangère est rigoureuse en quelques points ; mais ce n'est pas là non plus ce despotisme cru, vert, sauvage, qu'aimait l'abbé Galiani. L'ascendant qu'elle exerce est sans effet sur les mœurs, les manières et le caractère national ; elle gêne sans nuire ; elle est antipathique plutôt qu'ennemie : le gouvernement autrichien, avec de la sagesse, n'opprime point, il pèse. [3]

---

[1] *V.* une lettre au directeur de l'*Anthologie*, sur les maisons pieuses des israélites de Mantoue, numéro d'octobre 1828.

[2] Les tables nécrologiques de Milan ne présentent pas une seule mort causée par la petite-vérole pendant les années 1822 et 1823 ; le nombre pour les années suivantes en est très minime : il s'élève encore annuellement, à Paris, de deux à trois cents, et, en 1825, il était même de deux mille cent quatre-vingt-quatorze.

[3] Il a été composé à l'usage des écoles élémentaires du royaume lombard-vénitien un petit manuel sur les *devoirs des sujets envers leur souverain*, espèce de catéchisme politique assez curieux, et qui peint fidèlement les principes du gouvernement autrichien ; quelques parties de ce manuel sont fort raisonnables : l'industrie, les sciences et les arts, de bonnes et nombreuses écoles, sont indiqués comme des moyens de prospérité pour un état ; il est ordonné aux

CHAPITRE XIII.

Collége militaire.

Le collége militaire de Milan, destiné aux enfans des soldats des huit régimens italiens, est un établissement très bien conçu, et qui pourrait ailleurs servir de mo-

paysans italiens, si enclins au fanatisme, de vivre en paix avec ceux des diverses religions : quelques articles caractérisent la lenteur et la circonspection allemande ; il est défendu en temps de guerre de conter des nouvelles, et même de trop se réjouir après la victoire ; d'autres parties sont assurément moins innocentes et moins louables ; tel est le chapitre sur la désobéissance au prince, traitée de péché mortel ; sur ce que l'on doit faire pour ne pas être suspect, et surtout le chapitre des déserteurs, dans lequel ils sont assimilés aux voleurs, puisqu'ils dérobent leur corps au régiment, et sont même déclarés plus coupables, car, dit-on, ceux-ci n'ont point fait de serment ; il est défendu à leurs pères et mères de leur envoyer de l'argent ou des habits : le publiciste autrichien n'est pas de l'avis de Montesquieu sur la puissance des peines, et il ne trouve pas la désertion trop punie par la peine de mort. L'interdiction de la publicité des débats est une autre grave rigueur de l'administration autrichienne ; les avocats même ne peuvent point faire de discours, et ils ne sont là que pour certifier les pièces du procès. Une des gênes les plus contrariantes des sujets autrichiens doit être la difficulté d'obtenir des passeports à l'étranger. On ne se figure pas les obstacles qu'on leur oppose : on les invite à traiter leur affaire tantôt verbalement, tantôt par écrit, et ainsi de suite ; ces passeports sont même refusés aux grands seigneurs attachés au service et à la personne de l'empereur. S'ils allèguent pour motif de leur voyage l'éducation de leurs enfans, on leur assure que les études sont très bonnes à Vienne ; s'ils parlent de voyager pour leurs plaisirs, on ne manque pas de leur répondre que l'on s'amuse aussi beaucoup à Vienne : la défense de sortir en redouble l'envie ; il serait difficile de rendre les regrets, l'admiration qu'inspirent là, dans les classes les plus élevées, Paris, ses danseuses, ses restaurateurs, et jusqu'à l'éclairage de ses boulevards et de ses passages. Quelquefois cette permission de voyager est accordée à d'étranges conditions : elle est limitée à un certain temps, et l'on ne peut toucher à l'étranger qu'une portion de ses revenus.

dèle. Il fut commencé par le général français Teulié, dont le portrait se voit encore sous le vestibule [1]. On y compte trois cents élèves, parmi lesquels cinquante sont fils de bourgeois et paient une petite pension. Les titres des autres enfans sont les services, les blessures ou la mort de leurs pères sur le champ de bataille; la différence de religion n'est point un obstacle, pourvu que cette religion soit admise par l'État, et l'on connaît sur ce point la tolérance autrichienne. J'ai visité plusieurs fois, avec un extrême plaisir, cette jeune colonie militaire, dirigée par un homme d'une haute capacité, M. le colonel Young, qui est comme le père de ces petits soldats : leurs exercices gymnastiques, très perfectionnés (car l'habile directeur a pris aux différentes méthodes ce qu'elles avaient de meilleur), sont applicables aux travaux de la guerre, tels que passages de rivières, de précipices, assauts de forts, etc.; l'enseignement se compose de l'écriture, de l'arithmétique, des langues allemande et italienne, de la géographie, de l'histoire, du dessin topographique, etc. Des instituts semblables, au nombre de cinquante-un, existent pour les autres régimens de l'armée autrichienne; ils doivent attacher le sous-officier et le soldat à son drapeau, puisque en son absence l'abandon et le besoin ne menacent plus sa famille : ces établissemens, peut-être, sont une des causes qui ont conservé cette même armée, défaite, malheureuse pendant vingt années, et jamais détruite. Avec quelques établissemens de ce genre, un de nos ministres de la guerre n'eût point été amené

[1] Le général Teulié, d'origine française, était né à Milan et avocat dans cette ville au moment de l'arrivée des Français. Il prit alors du service et commanda la première légion cisalpine. Cet homme, très estimé, périt au siége de Colberg en 1807. Foscolo se proposait d'écrire sa vie, et il avait, dans ce but, recueilli de nombreux matériaux. L'avocat Marocco a publié un éloge de Teulié.

à faire l'étrange aveu que la France ne comptait point assez d'hommes capables d'être sous-officiers. Le collége militaire est une de ces fondations de bon sens, de justice et d'humanité qui laissent au voyageur les plus doux souvenirs ; d'autres États entretiennent à grands frais de nombreuses écoles pour des pages, des demoiselles ou de brillans officiers; là, l'enfant orphelin du soldat fait l'apprentissage du métier de son père ; il apprend l'honneur, l'ordre, l'obéissance, l'amour du prince et de la patrie, et ces vertus militaires si simples, si résignées, si intrépides : une pareille création était digne de Louis XIV ; celui qui avait ouvert un si noble hospice à la vieillesse de nos guerriers méritait de préparer le gymnase de leur enfance.

CHAPITRE XIV.

Musée de Brera. — Expositions.

L'ÉCLAT de Florence, de Bologne et de Rome, et l'ancienne réputation de leurs musées, font peut-être trop négliger le musée de Brera, beaucoup plus récent. S'il n'a pas de grands Titien, s'il manque peut-être de quelques autres chefs-d'œuvre, il possède d'admirables tableaux des anciens maîtres italiens, tels que Mantegna, Bernardin Luini, Gaudence Ferrari, Bramante Lazzari, qui semblent là convenablement placés pour l'histoire de l'art ; on peut juger ainsi de son point de départ, et cette galerie est comme la première salle, comme le vestibule du vaste musée que présente l'Italie. L'*Agar renvoyée par Abraham*, du Guerchin, est un de ses plus beaux ouvrages. Ce tableau électrisait Byron, selon le récit de son spirituel et enthousiaste cicérone du musée de Brera [1]. Le *Mariage de la Vierge*, ouvrage charmant de la jeunesse de Raphaël, est un tableau que, plus tard, il eût fait moins bien en le faisant mieux : le talent perd quelquefois, par la perfection, quelque chose de sa naïveté et de sa grâce. Raphaël avait vingt-un ans quand il donna *Lo Sposalizio*; c'est l'âge auquel Voltaire composa *OEdipe*, essais brillans qui révélaient déjà toute la grandeur de leurs compositions futures, et que de tardives variantes n'eussent fait qu'affaiblir et qu'altérer [2]. Une tête du Père éternel, de Luini, respire le génie simple, antique et majestueux de la Bible. *S. Pierre et S. Paul*, du Guide; la *Vierge et plusieurs saints*, du Dominiquin; la *Danse des amours*, de l'Albane; une *Piété*, du Garofolo; la *Vierge, l'Enfant Jésus et quelques saints*, de Jules Romain; l'*Adoration des Mages*, du vieux Palma; la *Prédication de S. Marc dans Alexandrie*, de Bellini; une admirable tête de vieillard, du Titien; *Moïse sauvé des eaux*, du Giorgione; le portrait des *Ducs d'Urbin*, de Fra Bartolommeo, sont des chefs-d'œuvre qui offrent l'expression et les beautés diverses de ces grands maîtres.

Un hasard heureux me fit assister, en 1827 et 1828, à l'exposition des ouvrages qui avaient concouru pour les prix décernés par l'Académie des Beaux-Arts de Brera, ainsi qu'à celle d'autres tableaux d'artistes et

---

[1] Lett. de M. H. Beyle à Mᵐᵉ Belloc sur lord Byron.
[2] On se rappelle le beau vers

Jeune, et dans l'âge heureux qui méconnaît la crainte,

que Voltaire remplaça, dans les dernières éditions, par le vers commun,

Au-dessus de son âge, au-dessus de la crainte.

dilettanti. Ces deux expositions donnaient une idée favorable de l'état actuel de l'école italienne. M. Palagi, de Bologne, M. Hayez, de Venise, ne seraient point méconnus par les maîtres de ces deux écoles. M. Palagi avait exposé une belle copie du *César Borgia*, du Giorgione : dans l'original, le bâtard d'Alexandre VI a la main sur son poignard; et, dans le fond du tableau, on voit un guerrier et une femme qui semblent indiqués comme ses victimes. Cette dernière rappelle, sans doute, l'histoire de ces femmes de Capoue, retirées dans une tour au moment du sac de la ville par l'armée de Borgia, et dont il choisit, après les avoir soigneusement examinées, quarante des plus belles pour les envoyer dans son sérail de Rome [1]. La copie étant destinée à M. le comte Borgia, l'artiste, par délicatesse, avait cru devoir supprimer le poignard, la femme et le guerrier; ce Borgia désarmé, inoffensif, perdait une partie de sa terrible physionomie, malgré le mérite de l'exécution. Peut-être n'y avait-il pas trop lieu de se vanter d'un pareil ancêtre, si, par une étrange contradiction, les noms fameux par le vice ou le crime même ne devenaient, avec le temps, des titres de noblesse. Un sujet charmant, Newton découvrant dans des bulles de savon faites par un enfant la réfraction de la lumière, offrait de beaux détails; la femme et l'enfant étaient gracieux, mais la figure de Newton était sans caractère et sans génie. *Véturie* et les dames romaines allant au-devant de Coriolan, dans le camp des Volsques, était encore un bon tableau de M. Palagi; il manquait cependant de vérité sous le rapport des costumes : la toilette de ces matrones de Rome encore rustique, semblait beaucoup trop élégante et trop re-

---

[1] Guichardin, *Ist. d'It.*, lib. vi.

cherchée. Les tableaux de M. Hayez, représentant la *Mort de Clorinde*, au moment où elle reçoit le baptême de Tancrède ; la *Rencontre de Marie Stuart et de Leicester*, lorsqu'elle est conduite au supplice, sujet pris de la pièce de Schiller, et le moment où elle monte à l'échafaud, produisaient une vive sensation. L'Italie n'a point échappé à ce goût, à ce besoin d'une réforme dans les arts et les lettres, qui tourmente quelques esprits en France ; et le talent très remarquable de M. Hayez, par sa hardiesse et même sa bizarrerie, appartient à l'école de MM. Devéria et Delacroix. Le *Jeune Tobie rendant la vue à son vieux père*, par M. Diotti, était aussi un tableau intéressant. La *Chapelle souterraine des familles de Vérone*, et les autres intérieurs de M. Migliara, avaient beaucoup de vogue, et sont, en effet, de charmans tableaux, dignes de notre école lyonnaise. Il y avait aussi des brigands romains à l'exposition de Brera ; mais ceux-là ne valaient pas ceux de MM. Cogniet et Robert. Deux bas-reliefs de M. Marchesi, l'un offrant le *Monument sépulcral de la fille de lord Dungarwan*, l'autre représentant la *Vision d'une mère sur la perte de ses sept enfans*, étaient pleins de grâce et de sentiment. Le groupe colossal du même artiste représentant la *Piété de S. Jean-de-Dieu*, fondateur de la congrégation des *Fatebene fratelli*, et destiné à leur hospice, excitait la vive admiration des Milanais, et semblait un ouvrage digne d'estime.

L'exposition de 1828 n'offrait aucun ouvrage de MM. Palagi et Hayez, mais il y avait de nombreux et excellens tableaux de M. Migliara, tels que la *Condamnation de Jacques Molay*, le *Château de l'Innominato*, plusieurs tableaux d'intérieurs gothiques de son heureux imitateur M. Moya, deux paysages de M. Gozzi, peintre d'un vrai mérite, un superbe dessin au crayon de M. Anderloni, d'après une *Ste.-Famille* de Raphaël, placée dans la galerie Stafford, en Angleterre, et dont il existe plusieurs copies à Rome et à Naples, faites par ses élèves. La sculpture offrait quelques ouvrages importans : un *Apollon dormant*, exécuté d'après un modèle en terre de Pacetti, par M. Cacciatori, son élève; le modèle du tombeau élevé au noble Melzi, à Bellaggio, par son neveu, ouvrage de M. Nesti de Florence, et un autre cénotaphe, consacré par les habitans de Chiari, gros village à quatre lieues de Milan, au savant Morcelli, leur prévôt [1]; ouvrage distingué de M. Monti de Ravenne. Ce vaste et splendide monument de laboureurs à un prêtre docte et vertueux les honore tous deux également; il est une preuve nouvelle et touchante de la popularité des arts en Italie : une pareille idée ne viendrait jamais à l'esprit de nos paysans qui ont le plus de respect pour leur curé, et je ne sache pas qu'un seul ait encore reçu un semblable honneur de ses paroissiens. Un Génie très gracieux était l'ouvrage de M. Labus, fils du savant antiquaire : ce jeune homme de vingt-deux ans avait déjà remporté le prix de sculpture en 1826, et il était de la plus haute espérance. Les divers projets d'une cathédrale devant une grande place entourée de portiques, annonçaient aussi de bonnes études d'architecture à Milan.

L'affluence de monde était considérable à ces deux expositions : on aurait pu croire vraiment que là aussi il y avait des jours et des heures réservés; mais la facilité italienne n'eût rien compris à cette aristocratie de cadran et d'almanach. Dans chacune des salles, au lieu de custode, un grand soldat hongrois, le briquet sur

---

[1] Le prévôt est comme un curé renforcé; il y a quatre curés à Chiari, dont le prévôt est le supérieur.

l'épaule, était de garde : ce Pannonien armé, au milieu des travaux de l'art italique, offrait un étrange et triste spectacle; l'air ennuyé de ce conquérant isolé, indifférent, immobile, au milieu de la foule agitée, semblait une image assez juste de l'espèce de domination qu'il exerce [1]. Combien il y avait loin d'un tel contraste à ces expositions du Louvre à la fois royales et populaires, à ces splendides travaux commandés par le prince et l'État pour décorer nos cités, nos palais, nos monumens et nos temples ! Le patriotisme, les sentimens de famille, et le goût des arts de quelques particuliers, avaient seuls fait exécuter quelques uns des ouvrages exposés à Brera, mais le souverain n'en avait pas ordonné un seul.

CHAPITRE XV.

Beccaria. — De la peine de mort.

Dans la rue de Brera est un joli hôtel qui fut habité par Beccaria, dont le médaillon et ceux de huit autres

---

[1] J'aurais dû peut-être supprimer ce passage sur le Pannonien de Brera ; car j'ai fait depuis ma paix avec lui, et j'ai reconnu que je n'avais pas d'abord rendu tout-à-fait justice à son goût pour les beaux-arts. Comme j'assistais à l'exposition de 1828, et que je regardais de nouveau ces soldats avec la même impression, l'un d'eux, quoique sous les armes, vint me parler. Je crus qu'il exécutait quelque partie de sa consigne ; pas du tout : il s'était aperçu que j'étais Français, et, d'un air qui voulait être léger, il me dit, en me montrant les tableaux : *Il est joli la maison comme çà.* A l'élégance de sa diction, je ne doutai point qu'il n'eût été en France. Je lui demandai assez lestement combien de fois il avait été fait prisonnier ; il me répondit : deux fois ; et je vis à son air, qui n'était point confus, que ses camarades l'avaient probablement été davantage.

Milanais et Milanaise célèbres se voient sur la façade[1]. Esprit paradoxal par amour, par passion du bien et de l'humanité, philosophe dont les opinions furent hardies, téméraires, et la vie prudente, vertueuse et paisible, Beccaria vient de retrouver des partisans dans les deux mondes; ses principes sur la peine de mort ont repris faveur auprès d'hommes amis des lumières. Mais, malgré le mérite supérieur de plusieurs discours et dissertations[2], je crois que l'instinct de conservation qui prescrit la destruction de l'homicide, que la conscience humaine, que cette simple loi du talion antérieure aux lois positives, seront toujours plus forts chez le peuple que tous les argumens, et je ne pense pas non plus qu'une semblable innovation puisse être comparée à la liberté civile, à la tolérance religieuse, à l'abolition de l'esclavage, et autres améliorations justes et naturelles.

CHAPITRE XVI.

Monti. — Pindemonte. — Manzoni.

J'AI vu Monti souffrant, anéanti : malgré ses infirmités, sa physionomie était encore noble et son regard

[1] Savoir : Lecchi, Giulini (historien de Milan); Agnese (célèbre mathématicienne); Frisi, Verri, Parini, Domenico Balestrieri (traducteur du Tasse en milanais); Fumagalli. Une nation qui, sous une domination étrangère, a compté de tels personnages, qui de nos jours a Manzoni, n'a point certes reçu des facultés vulgaires.

[2] *V.* le discours de M. Lucas, avocat à la Cour royale, qui a obtenu le prix proposé sur cette question à Paris et à Genève; le rapport de M. Ch. Renouard à la Société de la Morale chrétienne, et une dissertation intéressante de M. Gustave Degérando, lue à la Société des Études politiques. La proposition faite, en 1830, de l'abolition de la peine de mort pour crimes politiques, a donné lieu

plein de poésie; il parlait d'une manière intéressante de la littérature et de la langue italienne, de sa dérivation du provençal; il appréciait les laborieuses recherches de M. Raynouard; il rappelait un travail sur le même sujet, auquel il avait commencé à se livrer avec Perticari, et que la mort de celui-ci avait interrompu [1]; il me demanda des nouvelles de M. Botta, premier historien de l'Italie, comme Monti en fut le premier poète; les soins que lui prodiguait sa fille, veuve de ce généreux Perticari, les grâces et les talens de cette jeune femme, me rappelèrent une des filles de Milton sous le ciel de l'Italie.

J'ai connu depuis, à Vérone et à Venise, Hippolyte Pindemonte, autre grand poète contemporain que l'Italie a perdu presque en même temps, dans le dernier automne que je lui ai consacré [2]. Il est impossible de ne pas éprouver une douleur profonde, en voyant disparaître de tels monumens, ces hommes supérieurs furent aussi des hommes excellens, simples, religieux, sincères : M. Manzoni, qui, avec quelques théories différentes, semble appelé à leur succéder, se recommande par les mêmes qualités du cœur et des principes peut-

---

à une discussion éloquente, l'une des plus mémorables de nos annales parlementaires par la probité, la noblesse, la générosité des sentimens et les talens divers des orateurs.

[1] *V.* sur ces recherches, le chap. xii de la *Difesa di Dante*, de Perticari.

[2] Monti, né le 19 février 1751, est mort le 9 octobre 1828; Pindemonte, mort le 17 novembre, naquit la même année que Monti : s'ils différèrent par le talent, l'un âpre, passionné, éclatant, l'autre doux et mélancolique, leur carrière fut parfaitement égale. Un mois s'était à peine écoulé depuis la mort de Monti, qu'une souscription était ouverte en Italie, afin de lui élever un monument sur une des places de Milan. Vérone n'a pas été moins reconnaissante envers Pindemonte; sa mémoire doit y recevoir le même honneur, et sa digne et ancienne amie, Mme la baronne Silvia Curtoni Verza, est à la tête de la souscription.

être encore plus élevés [1]. De pareils caractères font un singulier honneur à l'Italie, si, comme nous le pensons, les caractères littéraires sont une expression assez juste des mœurs publiques, et ne les représentent pas avec moins de fidélité que les ouvrages des écrivains.

La même année 1828 et le même mois, mourut aussi à Ravenne le célèbre P. Cesari, orateur, théologien, grammairien, critique, biographe, poète, commentateur et traducteur d'Horace, de Térence et de Cicéron. Je l'avais visité à Vérone, sa patrie; c'était un vieillard vif, ardent, agité, un véritable *abbate* complet, très obligeant, bizarre dans le maintien et les vêtemens : cruscantiste opiniâtre, Cesari prétendait faire parler Cicéron comme lui-même se serait exprimé en italien et au XVIe siècle [2]. Malgré ses manies et son irritabilité, il comptait de nombreux admirateurs, et sa perte fut confondue, dans les regrets patriotiques et littéraires des Italiens, avec celle de Monti et de Pindemonte.

[1] M. Manzoni a défendu, contre Jean-Jacques et M. de Sismondi, l'alliance possible du catholicisme et de la liberté dans un pays qui ne lui en offrait point d'exemple, et sous une domination peu favorable à ce genre d'idées; son éloquent écrit : *Sulla Morale cattolica* (Milan, 1819, in-8°), est une nouvelle preuve de la puissance du génie italien, toujours au niveau des grands principes de la civilisation, malgré les obstacles dont il est entravé.

[2] C'est ainsi qu'il lui fait dire *l'uovo di Pasqua, in un credo, un vespro siciliano*, etc., expressions qu'il défend dans la préface en tête de sa traduction du second volume des *Lettres*. Milan, 1826.

CHAPITRE XVII.

La Scala. — Cantatrices italiennes. — Révérences au public. — Décorations. — Ballets. — La Scala, société de Milan.

Je n'ai point vu la *Scala* en 1826, au moment de sa splendeur. Alors il n'y avait point d'opéra ; on représentait une espèce de tragédie de *Dircé*, faite par l'acteur qui jouait le rôle principal : pièce et acteurs étaient d'un mauvais rare, et je n'étais cette fois véritablement allé au spectacle que pour la salle, qui me parut plus vaste et haute que magnifique [1]. J'ai assisté depuis, au mois de septembre de l'année suivante, à de brillantes représentations de *Mosè* et de *l'Ultimo giorno di Pompei*, chef-d'œuvre de Pacini. Cet opéra avait à Milan un immense succès ; on revenait de la campagne, on accourait même des villes éloignées pour entendre l'*Ultimo giorno* et Mme Méric-Lalande, cantatrice française alors très goûtée en Italie. Je trouvai sur un registre d'auberge le nom d'un prince, petit-fils de Louis XIV et comme lui amateur de l'opéra ; il avait écrit qu'il se rendait à Milan, avec sa suite, pour entendre *le grand opéra du Dernier jour de Pompei*. La pièce était bien exécutée par Rubini, Tamburini, qui toutefois est inférieur à Lablache, chan-

---

[1] La Scala a toutefois le premier mérite d'une salle de ce genre, c'est d'être, malgré son immensité, parfaitement sonore ; elle doit principalement cet avantage à la forme de sa voûte, construction de l'habile architecte Piermarini : *Storia e descrizione de' principali teatri antichi e moderni, col saggio sull' architettura teatrale di M. Patte, illustrato con erudite osservazioni del chiarissimo architetto e pittore scenico Paolo Landriani ; per cura del dottore Giulio Ferrario*. Milan, 1830, in-8°.

teur et acteur accompli, que j'avais vu à Naples dans le même rôle l'année précédente ; Mme Méric-Lalande, vantée même comme tragédienne, me parut maniérée. Il est vrai que l'affectation semble presque convenue et de rigueur parmi les cantatrices des théâtres d'Italie ; les grimaces, les minauderies, les contorsions de la cantatrice italienne sont de toute sa personne : les bras, les doigts, les pieds de ces poupées harmonieuses, surtout à la fin de l'air, partent pour l'effet en même temps que la voix. Il n'est pas surprenant qu'avec un pareil goût, l'admirable expression dramatique de Mme Pasta ait été là, dit-on, quelquefois peu sentie. Les éternelles salutations des acteurs ajoutent encore à ce défaut de vérité. Aussitôt que l'acteur reçoit quelques applaudissemens, oubliant son rôle, au milieu même des situations les plus touchantes, les plus pathétiques ou les plus sombres, il s'avance vers le parterre, met la main sur son cœur, et s'incline respectueusement à plusieurs reprises ; j'ai vu Tancrède moins occupé à saluer la terre natale qu'à faire ses révérences au public. Les premiers rôles de femmes de la Scala étaient joués par des Françaises, car Mme Comelli s'y trouvait et chantait dans *Mosè*; j'ai entendu depuis une Mme Casimir à Venise. Verger, Duprez, chanteurs excellens, l'inimitable Lablache, sont aussi, je crois, des Français. Les cantatrices anglaises ne sont pas rares non plus en Italie ; j'en ai vu dans les premiers rôles à Turin et à Gênes, et Mme Cori-Paltoni, anglaise que le public de la Scala traitait avec faveur, était *prima donna* en 1828. L'invasion étrangère s'étend jusque sur la scène.

On jouait, en 1828, la *Prova d'un opera seria*, ouvrage ancien, paroles et musique de Gnecco, peinture très amusante, espèce de *Roman comique* des troupes chantantes d'Italie, et dont je fus charmé. L'opéra buffa, qui, en France, près de la scène de Molière, ne semble guère qu'une invraisemblable bouffonnerie, me paraît, au contraire, en Italie, gai, naturel et vrai ; c'est une plante du sol qui perd à être transplantée.

Les décorations de la Scala sont magnifiques et supérieures pour l'effet, sinon pour la peinture, à tout ce qui se voit ailleurs. Je ne me rappelle rien d'aussi surprenant que l'éruption du Vésuve du *Dernier jour de Pompei*, par M. Sanquirico. Il y avait cependant, au dernier acte, un petit détail assez ridicule : contre l'un des piliers du forum était une grosse affiche en transparent avec ces mots : *Si ripresenta col velario*; cette érudition de coulisse eût été sifflée à Paris et avec raison. Le passage de la mer Rouge du *Mosè*, si faiblement rendu à notre grand Opéra, n'avait point été exécuté ; mais ce n'était point timidité de la part d'aussi habiles gens : toutes les machines du théâtre étaient employées et montées pour le Vésuve, et la mer, qui, dans la nature, produit et entretient les volcans, n'avait pu avoir lieu à cause du volcan de la Scala.

Les ballets d'Italie ont une action et un intérêt qu'avant la charmante *Somnambule* nous ne connaissions point. On donnait à la Scala, en 1827, un ballet de *Zaïre*, que je m'attendais à trouver très mauvais ; il me semblait difficile de rendre, par des gestes et des entrechats, le sentiment et la passion d'une telle pièce ; le ballet cependant, très bien monté, offrait un beau spectacle, et j'eus le plaisir d'y admirer, pour la première fois, la grâce et la légèreté de Mlle Taglioni, appelée depuis à réformer les pas guindés de notre ancien opéra, et à les remplacer par sa danse naturelle, élégante, pure, et presque poétique. Je vis, l'année suivante, un long et ennuyeux ballet d'*Agamemnon*, espèce de parodie dansée de la pièce d'Alfieri et de M. Lemercier, que l'on représentait, à la manière italienne, entre les deux actes de la *Cenerentola* et de la *Prova d'un opera seria*, afin de laisser reposer les chanteurs : ainsi, toutes les horreurs du palais d'Argos étaient entremêlées aux folies de don Magnifico et de Maestro Campanone, rôles bouffons joués merveilleusement par Lablache. Les ballets tragiques sont reçus et nombreux en Italie, ces graves pantomimes étant plus faciles à monter à cause du petit nombre des *sujets* de la danse et du talent mimique naturel aux Italiens ; Gioja, le Gardel italien, a composé un ballet de la *Mort de César*; j'assistai, en 1828, à Bologne, aux représentations de sa *Gabrielle de Vergy*, et l'on promettait pour la saison prochaine le ballet d'*Atrée*.

La Scala est toute la société de Milan ; on ne sait véritablement que devenir de toute la soirée, si l'on n'y donne rien, car il n'y a point là, comme à Florence, Rome ou Naples, de corps diplomatique pour recevoir. Malgré les grandes fortunes et l'aisance commune des habitans, personne ne se croit obligé de représenter. Les diverses révolutions que ce pays a subies depuis trente années, et les réactions qui en ont été la suite, semblent y avoir détruit la vie sociale. Cette insurrection de salon, cette liberté réfugiée dans l'opinion du beau monde, que les divers partis ont toujours opposées, en France, au pouvoir qui déplaisait, n'existent point en Italie. L'opposition exilée, impuissante, voyage ou se tait ; et le petit ramage des loges, perpétuellement interrompu par l'arrivée des derniers venus ou le départ forcé des premiers, attendu l'exiguité de l'espace, n'est guère propre à développer le talent de la conversation. L'opéra a beau n'être, il est vrai, qu'un faible accessoire (chose assez naturelle, malgré la surprise, l'indignation de quelques voyageurs, puisqu'on l'a déjà entendu, ou qu'on doit l'entendre une quarantaine de fois), il ne laisse pas d'être écouté par momens et de devenir une autre distraction. De pareils entretiens, comme on voit, ne peuvent se composer que de nouvelles et de caquets, et il serait assez difficile aux idées d'y trouver place. Toutefois cette manière frivole, futile de se rencontrer, est encore préférable au sérieux de notre *écarté*, et les rapports multipliés qu'elle amène, puisque ces visites ont à peu près lieu tous les jours, produisent une sorte de familiarité bienveillante et cordiale qui n'est pas sans agrément. L'habitude de recevoir au théâtre, si nuisible à l'esprit de société, est indestructible en Italie : chaque femme règne dans sa loge, et, comme César, elle préférera toujours la première place de ce petit empire à la seconde d'un salon.

CHAPITRE XVIII.

Acteurs comiques d'Italie. — Théâtre italien. — Nota. — Théâtre français universel.

Il est une observation qui m'a frappé, en suivant les divers théâtres d'Italie ; c'est que, si le genre lyrique semble y décliner, l'exécution des pièces comiques y paraît très perfectionnée. La réunion des divers acteurs de ce pays, malheureusement dispersés et appartenant à des compagnies différentes, formerait peut-être la meilleure troupe comique de l'Europe. Demarini était excellent comédien [1], Vestri a beaucoup de naturel et de

[1] Mort en 1830.

gaîté; Bon, auteur dramatique estimé, est original et piquant; Modena est touchant et noble; Dominiconi a de la chaleur; Mmes Marchionni, Luigia Bon, Internari, Pasqualini, Belloni-Colombelli, Polvaro-Carolotta, ont de la sensibilité, de la grâce et de la finesse, et je doute qu'il y ait une plus gentille soubrette que Mme Romagnoli. Sans doute aucune de ces actrices n'égale Mlle Mars, mais le talent de cette inimitable actrice ne serait guère applicable à la comédie italienne et aux personnages qu'elle représente. Les mœurs italiennes, tout extérieures, si l'on peut le dire, et assez uniformes dans la classe élevée, ne semblent guère convenir aux scènes et à l'action de la comédie. Il n'y a point là assez de variété et de contraste dans les vanités pour avoir besoin de leçon; la raison qui se moque, premier principe du *vis comica*, serait trop forte et trop sérieuse pour un monde habituellement si indifférent; et la négligence, la paresse des individus, sont bien moins comiques que les prétentions, les mécomptes et les travers de la société. La différence des dialectes est encore un obstacle au perfectionnement du théâtre italien : les pièces écrites dans ces divers dialectes, les seules gaies, les seules populaires, ne sont point comprises de la nation entière; les autres, écrites dans le style des livres, espèce de langue morte qui ne ressemble point au langage ordinaire, ne peuvent offrir les expressions vives et naturelles qui excitent le rire si franc, si subit, si prolongé, si salutaire, si communicatif de la bonne comédie. La troupe du duc de Modène jouait, en 1827, au théâtre *Re* une fort jolie comédie de Goldoni, *I pettegolezzi delle donne*[1], avec un ensemble que l'on souhaiterait à certaines troupes royales. Il y avait dans

---

[1] Les Caquets des Dames.

cette comédie un de ces rôles de Français ridicule, trop communs dans les pièces de Goldoni ; mais ce Parisien *en perruque* du dernier siècle, ne ressemblait guère aux Français de nos jours, qui jouissent de plus de faveur en Italie.[1]

Nota, le Goldoni actuel de la scène italienne, a, comme lui, été avocat[2] ; le barreau peut devenir une bonne école du théâtre, pourvu que l'on se garde de la déclamation et de la diffusion : l'exposition juridique des faits exige la même clarté que l'exposition dramatique ; la péroraison est le dénoûment ; l'action, l'intrigue même sont nécessaires à ces deux genres de compositions ; elles réunissent l'éloquence, la passion et la bonne plaisanterie : les plaidoyers de Beaumarchais sont la meilleure de ses pièces. Les comédies de Nota

[1] L'antipathie pour les Français remontait, en Italie, au siècle précédent. Selon Addison, elle était très vive particulièrement dans les dernières classes ; Louis XIV, si admiré de l'Europe, leur était odieux : les Génois n'avaient point oublié le bombardement de leur ville ; les Vénitiens étaient mécontens de l'alliance de la France avec les Turcs ; les Romains, des menaces faites à Innocent XI ; Naples et Milan, de l'humiliation de leurs souverains. « Les Académies, dit « le brillant auteur du Discours d'ouverture du cours d'éloquence à « l'Académie de Paris, pour 1824, avaient retenti de son nom ; le « marquis Zampieri remit à Louis XIV un volume qui renfermait « les panégyriques du roi de France, prononcés dans douze villes « d'Italie. » Cela prouve seulement que là, comme ailleurs, l'opinion publique n'est pas toujours celle des académies ; enfin, remarque Addison, les Allemands étaient de beaucoup préférés aux Français. Tout cela est bien changé : le peuple aujourd'hui les regrette ; partout il montre avec intention les travaux qu'on leur doit ; et le valet de place, qui salue à chaque coin de rue la lampe de la Madone, cherche avec vous, dans tout le reste, à se montrer philosophe.

[2] Les XIIIe et XIVe éditions des comédies de Nota ont paru presque en même temps à Florence et à Milan. M. Baudry en a donné à Paris, en 1829, une édition élégante et correcte ; *la Donna ambiziosa*, traduite en français, et du français en russe, a même été jouée, à Moscou, pour le couronnement de l'empereur Nicolas. Quelques pièces de Nota sont insérées dans la traduction des *Théâtres étrangers*, publiée chez M. Ladvocat.

sont sages, régulières, naturelles, intéressantes, bien conduites, écrites avec pureté, avantage qu'il a sur Goldoni ; mais elles manquent d'originalité et de gaîté, et les caractères y sont peints sans beaucoup de profondeur. *Le Philosophe célibataire*, sujet si fécond, si moral, qui pouvait représenter l'homme dans toute la force de sa raison, éclairé sur la plupart des choses de la vie, et ne sachant que faire sur sa propre destinée, chérissant l'indépendance et redoutant l'isolement, luttant entre ses goûts, ses sentimens et ses principes, et rejetant un lien dont sa délicatesse et sa conscience, différente de celle du monde, lui révèlent toute l'étendue et toutes les charges ; ce sujet, à la fois pathétique et plaisant, n'est point traité dans la pièce de Nota : elle devrait bien plutôt s'appeler *le Préjugé vaincu*, puisque le dénoûment est le mariage d'une demoiselle de qualité avec le fils d'un marchand. *La Lusinghiera* (joli mot italien qui ne peut se traduire exactement) est une des comédies les plus vantées de Nota ; le caractère principal manque toutefois de vraisemblance : la coquetterie n'est point une mystification perpétuelle, difficile dans la passion, mais bien plutôt un sentiment mobile, superficiel et involontaire. Le plus grand peintre du cœur humain la définit admirablement dans le portrait de Célimène :

> Son cœur de ce qu'il sent n'est pas bien sûr lui-même ;
> Il aime quelquefois sans qu'il le sache bien,
> Et croit aimer aussi parfois qu'il n'en est rien.

Ce qui manque à son sentiment, comme à la coquetterie, ce n'est pas une sorte de vérité, mais la force et la durée. Julie, la *lusinghiera*, n'intéresse point, et elle n'est, au dénoûment, ni corrigée, ni punie, puisque sa coquetterie est indifférente. Les deux rôles du fat de Faenza, qui parle à la française, et du pédant cruscantiste, avec l'élégant *conciossiacosachè*, sont d'un très bon comique. Malgré le titre un peu trop sensible pour une comédie, du *Bienfaiteur et de l'Orpheline*, pièce que j'ai vu jouer supérieurement à Brescia par Demarini et Vestri, il y avait une scène excellente : un pêcheur très pauvre, et dont la misère avait été peinte comiquement dans une scène précédente, a pris dans ses filets une cassette, qu'au son et au poids il juge remplie d'or : il a prié le bienfaiteur de la lui garder : au moment où il l'apporte et est près de l'ouvrir, le propriétaire de la cassette, Anglais, colonel au service des États-Unis, fugitif, naufragé, déguisé en marchand et exposé aux plus grands périls s'il est découvert, la reconnaît. Le pêcheur cherche à élever des doutes sur sa propriété ; celui-ci indique exactement la somme et les divers objets que doit renfermer la cassette, mais il craint de se trahir : les regrets du pêcheur, ses momens d'espérance, surtout à la vue de l'uniforme que le colonel n'a osé déclarer, l'anxiété de ce dernier, sont extrêmement dramatiques[1]. Le Biblio-

---

[1] Le fond de cette scène se trouve en partie dans le *Rudens* de Plaute. Gripus, l'esclave de Demonès, vieillard athénien, a pris dans ses filets une valise qu'il croit aussi remplie d'or ; mais les châteaux en Espagne de Gripus manquent de vérité, puisqu'il s'imagine qu'avec sa cassette il fondera une ville et deviendra roi. La scène de l'inspection de la valise est bien moins intéressante dans Plaute, quoiqu'elle amène la reconnaissance de Demonès et de sa fille ; elle est interrompue et refroidie par les quolibets et la dispute des deux esclaves : le désir de garder la cassette, partagé au commencement de la scène par Demonès, qui n'est point riche, et son esclave, nuit encore à l'effet de la situation ; il vaut bien mieux que ce désir soit concentré sur un seul personnage ; dans Plaute, l'esclave est tout simplement un valet fripon ; le pêcheur de M. Nota est honnête, et ses regrets, sans être moins naturels ni moins vifs, sont d'un comique plus neuf et moins bas que ceux de Gripus, qui veut *se pendre dans un coin quelques instans, jusqu'à ce que son chagrin soit dissipé*.

mane, pièce en cinq actes, est trop longue pour combattre une simple manie; et plusieurs traits de cette manie qui auraient pu être comiques, tels que la faute d'impression de la bonne édition, l'importance des feuillets non rognés, la hauteur des marges, etc., ne sont point indiqués. Les bibliomanes ne paraissent point d'ailleurs avoir tous pour leurs livres l'attachement peu délicat de don Geronzio, qui ne paie pas ses dettes : à toutes les époques, de célèbres amateurs, et récemment la plupart des membres de notre société des bibliophiles, ont vendu leur bibliothèque, et cela même n'était point arrivé pour la première fois à quelques uns; l'acquisition des volumes rares semble ainsi, chez les bibliomanes, une jouissance plus vive que leur possession. *La Fiera* (la Foire), peut-être le chef-d'œuvre de Nota, offre quelques scènes excellentes, un dialogue animé, des caractères vrais et un but moral. *L'Atrabilaire* est encore une bonne comédie de Nota, mais dont le caractère a quelques rapports avec *le Misanthrope* et *le Tyran domestique*. Il est, au reste, assez singulier qu'au moment où l'on ne cesse de recommander, comme unique ressource de notre littérature dramatique épuisée, l'imitation des théâtres étrangers, ces mêmes théâtres ne vivent que de traductions ou d'imitations des productions de notre scène, et même des moins recommandables. Nos mélodrames, dit-on, deviennent sublimes en allemand, grâce au génie nébuleux de cette langue; nos opéras-comiques les plus communs sont au répertoire des théâtres d'Angleterre et d'Italie; et sur les théâtres de société à Turin, à Florence, à Rome et à Naples, ce sont nos vaudevilles que jouent et chantent les troupes des étrangers les plus illustres. Ce théâtre français, si déprécié en France, est encore le théâtre universel.

CHAPITRE XIX.

Théâtre philo-dramatique.

Le goût du spectacle est aujourd'hui très vif chez les Italiens. Je fus conduit au théâtre *filodrammatico*, établissement fort bien imaginé, dirigé à merveille, et qui existe depuis trente ans. Le théâtre *filodrammatico* est un théâtre de société ; les représentations ont lieu une fois par semaine, dans une salle charmante, peinte par Appiani, et dont M. Canonica, auteur de l'*Arena*[1], est l'architecte. Cette salle particulière est à peu près aussi grande que celle de nos grands théâtres, et, comme toutes les salles d'Italie, elle est distribuée d'une manière infiniment plus agréable et plus commode : les acteurs qui ont paru en public ne sont plus admis à jouer sur cette scène, et la troupe (si l'on peut donner ce nom à une telle réunion) se compose de jeunes gens du commerce et de l'administration, et de jeunes filles ou de jeunes femmes appartenant à des familles honnêtes de Milan. Indépendamment de l'aisance et de la grâce qu'elles acquièrent par ce genre d'exercice à la fois domestique et public, un pareil établissement doit aussi contribuer à relever dans l'opinion la condition des artistes dramatiques, puisqu'il amène parfois dans cette classe des personnes d'éducation libérale, dont la vocation trouve ainsi occasion de se révéler ; il peut encore multiplier les talens en ouvrant la carrière du théâtre à un plus grand nombre. Le théâtre *filodrammatico* jouit déjà sur ce point d'une grande illustration ; il a vu les premiers essais de l'ar-

---

[1] *V.* ci-après, chap. XXIII.

tiste qui, avec Talma, a le plus excellé, de nos jours, dans l'art tragique; et c'est sur cette scène paisible, en présence d'amis, de parens ou de quelques étrangers que l'obligeance italienne y avait conduits, que Mme Pasta préludait à ses hautes destinées théâtrales. Il est une observation que je me garderai bien d'omettre au sujet du théâtre *filodrammatico* : un théâtre de société, subsistant depuis trente années, est un fait qui honore le caractère moral d'une nation, et prouve un repos de vanités vraiment prodigieux, et dont peut-être aucun autre peuple n'est capable.

CHAPITRE XX.

Fantoccini.

CES détails sur la scène italienne me paraîtraient encore plus incomplets, si je ne disais rien des *Fantoccini*, qui sont, j'ose à peine l'avouer, la troupe que j'ai le plus suivie. Par suite du préjugé qui existe en France, je n'avais d'abord été qu'à l'opéra, et ces acteurs de bois me semblèrent alors les plus naturels que j'eusse vus en Italie. Ils n'avaient point, à la vérité, la sensibilité et la reconnaissance des acteurs de la Scala, car jamais ils ne faisaient de révérences aux spectateurs, malgré les applaudissemens très mérités qu'ils excitaient. A la place du directeur des *Fantoccini*, j'aurais voulu qu'ils en fissent pendant quelque temps, et même de très profondes, afin de faire tomber par la parodie ce ridicule usage. Les représentations du théâtre de Girolamo ou *Fiando* se composent ordinairement d'une grande pièce et de ballets. Les premières sont quelquefois un peu trop pathétiques ; on dirait, pour l'entassement des aventures et l'exagération des sentimens et du langage, des mélodrames en miniature; mais les danses, les pantomimes sont vives, animées, et les décorations parfaites. Le sujet d'une des pantomimes était l'amour d'un prince maure pour une reine, nouvelle Didon, qui le dédaignait; l'Iarbe poupée venait ensuite avec ses noirs mettre le feu au palais de la reine, qui périssait au milieu des décombres et de l'incendie. Il ne se trouvait point là de pieux Énée; l'artiste des *Fantoccini*, en homme de goût, avait senti qu'après ses mésaventures en poésie et en musique, il n'y avait plus rien à faire d'un tel héros, et que décidément il n'était heureux que dans les grottes. Girolamo, bouffon milanais, est le rôle obligé de toutes les grandes pièces, demi-Sancho, demi-Sosie, il est laid, poltron, gourmand, bavard; à sa vue, l'hilarité gagne toute la salle; et il n'est pas au monde de personnage plus national et plus populaire. Je me rappelle encore les transports qu'il excitait dans une grande pièce d'*Alceste*, ou la Descente d'Hercule aux enfers : armé d'une petite hallebarde, Girolamo était le compagnon d'Hercule, qui l'entraînait malgré lui dans sa descente aux enfers; les terreurs de ce Philoctète récalcitrant et grivois dans la barque à Caron, à la vue de Cerbère, devant Pluton, étaient très bouffonnes. Comme à la Scala, le ballet coupait cet intéressant spectacle, probablement aussi afin de laisser reposer les interlocuteurs des *Fantoccini*, qui, cependant, ne font que parler, mais d'une manière très nette et très accentuée. Les marionnettes semblent une véritable omission dans le vaste tableau qu'a tracé du grotesque un écrivain plein de verve et d'originalité; elles auraient dû trouver place dans cette grande création du génie moderne [1], entrevue faiblement par les anciens, selon notre spirituel auteur, quoiqu'au souvenir, mêlé

---

[1] Les marionnettes, sans doute très perfectionnées, n'étaient

d'un peu de honte, de certains bas-reliefs et groupes d'Herculanum et de Pompéi, il soit difficile de trouver le grotesque antique si *timide* [1]. Les *Fantoccini* sont une des meilleures entreprises de théâtre qui existent : là, point de fantaisies, de caprices, d'indispositions, de demandes de feux et de congés ; je ne crois pas que jamais il y ait eu de relâches, ou de ces représentations qui ne valent guère mieux ; et cette troupe active, infatigable, est toujours debout.

CHAPITRE XXI.

Collections Pino, Longhi.

LA plus belle collection particulière de tableaux à Milan, celle du général Pino, était encore à vendre en 1828 : on y remarquait un grand Titien, *Moïse défendant les filles de Jethro* ; une *Femme adultère*, du Poussin ; *S. Joseph et un enfant*, du Guide ; et un admirable *Christ portant la croix*, de Sébastien del Piombo.

La galerie de M. Longhi, peu nombreuse, est composée avec le goût que l'on doit attendre d'un si habile artiste, encore distingué comme poète et écrivain. J'ai vu chez lui la même année un très beau dessin du *Jugement dernier*, de Michel-Ange, par M. Mainardi, de Rome, qu'il commençait à graver ; travail qui sera terminé l'année prochaine, et doit faire connaître et sauver en quelque sorte ce chef-d'œuvre si maltraité du temps et des hommes, et que l'on voit si mal. [2]

cependant point inconnues aux anciens ; Platon, je crois, en a parlé, et l'on se rappelle le vers d'Horace :

Duceris, ut nervis alienis mobile lignum.

Serm. Lib. II, sat. VII, 82.

[1] Préface de *Cromwell*, par V. Hugo, p. XIV.

[2] *V.* Liv. XIV. Longhi est mort le 2 janvier 1831, âgé de 65 ans.

CHAPITRE XXII.

Grand hôpital. — Des grands hôpitaux.

L'Italie a possédé les premiers et les plus vastes hôpitaux de l'Europe. La fondation de celui de Milan représente assez bien l'histoire et les révolutions des États italiens au xve siècle : cette fondation est due à François Sforze, usurpateur conquérant du duché de Milan, à Blanche Visconti, sa femme, fille des anciens ducs, et aux contributions volontaires du peuple, qui un instant avait essayé d'établir son indépendance et de se constituer en république. Cet hôpital est comme un vieux et rare monument de la réunion des partis. La fondation partielle d'un hospice par un prince cruel et belliqueux tel que Sforze, semble encore une sorte de réparation envers l'humanité.

Le grand hôpital de Milan, d'Antoine Averulino ou Filarete [1], est un des plus beaux édifices qu'il y ait en ce genre, et le canal dont il est bordé est comme une espèce de fleuve qui emporte toutes les immondices. Mais ces anciens hôpitaux, bâtis en forme de croix, offrent toutefois une disposition moins commode et moins salubre que celle des hôpitaux récemment construits en France, et les salles parallèles sont bien préférables, pour la circulation de l'air, aux angles inévitables de l'architecture en croix.

Les immenses fondations dues à la piété des vieux âges, sans doute admirables par la foi, le repentir ou le patriotisme qu'elles rappellent, ne sont peut-être

---

[1] *V.* ci-dessus, chap. xi.

pas dans la pratique sans inconvéniens : la population de leurs malades est trop forte pour que les soins puissent être également prodigués ; des plaies morales, une sorte de dépravation plus incurable que les maux du corps, s'engendrent par le rassemblement de tant de misérables ; des maisons partielles de trois à quatre cents malades paraissent préférables à ces palais.

Le grand hôpital de Milan n'a point de sœurs de la Charité ; il a été fait récemment quelques tentatives pour les y introduire. L'époque de notre domination eût été une occasion favorable ; on doit regretter qu'elle n'ait point été saisie : parmi tant de traces honorables laissées à l'Italie par la France, des sœurs ne seraient aujourd'hui ni la moins utile, ni la moins touchante.

CHAPITRE XXIII.

Arena. — Arc du Simplon.

Le *Cirque* ou l'*Arena* qui sert aux courses et à la naumachie, ouvrage des Français, est véritablement un monument antique ; il manque à Paris. Peut-être n'est-il pas de plus digne ornement d'une grande cité que ces arènes destinées à recevoir le peuple, dans lesquelles il est assis, attaché par le spectacle de jeux où triomphent l'agilité, la force et l'adresse. Mais je crois qu'il serait nécessaire de changer quelque chose à l'ordre établi par Auguste, qui avait rejeté les femmes sur les derniers gradins, à l'exception des vestales, de l'impératrice, des femmes de la famille impériale et des premières patriciennes ; les mœurs françaises ne consentiraient jamais à ce grossier cérémonial des empereurs romains. Sans doute nous ne réclamons point, sous le christianisme et au milieu des douceurs de notre civilisation, le *panem et circenses* que la hauteur de Rome prodiguait aux peuples qu'elle avait conquis [1]. Cette rude joie ne nous conviendrait point ; il est maintenant d'autres illusions généreuses à satisfaire, et l'espèce humaine ennoblie a droit à quelque chose de mieux qu'à de pareils combats.

La *Porte du Simplon*, autre monument des Français, sera achevée dans dix ans et aux frais de la ville. La statue de la Paix, comme à l'arc du Carrousel, remplacera celle de Napoléon ; le char sera tiré par six chevaux de bronze, nombre supérieur à celui des attelages antiques ; quatre autres chevaux seront placés aux angles ; plusieurs de ces dix chevaux terminés sont vraiment superbes, et honorent le ciseau italien. Les riches ornemens, exécutés sous la direction de l'habile artiste M. Moglia, surpassent pour le goût et l'effet ceux qui avaient été précédemment arrêtés. Les brillans bas-reliefs, dont trois ont été mis intrépidement par un voyageur, au-dessus de ceux du Parthénon [2], sont de MM. Pacetti, Monti de Ravenne, Monti de Milan, Acquisti, Pizzi et Marchesi. Cet arc de triomphe, tout éblouissant de marbre et de sculpture, souvenir des temps de conquête et de renommée, le plus grand qui ait été conçu chez les modernes, semble contraster avec le courage simple, patient, modeste et sans enthousiasme du soldat autrichien qui doit le garder.

[1] La multiplicité des arènes se retrouve partout où la domination romaine s'est étendue ; elles sont même très rapprochées. Dans la Gaule cisalpine, il y en avait à Milan, à Pavie, à Crémone, à Vérone et à Padoue ; dans la Gaule narbonnaise, à Nîmes, à Arles, à Fréjus, etc.

[2] *Voyage en Italie*, par M. Simond, t. I, p. 19.

FIN DU LIVRE TROISIÈME.

LIVRE QUATRIÈME.

ENVIRONS DE MILAN. — PAVIE. — COME.

CHAPITRE PREMIER.

Linterno. — Maison de Pétrarque ; son traité *Des remèdes contre l'une et l'autre fortune.* — Popularité des premiers hommes de lettres.

Près de Garignano, à une demi-heure de chemin de Milan, sont les restes, découverts il y a quelques années, de la petite maison habitée par Pétrarque [1]. Il n'y a de son temps que deux colonnes de la cour sur lesquelles se lit son chiffre, les fenêtres, le plancher et les voûtes de deux chambres donnant sur la campagne. Le propriétaire actuel est un Milanais, qui conserve assez bien toutes ces traces poétiques. Les Italiens n'ont point en général là-dessus notre barbare négligence. La maison de Pétrarque était située dans une vallée profonde qui avait alors le nom peu attrayant de l'*Inferno*, dont il fit assez fastueusement *Linterno*, en mémoire de Scipion, héros de son *Africa* [2]. Un pareil privilége n'appartient à la littérature qu'aux époques primitives et peut-être qu'en Italie. Hamilton n'a pu changer le nom du géant Moulineau en celui de Pon-

---

[1] L'Adda ne passe point à Linterno, ainsi que le dit Ginguené (*Hist. litt. d'Ital.*, II, 408, et la *Biographie*, XXXIII, 519) ; il coule de l'autre côté de Milan, à dix lieues de là. C'est aux soins de M. le professeur Marsand et de M. le marquis J.-J. Trivulzio que l'on doit d'avoir reconnu et fixé la vraie position de Linterno.

[2] *V.* la dissertation intitulée *Dichiarazioni ed illustrazioni storico-critiche della veduta della solitudine di Linterno.* T. Ier, p. 368 et 69 de l'édition des *Rime*, de M. Marsand. L'auteur y réfute l'opinion peu exacte de l'abbé de Sade sur l'ancien nom de Linterno.

talie; cette rive de la Seine, en dépit de la comtesse de Grammont, conserve encore le nom de l'ingénieux et méthodique possesseur du bélier; et je doute que, malgré toute sa puissance sur l'opinion, il eût été facile à M. de Chateaubriand de donner au *Val-de-Loup* un des noms harmonieux des *Martyrs* ou d'*Atala*. Les hommes de lettres de la renaissance, Pétrarque, le Dante, Boccace, comme les philosophes, les orateurs et les poètes de l'antiquité, connus du peuple, des artisans avec lesquels ils se mêlaient, s'entretenaient sur la place ou dans leurs ateliers, avaient d'ailleurs une influence bien plus forte, bien plus directe que celle de nos auteurs de salons et d'académies.

Les détails donnés par Pétrarque sur la vie qu'il menait à Linterno sont curieux, et offrent un nouvel exemple de cette singulière popularité. « J'ai pris pour « l'été une maison de campagne dans les environs de « Milan; elle est vraiment délicieuse, l'air en est très « pur.... Je continue ici mon train de vie ordinaire, et « j'y suis plus libre et moins rebuté par les ennuis de « la ville. Je ne manque de rien, et les paysans m'ap- « portent à l'envi des fruits, du poisson, des canards et « du gibier de toute espèce. Près de là est une belle « chartreuse nouvellement bâtie, où je jouis à toute « heure du jour des plaisirs innocens que peut offrir la « religion. Je voulais d'abord me loger dans l'intérieur « du cloître, et ces bons religieux y consentaient; ils « paraissaient même le désirer : mais j'ai fini par croire « qu'il valait mieux demeurer seulement près du cou- « vent, afin que je puisse assister à tous leurs saints « exercices; leur porte m'est toujours ouverte, privi- « lége accordé à peu de personnes. » Telle était la haute renommée dont Pétrarque jouissait, que si des moines et des paysans avaient pour lui de telles prévenances, le fier Malatesta, seigneur de Rimini, non content d'avoir envoyé un peintre afin d'avoir son portrait, se faisait porter, impotent, chez lui à Linterno, dans ces mêmes chambres que je voyais remplies par quelques tas de maïs, et qu'occupaient alors les métayers d'un avocat de Milan.

Pétrarque s'était retiré à Linterno en 1355, sept ans après la mort de Laure; il y composa quelques uns des sonnets dans lesquels il a déploré sa perte. Ce fut aussi là qu'il écrivit son traité *Des remèdes contre l'une et l'autre fortune* [1], espèce de nomenclature aride des biens et des maux de la vie, divisée par livres et chapitres, dont le premier livre, consacré aux biens, a cent vingt-deux chapitres; tandis que le second, qui traite de nos maux, le dépasse de dix : longue dissertation en forme de dialogues entre des êtres moraux personnifiés, tels que la Joie, l'Espérance, la Raison, la Douleur et la Crainte; traité philosophique rempli de sentences, de maximes, de citations, de traits d'esprit, de noms d'hommes célèbres pris à la mythologie et à l'histoire, qui jamais ne séchera une larme, parce qu'il est plutôt un livre d'auteur et d'érudit qu'un ouvrage d'homme et de malheureux. [2]

---

[1] *De remediis utriusque fortunæ* (1358).

[2] Au chapitre du livre des *Infortunes*, *De impudicâ uxore*, la Raison, qui combat dans ce livre la Douleur et la Crainte, comme elle a combattu dans le premier la Joie et l'Espérance, donne pour consolation quelques uns des argumens de Montaigne : *Pudicitia insignis imperiosas efficit matronas; nihil metuit quæ sibi nihil est conscia. Huic malo igitur hoc saltem boni inest : esse jam molesta minus incipiet, minusque insolens; læsa enim conscientia fœmineum premit animi tumorem, et sæpè obsequentior in reliquis viro est, quæ se meminit impudicam.* Le traité *De remediis utriusque fortunæ*, imprimé à Venise, en 1514, par Alexandre Paganino, livre aujourd'hui très rare, fut dédié à Léon X par cet illustre et savant imprimeur. La dédicace offre un éloge élégant de la vie du pontife et des services qu'il a rendus aux lettres.

CHAPITRE II.

Chartreuse de *Garignano*. — *Saronno*. — *Castellazzo*. — *Chiaravalle*. — Pagano della Torre. — Guillelmine.

La chartreuse de Garignano, avec ses voûtes et ses murs peints, couverts de chartreux, par Daniel Crespi, semble peuplée et vivante : c'est Le Sueur agrandi et à fresque ; la *Résurrection du Docteur* surtout est admirable de remords, de douleur et de désespoir, tandis que le tableau de Le Sueur, sur le même sujet, est froid et sans vigueur. Byron ne pouvait s'arracher du *Damné* de Crespi. « Nous le vîmes ému jusqu'à l'horreur », raconte son fidèle et discret compagnon ; « par respect « pour le génie, nous remontâmes silencieusement à « cheval, et allâmes l'attendre à un mille de la char- « treuse »[1]. Malgré son état d'abandon, peu de monumens sont encore d'un plus superbe effet que cette église, aujourd'hui simple paroisse de village.

L'église de N.-D. de Saronno est une merveille de l'art ; les fresques nombreuses de Bernardin Luini, bien conservées, sont au rang de ses premiers chefs-d'œuvre ; il s'est peint lui-même sous les traits du vieillard vénérable placé parmi les rabbins dans la *Dispute contre les Docteurs*. Quelques autres peintures sont encore précieuses : la *Cène* est de Camille Procaccini ; *S. Martin* et *S. George*, de Gaudence Ferrari ; et Bernardin Lanino a représenté plusieurs traits de l'Ancien-Testament.

Castellazzo est un vieux manoir italien de la famille Arconati, maintenant à la marquise Busca, beaucoup

---

[1] *Lord Byron en Italie*, par M. Stendhal.

moins visité que la maison Simonetta qui en est peu éloignée : le coup de pistolet répété trente-six fois par l'écho de cette dernière étant infiniment plus du goût de certains voyageurs que les beaux bas-reliefs du Bambaja, restes du mausolée de Gaston de Foix. Le tombeau de ce jeune héros est singulièrement dispersé : une partie des sculptures qui le décoraient est à l'Ambrosienne, une autre à Brera ; M. Joseph Bossi en possédait quelques fragmens ; il en existe encore dans la chapelle de la villa du prince Belgiojoso, près Pavie ; et M. Cicognara, qui, récemment, en avait découvert même jusqu'à Paris, pense qu'ils ne sont pas les seuls, et qu'il en est ailleurs que l'on ne connaît point. L'éloge de Vasari, qui trouvait que ces bas-reliefs de marbre semblaient comme travaillés en cire, peut très bien s'appliquer à ceux de Castellazzo, la portion, je crois, la plus considérable, et qui, indépendamment de nombreux ornemens d'un goût exquis, représente *l'Entrée de Gaston dans Milan, la Prise de Brescia, de Bologne, la Bataille de Ravenne, le Convoi de Gaston*, etc. Quelques figures ne sont qu'ébauchées, à cause de la retraite précipitée des Français de l'Italie, en 1522, et de l'établissement du pouvoir de François Sforze. Presque toutes les têtes des personnages furent brisées lorsque ces bas-reliefs passèrent dans les mains du comte Joseph Arconati, après la démolition de la vieille église du monastère de Ste.-Marthe, où ils se trouvaient, et la veille même de la vente. Une religieuse s'était engagée, dit-on, à les faire adjuger à un acquéreur qu'elle protégeait ; piquée de voir le comte Arconati obtenir la préférence, elle fit dans la nuit tout ce ravage. Le premier tombeau élevé par l'armée à Gaston de Foix dans la cathédrale de Milan, contre le grand autel, et formé d'armes et d'étendards pris à Ravenne, avait été détruit par le cardinal de Sion, à la tête de ses bandes, le second, après deux siècles [1], devait être mutilé par une nonne, tant ce tombeau de chevalier semble en butte aux fureurs ecclésiastiques les plus viles et les plus diverses!

Le Castellazzo possède une belle et colossale statue de Pompée, venue de Rome, qui prétend aussi, comme celle du palais Spada, et sans doute avec autant de fondement, à l'honneur d'avoir vu tomber César à ses pieds [2]. Une inscription tirée de Pline, et très admirée par les antiquaires, rappelle les immenses conquêtes plutôt que les grandes actions de Pompée, ses trente années de guerre, et les douze millions cent quatre-vingt-trois mille hommes qu'il a pris, défaits, soumis, tués; espèce de statistique de sa gloire qui laisse froid, parce que tous ces hauts faits ne tiennent ni à l'âme, ni au caractère de l'homme.

A trois milles de *Porta romana* est l'église et le monastère de Chiaravalle, Clairvaux italien, fondé par S. Bernard, qui n'est pas aujourd'hui tout-à-fait digne de son nom, l'atmosphère y étant fort obscurcie par les brouillards que produit l'inondation des rizières voisines. Le clocher trouvé par Lalande d'un gothique *absurde* et *périlleux* est bien plutôt riche et hardi; des bas-reliefs sur bois, chefs-d'œuvre du genre, représentant la vie de S. Bernard, ornent les stalles des anciens religieux; car cette église n'est plus maintenant qu'une simple paroisse assez mal entretenue, et dans laquelle d'immenses fresques, toutes de Daniel Crespi, sont à

[1] C'est en 1712, ainsi que le porte l'inscription, que le comte Joseph Arconati réunit à Castellazzo les bas-reliefs du Bambaja qui s'y voient aujourd'hui.
[2] *V.* Liv. xiv. D'après l'opinion de Joseph Bossi, cité par M. Cicognara (*Stor. del. scult.* Lib. v, cap. v), cette statue serait un Tibère.

demi détruites. Un buste de S. Bernard, très beau, autrefois dans la bibliothèque du couvent, est aujourd'hui dans l'église : les traits en sont doux, presque gracieux, et ils contrastent avec la force, la puissance, l'éloquence entraînante et la vie agitée de ce grand solitaire.

Une petite pierre dans le mur du cimetière du couvent de Chiaravalle indique la sépulture de Pagano della Torre, podestat de Milan, mort en 1241. Un si chétif monument à un tel personnage, d'une si grande famille, monument élevé par le peuple, dont la Torre avait mérité l'affection, si l'on en croit l'épitaphe, qui, cette fois, paraît sincère, montre une simplicité républicaine tout-à-fait antique. Ce tombeau est, pour le moyen âge, comme la tombe de pierre des Scipions, et tous deux sont plus dignes de respect que les brillans mausolées, chefs-d'œuvre de l'art, qui leur ont succédé.

C'est dans le cimetière de Chiaravalle que fut enterrée comme une sainte, en 1282, déterrée ensuite comme sorcière, en 1300, et brûlée avec deux de ses sectaires vivans, l'hérétique Guillelmine, qui prétendait fonder un apostolat de femmes, avoir des successeurs de son sexe, comme saint Pierre, et remplacer le pontificat romain par une papauté féminine [1]. Un des deux sectaires brûlés avec le cadavre de Guillelmine était l'abbesse Maifreda, religieuse de l'ordre des *Umiliate*, qu'elle avait laissée après elle comme son vicaire, avec les mêmes pouvoirs que le vicaire de Jésus-Christ, et qui ne fut que la première martyre de ces tristes folies.

---

[1] *Memorie spettanti alla storia, al governo ed alla descrizione di Milano, raccolte ed esaminate dal conte Giorgio Giulini*, parte VII, p. 351 et suiv.

CHAPITRE III.

Monza. — Théodelinde. — Couronne de fer. — Archive. — Hector Visconti. — Palais.

Sur la route de Monza, Greco a de belles fresques de Bernardin Luini, découvertes il y a quelques années. Monza, avec sa riche basilique, offre les plus anciens et les plus nombreux souvenirs des Lombards : fondée par la reine Théodelinde, empreinte de toute part des traces de sa vie, cette vieille basilique semble comme le temple de cette Clotilde italienne qui convertit son mari, comme la reine des Francs, à la foi catholique. Là aussi

Dieu mit tout son pouvoir dans les yeux d'une femme.[1]

L'histoire de cette reine des Lombards du vi^e siècle offre des détails touchans et naïfs. Telle avait été la popularité de Théodelinde qu'à la mort d'Antaris, son premier époux, les chefs de la nation l'invitèrent à en choisir un second, qu'ils promirent de reconnaître pour leur roi. Théodelinde jeta les yeux sur Agilulphe, duc de Turin, digne d'un tel honneur. La reine, sans le lui annoncer, l'invita seulement à se rendre à sa cour. Elle alla à la rencontre d'Agilulphe jusqu'à Lomello, et là, s'étant fait apporter une coupe, elle en but la moitié, puis elle la lui offrit pour qu'il l'achevât. Le duc de Turin, rendant la coupe, baisa respectueusement la main de la princesse. Ce n'est point là, reprit en rougissant

---

[1] Vers de Mlle D. Gay.

Théodelinde, le baiser que je dois attendre de celui que je destine à être mon seigneur et mon maître. La nation lombarde m'accorde le droit de lui choisir un roi, et c'est vous qu'elle invite, par ma bouche, à régner sur elle et sur moi. La couronne d'or d'Agilulphe, dont le chanoine Frisi a donné la description dans ses *Mémoires historiques sur Monza*, fut transportée à Paris, en 1799, et placée au cabinet des médailles de la grande bibliothèque; elle fut volée en 1804, et fondue par les voleurs. Étrange destinée de cette couronne des Lombards, offerte avec une grâce aussi ingénue, et qui devait tomber et finir entre les mains de quelques filous de Paris! Après l'hymen touchant de Théodelinde et d'Agilulphe, il est désagréable de les voir trompés si grossièrement par le rusé muletier de la Nouvelle de Boccace, imitée par La Fontaine [1]. Le reliquaire de la reine Théodelinde, espèce de cabinet de toilette du moyen âge, contient sa couronne, sa coupe de saphir, qu'elle présenta peut-être à Agilulphe, son éventail de parchemin rouge, son peigne, qui, avec le goût actuel du gothique, seraient encore assez à la mode.

Parmi les autres objets du trésor de Monza est une grande relique de la robe entière de la Vierge, magnifiquement placée dans un cadre d'argent, et que l'on expose les jours de grande fête; cette prétendue robe est une espèce d'indienne de peu d'antiquité, à laquelle même le clergé d'Italie (en général plein de convenance et de bon sens) ne croit point, et qu'il serait temps de ne plus montrer. C'est une tromperie indigne de la vérité du christianisme, que de vouloir ainsi, comme dans les cultes païens, établir une double religion du peuple et du sanctuaire.

---

[1] *Giorn.* III, *nov.* IV; La Font., *Cont.* Liv. II.

La couronne de fer, véritable merveille de Monza, est renfermée au haut d'une grosse croix placée dans une chapelle de la cathédrale ; on ne l'aperçoit donc, le plus souvent, qu'à une certaine distance, et pendant le petit office qui accompagne toujours cette exposition ; les chanoines montrent ensuite une imitation de la vraie couronne, que l'on peut toucher et regarder à son aise, ainsi que les présens très chers, mais quelquefois fort insignifians, des divers souverains à cette cathédrale. Tels sont certains petits pains d'or et d'argent remis par le cardinal Caprara lors du couronnement de Napoléon comme roi d'Italie. J'avoue que j'ai préféré, à toute cette riche et moderne orfévrerie, le graduel de saint Grégoire, beau manuscrit pourpre[1], donné à la cathédrale de Monza par ce grand pape, l'ami, le confident de l'aimable Théodelinde, et surtout le célèbre papyrus contenant l'état des reliques qu'il lui envoyait, monument vénérable et fragile de douze siècles, *véritable roi des papyrus*, comme dit avec enthousiasme le chanoine Frisi, qui détrône sans pitié un autre papyrus du marquis de Maffei.

Je n'avais aperçu, à mon premier voyage, la couronne de fer qu'à distance ; elle me fut depuis montrée de fort près, ainsi que le cercle de fer qu'elle renferme, et qui est, comme on sait, fait d'un des clous de la passion. J'avais été présenté à l'archi-prêtre et au chapitre de l'église par un ecclésiastique attaché à l'Ambrosienne, qui se trouvait alors en vacances à Monza, lieu de sa naissance. L'hiérophante du temple, très bon homme, n'était pas très fort. Je n'ai pu lui pardonner le désordre et la malpropreté de son archive, qui n'a pour catalogue qu'un inventaire des objets restitués par la France, et dont les titres sont estropiés. Cet antique amas de bulles et de

---

[1] Les lettres du graduel de S. Grégoire sont d'or et d'argent ; celles-ci sont presque effacées ; les lettres d'or sont mieux conservées.

brefs des papes, de diplômes des empereurs, de vieux manuscrits reliés à Paris, porte les armes de l'empire français : dans la suite des siècles, ils paraîtront peut-être avoir été conquis du temps de Charlemagne.

Une suite de médaillons peints à la voûte circulaire de l'église de Monza représente les princes qui furent couronnés avec la couronne de fer, depuis Agilulphe, l'époux aimé de Théodelinde, jusqu'à Charles-Quint. Aucun front n'avait osé la porter depuis ce dernier jusqu'à Napoléon. S'il est quelque rapport entre la vaste puissance et la politique fallacieuse de ces deux hommes [1], il faut convenir aussi que tous deux abdiquèrent bien différemment cette même couronne.

Parmi les souvenirs historiques qui abondent à Monza, un tableau représente la réception solennelle faite à Henri III par S. Charles Borromée. Puissent-ils, dans cette chapelle qui contient un des instrumens de la passion du Sauveur [2], s'être repentis ensemble de la Saint-Barthélemy, s'il est vrai que cet illustre saint ne l'ait point ignorée !

Les peintures remarquables de cette basilique sont : la voûte, d'Isidore da Campione ; les fresques voisines du maître-autel, du Montalto et de César Procaccini ; un *S. Gérard* sur une colonne, de Bernardin Luini ; la *Visitation*, du Guerchin.

Dans le cimetière attenant à l'église est un étrange cadavre ; c'est celui d'Hector ou d'Astor Visconti, exhumé après quasi trois siècles, et trouvé intact. Hector Visconti, un des nombreux bâtards de Bernabò [3], avait

---

[1] Tous deux eurent pour prisonniers le pape, un roi et les princes de sa famille.

[2] La chapelle *del San Chiodo*.

[3] Dans un même temps, dit M. de Sismondi, on avait compté qu'il avait trente-six enfans et dix-huit femmes enceintes de lui. *Hist. des rép. ital.*, ch. LII.

été surnommé le *soldat sans peur;* enfermé dans le château de Monza, il s'y défendait contre les troupes du duc Philippe-Marie, lorsqu'un quartier de rocher, lancé par une baliste, lui fracassa la jambe, et le tua au moment où il menait boire son cheval au puits. Le corps d'Hector Visconti a depuis été placé dans une niche, sous l'une des arcades qui environnent le cimetière : on dirait, à la blancheur près de ce cadavre desséché, une momie armée et debout; et ce brave chevalier, appuyé sur sa vieille épée de fer qui porte son chiffre, semble encore affronter l'ennemi.

Le palais de Monza, noble, régulier, est un des meilleurs ouvrages de Piermarini : la chapelle passe pour un chef-d'œuvre; à la rotonde de l'orangerie est l'histoire de *Psyché*, peinture célèbre d'Appiani. Les jardins, les serres, le parc, sont vastes, magnifiques, et le dernier, traversé par le Lambro, a près de trois lieues de tour.

Les restes du palais de Frédéric Barberousse à Monza sont devenus propriété communale : la demeure de cet empereur humilié et récalcitrant sert aujourd'hui de magasin pour la ville.

CHAPITRE IV.

Chartreuse de Pavie. — Tombeau de Jean Galeaz Visconti. — Encouragemens monastiques aux arts. — François Ier à la Chartreuse.

Il est impossible de contempler l'éclat, la richesse, les ornemens de la Chartreuse de Pavie, sans devenir partisan de ses anciens maîtres ni presque se sentir chartreux. Un pareil luxe est le plus innocent de tous, puisqu'il est dû à l'amélioration et au défrichement des terres : « seule conquête, a dit heureusement un écrivain, « qui ne fasse pas de malheureux »[1]. Le luxe du monde, dont le peuple est si ébloui, semble moins respectable que celui de ces magnifiques solitaires. La Chartreuse fut supprimée par Joseph II, qui confisqua son million de revenus ; le Directoire, depuis, fit enlever jusqu'aux plombs de la toiture : tous ces pillages philosophiques, cette violente ingratitude envers les bienfaiteurs du pays, cette destruction d'un monument religieux, national, et d'une merveille de l'art, n'inspirent pas moins d'horreur et de pitié qu'aucune autre ruine.[2]

Il reste maintenant 5000 livres pour l'entretien de la Chartreuse, qui n'est point trop délabrée, mais avec lesquelles un architecte français n'irait pas loin. Il faut convenir aussi que le climat de l'Italie est moins destructeur que le nôtre, et que la qualité des matières y est supérieure et à meilleur marché.

On voit encore les réduits commodes des anciens religieux, petites maisons séparées, au nombre de vingt-quatre, d'un seul étage, avec une fontaine et un petit jardin :

. . . . Spatio brevi
Spem longam reseces.

La façade de l'église est ornée de sculptures exquises des premiers maîtres du xve siècle : les élégantes petites colonnes au-dessous de l'ogive ont paru dignes, par leur perfection, du Bambaja ; on attribue au Gobbo

---

[1] Melon, *Essai politique sur le commerce.*
[2] L'enlévement des plombs, en laissant pénétrer la pluie, a produit la dégradation de plusieurs parties de l'église et altéré les peintures ; plusieurs tableaux furent pris aussi en 1798 ; le graduel des chartreux est à la bibliothèque de Brera ; mais, selon l'usage de cette sorte d'amateurs de livres, la riche couverture en a été arrachée.

les bas-reliefs près de la grande porte, représentant une *Visitation*, un *Miracle*, un *Convoi* funèbre, chefs-d'œuvre de grâce, de naturel et de vérité.

Le splendide tombeau de Jean Galeaz Visconti, fondateur de la Chartreuse, terminé, en 1562, par Cristoforo Romano, est placé dans l'église : un pareil monument devait être élevé par de tels solitaires, dont la mort toujours présente, était comme l'ambition, le souvenir et la pensée. Le tombeau de Jean Galeaz est resté vide; il ne fut achevé que cent soixante ans après sa mort; pendant ce long intervalle, on ne sut où ses os avaient été provisoirement déposés, et, comme ces rois d'Égypte dont parle Bossuet, ce duc de Milan *n'a pu jouir de son sépulcre.*

Derrière ce mausolée sont les deux figures en demi-relief de Louis le More et de Béatrice sa femme, attribuées au Gobbo; la figure de Béatrice est un des ouvrages les plus habiles du temps; le froid de la mort a seul éteint l'expression de ses traits.

Malgré les spoliations de 1798, la Chartreuse de Pavie offre encore de remarquables peintures; telles sont, à la façade intérieure, la fresque de *l'Assomption*, de Joseph Procaccini; à la chapelle Ste.-Véronique, *la Vierge adorant l'Enfant Jésus*, d'Ambroise Fossano, dans le goût de Mantegna, *la Sainte montrant le saint Suaire à une troupe de femmes*, à l'autel, de Camille Procaccini. Les fleurs en pierres dures, riche et brillante mosaïque, qui ornent le devant de cet autel et de plusieurs autres, sont l'ouvrage d'une famille Sacchi, établie à la Chartreuse, et dont les générations, toujours livrées au même travail, s'y succédèrent pendant trois siècles : les ordres monastiques, par leur perpétuelle durée, ont offert et garanti aux arts des encouragemens plus longs et plus certains que tous les gouvernemens. A la chapelle S.-Hugon, le tableau en six compartimens, de l'année 1496, est de Macrin d'Albe, ancien et bon peintre du Piémont, qui le premier s'y rapprocha du goût moderne, et dont le tableau est estimé pour la vérité du coloris ; à la chapelle S.-Benoît, plusieurs traits de la *Vie du saint* sont de bonnes fresques de Jean Ghisolfi ; à la chapelle du Crucifix, quelques traits de la *Passion* sont de Frédéric Bianchi ; à la chapelle S.-Syre, deux fresques de la *Vie du saint*, d'Antoine Busca, répètent les mêmes physionomies, et accusent la paresse et la bizarrerie de l'auteur ; à la chapelle de S.-Pierre et S.-Paul, plusieurs fresques de la *Vie de ces deux saints* sont du Montalto ; *la Vierge, son fils et les mêmes*, tableau devenu sombre et très endommagé, est du Guerchin ; à la chapelle de l'Annonciation, *la Naissance, la Présentation au Temple, le Mariage de la Vierge*, sont de bons ouvrages du Montalto ; une *Annonciation*, de Camille Procaccini, rappelle, par son arrangement et ses airs de tête, son habile imitation du Parmesan. A la sacristie neuve, la voûte est d'Alexandre Casolani, peintre siennois du xvie siècle, estimé par le Guide ; une *Assomption*, dont la partie supérieure, belle d'expression et de coloris, est du Gobbo, et la partie inférieure, précise et vraie, de Bernardin Campi ; une *Annonciation*, est de César Procaccini, et une *Vierge*, l'enfant Jésus, deux saints et trois anges pleins de grâce qui jouent des instrumens, de Barthélemi Montagna ; à la sacristie vieille, un *S. Martin* est de Bernardin Luini, et un *S. Ambroise*, de Fossano ; à l'autel des reliques, *le Christ* au milieu des élus, est de Daniel Crespi ; les fresques du chœur furent les dernières et belles peintures de ce grand artiste, mort dans la peste de Milan de 1630 ; les portes d'airain du tabernacle sont de François Brambilla ; les stalles, ouvrage précieux de marqueterie, de l'année 1486, de Barthélemi de Pola; à la chapelle S.-Joseph, un bas-relief de Denis Bussola, représentant le *Massacre des Innocens*, est regardé comme une des meilleures sculptures de l'église pour le naturel et l'expression; à la chapelle S.-Michel, une *Vierge* entourée d'anges qui adorent l'enfant Jésus, par le Perugin, est admirable.

La petite cour dite de la Fontaine, voisine de la grande cour, est décorée d'ouvrages en plastique, que ne surpassent point pour le goût et l'élégance les plus beaux ouvrages en marbre.

Brantôme raconte qu'après sa défaite, François Ier, pris prisonnier dans le parc de la Chartreuse, se fit conduire à l'église pour y faire sa prière, et que là, le premier objet qui s'offrit à ses yeux fut cette inscription tirée d'un psaume : *Bonum mihi quia humiliasti me, ut discam justificationes tuas*. C'était une grande, une touchante leçon, et que la religion seule pouvait donner au roi *qui avait tout perdu fors l'honneur.*

Quelques personnes ont reçu de la Chartreuse une impression différente de la mienne; elles la trouvent moins grande que riche et jolie; le site, au lieu d'offrir les horreurs convenues pour ces sortes de monastères, est nu, plat et monotone. Mais les chartreux de Pavie, étant laboureurs, ont dû s'attacher plutôt à la qualité de la terre qu'au pittoresque. Quant à l'impression produite par l'édifice, elle tient, je crois, à ce que ces personnes ont visité la Chartreuse à leur retour d'Italie, et je la conçois depuis mes divers voyages. J'ai cru toutefois devoir essayer de rendre ce que j'avais d'abord senti à la première apparition de ce luxe monastique auquel je n'étais point encore fait.

Parmi les divers projets d'employer les bâtimens de la Chartreuse, il en est un qui semble raisonnable et fort beau. Ce serait d'en faire une vaste maison de retraite pour les prêtres âgés, infirmes, et pour les curés de campagne hors d'état de continuer leur laborieux ministère. Un pareil établissement deviendrait comme les Invalides du sacerdoce; il serait, avec les Invalides de l'armée, *le lieu le plus respectable de la terre.* [1]

CHAPITRE V.

PAVIE. — Université. — Bibliothèque. — Colléges.

PAVIE m'a frappé par le contraste singulier qui existe entre quelques uns de ses vieux monumens, ses souvenirs du moyen âge, lorsqu'elle était le siége des rois lombards ou la capitale d'un état républicain, et l'aspect moderne et scientifique de son université [2], avec son musée d'histoire naturelle, ses cabinets de physique et d'anatomie, et son jardin botanique. Le nombre des étudians est de quatorze cents. Toute cette jeunesse universitaire est brillante et pleine d'ardeur et de capacité. Comme dans les villes d'université, le peuple des oisifs ou des curieux que renferment les grandes capitales, ne se mêle point à ses leçons, et l'on sent que tout le monde est là pour travailler. Si Pavie a perdu, depuis quelques années, plusieurs de ses plus célèbres

[1] *Lett. Persanes*, lett. LXXXV. Il paraît actuellement à Milan une description de la Chartreuse (*la Certosa di Pavia*) que l'on peut regarder comme un des ouvrages de ce genre les plus exacts, les plus complets et les mieux exécutés, et qui fait honneur aux talens des frères Durelli, artistes milanais estimés.

[2] Quoique fondée, dit-on, par Charlemagne, cette université était très déchue. Marie-Thérèse lui donna une forme nouvelle, et son organisation ne date véritablement que du milieu et de la fin du dernier siècle.

professeurs, tels que Tamburini et Volta, elle compte encore d'habiles maîtres, tels que M. Scarpa, connu de toute l'Europe; M. Configliacchi, professeur de physique mathématique et expérimentale; Brugnatelli, d'histoire naturelle; Móretti, de botanique; Zandrini, de minéralogie et de zoologie; Marabelli, de chimie générale et de pharmaceutique; Panizza; d'anatomie; Bordoni, de mathématiques pures élémentaires et de géodésie; Prina, de droit ecclésiastique; Beretta, de droit romain dans ses rapports avec le droit coutumier; Padovani, de procédure judiciaire; Lanfranchi, des sciences politiques. Nul n'est admis à suivre les cours de l'université s'il n'a été au lycée. L'enseignement se divise en trois parties, savoir : la faculté des études politiques légales, des études médico-chirurgico-pharmaceutiques et des études philosophiques, qui répondent à peu près à nos facultés du droit, des sciences et des lettres, malgré le titre philosophique de la dernière.

Le cours de la faculté des études politiques légales est de quatre ans; voici quelles sont les chaires : statistique; introduction aux études politiques légales; droit naturel privé et public; droit criminel; droit romain, rapproché du droit coutumier; droit ecclésiastique; droit civil universel autrichien, et de ses différences avec le droit civil français; droit commercial; droit maritime; sciences politiques et code pénal, procédure judiciaire.

Le cours de la faculté des études médico-chirurgico-pharmaceutiques est de cinq ans; les chaires sont : minéralogie; introduction à l'étude de la médecine et de la chirurgie; anatomie ordinaire; botanique; zoologie; anatomie comparée et physiologie; chimie générale; chimie animale et pharmaceutique; introduction à l'étude de la chirurgie théorique; diététique pharmaceutique, matière médicale; pathologie générale, étiologie et séméiotique ; accouchemens ; chirurgie théorique ; usage des instrumens et théorie des bandages ; matières médicales et traité des poisons ; pathologie générale ; hygiène et thérapeutique générale ; instruction médico-pratique au lit du malade ; thérapeutique spéciale des maladies internes aiguës ; art vétérinaire ; médecine légale ; enseignement théorique sur les maladies des yeux ; hygiène publique (*polizia medicale*).

Le cours de la faculté dite des études philosophiques est de deux ans : une partie de ses cours ne sont point nécessaires pour obtenir le grade de docteur. Les cours d'obligation sont : instruction religieuse ; philosophie théorique ; mathématiques pures élémentaires ; philologie latine ; philosophie morale ; physique mathématique et expérimentale. Ne sont point d'obligation les cours ci-après : histoire universelle ; histoire naturelle ; économie rurale ; pédagogie ; histoire d'Autriche ; sciences historiques ; archéologie et numismatique ; diplomatique ; littérature classique latine ; philologie grecque ; critique ; langue et littérature italiennes et histoire des beaux-arts ; histoire de la philosophie ; langue allemande ; blason.

On a pu juger, par cette espèce de tableau des chaires de l'université de Pavie, de l'étendue de son enseignement ; il pourra confirmer la remarque que nous avons faite plus haut sur le prétendu *obscurantisme* autrichien [1] : on voit sur ce tableau un cours de statistique que nous n'avons jamais eu, et des cours en exercice de pédagogie et de diplomatique ; véritables école normale, école des chartes, que nous avons détruites ou laissées tomber. Quant à l'enseignement, je tiens de quelques uns de MM. les professeurs, et des plus distingués, qu'il n'est ni imposé, ni gêné ; les traitemens

[1] *V*. Liv. III, ch. XII.

ont été dernièrement augmentés ; ils sont même supérieurs à ce qu'ils étaient sous la domination française, qui les avait déjà élevés ; ils égalent au moins ceux des professeurs de notre académie de Paris, et la vie d'Italie, comme on sait, est bien moins chère. Il est, au reste, assez singulier de voir un gouvernement économe et militaire tel que celui-là, rétribuer avec une sorte de magnificence la magistrature et l'enseignement : deux pouvoirs de la société dont ordinairement cette sorte d'autorité ne se soucie guère.

L'ancienne bibliothèque de Pavie, formée par les Sforze, et principalement par le duc Galeaz d'après les conseils de Pétrarque, fut dépouillée successivement par Louis XII en 1499[1], et en 1526 par le maréchal Lautrec ; elle a fourni les plus belles éditions du xve siècle de notre grande bibliothèque, aujourd'hui la plus riche en ce genre. La bibliothèque actuelle de l'université fut créée par le comte Firmian ; destinée aux besoins de l'enseignement, elle a peu de manuscrits et de livres rares, et compte cinquante mille volumes. Sa collection des mémoires de toutes les sociétés et académies des sciences dans le texte original, est la plus nombreuse et la plus complète qu'il y ait en Italie. Une place de sous-bibliothécaire était vacante vers le milieu de 1826, et devait être donnée au concours, ainsi que toutes les fonctions littéraires du royaume lombard-vénitien. Cette méthode, que l'on pourrait croire la meilleure, et qui me paraît en effet très bonne pour les nominations aux emplois de second ordre, blesse cependant les Italiens, et je l'ai entendu blâmer par des hommes d'un esprit éclairé.

Il y a trois colléges gratuits à Pavie, savoir : le col-

---

[1] *V*. Liv. III, ch. IX.

lége Caccia, le collége Borromée et le collége Ghislieri;
les deux premiers, fondations de famille, sont encore
soutenus par elles : de pareilles fondations ne sont point
rares en Italie; peut-être n'est-il pas de plus noble attribut de l'aristocratie que ce bienfait perpétuel de l'éducation envers une suite de générations que la reconnaissance doit attacher naturellement à ces mêmes
familles. Le collége Caccia reçoit de vingt-cinq à trente
élèves, tous de Novare, patrie de la famille Caccia; le
collége Borromée, trente-six; et le collége Ghislieri,
soixante, et une douzaine de pensionnaires. Le plus beau
de ces établissemens est le collége Borromée, créé par
S. Charles, ainsi qu'un grand nombre des premières
écoles de la Lombardie. Avec son imposante façade,
ses vastes portiques, l'élégance de son architecture, les
fresques brillantes de Frédéric Zuccari représentant l'*Histoire de S. Charles*, qui couvrent les murs et les voûtes
de la grande salle, ce superbe édifice semble plutôt un
palais qu'un collége. Il me fut difficile, en contemplant
ces dernières, de ne pas me rappeler sans un peu de
honte le barbouillage du plafond de notre Sorbonne.

CHAPITRE VI.

Mécomptes historiques. — Boëce. — Liutprand. — Maison
Malaspina. — Église *S.-Michel.* — Cathédrale. — Tombeau
de S. Augustin. — Pont.

J'éprouvai à Pavie de nombreux mécomptes historiques: j'étais allé à l'église S.-Pierre *in ciel d'oro* chercher le tombeau de Boëce, de ce véritable grand homme,
ministre, savant, orateur, philosophe, poète et martyr

du bien public et de la vérité dans un siècle de barbarie [1];
il n'y était plus : depuis trente ans cette église est supprimée, et elle était alors encombrée par le fourrage d'un régiment polacre. Le corps de Boëce avait été mis à la cathédrale, mais *il n'y avait pas d'argent*, comme on dit aujourd'hui, pour lui élever de tombeau. Certes, les Liutprand et les Othon, ces princes du moyen âge que nous traitons de barbares, avaient, il y a plus de huit et de dix siècles, érigé et agrandi magnifiquement le mausolée de Boëce, et ils ne s'étaient point encore avisés, pour se dispenser d'honorer la vertu, de cet éternel et invincible argument de notre civilisation [2].

[1] Le Dante a de beaux vers sur cette sépulture de Boëce à S.-Pierre *in ciel d'oro* :

Lo corpo ond' ella (l'anima santa) fu cacciata , giace
Giuso in Cieldauro , ed essa da martiro
E da esilio venne a questa pace.   (Parad. x, 127.)

Il a été placé dans les salles du conseil d'état un très beau tableau de Boëce, par M. Schnetz, que je lui avais vu achever à Rome ; il représente les *Adieux de Boëce à sa femme et à ses enfans* à travers les barreaux de sa prison. On retrouve dans cette composition, avec tout le talent de vérité qui caractérise M. Schnetz, un pathétique et une grâce qui annoncent un artiste capable de traiter les sujets les plus élevés. Il existe dans l'archive de Monza un diptyque en ivoire très ancien et d'un beau travail, qui représente aussi *Boëce dans sa prison consolé par sa femme Elpis*, sicilienne distinguée, qui tient une lyre à dix cordes. Ce diptyque pouvait ne pas être inutile à notre habile peintre : un instrument de musique, placé près de la femme de Boëce, eût ajouté à la poésie et à la vérité du sujet ; il eût affaibli ce que le tableau a peut-être de vague ; car on sait que Boëce était musicien et qu'il a écrit cinq livres sur la musique.

[2] Le tombeau de Boëce avait été élevé à l'église S.-Augustin par le roi des Lombards Liutprand, vers 726 ; l'empereur Othon III lui en érigea un autre magnifique, de marbre, avec une inscription très remarquable, composée par Gerbert, depuis pape sous le nom de Sylvestre II (*Notizie appartenenti alla storia della sua patria, raccolte ed illustrate da Giuseppe Robolini, gentiluomo Pavese.* Pavie, 1826 et suiv. T. I, 210, et II, 86). Gerbert, l'un des plus savans hommes de son temps, inventeur des horloges, était né en

Le tombeau de Liutprand, d'abord placé à l'église S.-Adrien, fut dans la suite porté à la basilique de S.-Pierre *in ciel d'oro;* il avait voulu par son testament être enterré aux pieds de Boëce, afin, disait-il, qu'en cessant de vivre il ne parût point cesser de lui marquer son respect. Le cercueil de ce grand roi, rapporte un érudit pavesan [1], était soutenu par quatre petites colonnes de marbre, au-dessus était sa statue en habits royaux. Le concile de Trente fit descendre le cercueil, parce qu'il avait décrété que la sépulture seule des saints pouvait s'élever au-dessus de terre : les cendres de Liutprand furent déposées au pied d'un pilastre du chœur; l'ancienne épitaphe qui rappelait sa religion, sa vaillance, la sagesse de ses lois, sa conquête de l'État romain, ses victoires en France sur les Sarrasins quand il accourut au secours de Charles-Martel, la prise de Ravenne, de Spolète et de Bénévent, tous ces signes de gloire disparurent, et il ne resta sur cette tombe déchue que les mots : *Ici sont les os du roi Liutprand*, simple inscription qui, elle-même, devait être un jour ignoblement enfouie sous des bottes de foin, et que je ne pus retrouver.

J'espérais voir encore dans cette même basilique le tombeau de deux nobles chevaliers, d'un duc de Lorraine et d'un duc de Suffolk, tués à la bataille de Pavie. Le dernier, Richard de Suffolk de la Rose-Blanche, prétendant au trône d'Angleterre et banni par Henri VIII, s'était réfugié à la cour de François Ier. Son tombeau ne lui fut érigé que cinquante-sept ans après sa mort, par un prêtre nommé Charles Parker, aussi exilé par Élisa-

---

Auvergne; il peut être ajouté aux illustres Auvergnats cités par M. de Chateaubriand dans son charmant voyage à Clermont.

[1] *Notizie appartenenti alla storia della sua patria, raccolte ed illustrate da Giuseppe Robolini*, vol. I, 94.

beth, et qui devait être enterré près de là. Il ne restait aucune trace de ces sépultures étrangères. La tombe élevée par un exilé à un autre exilé mort sur un champ de bataille où l'on vit prisonnier un roi de France, eût à la fois montré d'une manière frappante les violences de la souveraineté et ses revers.

Pavie, appelée jadis la ville aux *Cent tours*, n'en conserve que deux; la tour dite de *Boëce* est moderne; la tradition même de son emprisonnement dans une tour ne remonte qu'à Jacques Gualla, historien du xve siècle[1]. Quant à l'emplacement du palais des rois lombards, voisin peut-être de l'église S.-Michel, un savant que je consultai me dit qu'il y avait là-dessus quatorze opinions, sans, je crois, compter la sienne, et je n'eus point le courage de le rechercher après mes nombreuses malencontres.

Au-devant de la maison Malaspina sont les bustes de Boëce et de Pétrarque, hommes de fortune, de génie et de caractère bien divers, et que le hasard seul a pu rapprocher; une élégante inscription de Morcelli, placée sous le buste de Boëce, indique que c'est près de là qu'il fut enfermé, et composa son livre de la *Consolation de la philosophie*; l'inscription du buste de Pétrarque annonce qu'il venait passer les automnes dans l'enceinte de cette maison, chez son gendre Brossano, inspecteur des bâtimens de Galeaz Visconti, et mari de sa fille naturelle, petit détail qui, par sa crudité, déconcerte singulièrement les idées que l'imagination se fait de la fidélité du chantre de Laure[2]. Pétrarque avait

[1] *Notizie* citées ci-dessus, t. II, p. 280.
[2] Pétrarque, rappelant la naissance d'un fils illégitime qui avait précédé celle de cette fille, avoue lui-même avec une sorte de naïveté italienne assez singulière, comment il avait imaginé d'échapper par des inclinations moins platoniques à la passion qui asservissait son ame et faisait son supplice. Mais il prétend que malgré ces licences

composé, sur la mort d'un enfant de cette fille, des vers latins naturels et touchans, qu'il fit graver en lettres d'or sur son tombeau :

> *Vix mundi novus hospes vitæque volantis*
> *Attigeram tenero limina dura pede;*
> *Franciscus genitor, genitrix Francisca, secutus*
> *Hos, de fonte sacro nomen idem tenui.*
> *Infans formosus, solamen dulce parentum,*
> *Nunc dolor, hoc uno sors mea læta minus,*
> *Cætera sum felix, et veræ gaudia vitæ*
> *Nactus, et æternæ, tam cito, tam facile.*
> *Sol bis, luna quater flexum peragraverat orbem.*
> *Obvia mors, fallor, obvia vita fuit.*
> *Me Venetum terris dedit urbs, rapuitque Papia :*
> *Nec queror, hinc cœlo restituendus eram.*

« Hôte nouveau du monde, à peine d'un pied faible encore étais-je entré dans la route pénible d'une vie fugitive; François fut mon père, Françoise ma mère, et à cette sainte origine je dus le même nom : bel enfant, naguère douce consolation de mes parens, maintenant objet de leur douleur; en cela seul je suis moins heureux, je le serais pour tout le reste, moi qui viens d'obtenir si aisément et si vite les joies de la véritable vie, de la vie éternelle. Le soleil avait deux fois et la lune quatre fois achevé son cours, quand la mort, je me trompe, quand la vie vint me trouver : Venise me donna, Pavie m'enleva à la terre; je ne m'en plains point, c'est de là que je devais retourner au ciel. »

L'église gothique de S.-Michel, un des plus anciens monumens d'antiquité chrétienne, paraît remonter au VIe siècle[1] : parmi les bas-reliefs sculptés sur le mur

il n'aima jamais véritablement que Laure; qu'il sentit toujours l'indignité de pareils penchans, et finit à quarante ans par s'en délivrer. *Carm.* lib. 1, Ep. 12 *et Epist. ad Post.* cités par Foscolo, *Essays on Petrach*, XIII.

[1] Cette opinion de d'Agincourt, de M. Malaspina, dans son *Guide de Pavie*, et de Rosmini, dans l'*Histoire de Milan*, a été contredite récemment par M. San-Quintino (*Dell' italiana architettura durante la dominazione Longobarda*, Brescia, 1829). Selon M. San-

extérieur de cette vieille basilique, on remarque une *Annonciation de la Vierge*, dans laquelle l'enfant est déjà grand, conformément aux opinions ariennes. La grossière et expressive sculpture de S.-Michel convient d'ailleurs à une pareille secte, qui semble avoir porté dans le christianisme l'esprit conquérant, destructeur et belliqueux de l'islamisme. Dans un autre bas-relief, on voit un ange jouer du violon; ce qui fait remonter bien haut l'antiquité de ce noble instrument. Les fresques représentant le *Couronnement de la Vierge*, les *Quatre Docteurs de l'Église*, et le tableau de l'autel de la Vierge, sont des ouvrages curieux d'Andrino d'Edesia, peintre pavesan, contemporain de Giotto; un *S. Sébastien*, un *S. Luc*, bons, sont du Moncalvo.

L'église *del Carmine*, vaste, majestueuse, est de la fin du xiv° siècle. Plusieurs tableaux sont estimés; savoir: un *Crucifix*, du Malosso; *Ste. Anne*, du Moncalvo; *S. Sébastien et divers saints*, tableau en six compartimens, sur lequel se lit le nom de Bernardin Cotignola, peintre du xvi° siècle, dont les ouvrages sont peu communs.

Ste.-Marie *Coronata*, dite de *Canepanova*, d'une simple et noble architecture, est du Bramante; elle a plusieurs beaux tableaux: *Jaël et Sisara*; *David et Abigail*, du Moncalvo; une *Judith*; *Esther*, d'Alexandre Tiarini; *Rachel au puits*; la *Marche des Hébreux vers la terre promise*, de Camille Procaccini; et deux autres sujets du vieux Testament, de son frère César.

A S.-Marin, une *Ste. Famille* est attribuée à Gaudence Ferrari; *S. Jérôme* et la *Vierge*, à son illustre élève Bernardin Luini.

Quintino, Pavie et l'ancienne église St.-Michel auraient été brûlées en 924 par les Hongrois; l'église actuelle ne serait plus que de la fin du xi° siècle.

S.-François a deux bons tableaux : un *S. Matthieu*, de Bernardin Campi ; une *Ste. Catherine*, de Procaccini.

Parmi cette foule de débris mensongers qui abondent en Italie, Pavie en montre peut-être deux des plus brillans et des mieux imaginés : le premier est le prétendu tombeau de S. Augustin, placé autrefois dans l'église de S.-Pierre *in ciel d'oro*, et maintenant déposé provisoirement à l'archevêché ; les sculptures dont il est orné, et qui offrent près de trois cents figures, sont un travail singulièrement remarquable du xiv° siècle, de deux frères, artistes siennois ; le second est la lance de Roland, espèce d'aviron garni de fer, suspendu aux voûtes de la cathédrale. Celle-ci n'est qu'un monument assez insignifiant, nouvellement réparé, et dans lequel l'ancien gothique est comme absorbé par les constructions nouvelles. Quelques peintures cependant ne sont pas sans mérite ; telles sont celles du maître-autel, de Charles Sacchi, peintre pavesan du xvii° siècle, habile coloriste ; à l'autel du Rosaire, les *Mystères*, d'Antoine Solari, dit le Zingaro, élève de Gaudence Ferrari, artiste dont l'histoire tient du roman, qui de chaudronnier devint peintre pour plaire à sa maîtresse Fiore, fille d'un autre peintre, qui ne consentit qu'à ce prix à lui accorder sa main et après plusieurs années d'études et de voyages ; un *S. Syrus* et deux autres tableaux voisins, les meilleurs ouvrages de Charles-Antoine Rossi, élève de Procaccini et dans son goût ; une *Flagellation* ; la *Vierge et les Maries*, de Daniel Crespi.

Le pont couvert sur le Tésin, soutenu par cent colonnes de granit et que précède une élégante façade du côté de la ville, est un monument du xiv° siècle, qui atteste encore la grandeur et l'utilité des ouvrages publics à Pavie sous le gouvernement républicain.

CHAPITRE VII.

Varèse. — *Madonna del Monte.* — Catholicisme italien. — Côme. — Cathédrale. — *Ædes Joviæ.* — Lycée. — Bibliothèque. — *Casino.* — Théâtre. — Tour du *Baradella.* — Télégraphes.

Avant de revenir à Milan, en 1827, je visitai Côme. La route, à partir de Sesto-Calende, diffère tout-à-fait de la route plate et monotone qui conduit à Milan : ce coin de la Lombardie, plus rapproché des Alpes, est pittoresque, riant et varié; on passe par Varèse, petite ville riche, peuplée, dans une situation charmante, près du lac de ce nom, et environnée de villa superbes, où brille déjà la magnificence italienne : une partie du chemin se fait sous une belle treille qui dépend, je crois, des jardins d'une des villa voisines, et d'où la vue s'étend au loin sur toute la campagne. Le baptistère octogone de l'église est un monument remarquable par son ancienneté, et qui remonte au temps des Lombards.

Près de Varèse est la célèbre *Madonna del Monte,* dont les filles des environs allaient alors célébrer la fête (c'était au mois de septembre, la veille de la Nativité de la Vierge). Tout le pays avait cet air de joie que le catholicisme, d'*ornemens égayé,* des habitans de l'Italie donne aux mœurs populaires de cette contrée.

J'eus le tort de ne point aller à Lugano, que son lac, ses fresques de Luini et sa Gazette du Tésin, rendent digne d'être visité par les amis de la nature, des arts et de la liberté.

Côme me charma : la cathédrale de marbre est un vaste et beau monument de la renaissance; on y voit contre le mur du baptistère attribué au Bramante, un reste d'inscription relative à Pline, inscription citée par Gruter et les divers éditeurs de l'épistolaire latin, quoiqu'elle n'offre rien de fort intéressant pour l'histoire. *La Nativité*; *l'Adoration des Mages*; *la Vierge*, *S. Jérôme* et quelques saints sont de Bernardin Luini; une *Fuite en Égypte*; *les Fiançailles de la Vierge*, de Gaudence Ferrari. L'église *San-Fedele*, la plus ancienne de la ville, est d'une architecture caractéristique : quelques belles fresques sont attribuées à Camille Procaccini, et la Chapelle du crucifix est d'une bonne architecture.

L'*Ædes Joviæ* offre, sous le vestibule, les portiques de la cour et l'escalier, un véritable musée d'inscriptions antiques. On lit plusieurs fois répétée sur les murs la devise de la famille Giovio, *Fato prudentia minor*, parodie de ce vers un peu obscur des *Géorgiques*, sur la prévision des corbeaux :

Aut rerum fato prudentia major; [1]

devise désolante du fatalisme, peu digne d'un savant et d'un sage. L'*Ædes Joviæ* était la demeure de Jean-Baptiste Giovio, petit-neveu de Paul Jove, homme érudit, auteur des *Lettere lariane*, surnommé un peu fastueusement le Varron de Côme : il ne fut point le dernier de sa famille, ainsi qu'on l'a dit; un de ses fils existe encore; un autre, jeune et brave officier, périt dans la campagne de Russie, et une de ses filles vit en France, mariée à un officier supérieur.

Un lycée a été fondé avec magnificence en 1824; la bibliothèque qui en fait partie est bien commencée, et déjà nombreuse pour sa création récente. Elle est décorée par une grande statue du Bernin, représentant

---

[1] Lib. 1, 415.

S. Isidore gardant ses bœufs. Telle est la recherche perpétuelle du talent de cet artiste, que non seulement l'air du saint n'est pas du tout rustique, mais qu'il n'y a pas jusqu'aux veaux qui ne soient affectés et n'aient aussi, à leur manière, quelque chose de précieux. Côme a un superbe Casino littéraire, qui ne ressemble guère au local enfumé de l'Athénée, ou à l'appartement de la Société des Bonnes-Lettres. Cet établissement nouveau, d'une ville d'Italie de quinze mille ames, est supérieur à tous les établissemens du même genre à Paris. La nouvelle façade du théâtre est d'une noble architecture et la salle assez jolie : mais la troupe était détestable, et je ne puis oublier une certaine Rosine, l'une des cantatrices d'Italie les plus minaudières, je crois, que j'aie jamais entendues. Ce *mauvais* des acteurs italiens n'est d'ailleurs ni froid, ni lourd comme celui de nos comédiens de province; grâce à la langue et aux physionomies du pays, il est chaud, bruyant, expressif, animé.

Sur une hauteur, près de la route, on voit encore debout la tour du *Baradello*, autre monument des fureurs civiles et des révolutions de l'Italie au moyen âge : c'est là que fut enfermé et périt dans une cage de fer, après un supplice de dix-neuf mois, Napoléon della Torre, chef perpétuel du peuple milanais, fait prisonnier par l'armée de l'archevêque de Milan, Othon Visconti, qu'il avait chassé; défaite qui renversa le pouvoir des Torriani [1], et amena la souveraineté des Visconti. Voltaire s'est moqué de ces histoires de cages; on voit cependant que les habitans de Côme enfermèrent dans trois cages de fer Napoléon della Torre et cinq de ses parens pris avec lui, parce qu'il avait infligé le même traitement à un de leurs compatriotes. La tour de la

[1] *V.* ci-dessus, Liv. III, chap. v.

Gabbia, qui existe à Mantoue, et dans laquelle on voit encore la cage; la tour de Plaisance, qui a aussi la sienne, confirment ce genre de barbarie; il s'est même prolongé pendant plus de deux siècles : l'emprisonnement des six Torriani est de 1277; la même captivité est fréquente à la fin du xv⁰ siècle, ainsi que l'a remarqué M. Daru [1], et Comines convenait qu'il *en avoit tasté l'espace de huict mois*.

Au temps de la domination française, un télégraphe avait été établi sur la tour du *Baradello*; il a depuis été supprimé, ainsi que tous les autres télégraphes du royaume lombard-vénitien : on dirait que la lenteur allemande fut comme embarrassée de la rapidité d'un tel instrument. Montesquieu avait reconnu, et peut-être exagéré l'importance de l'invention des postes, comme auxiliaires du pouvoir : les lignes télégraphiques répandent et font voler encore plus vite les nouvelles. Si d'autres besoins, si d'autres illusions ont pris naissance, il faut convenir aussi que les moyens matériels du gouvernement se sont accrus, et que les conspirations, les séditions et les émeutes deviennent moins faciles avec le télégraphe, la gendarmerie et les grandes routes.

CHAPITRE VIII.

Lac. — Noms grecs. — Couvent industriel. — *Pliniana*. — Pline le Jeune et Sacy. — Religieuses *frate*. — Courage du xvi⁰ siècle. — Bas-reliefs de Torwaldsen. — Princesse de Galles. — Paul Jove. — Caninius Rufus. — Avantage de n'avoir rien fait.

Il est difficile de rendre la variété et les sites enchanteurs du lac de Côme; avec ses bois, ses rochers, ses

---

[1] *Hist. de Venise*, Liv. xxi.

cascades, la douceur de l'air et les oliviers et les citronniers qui viennent sur ses bords, il offre comme un reflet de la Suisse et de l'Italie; la Grèce même semble y apparaître, et elle a donné quelques uns de ses noms harmonieux à plusieurs des lieux environnans : tels sont Lenno, Nesso, Lecco, Colonia, Corenno, qui rappellent naturellement Lemnos, Naxos, Leucade, Colonne et Corinthe. Cette multitude de noms grecs est une preuve de l'émigration des Pélasges dans le nord de l'Italie, et le nom même de Côme indique une dérivation grecque. Originaires de l'Arcadie [1], les Pélasges ont pu retrouver sur ces beaux rivages les charmes solitaires et la fraîcheur de leurs vallées. [2]

Malgré l'épithète unique et peut-être un peu froide du grand maître, *Lari maxime*[3], le lac de Côme ne présente point une grande plaine d'eau monotone comme d'autres lacs; il semble, au contraire à chaque instant se fermer, se rouvrir, se renouveler; chacun de ses petits détroits produit l'effet d'une suite de lacs, et les promontoires qu'ils dessinent offrent des vues admirables et différentes. Je le parcourus plusieurs fois avec délices, ainsi que les environs, et j'aurais voulu y vivre davantage. [4]

Sur une agréable hauteur, à la pointe de Torno, à

---

[1] Il serait aisé de faire une énorme note sur l'origine des Pélasges; ils viennent maintenant, dit-on, de la terre de Chanaan; je m'en suis tenu à l'opinion de Danville, Fréret et Barthélemy.

[2] Selon Strabon, Pompée aurait fait passer dans ce pays ravagé par les Rhétiens, cinq cents Grecs de familles distinguées, afin de le repeupler.

[3] *Georg.* II, 159. Quelques commentateurs sans goût avaient prétendu voir deux lacs dans le *Lari maxime*, c'est-à-dire le lac de Côme et le lac Majeur, leçon que Heyne a rejetée avec raison.

[4] Il ne serait pas très coûteux d'habiter ce charmant pays : on m'a montré à Balbianello, une des plus belles situations du lac, une fort jolie maison qui était louée à une famille anglaise 50 écus de Milan par mois, un peu moins de 250 francs.

droite, en s'embarquant à Côme, on aperçoit les ruines d'un ancien monastère (car tous ces bords sont couverts de chapelles, d'églises et de couvens, dont l'effet du lac est très pittoresque). Les moines de Torno étaient de l'ordre des *umiliati*, ordre livré au travail des mains, et dont les couvens, nombreux en Lombardie et sur les bords du lac de Côme, étaient des manufactures de laine; les ouvriers y vivaient, sous certaines règles, avec leurs femmes et leurs enfans. Il paraît que la manufacture de Torno fut si florissante, que la discipline des *umiliati* vint à s'altérer avec l'accroissement de la richesse, et qu'il fallut supprimer, en 1571, ce couvent industriel.

Je descendis à la *Pliniana*, l'endroit le plus célèbre du lac. La Pliniana ne fut point, comme on sait, la demeure de Pline [1], mais elle tire son nom de la fameuse fontaine observée par Pline l'Ancien, et décrite par Pline le Jeune, dont la lettre se lit contre le mur, et ne s'accorde pas du tout avec le passage de l'histoire naturelle de son oncle [2]. En voyant l'abondance et l'impétuosité de cette fontaine, dont le flux et reflux périodique est encore un mystère [3], j'étais frappé de la

---

[1] La *Biographie* (XXXV, 77) a toutefois commis cette erreur : le noble auteur des *Jumeaux de Chevreuse* n'a pas échappé non plus à la même méprise dans une agréable description du lac de Côme, Liv. II, ch. III.

[2] Pline l'Ancien prétend que le flux périodique a lieu toutes les heures : *In Comensi, juxta Larium lacum, fons largus horis singulis semper intumescit ac residet*, II, 103; et Pline le Jeune, trois fois par jour, Lib. IV, ep. 30.

[3] L'explication la plus satisfaisante de ce phénomène est peut-être celle qui est rapportée dans la note de l'édition des *Classiques latins* de M. Lemaire : le flux et le reflux, d'après cette note, tiendrait à la disposition d'un siphon ou tuyau construit par la nature à travers l'argile et la pierre. Un joli trait de la lettre de Pline, dans lequel il compare ingénieusement le flux et reflux de la fontaine au glouglou d'une bouteille, se rapprocherait assez de la conjecture du siphon :

force, de l'immutabilité de la nature, toujours la même depuis des siècles, de l'ordre admirable qu'elle conserve au milieu des bouleversemens humains : la science disserte, la raison cherche et s'égare ; la nature, toujours féconde, vit, crée et se renouvelle. Le palais actuel de la Pliniana, gros bâtiment carré et sévère, fut bâti en 1570 par Anguissola, l'un des quatre chefs de la noblesse de Plaisance, qui, après avoir poignardé le tyran Pierre-Louis Farnèse, fils du pape Paul III, jetèrent son corps par la fenêtre. A chaque pas, au sein même de cette solitude si riante et si douce, on retrouve les redoutables souvenirs qui peignent l'histoire et les mœurs des Italiens aux diverses époques. Le Baradello avait été la prison de l'espèce de César de Milan [1] ; la Pliniana devint l'asile du Brutus gibelin de Plaisance.

Malgré l'autorité de Paul Jove, la pointe de *Bellagio* a dû être la *Comœdia* de Pline [2]. C'est bien là encore le *molli curvamine* qui l'embrassait. La description faite par Pline des deux villa qu'il préférait parmi ses autres maisons du lac de Côme, est un parfait parallèle ; elle a toute la symétrie et la sorte d'élégance du genre : de pareilles lettres, si artistement composées, sont plutôt un livre

---

Spiritus ne aliquis occultior os fontis et fauces modò laxat, modò includit, prout illatus occurrit, aut decessit expulsus ? Quod in ampullis ceterisque generis ejusdem videmus accidere, quibus non hians, nec statim patens exitus. Nam illa quoque, quanquam prona et vergentia, PER QUASDAM OBLUCTANTIS ANIMÆ MORAS CREBRIS QUASI SINGULTIBUS SISTUNT, QUOD EFFUNDUNT. Lib. IV, ep. 30.

[1] *V.* la fin du précédent chapitre.

[2] Pline avait appelé *Comœdia* et *Tragœdia* deux des villa qu'il possédait sur le lac de Côme ; la *Tragœdia* a pu être à Lenno, de l'autre côté du lac, presque vis-à-vis, à cause de son aspect sévère et des rochers dont Pline avait parlé dans la description de cette villa, et qui *la chaussaient comme un cothurne ;* tandis que la *Comœdia,* touchant au rivage, n'*avait qu'une chaussure plate.* Lib. IX, ep. VII.

adressé au public qu'une correspondance. A la circonspection que Pline observe dans ses lettres, on pourrait croire vraiment qu'il y avait aussi à Rome le terrible *bureau secret*, car il est impossible, en écrivant même à ses plus intimes amis, de moins se compromettre. Il existe une analogie singulière entre Pline et Sacy son traducteur, chose rare, car le plus souvent ces espèces d'union sont assez mal assorties; tous deux d'une grande probité de caractère, d'un naturel aimable et doux, vivant dans une société élégante, ingénieuse et polie, et arrivés tous deux à une époque de déclin et de bel esprit.

A *Bellaggio* la villa Melzi, magnifique demeure décorée avec le luxe moderne, est remarquable encore par sa vue et ses jardins. Un beau groupe du *Dante conduit par Béatrice*, est l'ouvrage de M. Comelli, habile statuaire.

Le torrent *Il fiume latte*, qui tombe dans le lac, et donne son nom au village situé à ses pieds, me rappela la cascade de Pissevache, près de Martigny. Le rapprochement de ces deux métaphores populaires, pour rendre le même effet, montre toute la différence du génie italien, et, si l'on peut le dire, du génie suisse. Ainsi les mots peuvent quelquefois servir à l'étude des mœurs et de l'esprit des nations.

La *Capuana*, villa Serbelloni, jadis demeure superbe, est maintenant abandonnée; mais elle conserve son ruisseau, ses cascades, son bois d'arbres verts, et sa vue.

Près de la branche de Lecco, triste, solitaire, et qui n'est point animée et variée comme la branche de Côme, se trouve Varène, dont le climat est si doux, qu'outre ses nombreux oliviers, l'aloès et les plantes même de Syrie peuvent y croître.

Le fond du lac est superbe; il est clos par les Alpes Rhétiennes, qui virent les premiers exploits de Drusus,

Videre Rhœtis bella sub Alpibus
Drusum gerentem Vindelici.....

montagnes qu'ont dans la suite également illustrées de grands capitaines modernes, depuis ce duc de Rohan, conquérant opiniâtre de la Valteline, jusqu'à Macdonald, vainqueur des frimas et des Grisons.

En revenant à gauche, on aperçoit *Domaso* et *Gravedona*; entre ces deux petites villes, dans la montagne, les femmes portent une large robe de laine brune et un capuchon comme les capucins; aussi ces dames sont-elles appelées *frate*. Elles s'imposent cet étrange costume par suite d'un vœu qu'ont fait leurs mères, et qu'elles observent religieusement. Mais la coquetterie n'y perd rien; cet humble habit ne cache entièrement ni les formes élégantes, ni les jolis visages, et, chez les riches, l'or et les dentelles brillent quelquefois sur la robe des bons pères.

A Gravedona, l'on aperçoit l'ancien palais des ducs d'Alvitto; l'effet de ce palais de marbre, et de la plus noble architecture, est très beau du lac. C'est là, dit-on, qu'il fut question de réunir le concile œcuménique assemblé depuis à Trente; grande consultation chrétienne, qui mit dix-huit ans à rédiger les dogmes et les formules de notre foi, et dont le souvenir religieux eût offert un nouveau contraste avec les souvenirs littéraires, politiques ou guerriers du lac de Côme.

Plus bas on découvre les ruines du château fort de *Musso*, vieille fortification creusée à pic dans le roc par le vaillant Trivulce, et défendue depuis, avec une rare audace, par le fameux Jean-Jacques Médicis, dont le tombeau est à la cathédrale de Milan [1]. Coupable, ainsi qu'un autre capitaine nommé Pozzino, du meurtre d'Hector Visconti, ordonné par François Sforze, celui-ci voulut à son tour se débarrasser de tels instrumens: Pozzino fut tué; Médicis avait reçu l'ordre de se rendre au château de Musso; soupçonnant, dans le trajet, l'intention de Sforze, il ouvrit la lettre dont il était porteur, et se convainquit du sort qui l'attendait: aussitôt il remplaça cette lettre par une autre qui enjoignait au gouverneur de lui remettre provisoirement le commandement du fort; et de ce roc il brava toutes les attaques de Sforze par terre et par eau, devint la terreur de sa race, fit des conquêtes aux environs, s'empara de la Valteline, et ne consentit à la paix qu'après avoir obtenu, avec le paiement de 35,000 sequins, la souveraineté, pour lui et ses descendans, de Lecco, et, en échange de la forteresse qu'il occupait, la possession de Meleguano, autre forteresse entre Milan et Lodi. Le crime fait peine chez de pareils hommes; il gêne l'admiration qu'inspire leur prodigieux courage : quelle ne serait point leur gloire, si, au lieu d'être poussés par le danger et l'intérêt personnel, ils eussent été animés par le patriotisme ou l'honneur!

La *Cadenabbia* et la *Tremezzine*, situées sur le même bord, au milieu du lac, sont, pour le site, le climat et leurs belles et nombreuses villa, comme la côte de Baïes de cette petite Méditerranée. La villa Sommariva est une de ces splendides demeures que n'aurait point dédaignées le luxe des voluptueux Romains, repris si sévèrement par Horace, épicurien et poète qui n'avait guère le droit de citer Romulus, le vieux Caton et les anciens usages. Là se voient la *Joconde* de Léo-

[1] *V.* Liv. III, ch. II.

nard de Vinci, de jolis et nombreux tableaux de peintres modernes, parmi lesquels un des meilleurs d'Appiani, *Vénus et l'Amour*, et les beaux bas-reliefs du *Triomphe d'Alexandre* par Torwaldsen, que Pline, déjà trop partisan des musées, n'eût point manqué de comprendre parmi ces statues chassées, envoyées en exil dans les villa.

Je descendis à la villa d'Este, qui fut habitée pendant trois années par la princesse de Galles. On y voit encore son chiffre dans le salon, ainsi que la salle de spectacle qu'elle a fait construire. Cette villa avait auparavant appartenu au général Pino; sur le flanc de la hauteur qui la domine, le général avait élevé des murs et des créneaux imitant assez bien les fortifications de Tarragone dont il s'était emparé. Ces traces militaires subsistent encore, et elles distraient noblement des vils souvenirs de la petite Caprée de la princesse anglaise.

Au bourg de Vico, en rentrant à Côme, est la villa Odescalchi, la plus vaste des nombreuses villa qui couvrent les bords du lac, demeure presque royale, mais qui m'a semblé triste quoique décorée fraîchement et avec magnificence. C'est à Vico, à la maison dite la *Gallia*, appartenant aujourd'hui à la famille Fossani, qu'était le *musée*, la galerie de Paul Jove, voluptueux asile de ce prélat courtisan et homme de lettres, qui, passant sa vie près des princes et au sein de son musée, doit avoir fort peu résidé dans son diocèse de Nocera. Le souvenir de Paul Jove est d'ailleurs peu intéressant; ce prêtre, cet évêque fut un écrivain vénal et diffamatoire[1], et, s'ils n'étaient

---

[1] *V.* là-dessus, dans ses lettres, l'impudeur naïve de ses aveux (*Lettere*, p. 12, Tiraboschi, t. VII, part. III, p. 905, 6), et ce qu'il dit sur sa *penna d'oro*, dans ses lettres à Henri II, roi de France, et à Jean-Baptiste Gastaldo (*Lett.*, p. 31, 35; Tiraboschi, *ibid.*). Une femme de la famille de Paul Jove, Cassandra Giovio, probablement sa petite-nièce, née à Côme en 1541, semble offrir un parfait con-

écrits avec autant d'élégance, son *histoire* et ses *éloges* pourraient être regardés comme les petites biographies de son temps. Paul Jove prétendait avoir bâti son palais sur l'emplacement d'une des villa de Pline le jeune : la villa Odescalchi, selon Benoît Giovio, serait au même endroit que le délicieux *Suburbanum* du modeste ami de Pline, de Caninius Rufus[1], avec sa galerie où régnait

traste avec cet écrivain et même avec Jean-Baptiste Giovio, l'auteur érudit et pesant des *Lettere Lariane* dont il a été parlé ci-dessus. Cassandra a composé un petit nombre de vers gracieux et pleins de sentiment : telle est cette stance d'une pièce qu'elle fit à dix-huit ans, le jour de ses noces avec le seigneur Jérôme Magnocavallo :

> Poichè m' hai colta, Amor, ne' lacci tuoi,
> I' benedico il giorno, e l' ora, e l' anno ;
> Ma tu che tutto in cielo e in terra puoi,
> E se' d' alme gentil dolce tiranno,
> Deh ! fa ch' io piaccia sempre agli occhi suoi,
> Occhi cagion del mio soave affanno ;
> Che se qual io con lui, sempr' ei fia meco,
> Tu non sarai detto incostante e cieco.

Donne più illustri del regno lombardo-veneto, Milan, 1828, p. 47.

[1] Lib. I, ep. III. « Tâchez seulement, lui disait Pline, d'avoir « meilleure opinion de vous; rendez-vous justice et les autres vous la « rendront. » Pline l'invitait à écrire, mais Caninius Rufus paraissait alors préférer un *silence prudent* : c'est quelquefois un grand avantage que de *n'avoir rien fait*, comme on dit, et de n'avoir pas donné sa mesure. Les raisons de Pline semblent d'ailleurs un peu singulières : « Tous les autres biens dans la suite des siècles change-« ront mille et mille fois de maîtres, mais les ouvrages de votre es-« prit ne cesseront jamais d'être à vous. » De méchans écrits sont un fâcheux trésor, et il vaut mieux mille fois ne rien posséder du tout :

> .... Résistez à vos tentations,
> Dérobez au public ses occupations,
> Et n'allez point quitter, de quoi que l'on vous somme,
> Le nom que dans la cour vous avez d'honnête homme,
> Pour prendre de la main d'un avide imprimeur
> Celui de ridicule et misérable auteur.

Caninius Rufus se rendit, à ce qu'il paraît, aux instances de Pline; car on voit dans une lettre de celui-ci, la quatrième du livre VIII, qu'il composait un poëme épique en vers grecs sur l'expédition de

un printemps éternel, son impénétrable ombrage de platanes, son canal aux bords verdoyans et émaillés de fleurs, et ce lac qui lui sert de bassin pour recevoir ses eaux [1]; car le souvenir de Pline domine tous ces rivages : il a donné son nom à l'un des deux bateaux à vapeur du lac, et, après plus de dix-sept siècles, il fait encore la gloire de cette contrée.

Trajan contre les Daces. Pline lui conseille, à l'exemple d'Homère, d'abréger, d'étendre, de changer les noms *durs* ou *bizarres*, puisqu'il est obligé de s'en servir, particulièrement celui du roi. C'est sans doute d'après de tels exemples qu'un érudit poète, l'auteur du poëme sur la Vendée, a changé le nom du tambour *Crouston* en celui de *Riston* : indépendamment de l'euphonie, un autre motif rendait ce changement nécessaire ; quel singulier effet n'eût pas produit Crouston dans cet hémistiche :

> Riston n'a plus de pain !

[1] Le traducteur français de Pline et même le traducteur italien se sont mépris, comme l'a démontré l'auteur des *Lettere Lariane*, en traduisant *lacus* par bassin ; c'est le lac lui-même, ainsi que le prouve encore aujourd'hui l'aspect des lieux. Ce contre-sens ne sera pas le seul que la visite du pays nous permettra de relever : dans le même passage *illa porticus, verna semper*, ne paraît pas devoir se rendre par *portique où règne un printemps éternel*, mais par *allée d'arbres* : c'est ainsi que l'avenue délicieuse de chênes verts qui conduit d'Albano à Castelgandolfo s'appelle encore la *Galerie*. Un traducteur français de Catulle a aussi donné au lac Garda l'épithète accoutumée de *tranquille*, tandis qu'il est le plus agité de tous les lacs d'Italie. *V.* ci-après, Liv. v, ch. xii, et Liv. viii, ch. xv.

FIN DU LIVRE QUATRIÈME.

LIVRE CINQUIÈME.

BERGAME. — BRESCIA. — VÉRONE. — VICENCE.

CHAPITRE PREMIER.

Vierge colossale de *Vaprio*. — BERGAME. — Foires.

Sur la route de Milan à Bergame est *Vaprio*, où l'on voit au palais de Caravaggio une vierge colossale peinte à fresque, et qui, selon Vasari, paraît de Léonard de Vinci et non de Bramante, ainsi qu'on le dit communément. La tête monte au premier étage, le reste du corps est couvert par un escalier et a disparu sous les constructions qui ont été faites depuis. L'expression de pudeur et de modestie de cette figure n'est point affaiblie, malgré ses énormes proportions, qui conviennent si peu à un tel sujet.

La plupart des derniers voyageurs oublient ou négligent Bergame, ville singulière par ses monumens, son aspect, sa situation sur une hauteur escarpée, et autour et au pied de cette même hauteur. Son antique et superbe foire (elle existait déjà en 913) venait de finir lorsque j'y arrivai. Ses débris pouvaient faire juger de son importance. Le bâtiment carré qu'elle occupe, formé de cinq cent quarante boutiques, avec quatre grandes salles aux angles, est un des premiers monumens de la ville. Les foires, ces moyens d'échange du moyen âge, dont les pratiques de la dévotion, les pélerinages et les indulgences accordées par les papes, avaient fait naître l'idée, et qui sembleraient devoir appartenir à l'enfance du commerce, sont encore utiles au commerce actuel ; la foire de Bergame sert principalement à l'écoulement des draps fabriqués à Côme et des soieries de Lombardie[1]. La science commerciale ne paraît pas avoir marché comme les sciences rationnelles : j'ai plusieurs fois rencontré sur les routes d'Italie la voiture chargée d'or que M. Rothschild fait, je crois, partir tous les mois pour Naples ; il me semblait qu'un tel usage avait quelque chose de rétrograde depuis la découverte des lettres de change, belle invention due aux juifs lorsqu'ils étaient chassés de France par Philippe-Auguste et Philippe-le-Long, et qu'au lieu d'être recherchés, considérés, à la mode, ils étaient contraints de cacher les effets et les biens qu'ils y avaient laissés, et de donner aux négocians étrangers et aux voyageurs des lettres secrètes sur les dépositaires auxquels ils les avaient confiés.

CHAPITRE II.

Dôme. — *Sta.-Maria maggiore.* — Chapelle Colleoni. — Génie militaire italien. — Églises.

Le Dôme, ancienne église des Lombards ariens, a été refait à plusieurs reprises, et la dernière au milieu du xviie siècle. Un *S. Benoît*, élégant, est d'André Previtali, bergamasque, un des meilleurs élèves de Jean Bellino, et qui a le magique coloris de cette école. Un *Crucifiement*, le grand baldaquin du maître-autel, sont l'ouvrage de Jean-Paul Cavagna, habile peintre de Ber-

---

[1] Les négocians bergamasques les vendent à Londres, où plusieurs ont des comptoirs ; leur fortune est immense. Zurich exploite aussi avec avantage ce même commerce ; une colonie zurichoise est établie à Bergame, et elle a sa chapelle et son pasteur.

game, de la fin du XVIe siècle; *S. Fermus et S. Rusticus* en prison, est de Cignaroli; le tableau de la neuvième chapelle, de Jean-Baptiste Moroni, élève du Moretto; le *S. Vincent* de la chapelle de ce nom est de Charles Ceresa. La seconde sacristie a des tableaux remarquables : trois petits sont de Laurent Lotto, bergamasque, imitateur gracieux de Léonard, et élève des Bellini; le *Christ ressuscité* est de Moroni; une *Déposition de Croix*, du jeune Palma; *Ste. Thérèse*, d'Antoine Balestra. L'antique baptistère, enlevé de l'église voisine de Sta.-Maria maggiore, et devenu depuis une sorte d'oratoire, est un vieux et barbare monument dont la date est ignorée.

La plus belle église de Bergame est Sta.-Maria maggiore; avec ses lions de marbre rouge qui soutiennent les colonnes de la façade, elle montre les premières traces de l'ancienne puissance de Venise. La fresque de l'*Assomption*, de Cavagna et d'Hercule Procaccini, est grandiose, pleine de vie, et dans le style du Corrège. Le *S. Roch* et le *S. Sébastien*, de Lolmo, peintre bergamasque estimé, du XVIe siècle, a le goût et le dessin du XIVe siècle; le *Passage de la mer Rouge* est de Lucas Giordano; un *Déluge*, de Pierre Liberi; un beau tableau de cette église est d'Énée Salmeggia, bergamasque, élève et imitateur de Raphaël; les fresques de la voûte, à gauche du grand maître-autel, sont un ouvrage remarquable de Cyrus Ferri, peintre romain, disciple et compagnon de Pierre de Cortone. Au-dessus de la petite porte une fresque en ruine, mais belle encore, est de Jean Cariani, qui forme avec Cavagna et Salmeggia le triumvirat des premiers peintres de Bergame.

La chapelle Colleoni, sépulture d'un guerrier célèbre et qui l'a fondée, a une façade ornée avec élégance. Le héros est monté sur un grand cheval de bois, doré, placé au-dessus de son superbe mausolée, monument curieux de l'histoire de l'art, d'Antoine Amedeo, artiste pavesan du xv⁰ siècle, qui a fait aussi les trois statues de l'autel et quelques unes des sculptures de la façade. Colleoni, qui, le premier, fit usage de l'artillerie de campagne et inventa les affûts de canon, appartient à cette grande école des Sforze, des Braccio, des Carmagnole, des Malatesti, qui fondèrent en Europe l'art de la guerre, et prouvent que le génie militaire, ancienne gloire de l'Italie, n'a jamais été éteint chez les Italiens. La chapelle Colleoni offre un beau tableau de l'Espagnolet, représentant la *Bataille où Josué arrête le Soleil*, et une *Vierge* pleine de grâce, par Angelica Kauffmann, qui contraste étrangement avec la hardiesse bizarre et confuse du *Josué*. Les fresques de la voûte sont de Tiepolo, et le *Mathathias* de Cignaroli.

L'église S.-Érasme est ornée d'un tableau, daté de 1538, ouvrage de Jérôme Colleone, bon peintre de Bergame, méconnu, dédaigné dans sa patrie, qu'il fut contraint de quitter pour s'attacher à la cour d'Espagne : au moment de partir, l'artiste infortuné, mais qui avait la conscience de son talent, peignit sur le devant d'une maison un cheval, très loué par plusieurs écrivains, et il y ajouta les mots : *nemo propheta in patriâ*.

L'église S.-André est remarquable par ses peintures : au maître-autel, *la Vierge, son fils et quelques saints*, est un ouvrage exquis du Moretto ; les trois belles histoires de la *vie du saint*, à la voûte, par le Padovanino, sont d'un effet admirable, et peut-être que ce peintre si habile dans la science du raccourci, n'en a jamais offert un plus étonnant exemple.

S.-Alexandre *in colonna*, église du xv⁰ siècle, avec une riche et nouvelle coupole, a de nombreux et beaux tableaux, principalement dans ses trois sacristies : une *Cène*, parfaite, est du Caligarino, peintre ferrarais, du xvie siècle; un *S. Jean-Baptiste*, attribué au vieux Palma, est du jeune; et dans l'oratoire voisin de la première sacristie un bon tableau de Jean-Jacques Gavazzi porte la date de 1512.

S.-Roch a quelques beaux ouvrages de Cavagna aux divers autels, et surtout au premier.

A S.-Lazare, le *Saint* est un ouvrage grandiose et habile de Jacques Barbello, peintre du xviie siècle, et le meilleur qu'il ait fait à Bergame.

S.-Barthélemi a une délicieuse *Madone*, un des meilleurs ouvrages de Lotto; le tableau voisin à gauche, attribué au vieux Palma, est du jeune ou de Pierre Damini. La sacristie offre cinq ouvrages du Bramantino; trois de Lotto; deux *Vierge* de Nuvolone et un jeune *S. Jean*, chef-d'œuvre du Guerchin ou de César Genari, attribué à tort au Bassan.

S.-Alexandre *della Croce* offre de belles et nombreuses peintures; une *Déposition de croix*, du Cignaroli; une *Assomption*, du Bassan; le *S. Antoine abbé*, de Salmeggia; le *Couronnement de la Vierge*, de Moroni, et les deux tableaux latéraux, attribués à Schiavone : dans les sacristies, *S. Nicolas de Bari*, du vieux Palma; un *Crucifix*, de Previtali; un autre de Moroni; quatre petits saints, du Bramantino, et autres ouvrages des meilleurs maîtres bergamasques.

Le petit oratoire S.-Jésus a sous verre un tableau remarquable, le *Christ portant sa croix*, unique ouvrage, à Bergame, du célèbre et fécond peintre bergamasque Jean-Baptiste Castello, l'ami, le correspondant du cav. Marin, chanté par lui et par la plupart des poètes de son temps, par Léonard Spinola, Ange Grillo, Ceva, Chiabrera, et même par le Tasse, pour lequel il fit les dessins de la *Jérusalem*, gravés en partie par Augustin Carrache.

Ste.-Marie des Grâces a le *S. Diègue*, de François Zucco, bon peintre bergamasque, élève des Campi, émule de ses habiles compatriotes Salmeggia et Cavagna; le tableau du maître-autel est de ce dernier.

A Ste.-Marie du Sépulcre est le *S. Sigismond*, un des chefs-d'œuvre de Previtali.

CHAPITRE III.

École à *Santa Grata*. — Bibliothèque. — Patriotisme municipal italien. — École *Carrara*. — Peinture perpétuelle en Italie.

La petite église des religieuses bénédictines de *Santa Grata* est un véritable salon pour l'éclat de sa dorure et le goût de ses ornemens; on y admire une *Vierge* dans une gloire et plusieurs saints en bas, le chef-d'œuvre de Salmeggia, que Vasari trouvait digne de Raphaël, et qui avait été transporté à Paris. Ce couvent de bénédictines de Bergame, supprimé par un décret impérial de Compiègne (on dirait un capitulaire du temps de Charlemagne [1]), du 25 avril 1810, n'a pu être rétabli, comme la plupart des autres couvens de femmes en Lombardie, que sous la condition de devenir une école de filles, tant l'administration autrichienne est invariable et opiniâtre dans son système d'écoles.

L'ancien couvent du S.-Esprit est devenu maison de travail. L'église offre de célèbres et belles peintures: la *Madone*, de Lotto, dont le petit S. Jean jouant avec un

---

[1] Montesquieu (*Espr. des Lois*, Liv. xxxi, ch. xi) cite un capitulaire de Compiègne qui établit que l'envoyé du roi pourrait faire la visite de tous les monastères avec l'évêque : ce capitulaire est de l'an 868, la vingt-huitième année du règne de Charles-le-Chauve.

agneau montre une joie si vive et si naïve, figure charmante, que Raphaël ou le Corrège, dit Lanzi, n'aurait point surpassée; le *Daniel dans la fosse aux lions*, et le *S. François*, de Cavagna, placés de chaque côté de ce tableau, soutiennent assez bien un aussi dangereux voisinage.

La bibliothèque de Bergame, don volontaire des particuliers, a quarante-cinq mille volumes. L'école de peinture et architecture *Carrara* est également une fondation de l'homme généreux, le comte Jacques Carrara, dont elle porte le nom. A défaut du patriotisme et de l'esprit public des états libres qu'ils ne peuvent connaître, les Italiens montrent un patriotisme d'art et de cité vraiment digne d'estime, puisqu'il est d'habitude, et s'exerce, sinon avec éclat, du moins avec utilité. Cette disposition les porte même à une sorte de bienveillance partiale assez singulière. Je m'étonnais quelquefois de la faveur accordée à certaines pièces, à certains acteurs ou actrices. C'est que l'auteur ou ces derniers étaient de la ville, me disait-on; *nostro veronese*, *nostro veneziano*, *nostro ferrarese*, *bolognese*, etc., est une expression du langage ordinaire, pour désigner quelque artiste ou écrivain compatriote. L'école *Carrara* renferme de nombreux tableaux des divers maîtres; un portrait de Raphaël, cru de sa main, en semble digne par l'expression douce et noble de la physionomie. Parmi les autres portraits, sept sont de Van-Dick, deux du Titien, un du Pordenone, un du Giorgione, un d'Albert Durer, un d'Holbein. La *Galathée* est de l'Orbetto; un petit tableau du *Christ entre les deux larrons*, de 1456, et non de 1455, comme dit Lanzi, touchant et habile pour l'époque, est de Vincent Foppa, le fondateur de l'école milanaise; son inscription, *Vincentius Brixiensis fecit*, prouve décidément que cet illustre peintre appartient à Brescia, et n'est point Milanais, ainsi que l'ont prétendu Lomazzo et ceux qui l'ont suivi; quatre *Bacchanales*, dont trois copies du Titien, sont du Padovanino; une *Ste. Catherine* est du Lotto; la *Vierge, l'Enfant Jésus et quatre saints*, du vieux Palma; une *Ste. Famille*, du Parmesan; un *Neptune*, de Rubens; deux *Piété* et une *Madeleine*, sont d'Annibal et d'Augustin Carrache. Un cabinet d'estampes, une collection de médailles, et un nombre suffisant de plâtres, font aussi partie de l'école *Carrara*. Il est étonnant qu'avec tant d'aides et de moyens d'études, et après avoir produit tant de grands peintres, l'école italienne, depuis trois siècles, ne se soit pas élevée plus haut. Peut-être cette multitude de modèles si parfaits est-elle un obstacle à l'originalité, à la vérité : au lieu de chercher en soi, l'on va au-dehors, on s'égare dans une vague et stérile imitation; au lieu de rendre la nature, les artistes font du Titien, du Raphaël, ou du Jules Romain; ils copient et répètent au lieu de créer. L'art devient alors une espèce de métier, un exercice facile, régulier, continu, qui rappelle la remarque faite avec une satisfaction singulière par le marquis de Maffei, c'est que *si l'on peint mal en Italie, du moins on y peint toujours.* [1]

CHAPITRE IV.

Palais vieux. — Infortune héréditaire du Tasse. — Palais *della Podestatura.* — Arlequin.

Sous le portique du *Palazzo vecchio della ragione*, ou Palais de justice, est une belle statue du Tasse en

[1] *Verona illustrata*, part. III, f° 143.

marbre de Carrare. Le père du chantre de la *Jérusalem* était de Bergame ; le malheur, la proscription, l'avait contraint à quitter le lieu de sa naissance, et à errer en Italie et en France : car l'infortune remonte et paraît héréditaire dans cette famille poétique ; et Louis Tasso, l'oncle maternel, qui servait de père à Bernardo, avait été assassiné dans sa maison par des brigands. Cette statue de Torquato semble protester contre l'injustice du sort, qui priva les habitans de Bergame de l'honneur d'avoir un tel compatriote : elle est l'expression d'un regret illustre et d'un noble dépit, comme une réclamation du grand homme qui leur est échappé, et qui passa parmi eux les premiers jours de son enfance. Bergame, patrie primitive du Tasse, semble digne de l'avoir vu naître par l'intérêt qu'elle ne cessa de lui porter. Lorsqu'il était retenu à l'hôpital Ste.-Anne, elle avait adressé au duc de Ferrare une supplique en sa faveur, présentée par un de ses premiers citoyens ; elle y avait joint le présent d'une inscription lapidaire intéressante pour la maison d'Este, et que ces souverains désiraient depuis long-temps. Après sa délivrance, le Tasse se rendit à Bergame, fut visité par les magistrats, accueilli avec empressement par ses amis, ses admirateurs et les jolies femmes ; et, malgré la foire, sa présence fut un événement. Le Tasse a plus d'une fois parlé de Bergame comme d'une véritable patrie dans ses sonnets, ses dialogues et ses lettres [1], et l'on peut regarder comme un souvenir de cette ville la comparaison qu'il a faite des misères de la vie humaine aux embarras d'une grande foire. [2]

---

[1] *Lett. inedite*, LXXII, LXXXVI, CXXXI et autres, publiées à Pise en 1827.
[2] *Pensi che questa vita è simile ad una fiera solenne e popolosa, nella quale si raccoglie grandissima turba di mercanti, di ladri, di*

Le palais civique *della Podestatura* est un des plus beaux palais composés par Scamozzi, mais la partie supérieure, qui n'est pas de lui, et les statues placées par-dessus, sont du plus mauvais goût. La grande salle offre plusieurs tableaux remarquables; tels sont *S. André d'Avellino célébrant la messe*, de Salmeggia; une *Vierge*, *l'Enfant Jésus*, et plusieurs saints dans le haut, et en bas deux magistrats vénitiens à genoux, de Félix Brusasorci, peintre noble et gracieux; le grand *Cénacle*, du Bronzino. La même pièce contient encore de nombreux portraits de cardinaux et autres illustres Bergamasques. La salle du conseil n'est pas moins curieuse : là sont le portrait de Bembo par le Titien; la *Femme adultère*, de Salmeggia; un plafond de François Bassano; des paysages à fresque, de Bononimi; et les dessins originaux du grand architecte auteur du plan, si mal suivi, de ce même palais *della Podestatura*.

C'est des vallées voisines de Bergame qu'est sorti, comme on sait, Arlequin; le personnage le plus spirituel de ce *grotesque*, si puissant sur la pensée des modernes [1], Arlequin, l'inventeur des lazzis, et qui, à ce titre, semble en effet jouer un grand rôle dans la critique et la littérature actuelle. [2]

---

giocatori : chi primo si parte, meglio alloggia; chi più indugia, si stanca, ed invecchiando divien bisognoso di molte cose; è molestato da' nemici, e circondato dall' insidie; al fine muore infelicemente. Lettre à son parent le chevalier Enea Tasso, de Bergame, cxxxix des *Lett. inedite*.

[1] *V.* ci-dessus, Liv. III, ch. XX.

[2] M. Schlegel, dans son *Cours de littérature dramatique*, leçon VIII, a fait remonter l'origine d'Arlequin et de Polichinelle jusque chez les Étrusques. Le passage, très spécieux, est trop long pour être rapporté ici. M. Patin, qui le cite à la suite de l'article Arlequin du *Répertoire de littérature ancienne et moderne*, Paris, 1824-25, ajoute ingénieusement : « Ce passage, qui peut servir à fixer la « généalogie d'Arlequin, établit en même temps un rapport de suc- « cession fort curieux entre le théâtre moderne et le théâtre ancien. »

CHAPITRE V.

Brescia. — Temple antique. — Statue de la Victoire.

Brescia est riche, industrieuse et peuplée; elle a de beaux tableaux, de grands édifices; mais je fus un peu distrait de ces divers mérites à mon premier voyage par la découverte d'un temple antique, ruine superbe dont j'ai depuis, chaque année, suivi les fouilles avec intérêt. M. le docteur Labus avait essayé de restituer l'inscription du fronton dont il ne restait que quelques lettres; il supposa qu'un monument avait été élevé par Vespasien dans la ville de Brescia, probablement à cause du secours qu'il en avait reçu, lorsque son armée ayant défait celle de Vitellius il s'était emparé de l'empire. Ce n'était alors qu'une conjecture; depuis, M. Labus a vu son hypothèse confirmée par la découverte d'une partie de la vraie inscription, véritable et rare triomphe pour un antiquaire [1]. En contemplant pour la première fois ces belles colonnes de marbre depuis si long-temps cachées, je ne pouvais me défendre d'une sorte de respect pour cette terre qui produit également les merveilles de l'art et les biens de la nature, qu'il suffit de creuser pour en faire sortir des chefs-d'œuvre ou de grands souvenirs, et qui n'est pas moins féconde en fruits que fertile en monumens.

[1] V. le recueil érudit intitulé : *Intorno varj antichi monumenti scoperti in Brescia, dissertazione del Dot. Giovanni Labus, relazione del prof. Rodolfo Vantini, ed alcuni cenni sugli scavi del signor Luigi Basiletti pubblicati dall' Ateneo Bresciano.* Brescia, 1823, p. 113 et suiv. Tav. 1.

Dans la grande salle du Gymnase l'on voyait exposées seize figures découvertes il y avait peu de jours, et parmi lesquelles était une superbe statue de la Victoire, la plus grande et la plus belle de toutes les statues de bronze; statue qui, l'année suivante, était devenue la Renommée, à laquelle, en conséquence, on avait mis entre les bras une espèce de grand tableau ovale, d'assez mauvais effet, sur lequel elle avait l'air d'écrire. Cette Renommée de 1827 n'en était point probablement à sa dernière qualification : à défaut d'intérêts, de principes et de discussions plus graves, les Italiens portent l'inconstance naturelle de nos jugemens et de nos opinions sur leurs statues et leurs monumens, dont ils changent et renouvellent sans cesse les noms, les attributs et la destination. Enterrée depuis plus de dix-sept siècles, cette statue semblait plus animée et plus vivante que le factionnaire autrichien qui la gardait. Par suite de ce patriotisme d'art et de cité dont nous avons parlé au chapitre précédent, et qui se retrouve à chaque pas en Italie, la ville fait une dépense et des sacrifices considérables pour l'établissement d'un musée d'antiquités dans le local même, si l'on peut le dire, du temple découvert, et qui sera restauré.

CHAPITRE VI.

Brigitte Avogadro. — Femmes de Brescia.

J'ai passé, depuis, plusieurs jours à Brescia, qui me fut montrée en détail par un de ses habitans les plus distingués, dont l'obligeance était vraiment infatigable. La révolution de 1797 et la destination nouvelle du vieux palais Broletto, devenu hôtel de la préfecture, maintenant de la délégation, et tribunal de première instance et prison, ont presque effacé les traces et les souvenirs historiques qu'il rappelait. J'aurais voulu y retrouver la haute antenne de ce *carroccio* [1] conquis

[1] « Le *carroccio* était un char porté sur quatre roues et traîné par « quatre paires de bœufs. Il était peint en rouge ; les bœufs qui le « traînaient étaient couverts jusqu'aux pieds de tapis rouges ; une « antenne, également peinte en rouge, s'élevait du milieu du char « à une très grande hauteur ; elle était terminée par un globe doré. « Au-dessus, entre deux voiles blanches, flottait l'étendard de la « commune ; plus bas encore, et vers le milieu de l'antenne, un « Christ placé sur la croix, les bras étendus, semblait bénir l'armée. « Une espèce de plate-forme était réservée, sur le devant du char, à « quelques uns des plus vaillans soldats destinés à le défendre ; der- « rière, une autre plate-forme était occupée par les musiciens avec « leurs trompettes. Les saints offices étaient célébrés sur le *carroccio* « avant qu'il sortît de la ville, et souvent un chapelain lui était atta- « ché, et l'accompagnait sur le champ de bataille. La perte du *car- « roccio* était considérée comme la plus grande ignominie à laquelle « une cité pût être exposée. Aussi, tout ce que chaque ville avait de « valeureux soldats, tout le nerf de l'armée était-il choisi pour for- « mer la garde du char sacré, et tous les coups décisifs se portaient- « ils autour de lui. » *Hist. des Rép. ital. du moyen âge*, ch. VI. Le *carroccio* avait été inventé par l'archevêque de Milan, Éribert, pen- dant la guerre des Milanais avec l'empereur Conrad le Salique : il était comme l'arche d'alliance des tribus d'Israël. Ce singulier étendard compléta le système militaire des Lombards à cette époque ; il fallait rendre redoutable l'infanterie des villes et relever son importance, afin de l'opposer à la cavalerie des gentilshommes : le *carroccio* at- teignit ce but ; l'infanterie, obligée de subordonner ses mouvemens à ceux du char pesant attelé de bœufs, acquit plus de poids, d'aplomb et de confiance en elle-même ; la retraite dut être plus lente et se faire en meilleur ordre ; la fuite, à moins d'être honteuse, devenait impossible. « Il n'est pas hors de propos de remarquer », ajoute M. de Sismondi, « que les bœufs ont, en Italie, une allure bien plus légère « et bien plus prompte qu'en France ; en sorte que leur marche « s'accorde mieux avec celle de l'infanterie. » On trouve dans la *Sec- chia rapita*, de Tassoni, une peinture poétique et exacte du *car- roccio* :

Ecco il carroccio uscir fuor della porta
Tutto coperto d'or, etc.

Cant. V, 93.

sur les Crémonais en 1191, dans la sanglante journée de Rudiano[1], symbole de la liberté religieuse et guerrière des républiques du moyen âge, détruit par les démagogues du dernier siècle, ainsi que le portrait de cette Brigitte Avogadro, qui, à la tête des femmes de Brescia, armées de cuirasses et de lances, repoussa vaillamment, en 1412, l'assaut donné à leur ville par le redoutable Piccinino. Les dames de Brescia ne se battent plus, mais elles paraissent toujours avoir du caractère, si l'on en juge par les vers satiriques d'Alfieri :

Veggio Bresciane donne iniquo speglio
Farsi de' ben forbiti pugnaletti,
Cui prova o amante infido, o sposo veglio. [2]

CHAPITRE VII.

Gaston et Bayard. — Siége de Brescia. — Maison de Bayard. — Gains militaires.

Un Bressan de la famille de la brave Brigitte, le comte Louis Avogadro, a été singulièrement calomnié sur la scène française par De Belloy, qui en a fait comme le traître de son mélodrame rimé de *Gaston et Bayard*, tandis que l'entreprise honorable du comte n'avait pour but que de délivrer sa patrie de l'invasion étrangère, et de rétablir l'autorité de Venise, à laquelle, depuis si long-temps, sa famille était dévouée. Il est

---

[1] *Hist. des Rép. ital.*, ch. XII.
[2] Sat. v. « Je vois les femmes de Brescia contempler cruellement « leurs poignards bien aiguisés, afin de punir l'amant infidèle ou le « mari usé. »

vrai que le simple et modeste Bayard n'a guère été moins malheureusement travesti dans cette pièce, puisque son rôle est celui d'une espèce de fanfaron, de capitan [1]. Le supplice d'Avogadro et de ses deux fils, et l'épouvantable pillage de Brescia, furent des crimes de la victoire de Gaston, si sensible, si compatissant dans les vers de De Belloy. La tragédie historique, qui semble pouvoir rendre à l'art plus d'étendue, de naturel et de vérité, a, jusqu'ici, été peu fidèle en France. Le Cid, comme Gaston, avait été cruel ; mais quelle distance entre de tels ouvrages, et n'est-ce pas une sorte de blasphème, de sacrilége dramatique, que de les rapprocher un seul instant ?

Le souvenir de Bayard et le zèle amical de mon guide, si instruit de l'histoire de Brescia, me firent rechercher la maison qui avait pu recevoir l'illustre chevalier, lorsque blessé, après avoir le premier franchi à pied le rempart, et avoir repoussé ce messire André Gritti, qui criait à ses gens, en son langage italien : « Tenons bon, mes amis ; les François seront tantost « lassez, ils n'ont que la première pointe. Et si ce Bayard « étoit deffaict, jamais les autres n'approcheroient » [2] ; il disait au seigneur de Molart : « Compaignon, faictes « marcher vos gens, la ville est gaignée ; de moy je ne « sçaurois tirer oultre, car je suis mort » ; et que deux de ses archers ôtaient et déchiraient leurs chemises pour étancher le sang de sa plaie. D'après les conjectures assez raisonnables exposées dans les notes des *Geste de*

---

[1] Telle était la singulière manière d'entendre le patriotisme à la fin du dernier siècle, que la chaîne de Bayard étant passée par héritage à des descendans collatéraux, celui qui la possédait en 1789, follement enthousiaste du jeu de Larive dans le rôle de Bayard de la pièce de De Belloy, en fit présent à cet acteur, et s'imagina rendre ainsi hommage à la mémoire de son ancêtre.

[2] *Mémoires du loyal serviteur*, ch. L.

Bresciani de M. Gambara[1], Bayard, frappé au Marché-Neuf, a dû être porté dans la maison de la famille Cevola ou Cigola, située sur cette place. Il n'y avait alors au Marché-Neuf que les demeures de trois familles considérables, dont l'une, la maison Maggi, n'avait point, dans ce temps-là, de filles; et l'autre, la maison Gonfalonieri, était opposée aux Français, et avait perdu un des siens dans la bataille. Un des membres de la famille Cigola, au contraire, était écuyer du roi de France, et Calimere Cigola avait, à cette époque, sa femme et deux filles. Ce Calimere Cigola paraît d'ailleurs un vrai égoïste et un vrai poltron, puisque pendant l'assaut « il s'en estoit fuy en un monastère », laissant sa femme au logis, « en la garde de nostre Sei-
« gneur, avec deux belles filles qu'elle avoit, lesquelles
« estoient cachées en un grenier dessoubs du foin. »
Bayard, après avoir assuré son hôtesse qu'elle avait
« céans un gentilhomme qui ne la pilleroit point », lui demanda où était son mari : « Bien me doute, répondit-
« elle, qu'il sera dedans un monastère où il a grosse
« congnoissance »; et quand il fut venu, il lui fit « joyeuse chère », lui dit « qu'il ne se donnast point de mélan-
« colie, et qu'il n'avoit logé que de ses amis. » C'est chez lui que Bayard resta au lit un mois ou cinq semaines, impatient « d'estre à la bataille, et ayant belle peur
« qu'elle se donnast devant qu'il y fust. » La scène d'adieux de Bayard, peinte, racontée mille fois, est dans la mémoire de tout le monde. Mais le refus des ducats pour avoir protégé une femme et ses filles, l'étonnement, l'admiration d'habitude qu'inspire ce fait si naturel et si simple, prouve qu'alors il était une exception, et que, pendant long-temps, cette sorte de gain

---

[1] Brescia, 1820, in-8°.

était dans les mœurs militaires : Sully lui-même raconte qu'au pillage de Villefranche il gagna une bourse de mille écus en or, qu'un vieillard, poursuivi par cinq ou six soldats, lui offrit pour avoir la vie sauve[1]. Le noble désintéressement, la compassion généreuse de l'officier français, sont une des qualités nationales que l'on doit au siècle de Louis XIV; mais la gloire de Bayard n'est pas moindre, puisqu'il les avait pressentis et devancés.

CHAPITRE VIII.

Palais de la *Loggia*. — Incendie politique. — Symptômes anciens d'hérésie. — Arnaud de Brescia.

Le plus bel édifice de Brescia est le palais municipal de la *Loggia*. L'incendie qui le consuma en 1575 doit laisser de vifs regrets : alors fut détruite la grande salle du palais, trouvée admirable par Palladio, ainsi que trois tableaux du Titien, dont l'un était la forge des cyclopes, fabricans d'armes à feu, sujet fort convenablement placé à l'hôtel-de-ville de Brescia, célèbre de tout temps par ses fusils de chasse. Malgré les préventions contre les sujets *commandés*, on voit par les lettres du Titien, que ce grand peintre s'était exactement conformé aux instructions des magistrats, et qu'il avait eu la rare résignation de n'y rien changer[2]. L'incendie du palais de la

---

[1] *Mémoires de Sully*, Liv. I.
[2] La fécondité du Titien est prodigieuse : indépendamment de ses nombreux chefs-d'œuvre qui subsistent encore, les tableaux de Brescia ne sont pas les seuls de lui qui aient péri par le feu. Ridolfi,

Loggia ne paraît point alors avoir été l'effet d'un accident, mais d'un dessein prémédité; on en accusa le gouvernement de Venise; c'était, disait-on, le seul moyen qu'il eût d'enlever aux Bressans les droits et libertés qui leur avaient été octroyés par les empereurs Conrad, Henri VI et Henri VII, que leur avaient garantis les doges François Foscari et Léonard Lorédan, et dont les titres se trouvaient dans les archives publiques. Étrange scrupule du pouvoir, sophisme politique digne tout-à-fait des gouvernemens italiens du xvi⁰ siècle! Dans la salle du conseil sont huit tableaux peints à fresque par Jules Campi, placés précédemment dans le lieu des séances des docteurs ou juges de collége, et qui, pour cela, représentent tous des exemples de bonne et sévère justice: l'histoire de la *Chaste Suzanne*, le *Jugement de Salomon*, le *Juge écorché de Cambyse*, *Philippe de Macédoine indemnisant Machetas* pour l'arrêt injuste rendu contre lui; *Charondas, législateur de Thurium, se tuant pour avoir violé la loi qu'il avait faite contre ceux qui entraient armés dans l'assemblée publique; Manlius Torquatus condamnant son fils vainqueur; Trajan au moment de partir pour une expédition militaire, et faisant justice à une mère du meurtre de son fils tué par des soldats* [1]; *Seleucus, roi des Locriens, auteur*

---

cité par M. Bossi (notes additionnelles de la traduction de la *Vie et du Pontificat de Léon X*, v. 182), parle d'un admirable tableau de la *Bataille de Cadore entre les Vénitiens et les Impériaux*, brûlé dans l'incendie du palais ducal, et qui se voyait dans la salle du grand conseil.

[1] Ce trait d'humanité de Trajan est aussi le sujet d'un bas-relief en marbre, que le Dante a placé dans son *Purgatoire* (x, 70); parce qu'on prétend, dit Ginguené (*Hist. litt. d'Ital.*, ii, 150), que S. Grégoire en fut si touché qu'il demanda et obtint que ce bon empereur fût retiré de l'enfer. La tradition de ce fait paraît populaire en Italie. Je l'ai vu représenté dans une église de Vérone, *S.-Thomas Cantuariense*; mais il n'est rapporté par aucun historien digne de foi, et Baronius et Bellarmin eux-mêmes le traitent de fable.

de la loi par laquelle les deux yeux devaient être crevés aux adultères : son fils Aristée, coupable de ce crime, allait être absous par les magistrats, tout le peuple demandait sa grâce, mais Seleucus, à la fois père et roi, lui creva un œil et se creva l'autre, afin d'offrir à la loi les deux yeux qu'elle réclamait[1]. Sur la porte, une *Nativité* est du Moretto ; au-dessous de chaque côté *S. Faustin* et *S. Giovite* sont de Foppa, qui a fait aussi le beau tableau du *Christ et de Véronique*, de la cheminée. Dans la pièce précédente, un grand tableau représente la condamnation, en 1710, du prêtre Joseph Beccarelli par le podestat, le capitaine, le cardinal évêque de la ville et le dominicain inquisiteur, dernier acte de l'inquisition à Brescia. L'hérésie de Beccarelli, s'il n'a point été condamné injustement[2], paraît avoir été une espèce d'a-

---

[1] Le même sujet est représenté dans un tableau de l'école de Jules Romain, au Casin de *la Grotte* du palais du Té. *V.* Liv. VIII, ch. XXII.

[2] Une copie authentique de l'interrogatoire de Beccarelli, qui provient des archives de Brescia, m'a depuis été communiquée par M. le docteur Labus, de la même ville, possesseur de pièces et documens importans et inédits sur cette affaire. Les réponses de Beccarelli ont un ton de vérité remarquable. Voici les faits qui résultent de cet interrogatoire : « En 1683, Beccarelli avait établi un pensionnat et obtenu la confiance des premières familles de Brescia et des villes voisines ; il acheta, en 1695, un palais pour recevoir ses élèves, qui s'élevaient à cent vingt, nombre qui eût été plus considérable s'il avait pu les loger. L'éducation de ce collége comprenait la philosophie et la théologie ; on s'y livrait aux exercices du corps, et dans le carnaval Beccarelli y faisait jouer des comédies. Il paraît que la prospérité de son établissement excita la jalousie des Jésuites, qui avaient deux colléges à Brescia. On éleva des doutes sur la conduite morale de Beccarelli, et il reçut l'ordre, en 1705, de fermer son collége. Obligé de se rendre à Venise pour se justifier, aucune charge ne fut trouvée contre lui, et il lui fut permis de rouvrir sa maison, qui devint de nouveau florissante. Alors l'accusation de mauvaises mœurs fut renouvelée contre lui, et on y ajouta celle d'hérésie, qui probablement paraissait plus grave : Beccarelli fut arrêté, et, quoique prêtre, condamné aux galères, peine que le sénat

mour pur, de mysticisme mêlé de spiritualité et de sensualisme; il prêchait, a-t-on prétendu, que tandis que l'ame était unie à Dieu par l'oraison, le corps pouvait faire ce qu'il trouvait bon : condamné aux galères, sa peine fut commuée, et il mourut en prison à Venise. Brescia est une des villes d'Italie dans lesquelles se sont manifestés, à diverses reprises, des symptômes de schisme et de réforme[1]. Le faible et tendre Beccarelli, s'il n'a point été calomnié, le théologien Jean Ducco, archevêque de Coron, légat en Allemagne, destitué de ses honneurs par Sixte IV pour avoir écrit trop librement sur les abus de la cour romaine, et mort à Brescia, sa patrie, où son tombeau se voit à l'église S.-Nazaire et S.-Celse, furent toutefois bien loin de la puissance et des excès de cet Arnaud de Brescia (comme si le nom d'Arnauld, en France et en Italie, devait rappeler des combats de dogme et la persécution), de cet Arnaud, élève et ami de l'amant d'Héloïse, antagoniste de saint Bernard, qui fut dix ans maître de Rome, et périt sur un bûcher en face du Corso, espèce d'apôtre, de tribun et de martyr, un des premiers et des plus terribles novateurs religieux ou politiques.

de Venise, qui soupçonnait la calomnie dont il était victime, ne put se décider à lui faire subir. »

[1] *V.* l'ouvrage de Thomas M'Crie, *History of the progress and suppression of the reformation in Italy*. Edimbourg et Londres, 1827.

CHAPITRE IX.

Bibliothèque. — Le cardinal Querini.

La bibliothèque de Brescia a vingt-huit mille volumes. Le célèbre manuscrit des Quatre-Évangélistes, expliqué par le savant Bianchini, du VIe ou du VIIe siècle, un des plus anciens manuscrits en vélin pourpre, est d'une très belle conservation. La plus ancienne édition est la seconde de S. Augustin [1], rare et recherchée; l'on y trouve aussi la première édition de Pétrarque [2], ornée de jolies miniatures attribuées à l'école de Mantegna; un coran très beau : les corans sont d'ailleurs nombreux dans les bibliothèques d'Italie; ils ont été apportés par les Grecs, chassés de Constantinople, peut-être par une de ces inadvertances de la fuite et de la peur. Le monument le plus précieux de la bibliothèque est une grande croix donnée par Didier, le dernier roi des Lombards, à sa fille Ansberg, abbesse du couvent de Ste.-Julie de Brescia, la sœur d'Adelgise et de cette touchante Ermengarde, peinte si pathétiquement dans la tragédie de M. Manzoni [3]. La croix de la sainte abbesse est enrichie de camées représentant le chœur des Muses, Pégase, les trois Grâces, et d'autres sujets mythologiques qui ne sont pas tous fort décens : cette croix si riche, de travail grec, semble former à elle seule comme le cabinet des médailles et pierres gravées de la bibliothèque de Brescia. Une miniature charmante de la Vierge et de

---

[1] Rome, 1468.
[2] Venise, 1470.
[3] *Adelchi*, act. IV.

son fils sur lapis-lazuli est, dit-on, du Titien : on croit qu'elle était le médaillon de Charles-Quint. Malgré la beauté de ce bijou, il semble d'un moindre prix que la simple chaîne de Bayard [1], car jamais il n'a senti les battemens d'un cœur noble et généreux.

La bibliothèque de Brescia est un don de son ancien évêque, le cardinal Querini [2], auquel Voltaire adressa les stances élégantes

>   Quoi ! vous voulez donc que je chante
>   Ce temple orné par vos bienfaits, etc.

Il me semble qu'on a critiqué avec trop de scrupule les derniers vers, car ils sont heureusement amenés par les vers qui précèdent.

Ce fut encore au cardinal Querini que Voltaire adressa la dissertation sur la tragédie ancienne et moderne, qui précède *Sémiramis :* après avoir parlé tant de fois avec admiration de Shakspeare, il y traite *Hamlet* de *fruit de l'imagination d'un sauvage ivre.* Les faux jugemens de Voltaire tiennent presque toujours à quelque inimitié rivale que l'indiscrétion de son amour-propre trahit bientôt. Il refusait de croire au dévouement des bourgeois de Calais, à cause des méchans vers de De Belloy et du bruit que faisait sa pièce; ici l'on sent qu'au moment d'introduire sur la scène française l'ombre de Ninus, il ne peut se dissimuler à quel point cette ombre si accessible, si familière, ainsi que l'a, je crois, fait remarquer spirituellement M. Villemain dans

---

[1] *V.* ci-dessus, ch. vii.

[2] Le *Dyptique* de Boëce, que le cardinal Querini a fait illustrer par divers savans, n'est point à la bibliothèque ; il appartient à M. le chevalier Nicolas Fè de Brescia. La bibliothèque publique en possède un autre, regardé comme moderne, et dont les figures d'ivoire, parfaitement intactes, sont remplies de grâce et de volupté.

une de ses leçons, est inférieure sur son estrade et au milieu de la cour de Babylone, au spectre du poète anglais, apparaissant à minuit, au clair de la lune, sur la plate-forme du château d'Elseneur, près de la mer qui rugit au milieu des rochers.

De nombreuses lettres autographes, formant sept grosses liasses, écrites au cardinal Querini, ont aussi été léguées par lui à la bibliothèque de Brescia. Lié avec d'Aguesseau, le cardinal de Noailles, le cardinal de Fleury, Montfaucon, dom Calmet, et les savans et les gens de lettres de la seconde moitié du siècle de Louis XIV, cette correspondance du cardinal serait curieuse à examiner; une partie, sans doute, a dû être extraite dans le commentaire historique que Querini a donné sur lui-même [1], mais elle est peu considérable, et il a dû éprouver cette sorte d'embarras et de réserve de tout homme obligé de parler de soi pendant trois gros volumes, embarras contre lequel, depuis, on s'est si fort aguerri.

CHAPITRE X.

Dôme vieux. — Nouveau. — Églises. — *Ste.-Afra.* — *Femme adultère* du Titien. — Peinture éloquente. — Littérature populaire. — Marcello. — Vraie et grande musique. — Œuvre de S. Luc. — Anachronismes de peinture. — Mausolée Martinengo.

Le vieux Dôme de Brescia peut être regardé comme un des plus anciens monumens de l'Italie; on l'avait

---

[1] *Commentarius de rebus pertinentibus ad Aug. Mar. S. R. E. cardinalem Quirinum.* Brixiæ, 1749, *cum appendice*, 1750, 3 vol. gr. in-8°. L'ouvrage fut continué par le P. Frédéric San Vitali, jésuite, et forma 5 volumes.

pris à tort pour un temple païen, à cause du grand nombre d'emblèmes idolâtres que l'on y trouva, et dont la destruction fut barbarement décrétée, les 19 avril et 25 mai 1456, par le conseil de la ville. Il paraît, d'après une opinion plus raisonnable, que cet édifice est lombard et du milieu du viie siècle. On y conserve religieusement deux reliques : un morceau considérable de la vraie croix, donné, en 1149, par le pape Eugène III à l'évêque de Brescia Manfredi, racheté ensuite des Vénitiens, qui l'avaient reçu de ses héritiers, et le petit étendard, véritable oriflamme, ainsi qu'il est appelé à Brescia (*croce d'orofiamma*), porté à la croisade, en 1221, par l'évêque Albert, qui le planta sur les murs de Damiette, dont il s'était emparé à la tête de quinze cents Bressans : après un tel exploit, Albert fut nommé patriarche d'Antioche, dignité ecclésiastique singulièrement accordée au courage militaire. Le vieux Dôme a quelques bons ouvrages : deux statues d'Alexandre Vittoria, la *Foi* et la *Charité*; le beau mausolée de l'évêque de Brescia Domenico Domenici, d'auteur inconnu; un *S. Martin*, de Pierre Rosa, habile élève du Titien; la *Pâque des Hébreux*, le *Sacrifice d'Abraham*, un *Élie*, un *David*, du Moretto, peintre charmant, dont les tableaux, nombreux à Brescia, ont fait faire, dit Lanzi, le voyage de cette ville à plus d'un amateur.

Le Dôme neuf actuel, ouvrage du xvie siècle, était, comme celui de Pavie, en reconstruction, lorsque je le visitai. Il y a chez les Italiens, peuple maçon, une ardeur, une impatience de bâtir qui les pousse perpétuellement à bouleverser et à refaire leurs édifices; manie fâcheuse dans un tel pays, si plein de souvenirs et de curieux monumens du passé.

Les églises de Brescia sont riches, magnifiques et intéressantes sous le rapport de l'art. A S.-Pierre *in Oliveto*, *S. Laurent Giustiniani* entre S. Jean et la divine Sagesse, gracieux et plein de *morbidesse*; la *Vierge couronnée par Dieu le père*, avec S. Pierre, S. Paul, et les figures de la Paix et de la Justice, au maître-autel, noble et majestueuse composition; les deux superbes fresques de *S. Pierre et de S. Paul* et de *Simon-le-Magicien*, sont du Moretto; *Ste. Thérèse à genoux devant le Rédempteur* lié à la colonne, est du Capuccino; l'*Extase* de la même, vive, naturelle, d'Ange Trevisan; le chœur est décoré de quatre grandioses peintures de l'histoire de Moïse, par François Ricchino, compatriote et élève du Moretto; la *Victoire remportée, en 1629, par le frère Jésus-Marie, carmélite, sur le duc palatin du Rhin*, passe pour un des meilleurs tableaux du cav. Celesti, peintre facile, agréable, dont peu d'ouvrages ont conservé leur première beauté à cause de la composition de sa couleur et de la recherche des effets du clair-obscur; un *Portement de Croix*, tableau précieux, est de Zoppo, habile imitateur des Bellini, qui a orné un grand nombre de livres de ses miniatures, et mourut de douleur, à Desenzano, d'avoir brisé une cuvette de cristal sur laquelle il avait peint le sac de Brescia par Gaston, beau et long travail, qu'il allait offrir au doge Gritti, parent sans doute de ce messire André Gritti repoussé pendant l'assaut par Bayard, et dont la harangue est un si bel aveu du courage.[1]

L'église Ste.-Marie *di Calchera* offre un tableau noble, touchant, naturel, pittoresque du Romanino, l'*évêque Apollonius donnant la communion au peuple*; le *Christ entre S. Jérôme et Ste. Dorothée* paraît une fresque du Moretto; une *Visitation* avec un beau paysage

---

[1] *V.* ci-dessus, chap. VII.

et de formes et de coloris *titianesques*, est de Caliste Piazza; le *Christ à la table du Pharisien, et Madeleine à ses pieds*, est un autre chef-d'œuvre du Moretto.

A Ste.-Euphémie, le *S. Maur* est une des meilleures productions de Ghiti, bon peintre bressan du XVII° siècle; la *Vierge* avec l'Enfant Jésus et le petit S. Jean, adorée par S. Benoît, S. Patère, Ste. Euphémie et Ste. Justine, du Moretto, est noble, gracieuse; *S. Benoît visitant Ste. Scolastique* passe pour un des bons ouvrages de Santo Cattaneo; une tête de vieillard est remarquable.

Ste.-Afra offre d'admirables peintures. Malgré la résolution que j'avais prise à mon premier voyage de ne pas trop m'occuper de tableaux, il me fut impossible de ne pas succomber à la vue de la *Femme adultère*, du Titien. La peinture portée à cette perfection devient de l'éloquence; c'est un art de la pensée qu'entendent et dont jouissent tous ceux auxquels son exercice n'est pas complétement étranger. Cette belle figure est comme l'expression la plus vraie et la plus touchante de la femme faible et du repentir. Le *Martyre de Ste. Afra* est un des premiers chefs-d'œuvre de Paul Véronèse; mais la sainte a de trop beaux habits pour être sur un échafaud, et son costume de théâtre ne va point là. On prétend qu'une des têtes coupées, placées dans un coin du tableau, est le portrait de Paul Véronèse : le peintre de Judith, de la galerie de Florence, Christophe Allori, se peignit de même sous les traits de la tête coupée d'Holopherne; on reconnaît jusque dans ces fantaisies d'artiste quelque chose du sombre génie des Italiens au XV° et au XVI° siècle. La *Vierge et son Fils*, de César Procaccini, est, selon Lanzi, le plus *corregiesque* de ses nombreux tableaux d'autel : S. Latinus, S. Charles et les Anges ont toutefois un air un peu plus riant et plus folâtre qu'il ne leur appartient. *S. Faustin et S. Goviue donnant l'Eucharistie pendant la nuit aux premiers chrétiens*, du Bassan, est d'une expression, d'un coloris, d'un effet magique; les figures des mêmes saints, le *Martyre de S. Félix*, sont du jeune Palma; une *Transfiguration* est du Tintoret.

A Ste.-Barnaba, le *Christ à la crèche* est un ouvrage charmant et l'unique à Brescia de Jérôme Savoldo, habile peintre de cette ville, et l'un des meilleurs du xvie siècle, noble amateur qui faisait don aux églises de ses tableaux qu'il terminait à loisir et avec soin, sans jamais se fatiguer par de trop vastes compositions : les deux petits tableaux de *S. Roch* et de *S. Sébastien*, de Civerchio; une *Cène*, à la sacristie, de Foppa, sont très bons.

S.-Alexandre a quelques peintures remarquables : une *Annonciation* est un des beaux monumens de l'ancienne peinture ; le *Christ mort entre S. Alexandre et S. Paul*, avec une vue du Calvaire couvert d'excellentes petites figures, est un des chefs-d'œuvre de Civerchio; la *Vierge adorée par S. Honorius*, et autres saints, est un des ouvrages les plus estimés de Jérôme Rossi, imitateur du Moretto.

Parmi les peintures de l'église S.-Dominique, on distingue à la voûte le *Saint et S. François implorant le Christ*, du Fiamminghino; la *Vierge, Madeleine et S. Pierre martyr aux pieds du Crucifix*, une des meilleures productions d'Antoine Gandini, dans le goût de Paul Véronèse et du jeune Palma; deux tableaux de ce dernier, *Pie V rendant grâces à Dieu et à la Vierge, de la victoire remportée sur les Turcs le jour de Ste. Justine*, de l'année 1571; les *Ames du Purgatoire implorant leur délivrance*.

S.-Nazaire et S.-Celse mérite d'être visitée pour le singulier et beau tableau du Titien, divisé en cinq compartimens. *S. François, S. Nicolas, S. Michel*, tableau du Moretto, soutient dignement ce redoutable voisinage. On doit encore au même excellent artiste le *Christ entre Moïse et Élie*, et quelques petits tableaux de la sacristie, qui possède aussi une superbe *Ste. Barbe*, attribuée à Lactance Gambara.

L'église S.-François, qui a quelques bons tableaux, tels que le *S. Pierre*, de Gandini ; le *S. François et d'autres Saints*, du Romanino; une *Mère priant S. Antoine*, de François Maffei, et surtout un *Sposalizio*, d'auteur incertain [1], offre un souvenir littéraire caractéristique et singulier. Ce fut là que, le 24 juin 1425, Barthélemi Baiguera fit lecture au peuple, après la prière, de son *Itinerarium Italiæ*, comme Hérodote avait lu à la Grèce assemblée son histoire, autre itinéraire primitif, poétique et naïf. Avant l'invention de l'imprimerie, ces lectures publiques étaient fréquentes; aussi la littérature avait-elle peut-être alors plus de popularité que lorsqu'il a fallu savoir lire et même écrire pour s'en mêler : les vers du Dante étaient, tant bien que mal, chantés par des artisans qui, depuis, ne s'en soucient guère [2]. De nos jours, un voyage d'Italie, lu aux fidèles à la suite du prône, paraîtrait un véritable scandale.

Ste.-Marie des Miracles, riche, élégante, a un admirable et *titianesque S. Nicolas*, du Moretto, de 1539, et non de 1532, comme l'indique Lanzi.

S.-Jean offre d'admirables peintures du Moretto et du

---

[1] Le tableau est signé *Francisci de Prato Caravagensis opus* 1547 ; il sera probablement de François da Prato, artiste florentin du XVIe siècle, cité par Lanzi et vanté par Vasari.

[2] *V.* ci-après, chap. XVIII.

Romanino, qui semblent véritablement y lutter de goût, de grâce, d'expression et de vérité; telles sont surtout les peintures de l'autel de la Confrérie du S.-Sacrement. Leurs autres chefs-d'œuvre sont, du premier: le *Massacre des Innocens*; une excellente *Trinité*, avec la Vierge, S. Grégoire, S. Augustin, Ste. Monique et de petits anges; un grand tableau de *S. Jean l'évangéliste*, avec S. Jean-Baptiste, S. Augustin et Ste. Agnès adorant la Vierge au milieu des nuages; un *Vieillard tenant un instrument de musique*; le *Précurseur baptisant sur les bords du Jourdain*; *Zacharie bénissant S. Jean-Baptiste et Ste. Élisabeth*, qui pleure du départ de son fils pour la solitude; les *Hébreux recueillant la manne*; le *Prophète Élie réveillé par un ange*; du second: une *Cène*; la *Résurrection de Lazare*; l'*Adoration du S.-Sacrement*, à la voûte; un superbe *Sposalizio*: un petit tableau des *Funérailles du Christ* est l'unique ouvrage de Jean Bellini, à Brescia; dans le baptistère, un autre petit tableau charmant, et d'un coloris parfait, représente un *Crucifix, S. Blaise et Ste. Barbe*; il paraît du Ferramola, et avoir été terminé par le Moretto.

Ste.-Marie des Grâces, magnifique, mais d'assez mauvais goût, a quelques bons tableaux de peintres bressans, élèves et imitateurs du Titien; une *Ste. Barbe*, de Rosa; *S. François Régis*, de Brentana; *S. Martin*, de Maffei; *S. Jérôme et une vieille matrone adorant la Vierge*, un des meilleurs ouvrages du Ferramola, habile peintre, le Pindare des arts de Brescia, qui fut protégé, favorisé par Gaston au milieu du sac de sa ville natale; trois tableaux, diversement parfaits, du Moretto, *S. Antoine de Padoue*, une *Vierge avec S. Martin, S. Roch et S. Sébastien*, ouvrage de sa jeunesse, et une *Nativité*.

A côté du chœur de l'église *del Carmine*, l'on voit

érigé aux frais de la ville, dans une petite chapelle, le tombeau de Marcello, poète, musicien, et patricien de Venise, mort capitaine ou premier magistrat de Brescia, dont les psaumes, après plus d'un siècle, sont encore admirables, et prouvent, avec les exemples des Haëndel, des Scarlatti, des Pergolèse, que la vraie et grande musique, que cette révélation puissante du sentiment et du beau par les sons, est un art comme la poésie, l'éloquence, la peinture, la statuaire, et non point, ainsi qu'on l'a prétendu, un talent fugitif, variable comme la mode. La même église *del Carmine*, qui a une *Annonciation*, du Ferramola, et une belle voûte de Thomas Sandrini, conserve une de ces vieilles images que la croyance populaire attribue à S. Luc, et qui m'ont toujours rappelé l'observation du comte Cicognara; c'est que s'il était vrai que cet apôtre eût été peintre, comme il vivait sous Auguste, son œuvre devrait être d'un peu meilleur goût.

S.-George a une gracieuse *Nativité*, de Giovite le Bressan, élève de Gambara, dont les tableaux sont très peu nombreux, et qui semble mort jeune; à la sacristie, un *S. George à cheval tuant le dragon*, premier tableau de l'ancienne église, est une vieille et brillante peinture fort remarquable pour le temps; elle paraît du Montorfano, peintre milanais du xve siècle.

S.- Joseph a d'excellens tableaux : une *Mère de douleur, S. Paul, S. Jérôme, S. Jean, Ste. Catherine, et Madeleine*, du Romanino; le *Martyre de S. Crispin et de S. Crispinien*, le chef-d'œuvre de Pierre Avogadro; la *Pentecôte*, du Moretto; *S. Joseph; S. Roch et S. Sébastien*, ouvrage grandiose du Monbello, avant que son talent ne se fût énervé par la recherche. Je remarquai dans cette église le tombeau d'un Lautrec, tué sur le champ de bataille, à la rencontre de Roncadelle, en 1705, et le dernier de cette race chevaleresque, dont l'Italie semble être le glorieux tombeau :

Distribuit tumulos vestris fortuna triumphis. [1]

Plusieurs tableaux des églises de Brescia offrent déjà ces singuliers anachronismes de l'École vénitienne : à S.-Clément, qui compte cinq tableaux du Moretto, ses nobles et gracieuses figures des *Stes-Lucie, Agnès, Agathe, Cécile* et *Barbe*; *Melchisédech* et *Abraham*; *S. Paul, S. Jérôme* et *Ste. Catherine*; *Ste. Ursule* et ses compagnes; son tableau du maître-autel, superbe, montre le pape S. Clément coiffé de la tiare, qui ne fut d'usage que cent ans après; à S.-Faustin et Giovite, église ornée d'une gracieuse *Nativité*, de Lactance Gambara, du *S. Apollonius*, d'une *Résurrection*, de son maître le Romanino, Tiepolo a représenté le gouverneur romain qui ordonne le martyre des saints, habillé à la turque, et, sous Trajan, fumant sa pipe. Le sujet d'un autre tableau du Cossale, bon peintre bressan, qui périt de la main de son fils, est l'apparition des saints protecteurs de Brescia lors de l'assaut donné à la ville par Piccinino. La tradition rapporte qu'ils parurent sur les murailles, et renvoyèrent aux ennemis leurs boulets. Sans parler avec irrévérence de Faustin et de Giovite, l'on peut croire que les exploits de Brigitte Avogadro et de ses dignes compagnes [2] ne furent pas un moindre prodige, et ne contribuèrent pas moins au salut de la place.

Un monument national et guerrier de Brescia est le mausolée Martinengo, sépulture de Marc-Antoine Martinengo della Palata, valeureux capitaine d'armes qui

---

[1] Pharsal., Lib. VI, 819.
[2] *V.* ci-dessus, ch. VII.

battit les Espagnols près de Crémone, en 1526, et, quoique atteint de deux coups d'arquebuse, fit de sa main prisonnier Louis Gonzaga, surnommé le *Rodomont*. Transporté dans sa patrie, Martinengo mourut de ses blessures trois jours après sa victoire. De magnifiques honneurs funèbres et ce mausolée lui furent décernés. Mais, chose étrange, excepté ses armes, qui sont un aigle, rien ne rappelle sa mémoire sur ce monument; les médaillons de marbre, les bas-reliefs de bronze qui le décorent représentent la *Passion de Jésus-Christ*, et d'autres sujets sacrés, et ils n'ont aucun rapport avec le brillant exploit du héros.

CHAPITRE XI.

Pio luogo della congrega. — Des établissemens de charité et des instituts philanthropiques. — Galeries. — Gambara. — Curiosité. — *Campo-Santo.* — Inscriptions et fontaines de Brescia.

LE *Pio luogo della congrega apostolica* est un établissement de charité fort bien conçu et qui dure depuis près de trois siècles. Son but est de secourir les personnes d'une naissance honnête tombées dans le besoin : chaque semaine les secours sont répartis par les administrateurs, qui visitent eux-mêmes les familles malheureuses. L'esprit d'association est ancien en Italie; il s'est développé sous l'influence de la religion, et les évêques de Brescia ont été les premiers et les principaux bienfaiteurs du *Pio luogo della congrega*. Cet esprit d'association puisé dans le christianisme s'exerce avec zèle, scrupule, tendresse et modestie. Les instituts philanthropiques des états libres et commerçans, qui conviennent à cette sorte de civilisation, ont un caractère tout différent : leur forme a quelque chose de ce régime exact, sévère, calculateur et cependant brillant et fastueux d'une maison de banque. Si l'on admire l'ordre de leur comptabilité, l'étendue de leur correspondance, il n'est pas moins étrange de voir quelques unes des sociétés de bien public de la ville de Londres, et même la société biblique, donner chaque année des fêtes, des dîners, des concerts et jusqu'à des bals. Le *Pio luogo della congrega* mériterait ailleurs d'être imité ; une telle œuvre serait très bonne après les variations de tant et de si diverses fortunes ; jamais, peut-être, cette pudeur du malheur imprévu, secret, ne fut plus commune, et l'indigence qui se cache n'est pas la moins digne de commisération et d'intérêt.

Je n'entreprendrai point de décrire les nombreuses galeries de Brescia. La première et la plus considérable est celle du comte Lecchi : sa *Vierge, l'enfant Jésus et quelques saints*, de Caliste Piazza, mise à l'église S.-François, par plusieurs écrivains et par Lanzi, est regardée par ce dernier comme un des meilleurs tableaux de Brescia ; une *Assomption*, de Gambara, est aussi très belle; la collection de portraits est curieuse. La galerie Martinengo-Colleoni en possède un de la reine de Chypre Cornaro, par le Titien, admirable de vérité, mais dont la physionomie expressive est toutefois singulièrement vulgaire. La galerie du comte Paul Tosi annonce le goût et la magnificence du maître : un *Christ montrant ses plaies* est attribué à Raphaël ; de nombreux tableaux des meilleurs artistes vivans, de MM. Landi, Migliara, Palagi, Diotti, Hayez, un buste d'Éléonore d'Este, par Canova, un Ganymède de Thorwaldsen, font de cette galerie comme une espèce de musée du Luxembourg de Brescia.

La maison de Gambara, qui est comme le peintre national de cette ville, était derrière l'évêché ; l'artiste l'avait ornée de peintures intérieures et extérieures ; celles-ci ayant été gâtées par ses ennemis, il les remplaça par de nouvelles qui représentaient le Temps foulant à ses pieds l'Erreur ; la Vérité descendait du ciel avec Apollon accompagné des Muses et de Minerve : au milieu, Atlas portait sur ses épaules le Globe, avec la devise *indefessus labore*. Ce colossal Atlas s'aperçoit à peine aujourd'hui ; les autres figures ont souffert beaucoup des injures de l'air ; mais les petites figures à compartimens sous la porte d'entrée sont d'une conservation parfaite. A la maison Scaglia, une des pièces est décorée par *les Noces de Pirithoüs et d'Hippodamie*; à côté de la demeure des comtes Valotti, un plafond et les murs d'une chambre offrent la *Charité*, la *Foi*, l'*Espérance*, la *Chasteté* et la *Tempérance*, très bien exécutées ; la maison du chevalier Sabatti a une vaste salle peinte entièrement à fresque par lui, en 1568, et représentant le Déluge. Enfin cet infatigable artiste avait peint une rue entière ; il y avait représenté, en quarante-huit compartimens, des sujets de l'Écriture, de la fable et de l'histoire, ouvrages négligemment entretenus et pleins de facilité, de variété et d'imagination.

On trouve chez M. J.-B. Rondi une curiosité singulière ; c'est un groupe d'ivoire, le plus gros qui existe en aucun pays, selon le comte Cicognara ; le sujet est le *Sacrifice d'Abraham* : la composition, d'après ce juge excellent lorsqu'il ne se croit point obligé d'avoir de l'esprit public au sujet de statues et de bas-reliefs, est médiocre, l'expression très faible, l'air des têtes sans beaucoup de noblesse, les cheveux, la barbe, les plis des draperies de mauvais style ; mais il y a quelque habileté dans les chairs. L'auteur est un Belge, célèbre sculpteur en ivoire, nommé Gérard Van-Obstal, pour lequel plaida avec succès le cinquième fils du président Lamoignon, alors simple avocat, et depuis trop célèbre par les rigueurs de son intendance du Languedoc[1] : à cette époque de gloire et de bon sens, c'était au barreau que se recrutait la magistrature. Van-Obstal fut un des fondateurs de l'académie de peinture de Paris, institution peu illustrée, qui ne paraît point, en France, avoir été très favorable à l'art, puisque c'est précisément du moment de sa destruction que notre école, plus libre, a semblé grandir et s'élever.

Le *Campo-Santo* de Brescia, commencé en 1815, est dans son genre un grand et beau monument qui fait honneur à l'architecte M. Vantini. Les tombeaux s'élèvent contre le mur dans la forme des *columbarium* antiques. Par une fantaisie d'artiste italien, d'assez mauvais goût, les figures en buste, peintes à la voûte de la chapelle, sont des portraits de personnes de la société de Brescia : tous ces saints et toutes ces saintes coiffés à la mode forment une espèce de cercle, et semblent pouvoir être bien moins placés au ciel que dans un salon. Un terrain à part est destiné aux suicidés : c'était l'opinion de Platon[2] ; les protestans ont aussi une sépulture séparée, mais on eut le tort grave d'enterrer parmi eux, pendant quelque temps, les suppliciés, scandaleux mé-

---

[1] Il s'agissait de savoir si Van-Obstal devait être admis à demander, après l'an et jour d'une succession ouverte, le prix d'un monument qu'il avait exécuté, ainsi qu'un ouvrier qui réclame le salaire de ses journées ou de ses fournitures. Le jeune orateur démontra que son client professait un art libéral qui devait l'élever au-dessus de la classe des simples artisans. L'académie de peinture et de sculpture témoigna sa reconnaissance à M. de Bâville en faisant imprimer son plaidoyer, et en lui offrant, par l'entremise de Lebrun, de faire faire son buste par Girardon et son portrait par Champagne. Le modeste orateur refusa ces honneurs en priant l'académie de les offrir au premier président, son père, qui ne les accepta qu'après une longue résistance.

[2] *Lois*, ix.

lange de *ceux qui font et de ceux qui pensent mal*, qu'a fort bien relevé M. Joseph Nicolini, bon poète de Brescia, dans sa *Méditation* sur la fête des morts.[1]

Par une rencontre singulière, Brescia est, après Rome, la ville d'Italie qui a le plus d'inscriptions et de fontaines[2]. La découverte de son superbe temple vient encore d'ajouter à cette sorte de rapprochement, s'il en était de permis avec la ville éternelle.

Étrange conquête de l'industrie! la soie qui vient en abondance aux environs de Brescia est achetée par les Anglais, et ces Bretons *séparés du monde* enlèvent maintenant le plus riche produit des champs voisins de la patrie de Virgile.[3]

CHAPITRE XII.

Lac Garda. — Lever et coucher du soleil. — Grands poètes nés au nord. — Catulle. — *Sermione.*

Une de ces tempêtes fréquentes sur le lac Garda,

Fluctibus et fremitu assurgens, Benace, marino,[4]

ne me permit point une première fois d'aller visiter la côte de Sermione et les grottes de Catulle. En les regardant de loin du rivage et dans cette sorte de rêve-

---

[1] *E mal pensanti e mal fattor confusi.*

Il due novembre, Meditazione, Brescia, 1824.

Un poète distingué, M. César Aricci, a composé aussi une pièce de vers sur le *Campo-Santo* de Brescia.

[2] Il y a soixante-douze fontaines publiques et plus de quatre cents particulières.

[3] *V.* aussi plus haut, ch. 1er.

[4] *Georg.*, II, 160.

rie produite par des regrets, j'étais frappé de voir nés dans le nord les premiers poètes de l'Italie ancienne, de l'Italie moderne et de la France, Catulle, Virgile, Pétrarque, Dante, Boccace, Arioste [1], et les sept ou huit grands poètes dont notre littérature s'honorent, comme si le génie poétique avait encore plus besoin de méditation et de raison, que de l'éclat et des sensations du soleil et de la lumière.

Le coucher du soleil, après l'orage, offrait sur les bords du lac Garda un superbe et singulier effet de lumière. Le lendemain, l'aurore, à son lever, prodiguait d'autres merveilles; les sombres pyramides des Alpes se détachaient sur un ciel encore faiblement coloré, mais d'une pureté admirable, et quelques nuages dorés par les premiers rayons du soleil semblaient comme les franges de cette magnifique tenture. Le *monte Baldo*, pittoresque et fertile montagne, surnommé le *Jardin des Alpes*, qui s'élève et s'unit par une pente douce et majestueuse aux Alpes tyroliennes, dominait cette vaste scène : il était impossible de n'être pas ravi d'un tel spectacle ; ce sont là les momens de volupté de la vie de voyage, toujours un peu triste et pénible lorsqu'on est seul.

J'ai depuis visité la presqu'île ou plutôt le roc de Sermione et les vastes débris qui le couvrent. L'olivier se marie très bien à ces ruines, et leur situation charmante rappelle encore cette *venusta Sirmio*, que son poète était si heureux de revoir en revenant de Bithynie et de Thynia [2]. Mais lorsqu'on lit attentivement

---

[1] Horace et Ovide sont à excepter parmi les poètes latins. Le père du Tasse était de Bergame ; son fils semble né par hasard à Sorrente, ainsi qu'on l'a vu au chapitre IV. Les premiers poètes contemporains de l'Italie, Alfieri, Monti, Cesarotti, Hippolyte Pindemonte, Manzoni, appartiennent aussi à l'Italie du nord.

[2] Catul. *Carm.*, XXXI, 5, 12.

Catulle, il est difficile de trouver dans les ruines qui portent son nom les restes de sa propre demeure : ce palais aura peut-être été celui de Manlius; la maison du faiseur de son épithalame aurait été voisine, cette maison qu'il avait reçue de lui avec un champ, et même une maîtresse [1], et que les hypothèques dont elle était grevée rendaient plus incommode que tous les vents [2]. Catulle, malgré ses talens, fut déjà une espèce de poète à la suite des grands, quoique alors les mœurs de Rome ne fussent point encore aussi affaiblies, et que Mécène n'eût point en quelque sorte consacré la flatterie littéraire. Il parle souvent, trop souvent de sa pauvreté, s'emporte contre la race des protecteurs qu'il maudit [3] : tout cela, certes, ne va guère au puissant Romain, possesseur des grandes et belles constructions de Sermione avec leur bain, édifice séparé, leurs hauts pilastres et l'immensité de leurs voûtes souterraines. On a cité le rang qu'occupait le père de Catulle et la famille distinguée à laquelle il appartenait; mais il ne serait point l'unique exemple d'homme bien né devenu poète servile et crapuleux. Les mœurs convenues des Romains ne peuvent en effet justifier le mauvais ton de Catulle, la licence et les infamies de ses vers. Il a composé des épigrammes et des épithalames, genres opposés, mais qu'il n'est pas surprenant de rencontrer chez le même auteur, car la méchanceté s'allie fort bien à la bassesse. Telle est cependant la puissance de la gloire: on ne sait quel fut le patricien opulent maître de ce superbe palais, et l'on a cru illustrer ses débris en les décorant du nom d'un poète.

Quelques souvenirs des temps modernes se retrou-

---

[1] Catul. *Carm.*, LXVIII, 41, 67, 8.
[2] *Id.*, XXVI, 5.
[3] *Id.*, XXVIII.

vent aussi à Sermione. Par une bizarre destinée, cette presqu'île, séjour du chantre de Lesbie et de son moineau, fut donnée par Charlemagne aux moines de S.-Martin-de-Tours pour les frais de leur garde-robe; car il paraît que ces moines tenaient à être mieux vêtus que leur saint. Le fort de Sermione, avec ses créneaux et ses vieilles tours, ouvrage des Scaligers, souverains de Vérone, offre, du lac, un bel aspect. Lorsque les Autrichiens évacuèrent en 1797 les retranchemens de Sermione, le général français qui s'en était emparé y donna une fête en l'honneur de Catulle; mais au milieu des toasts poétiques et des chansons à boire, les habitans vinrent se plaindre des *dégâts* [1] qu'ils essuyaient de la part d'un détachement de nos troupes. Ces braves militaires avaient probablement un peu trop imité, sans le savoir, la morale relâchée du poète que l'on célébrait. Après deux mille ans, la mémoire de Catulle, dit pompeusement la relation de cette époque, se trouva encore être utile à son pays. Le détachement perturbateur fut aussitôt envoyé chez les habitans d'autres villages, bonnes gens qui ne comptaient point de poète parmi leurs ancêtres, et chez lesquels, il paraît, on n'avait jamais fait que de la prose.

CHAPITRE XIII.

Suite du lac Garda. — De la description de Bonfadio — Tempête de Cardan. — Ile Lecchi. — Goëthe à Malsesine. — Hofer.

Un bateau à vapeur parcourt maintenant le lac Garda dans toute son étendue; il n'est pas assurément moins

---

[1] Journal historique des opérations militaires du siége de Peschiera, et de l'attaque des retranchemens de Sermione, par F. Henin, an IX, p. 110.

rapide que le navire émérite consacré par Catulle à Castor et Pollux; mais avant d'être bateau, il n'avait point, comme celui-ci, rendu d'oracles :

> *Phaselus ille*................
> .... *navium celerrimus.*
> ....
> .... *Cytorio in jugo*
> *Loquente sæpè sibilum edidit coma.* [1]

Telle est encore, après deux mille ans, la vérité du vers de Virgile, qu'il a fallu une double machine à ce bateau, afin de dompter le *fluctibus et fremitu marino* du poète latin. Le bateau du lac Garda n'a pas un de ces noms érudits et nationaux des bateaux à vapeur des autres lacs, tels que le *Verbano* du lac Majeur, le *Lario*, le *Plinio* du lac de Côme; il s'appelle du nom respecté, mais moins poétique, de l'archiduc Regnier, qui a véritablement usurpé cet honneur sur le *Benaco*; on n'y rencontre point l'élégante compagnie de ces mêmes lacs, mais des marchands, des paysans, des scieurs de bois, et force ballots. Je me trouvai sur ce bateau le jour qu'il longeait la côte du Bressan, fort supérieure à celle du Véronais. Il part de Desenzano et descend à Riva et Torbole, petites villes à l'extrémité du lac. On ne visite guère, ainsi que je l'avais fait précédemment, que les bords fertiles de la *rivière* de Salò, couverts d'oliviers, de vignes et de citronniers dont l'aspect, du lac, est vraiment enchanté : vers le milieu le lac se resserre, il devient sauvage, il offre des grottes, des rochers escarpés, une belle cascade (celle de *Ponale*), de hautes montagnes; c'est un lac d'Écosse sous le ciel de l'Italie.

Une lettre de Bonfadio, adressée à Plinio Tomacello,

---

[1] Catul. *Carm.*, IV.

contient une description du lac Garda, dont Ginguené vante le charme et la fidélité, quoiqu'il ne paraisse point avoir visité le pays[1]. La description de Bonfadio est plutôt fade et exagérée : les rêves du platonisme, à la mode dans le XVIe siècle, sont assez ridiculement mêlés à cette description d'un lac du nord de l'Italie ; et n'est-ce pas vraiment une image bien juste, parmi plusieurs autres du même goût, que celle de Bonfadio qui, après avoir amené au pied des Alpes tout le cortége mythologique, et Vénus et Zéphire, et la *madre Flora*, avance que, sans doute, les géans qui voulurent escalader le ciel ont dû passer par là, puisque les nuages colossals, suspendus à la cime des monts, offrent leurs portraits ? L'auteur de l'*Histoire littéraire d'Italie* a loué comme exquise l'élégance des lettres de Bonfadio ; je crains qu'il n'y ait toujours quelque prétention dans ces éloges du style des écrivains étrangers, faits par un étranger, difficilement juge de cette sorte de mérite, et j'aurais quelque méfiance de l'Italien qui disserterait sur la pureté des vers de Racine.

Un homme dont le nom est devenu comme le synonyme de l'athéisme, Cardan, raconte dans l'histoire de sa vie[2], qu'il faillit faire naufrage à l'entrée du lac Garda : la situation de l'athée, s'il en existe dans la tempête, doit être horrible, mais je ne le pense point, et le danger doit forcer à croire. L'histoire de Cardan, espèce de *Confessions* pédantesques, qui souvent ne lui font pas trop d'honneur, dément toutefois sa réputation d'athéisme, puisqu'il s'y trouve un chapitre de sa piété,

---

[1] *Hist. litt. d'It.*, t. VIII, p. 523, 514. Ginguené place Gazano, patrie de Bonfadio, *près du lac de Salò*. Il n'y a pas de lac de Salò ; Salò est une petite ville ; la *Riviera di Salò*, où se trouve Gazano, est la partie du rivage du lac Garda qui en est voisine : c'est ainsi qu'on dit la *Rivière de Gênes*.

[2] *V.* ch. xxx.

et que ce chapitre même contient une petite oraison.[1]

L'île *Lecchi*, qui n'a qu'un mille italien de tour, est un des ornemens de la partie riante du lac Garda, lieu solitaire dont le Dante disait :

> *Luogo è nel mezzo là dove' l Trentino*
> *Pastore e quel di Brescia e' l Veronese*
> *Segnar poria , se fesse quel cammino.* [2]

Un religieux de la famille du comte L. Lecchi, qui habite aujourd'hui cette île, y avait fondé, vers le commencement du xvie siècle, une école de théologie très renommée : telle était alors l'ardeur théologique, qu'il fut obligé d'élever des gradins afin de recevoir ses nombreux disciples, et qu'il professait au milieu de cet amphithéâtre. Quelques auteurs[3] prétendent que le pape Adrien VI, qui serait le même que Louis Rampini, un des élèves du père François Lecchi, était né à Renzano, près Salò; conjecture particulière aux savans italiens, et qui paraît peu fondée : ce pédagogue de Charles-Quint, ce pape sans goût pour les arts, cet indigne successeur de Léon X, ce pontife triste et sévère, semble bien plutôt avoir dû naître à Utrecht, au milieu des brouillards de la Hollande, que sous le ciel de l'Italie.

Dans la partie sauvage et presque à l'extrémité du lac est *Malsesine*, gros bourg de la côte véronaise, dont le château gothique, crénelé, à plusieurs étages,

---

[1] Le vingt-deuxième. La forme de ces Mémoires de Cardan est assez bizarre : au lieu de suivre naturellement l'ordre chronologique, ils sont divisés par chapitres collectifs, et qui traitent de ses amis, de ses ennemis, de ses plaisirs, de ses peines, de ses voyages, de ses procès, de son régime, de sa manière de se vêtir, etc.

[2] *Inf.* xx, 69. « Au milieu du lac est un point où les évêques de « Trente, de Vérone et de Brescia auraient le droit de donner leurs « bénédictions s'ils s'y rendaient. »

[3] Bellintani, Grattarolo, Cozzando.

s'élevant sur des rochers au bord de l'eau, avec une vieille tour, est très pittoresque. C'est là qu'un agent de Venise vint déchirer et jeter par terre le dessin que Goëthe faisait de cette ruine, et que, sans la garantie d'un jardinier de Malsesine, qui avait servi à Francfort, patrie du poète, il eût, avec bien de la peine, échappé aux poursuites du podestat et de son avide secrétaire.

En face Malsesine, sur la côte du Bressan, est *Limone*, petit village où le Tyrolien André Hofer, captif, fut embarqué. Lorsque l'Europe avait cédé, ce montagnard défendit seul son pays contre les armes de Napoléon. Abandonné des princes qu'il avait servis, il fut livré à son implacable ennemi, qui accorda fastueusement quelques grâces aristocratiques, et ne pouvait pardonner à l'héroïsme rustique d'Hofer. Un habitant de Limone me donna quelques détails sur sa translation, dont il avait été témoin : calme, résigné, Hofer avait pour compagnon un jeune homme, fils d'un médecin de Gratz, qui n'avait point voulu se séparer de lui, tant il avait d'admiration pour son courage et ses vertus. Ce Vendéen des Alpes, qui réunissait la piété, la bravoure et l'humanité de Lescure, de Larochejacquelein et de Bonchamps, était garrotté comme un brigand; il traversa, dans une petite barque, le lac qui, ce jour-là plus agité que de coutume, semblait s'indigner de participer à un tel meurtre : débarqué à la forteresse de Peschiera, il fut conduit à Mantoue et fusillé. Hofer est une de ces rares et éclatantes victimes qui apparaissent de loin en loin comme certains hommes fameux que favorise la fortune; celles-là obtiennent par les sacrifices, l'emprisonnement, les calomnies et la mort, une gloire non moins grande, mais plus pure que les autres par le succès, la force et la puissance.

CHAPITRE XIV.

Tyrol italien. — Madone de l'*Inviolata*. — Lac de *Loppio*. — *Roveredo*. — Des vers du Dante : *Qual' è quella ruina.* — Vallée de l'Adige.

Près de Riva, petite ville fortifiée à la pointe du lac, est une église de l'*Inviolata*, dont les tableaux (elle a un Guerchin et deux Palma), la coupole resplendissante de marbre et de dorures, semblent comme un dernier reflet de l'Italie chez un peuple pauvre et montagnard. L'image miraculeuse de la Vierge me fut montrée par un des Franciscains du couvent, bonhomme qui était à peu près ivre, et offrait déjà les premières traces des mœurs allemandes à côté de la magnificence italienne. Ce Franciscain n'en alluma pas moins fort dévotement deux petits cierges de chaque côté du tabernacle, avant de découvrir l'image de la madone et de débiter sa prière.

La route de Riva à *Roveredo*, à travers les montagnes, est extrêmement pittoresque : le lac limpide de *Loppio*, environné de rochers, avec des îles, a mille détails que l'on ne saurait trop recommander aux artistes.

Roveredo est une jolie ville, déjà allemande, toute manufacturière et commerçante, et qui n'a ni les voyageurs oisifs et curieux, ni les monumens, ni la physionomie des villes italiennes.

Entre Roveredo et *Ala*, autre petite ville du Tyrol, est *lo Slavino di Marco*, montagne éboulée, espèce d'avalanche de pierres, que le Dante a voulu, dit-on maintenant, bien mieux que la *Chiusa*, désigner par :

Qual' è quella ruina che nel fianco,
Di quà da Trento, l'Adice percosse,

*O per tremuoto o per sostegno manco,
Che da cima del monte, onde si mosse,
Al piano, è sì la roccia discoscesa,
Ch' alcuna via darebbe a chi su fosse ?* [1]

On ne peut guère aujourd'hui juger de ce qu'était *lo Slavino*, mais après avoir visité la *Chiusa*, qui se trouve plus bas sur la même route, j'inclinerais à revenir à l'avis des premiers commentateurs et de Maffei, et à reconnaître de nouveau la *Chiusa* pour la fameuse ruine : elle donne bien l'idée d'un vestibule de l'enfer, de l'entrée du cercle où les violens étaient punis, par l'immense suite de rochers qu'elle présente, et que la route des Français a mutilés sans leur ôter leur formidable aspect.

Je remarquai dans l'église d'Ala, où je me trouvais un dimanche, que le curé vint lui-même donner la communion après la messe, qui avait été dite par un simple prêtre : cette communion séparée, donnée par le premier pasteur, semblait plus solennelle et plus touchante qu'au milieu du débit rapide de la messe.

De Roveredo à Vérone on descend la vallée de l'Adige, jardin traversé par un torrent et clos par des montagnes.

---

[1] *Inf.* XII, 4-10. « Telle est cette ruine causée par l'ébranlement « ou la chute de la montagne qui, du côté de Trente, heurta et « détourna le cours de l'Adige ; les rochers répandus dans la plaine « forment de tels précipices qu'il n'y a plus aucun chemin. »

CHAPITRE XV.

PESCHIERA. — Aspect de citadelle.

AVANT d'arriver à Vérone par la route directe, on traverse la forteresse de Peschiera, élevée à l'endroit où le Mincio sort du lac :

> *Siede Peschiera, bello e forte arnese*
> *Da fronteggiar Bresciani e Bergamaschi,*
> *Onde la riva intorno più discese.* [1]

La forteresse de Peschiera est une de ces citadelles qui sont comme autant d'anneaux de la chaîne pesante qui enveloppe l'Italie [2]. L'aspect de ces forteresses, cités de la conquête, a quelque chose de sombre : là tout est différent de l'aspect ordinaire des villes, mœurs, vêtemens, langage; un morne silence y règne, on ne peut y aller qu'au pas, il semble qu'on y respire moins librement, que cette partie de la route est une sorte de captivité; le despotisme, quelquefois vague et contestable, s'y voit, s'y sent, s'y touche, et, après avoir franchi cette redoutable enceinte, ces cours, ces ponts, ces fossés, ces glacis, cette terre façonnée pour la destruction, ces gazons escarpés et courts qui, au lieu d'être parsemés de fleurs, sont couverts de boulets et d'artillerie, l'on éprouve une sorte de tressaillement et d'aise.

[1] Dant. *Inf.* xx, 70-73. « A l'endroit où la rive est plus basse, est « Peschiera, belle et forte citadelle, capable de couvrir le territoire « des Bressans et des Bergamasques. »

[2] Peschiera n'était plus qu'une bicoque vers la fin du gouvernement de Venise; cette citadelle fut réparée par un homme d'un mérite supérieur, M. le général Haxo, l'un de nos premiers officiers du génie, qui en fut gouverneur; depuis elle a encore été augmentée.

CHAPITRE XVI.

Vérone. — Scaligers. — Can-Grande.

Vérone, avec ses vieilles murailles flanquées de tours, ses ponts dont les parapets sont des créneaux, ses longues et larges rues et ses souvenirs du moyen âge, a une sorte de grand air qui impose. Une pareille ville devait être la capitale et le digne séjour de ce Can-Grande della Scala, Auguste du moyen âge, qui recevait dans sa cour littéraire le Dante et d'autres poètes et écrivains proscrits. Un de ces réfugiés a donné le détail de la noble et ingénieuse hospitalité du seigneur de la Scala. « Divers appartemens, selon leur diverse condi- « tion, leur étaient assignés dans le palais ; à chacun il « avait donné des domestiques, et une table servie avec « abondance. Leurs divers appartemens étaient indiqués « par des symboles et des devises : la Victoire pour les « guerriers, l'Espérance pour les exilés, les Muses pour « les poètes, Mercure pour les artistes, le Paradis pour « les prédicateurs. Pendant le repas, des musiciens, « des bouffons et des joueurs de gobelet parcouraient « ces appartemens ; les salles étaient ornées de tableaux « (peints par le Giotto) qui rappelaient les vicissitudes « de la fortune » (probablement d'après les inspirations du Dante, son ami) ; « et le seigneur de la Scala appe- « lait quelquefois à sa propre table quelques uns de ses « hôtes, surtout Guido de Castello de Reggio, que, « pour sa sincérité, on nommait le simple Lombard, et « Dante Alighieri, homme alors très illustre, et qui le « charmait par son génie »[1]. Cette hospitalité accordée

[1] Sagacius Mucius Gazata, historien de Reggio, cité en partie par M. de Sismondi, *Hist. des Rép. ital.*, ch. XXVIII.

au Dante a été immortalisée par les vers célèbres du poète, les plus beaux, les plus attendrissans que l'exil ait inspirés :

> *Qual si partì Ipolito d'Atene*
> *Per la spietata e perfida noverca,*
> *Tal di Fiorenza partir ti conviene.*
>
> *Questo si vuole, e questo già si cerca;*
> *E tosto verrà fatto a chi ciò pensa*
> *Là dove Cristo tutto dì si merca.*
>
> . . . .
> . . . .
> . . . .
>
> *Tu lascerai ogni cosa diletta*
> *Più caramente; e questo è quello strale*
> *Che l'arco dell' esilio pria saetta.*
>
> *Tu proverai sì come sa di sale*
> *Il pane altrui, e com' è duro calle*
> *Lo scendere e 'l salir per l'altrui scale.*
>
> *E quel che più ti graverà le spalle*
> *Sarà la compagnia malvagia e scempia*
> *Con la qual tu cadrai in questa valle.*
>
> . . . .
> . . . .
> . . . .
>
> *Lo primo tuo rifugio e 'l primo ostello*
> *Sarà la cortesia del gran Lombardo,*
> *Che 'n su la scala porta il santo uccello.* [1]

---

[1] *Parad.* XVII, 46, suiv. « Tel qu'Hippolyte partit d'Athènes par « la perfidie de son impitoyable marâtre, ainsi il te faudra partir de « Florence. Voilà ce que l'on veut, voilà ce que l'on cherche; et ce « qui se médite sera bientôt fait là où le Christ tout le jour se mar- « chande..... Tu quitteras les objets de ta plus chère tendresse: « c'est le premier trait qui part de l'arc de l'exil. Tu sentiras com- « bien est amer le pain de l'étranger, et combien il est dur de des- « cendre et de monter l'escalier d'un autre. Et ce qui te pèsera da- « vantage sera la compagnie malfaisante et divisée avec laquelle tu « tomberas dans ce gouffre..... Ton premier séjour et ton premier « refuge sera près du généreux et grand Lombard, qui a pour armes « le saint oiseau sur une échelle d'or. » La fierté du Dante ne put toutefois s'accommoder à la fin de la vie du palais de Can-Grande

Les tombeaux des magnifiques seigneurs de Vérone, espèces de longues pyramides gothiques surmontées de la statue équestre de chaque prince, sont un des monumens les plus curieux de la ville; mais ces vieux tombeaux, en plein air, sont dans une place trop étroite. Le plus splendide de ces tombeaux, et l'un des plus beaux du XIV⁰ siècle, n'est pas celui de Can-Grande, mais de Can-Signorio, son troisième successeur, héritier du frère de Can-Grande second, qu'il avait assassiné publiquement sur son cheval, au milieu de la rue, près de son palais [1], et qui, dans ses derniers momens, fit étrangler son plus jeune frère, Alboin, dans sa prison; il voulait assurer la succession à ses bâtards, Antoine et Barthélemi, dont le premier, à peine sur le trône, fit poignarder l'autre. Jamais tant d'exemples de fratricides ne furent aussi rapprochés que dans cette chapelle, et la fable a conté moins d'horreurs des frères ennemis de Thèbes, que l'histoire n'en rapporte de ceux de Vérone.

---

et de l'insolence de ses courtisans. Ceux-ci pourraient bien avoir détruit l'effet des bienveillantes intentions de leur maître. Poggio rapporte, dans ses Facéties, la réponse faite à ces courtisans par le poète, un jour que dînant à la table de Can-Grande, ils n'avaient mis devant lui que les os : *Versi omnes in solum Dantem, mirabantur cùm ante ipsum solummodò ossa conspicerentur; tum ille : Minimum, inquit, mirum si canes ossa sua comederunt; ego autem non sum canis.* Facetiæ, p. 67. Tiraboschi a rapporté l'anecdote de ce bouffon dont le Dante paraissait ne point goûter les grimaces et les plaisanteries, malgré le succès qu'il obtenait à la cour; interrogé par Cane, et peut-être plutôt par son frère et son prédécesseur Alboin, pourquoi seul il méprisait l'homme qui charmait tout le monde : « C'est que la ressemblance des mœurs, dit-il, fait les amis. » Quoique cette remarque ait échappé aux nombreux et volumineux commentateurs de la *Divina Commedia*, je ne sais si le trait *lo scendere e'l salir per l' altrui scale* n'est point un jeu de mots et ne fait pas allusion aux désagrémens que le Dante éprouva chez les seigneurs de la Scala.

[1] L'arcade sous laquelle Can-Signorio commit ce meurtre, prit le nom de *Volto barbaro* qu'elle a conservé; elle tient à la place *de' Signori*, où les Scaligers demeuraient.

CHAPITRE XVII.

Roméo et Juliette.

Afin d'échapper à ces terribles souvenirs, je m'informai des amours de Roméo et de Juliette :

Flos Veronensium depereunt juvenum, [1]

vers de Catulle, appliqué à des amours bien moins honnêtes, et que l'on dirait imité par Shakspeare :

Verona's summer hath not such a flower; [2]

trait que M. Émile Deschamps, dans une traduction dont la vérité est le premier charme, a rendu naturellement par

C'est la plus belle fleur du printemps de Vérone.

Je vis dans un jardin qui fut, dit-on, autrefois un cimetière, le prétendu sarcophage de l'épouse de Roméo. Cette tombe de Juliette est à la fois l'objet d'honneurs excessifs et d'étranges indignités. Mme de Staël et un antiquaire fort instruit que j'ai connu à Vérone, la regardent comme véritable. Une grande princesse [3] a fait monter un collier et des bracelets de la pierre rougeâtre dont elle est formée; d'illustres étrangères, de jolies femmes de Vérone, portent un petit cercueil de cette même pierre, et les paysans dans le jardin desquels se trouve le poétique sarcophage y lavent

---

[1] *Carm.*, C. 2.
[2] *Rom. and. Jul.*, act. 1, sc. III.
[3] S. M. l'archiduchesse Marie-Louise de Parme.

leurs laitues. La *Cappelletta*, d'après une tradition populaire, mais erronée, prendrait encore son nom de la famille des Capulet, et quelques voyageurs enthousiastes en ont dernièrement dessiné l'intérieur et l'extérieur. Le souvenir des amours de Roméo et de Juliette a été renouvelé en Italie par les Anglais qui voyagent; la pièce de Shakspeare l'a rendu populaire. Le Dante et Shakspeare semblent ainsi, l'un par son ouvrage, l'autre par ses malheurs, se rencontrer à Vérone, et l'imagination se plaît à rapprocher deux génies si grands, si terribles, si créateurs, les plus étonnans peut-être de toutes les littératures modernes.[1]

CHAPITRE XVIII.

Amphithéâtre. — Habitation du peuple dans les monumens. — Arc de Gavius.

L'AMPHITHÉÂTRE de Vérone a été mille fois et savamment décrit. Il y avait au milieu de ce vaste cirque, la première fois que je le vis, un petit théâtre de marionnettes fait de planches, et qui formait un étrange contraste avec les beaux gradins de marbre et la solidité égyptienne des voûtes et des arcades dont il était

---

[1] Il est extraordinaire que le Dante, auquel le pathétique du sujet de Roméo et Juliette convenait si bien, n'ait rien dit de leur aventure, lui qui parle si vivement des Montaigu et des Capulet :

Vieni a veder Montecchi e Cappelletti. (*Purg.* VI, 106.)

Les *novelliers* et historiens italiens, qui l'ont racontée, sont postérieurs de plus de deux siècles à l'événement. Une traduction de la Nouvelle de Roméo et Juliette, de Luigi da Porto, suivie de quelques scènes traduites de la Juliette de Shakspeare, est due à un écrivain instruit, M. Delécluse, qui a rapproché ingénieusement la pièce et la nouvelle. Paris, 1827, in-12.

entouré. C'est ainsi que dans l'histoire des nations une magnifique scène est quelquefois occupée par des personnages ridicules. J'assistai depuis dans cette même arène à un spectacle assez insignifiant : des pigeons avaient été dressés à venir se poser sur un pistolet que l'on tirait et à y demeurer perchés et immobiles; ils tiraient même un coup d'un petit canon, et planant ensuite dans les airs, ils faisaient partir des pétards. Cette intrépidité de colombes, portant la foudre comme l'aigle (qui, dit-on, est poltron), ne me plut guère; la force ne va pas aux êtres gracieux, et je préférai à ces belliqueux ramiers les tendres et infortunés pigeons du Bonhomme. Lorsque l'amphithéâtre est couvert de monde, il doit offrir un superbe coup d'œil, si j'en juge par les curieux qu'avait attirés la représentation des pigeons. Ce coup d'œil fut donné le dernier siècle à l'empereur Joseph II, et, en 1822, aux souverains réunis à Vérone; Pie VI en jouit aussi à son passage par cette ville lorsqu'il se rendait à Vienne. Mais je crois que ce père des fidèles, bénissant vingt mille chrétiens [1] du haut de cette même arène de quelque empereur de Rome [2], devait être un plus grand, un plus touchant spectacle que toutes les représentations des princes de la terre.

L'extérieur de l'amphithéâtre est habité par les basses classes de la ville. Il me semble cependant que les voyageurs s'indignent quelquefois un peu trop contre cette espèce d'occupation des monumens antiques par le peuple. Celui-ci nuit moins au pittoresque de ces dé-

---

[1] Selon Saraina Torello, antiquaire véronais estimé, le nombre de spectateurs que peut contenir l'amphithéâtre de Vérone est de vingt-trois mille cent quatre-vingt-quatre : Maffei le réduit à vingt-deux mille.

[2] Malgré toutes les recherches des érudits, l'époque de la fondation de l'amphithéâtre est encore incertaine.

bris, que l'habitation des classes plus élevées ou l'exercice d'une industrie plus élégante ; la forge dont la flamme resplendit la nuit au fond de l'amphithéâtre de Vérone, est d'un plus bel effet que les lumières qui éclaireraient de brillans appartemens, ou le gaz de quelque café ou magasin nouveau. C'était peut-être à l'ancêtre de cet artisan, locataire de ruines, que le Dante, exilé à Vérone, disait en jetant ses outils dans la rue : « Si tu ne veux pas que je gâte tes affaires, ne
« gâte pas les miennes : tu chantes mon livre et tu ne
« le dis pas comme je l'ai fait ; ce sont mes outils à moi,
« et tu me les gâtes. » [1]

[1] Dans Sacchetti (*nov.* cxiv.), la scène se passe à Florence ; le Dante paraît encore avoir reproché, avec quelque bizarrerie, à un muletier qui chantait aussi la *Divina Commedia*, de mêler à ses vers un grossier *arri* pour presser ses mules : *Ma quell' arri non celo posi io !* (Le même, *nov.* cxv.) Les poésies du Dante et de Boccace étaient ordinairement accompagnées de musique et de danse : telle est l'origine des noms de *Sonnets*, *Chansons* (*Canzone*), *Ballades* (*ballata*). Cet accompagnement s'appliquait même aux pièces lyriques et de métaphysique amoureuse et mystique, comme on le voit par la belle canzone du *Convito* que Casella, l'ami, le musicien du Dante, lui chante sur son invitation dans le purgatoire, et dont il est si charmé :

> Amor che nella mente mi ragiona,
> Cominciò egli allor sì dolcemente
> Che la dolcezza ancor dentro mi suona. (C. II, 112-115.)

Pétrarque avait de la voix, et accompagnait ses vers du luth qu'il légua à maître Thomas Bombasius de Ferrare son ami ; sa triste *Africa* même était chantée à Vérone. Une scène à peu près semblable à celle du forgeron du Dante, est rapportée par les biographes de l'Arioste. Il entra dans la boutique d'un potier qui chantait, en les estropiant, les vers de la xxxii⁰ stance du premier chant de l'*Orlando* :

> Ferma, Baiardo mio, deh ferma il piede,
> Che l'esser senza te troppo mi nuoce,

et brisa plusieurs vases. Le potier lui demandant le motif de sa colère : *A cui Lodovico, Eppure non mi sono ricattato a dovere : io finalmente non ho che infranti pochi vasi del valore appena d'un soldo ; voi mi avete guastati i miei versi, che senza paragone costano molto più.*

L'arc de Gavius, tombeau de cette illustre famille, était encore, il n'y a pas trente ans, un autre précieux débris de l'antiquité : ses colonnes cannelées, ses élégans chapiteaux, qui jonchent la terre, et que sont près d'enfouir les immondices de la *Cittadella,* sont une de ces ruines de la civilisation, non moins nombreuses et bien plus complètes que celles de la barbarie. Ce monument, échappé à tant de ravages, fut détruit en 1805, la citadelle dont il était voisin ayant été mise en état de défense. Un Véronais, plein de patriotisme et d'instruction [1], déplora avec tant de chaleur la perte de cette ruine nationale, que le Français alors vice-roi d'Italie décréta son rétablissement. Quelques uns imaginèrent de la transplanter dans un endroit où elle serait, disait-on, mieux placée, comme si ces vieux tombeaux de Romains, fixés dans le sol depuis des siècles, se laissaient remuer et arracher si facilement. On ne demandait que cinq mois pour cette belle opération, et maintenant il est très probable que jamais elle ne pourra s'exécuter.

CHAPITRE XIX.

San Micheli. — Invention des bastions angulaires. — Remparts. — Porte *del Palio.* — Fêtes nationales du moyen âge.

San Micheli semble comme le constructeur de Vérone : portes, ponts, palais, fortifications, chapelles, tombeaux; il a tout fait. Le génie de Vitruve, son compatriote, a dit le marquis de Maffei, semblait véritable-

[1] M. le conseiller Pinali, antiquaire distingué, possesseur de précieux dessins originaux de Palladio.

ment passé dans ce grand artiste. On s'est, toutefois, généralement mépris en lui attribuant l'invention des bastions angulaires; Léonard de Vinci avait déjà reconnu la nécessité de cette disposition adoptée depuis par tous les ingénieurs, et les bastions de Vérone ne furent construits que huit ans après sa mort, en 1527[1]. Les superbes remparts bâtis par San Micheli, chefs-d'œuvre d'architecture militaire, ont été détruits par la paix : leur démolition fut une des conditions du traité de Lunéville; mais on peut juger, par les débris du bastion d'*Espagne*, par le bastion *delle Boccare*, encore intact, de la force, de la solidité de ces constructions.

La porte *del Palio*[2], *autre miracle de San Micheli*, selon l'expression de Vasari, rappelle une de ces nombreuses fêtes nationales des villes d'Italie au moyen âge. Les courses de Vérone, instituées en 1207 pour célébrer la victoire d'Azzo d'Este, podestat, sur les ennemis de la ville, cessées depuis long-temps, vivront toujours, puisque le Dante a été leur Pindare, et qu'il a comparé à l'un des vainqueurs son maître Brunetto Latini :

> .... *E parve di coloro*
> *Che corrono a Verona 'l drappo verde*
> *Per la campagna, e parve di costoro*
> *Quegli che vince, et non colui che perde.* [3]

[1] V. l'*Essai sur les manuscrits physico-mathématiques de Léonard de Vinci*, par J.-B. Venturi, déjà cité Liv. III, ch. VIII. Les connaissances de Léonard de Vinci dans la pratique de l'architecture militaire sont très remarquables, si l'on en juge par un Mémoire qu'il présenta à Louis Sforze vers 1490. Il s'engage, dans l'attaque des places, à creuser une galerie souterraine au-dessous des fossés d'eau : ne dirait-on pas en vérité qu'il s'agit déjà du pont sous la Tamise ?

[2] *Palio*, pièce d'étoffe donnée à ceux qui gagnaient le prix de la course.

[3] *Inf.*, c. XV, 120-124. « Il parut comme l'un de ceux qui courent à

La porte *del Vescovo-a-S.-Toscana* ne rappelle ni des souvenirs aussi glorieux ni aussi poétiques, mais on y voit sculptés le nom et la figure du gouverneur Théodore Trivulce, qui, le premier, introduisit dans le Véronais, en 1522, la culture du riz; Trivulce moins célèbre que l'infatigable Jean-Jacques [1], mais qui a fait plus de bien aux hommes.

CHAPITRE XX.

Églises. — Saints populaires. — S.-Zénon. — Cathédrale. — Roland et Olivier. — Papes bannis.

Les églises de Vérone sont nombreuses, magnifiques et pleines de souvenirs. Là, comme dans beaucoup d'autres villes d'Italie, la principale église n'est point la cathédrale, mais l'église de quelque saint populaire, puissant par la parole plutôt qu'éloquent, bienfaiteur du pays, et dont le temple est ordinairement le monument le plus national de la ville : c'est ainsi que S.-Zénon, S.-Antoine, S.-Pétrone, sont véritablement les premières églises de Vérone, de Padoue, de Bologne, fort supérieures à la cathédrale avec son archevêque titré et ses chanoines oisifs. Les plus anciennes constructions de S.-Zénon sont du IXe siècle; par une espèce de miracle, cette église a, jusqu'ici, échappé aux travaux éternels [2] des *artistes de Côme*, comme disait Algarotti pour désigner les maçons qui venaient de

« Vérone le *Palio* vert, au milieu de la campagne; il était semblable
« à celui qui emporte le prix, et non à celui qui le perd. »

[1] *V.* liv. III, ch. III.
[2] *V.* ci-dessus, ch. X.

cette ville, et son aspect est encore singulièrement vénérable. Les portes de bronze, travail curieux, offrent des emblèmes grotesques; dans l'église, vaste, majestueuse et sombre, est la statue du saint, en marbre rouge de Vérone; il semble éclater de rire : la couleur du marbre donne au visage quelque chose de rubicond, qui ajoute encore à son air jovial. Ce Zénon chrétien paraît contraster avec la sévérité du chef de la secte stoïque. Son tombeau même offre des figures bizarres des premiers temps, et près de là, parmi les arabesques de l'archivolte de l'un des escaliers du chœur, il en est un qui représente deux coqs portant un renard pendu à un bâton,

Honteux comme un renard qu'une poule aurait pris,

allusion inconnue, moralité profonde du moyen âge qu'eût sans doute expliquée La Fontaine [1]. La grande roue de la Fortune du Briolotto, sculpteur véronais du XIe siècle, ouvrage précieux, sert maintenant de fenêtre à la façade, et n'est pas très visible à la hauteur où elle est placée. Trois tableaux achevés, la *Vierge*, l'*Enfant Jésus* et des anges; les *Apôtres S. Pierre, S. Paul et S. Jean; S. Jean-Baptiste, S. George, S. Benoît et un évêque*, sont de Mantegna, qui a fait encore une très belle fresque de l'*Enfant Jésus*, dans le cloître. A côté de l'église est un ancien et curieux tombeau, sujet de mille fables : l'inscription porte qu'il est celui de Pepin, roi d'Italie, fils de Charlemagne; mais cette

[1] Grosley avait trouvé des figures semblables sur les compartimens en mosaïque du pavé de S.-Marc, ouvrage de l'abbé Joachim, fameux visionnaire du XIe siècle. Suivant les historiens et le peuple de Venise, dit-il, ces figures étaient un emblème prophétique des victoires de Charles VIII et de Louis XII, rois de France, sur Louis Sforze, qui s'était emparé du duché de Milan et s'y maintenait moins par la force que par la ruse. *Observations sur l'Italie*, II, 77.

inscription est moderne, et elle pourrait garantir les voyageurs d'une méprise aussi forte.

Roland et Olivier semblent comme en faction à la porte de la cathédrale ; ils sont sculptés debout sur les pilastres gothiques de la façade, au milieu de mille figures symboliques, de griffons, de lions, d'oiseaux, de fruits, de chasseurs, de prophètes et de guerriers; ils portent la moustache haute, l'épée nue comme à Roncevaux, et c'est là Durandal [1], car son nom s'y lit encore; mais les armures singulières des deux chevaliers ne se ressemblent pas. Au-dessus de la porte sont les figures des trois reines qui ont contribué à la fondation de l'église, Bertrade, mère de Charlemagne, sa femme et sa fille Ermengarde, femme de Didier, princesses qui, depuis, sont devenues les trois vertus théologales, et au-dessous desquelles sont écrits les mots *fides, spes, caritas*. Cette dernière vertu, la charité, ainsi qu'un antique bas-relief représentant l'*Adoration des mages*, est à demi couverte et presque effacée par les armoiries de l'archevêque : on dirait une épigramme sculptée.

Le tombeau du pape Luce III, chassé de Rome, et mort à Vérone, en 1185, est à la cathédrale; un antique quatrain assez recherché, suivi d'une inscription caractéristique, rappelle les aventures du pontife [2]. Chose singulière! cette puissance spirituelle des papes

---

[1] *Durindarda*, et non *Durindana*, comme dans l'Arioste, c. xi, 50, xxiii, 78.

[2] *Luca dedit lucem tibi, Luci, pontificatum*
Ostia, papatum Roma, Verona mori.
Immo Verona dedit lucis tibi gaudia, Roma
Exilium, curas Ostia, Luca mori.

Ossa Lucii III Pont. Max. cui Roma ob invidium pulso Verona tutissimum ac gratissimum perfugium fuit, ubi conventu Christianorum acto, dum præclara multa molitur, e vita excessit.

si forte, si audacieuse au dehors dans le moyen âge, n'éprouva jamais, à cette époque, plus de résistance qu'à Rome même [1]. A peine Luce put-il s'y établir, tant l'insurrection contre son autorité était violente et soudaine. Il est vrai, dit-on, que, le premier, il fut élu seulement par les cardinaux, qui s'attribuèrent alors le droit d'élire les papes à l'exclusion du peuple et du clergé.

La chapelle du S.-Sacrement rappelle un des plus funestes attentats contre la peinture : ce fut dans la nuit du 25 juin 1759 que, pour élever la chapelle actuelle de marbre, l'on détruisit le *Crucifiement* de Jacques Bellini, admirable fresque, dont la gravure existe, et que remplace aujourd'hui une *Cène* de M. Burato. L'*Assomption*, du Titien, revenue de Paris, semble inférieure à sa *Femme adultère* [2], mais elle intéresse, s'il est vrai qu'il ait peint San Micheli sous les traits de l'apôtre placé au milieu du tableau, le visage au ciel et une main posée sur le sépulcre.

Le tableau de la chapelle S.-Antoine est de Balestra, bon peintre véronais de la fin du XVIIe siècle, mais qui n'est point exempt de recherche; une *Transfiguration*, de Cignaroli, son élève; à la sacristie des chanoines, une *Assomption* et un *S. Charles* avec le crucifix, sont des ouvrages estimés de Ridolfi, peintre et écrivain du XVIIe siècle, qui sut échapper dans ses tableaux et dans ses livres au faux goût de l'Italie à cette époque.

---

[1] Le même pape, remarque Machiavel au sujet de la pénitence publique imposée par le pape Alexandre à Henri II après le meurtre de Thomas de Cantorbéry, qui soumettait un roi d'Angleterre à un jugement auquel de nos jours le dernier citoyen aurait honte de se soumettre, ne pouvait se faire obéir des Romains, qui ne voulaient pas même lui permettre de demeurer à Rome. *Istor. fiorent.*, Lib. I.

[2] *V.* ci-dessus, ch. X.

A la chapelle dite *la Madonna del Popolo* est un tombeau antique de Jules Apollonius et de sa femme, avec une inscription portant qu'il l'avait destiné pendant sa vie à son épouse aimée Attica Valeria, afin d'être un jour placé à côté d'elle, tombeau dans lequel ce couple si uni eut pour successeur S. Théodore, évêque de Vérone. Près de là est une énorme arête de poisson, étrange instrument de supplice, qui, selon la croyance populaire, aurait servi à décapiter les saints martyrs Fermus et Rusticus!

Le mausolée élevé à l'évêque de Bellune Nichesola par un Français, François Gervais, chanoine de Vérone, dessiné et sculpté, selon la tradition, par Sansovino, paraît digne de lui.

Un monument est consacré, par décret public, à François Bianchini, qu'un savant prélat [1] regardait comme le premier lettré du xviiie siècle; l'inscription rappelle, et avec vérité, que la douceur et la modestie de cet homme étonnant, physicien, mathématicien, botaniste, antiquaire, astronome, et même poète, qui a tant honoré Vérone et l'Italie, égalaient son vaste savoir.

Au-dessus de la porte qui conduit de la cathédrale à l'archevêché est une chaire, de laquelle autrefois le diacre lisait l'Évangile aux fidèles : on y voit sculptée une *Annonciation*; d'après l'ancien usage, la Vierge est représentée tout simplement debout, et non prosternée et en prières, comme depuis on n'a cessé de la peindre.

[1] Monsignor Gaetan Marini, *Pref. inscriz. Alb.*

CHAPITRE XXI.

Autres églises. — *Ste.-Anastasie.* — Thèse soutenue par le Dante. — Traité de Pétrarque, *Du devoir et des qualités de ceux qui commandent.* — *Chapelle Pellegrini.* — Génie littéraire ou artiste prouvé par quelques pages ou un seul ouvrage.

Ste.-Anastasie, église du temps de la seigneurie des Scaligers, avec ses portes sculptées, ses majestueuses colonnes, l'élévation de la nef, de la coupole et du chœur, est un monument de la magnificence de ces princes et de cette époque. L'autel de Janus Fregose, génois, général au service de Venise, mort en 1565, est, selon Vasari, un des plus remarquables de l'Italie.

Ste.-Anastasie a de bons tableaux; un *S. Vincent*, trouvé très beau par Lanzi, mais qui est de Rotari, et non de Balestra; une fresque voisine, bien conservée en partie, d'un peintre ancien et inconnu; le *Christ mort et pleuré par les Maries*, attribué par Vasari à Liberale, mais qui est de son grand élève François Carotto, habile artiste véronais de la fin du xv° siècle; une *Déposition de Croix* et autres vieilles peintures de la chapelle Pellegrini, et particulièrement la fresque du *S. George*, de Victor Pisanello, célèbre maître véronais de la première époque de l'école vénitienne; deux *S.-Esprit descendant sur les Apôtres*, de Giolfino, l'ami, l'élève et l'hôte de Mantegna [1]. La chapelle du Rosaire, de bonne architecture, fut, dit-on, exécutée

---

[1] *V.* ci-après, ch. xxv.

sur un dessin laissé par San Micheli : un beau et antique tableau est à l'autel; il représente la *Vierge*, l'*Enfant Jésus* et les SS. martyrs Pierre et Dominique, à ses pieds Mastin II de la Scala et sa femme Taddea da Carrara, celui-ci, prince cruel et sans foi, successeur du grand Can Ier, et qui est comme le Tibère de l'Auguste véronais. A la sacristie, le noble et élégant tableau de l'autel, représentant plusieurs saints, est de Félix Brusasorci, ainsi que les petits portraits sur le mur de SS. Dominicains; une gracieuse *Assomption* est de l'Orbetto.

Un cénotaphe de pierre avec buste venait d'être élevé dans cette église, en 1828, au poète et improvisateur Lorenzi de Vérone par Hippolyte Pindemonte et l'archiduchesse Béatrice d'Este, hommage offert au talent par la grandeur et l'amitié. Ces monumens privés, communs en Italie, sont une des plus nobles décorations de ses temples; ils honorent d'une manière touchante les amis que l'on regrette ou les grands hommes que l'on admire. Pindemonte avait composé, au sujet du placement de ce cénotaphe, des vers sur la mort de Lorenzi, les derniers qu'il ait faits, et qui sont comme le chant du cygne de ce poète tendre et mélancolique.[1]

Le baptistère de l'église S.-Jean *in Fonte*, à huit faces, sur lesquelles sont sculptés grossièrement divers sujets sacrés, est une curieuse antiquité chrétienne, à laquelle le patriotisme de Maffei trouvait même de la noblesse.

Ste.-Hélène offre aussi de vieux monumens; on y voit le tombeau d'un cardinal Téodin, compagnon d'exil du pape Luce, et celui d'un pieux, savant et infortuné Véronais, Léonard Montagna, mort en 1485, dont l'épi-

---

[1] *Stanze d'Ippolito Pindemonte, per Bartolomeo Lorenzi ponendoglisi un cenotafio con busto in Sant' Anastasia.* Vérone, 1828.

taphe est simple et touchante [1], et surtout les fragmens d'une ancienne mosaïque, dont l'origine, à force de recherches, est devenue incertaine. Le meilleur tableau est la célèbre *Ste.-Hélène*, de Félix Brusasorci, qui est d'une rare beauté. Ce fut dans cette église que, au mois de janvier 1320, le Dante, pauvre, exilé, soutint en latin, devant une assemblée nombreuse, une thèse sur la *terre et l'eau* [2], étrange sujet de dissertation pour ce grand poète, et singulier moyen de le faire valoir! Cette séance publique dans une église, qui était dans les mœurs du temps, et que l'on regardait alors comme une marque d'honneur pour celui qui devait être entendu, confirme la remarque faite plus haut sur la popularité de la science et de la littérature avant la découverte de l'imprimerie, alors qu'elles n'étaient ni étudiées ni apprises dans le cabinet, mais professées devant la foule et pour tout le monde. [3]

Ste.-Euphémie a le beau mausolée Verità, ouvrage capital de San Micheli. L'ancienne église, refaite, renouvelée, remontait aux Scaligers; elle fut alors donnée aux frères ermites de S. Augustin du monastère de Montorio, qui vinrent s'y établir; ils obtinrent aussi plusieurs jardins et maisons du voisinage, ainsi que le droit d'enclore une rue qui descendait jusqu'à l'Adige : cela ne plut pas, à ce qu'il paraît, à tout le monde, et le mur des frères fut renversé pendant la nuit, mais ils le relevèrent et furent soutenus. Cette église renferme quelques tombeaux littéraires; tel est celui de Renaud

---

[1] *Naufragus hinc fugio; Christum sequor : is mihi solus*
Sit dux, sitque comes, sitque perenne bonum.
MCCCCLXXXV.

[2] *De duobus elementis terræ et aquæ*, imprimé à Venise en 1508, et non en 1518 comme l'indique une faute typographique de l'*Hist. litt. d'Ital.*, t. I, 438.

[3] *V.* ch. x.

de Villefranche, grammairien, un des nombreux correspondans de Pétrarque, d'Antoine da Legnago, conseiller des Scaligers, « docte et réputé dans son temps », dit Maffei, et surtout ceux de Pierre dal Verme et Lucchino, son fils, guerrier célèbre, auquel Pétrarque adressa son traité *Du devoir et des qualités de ceux qui commandent*[1], espèce de directions pour les chefs d'armée, auxquels il reconnaît à plusieurs reprises, pour premier mérite, d'être heureux. Ce tombeau de marbre rouge rappelle assez, pour la forme, celui même de Pétrarque, que j'ai vu depuis à Arquà. Le tombeau de Fracastor n'est point à Ste.-Euphémie, ainsi qu'on l'a dit, mais on y voit celui de Rhamnusio, son ami. Les meilleurs tableaux de l'église sont : *S. Paul renversé devant Ananie*, de J.-B. dal Moro; la *Vierge avec S. Roch et S. Sébastien*, de Dominique Brusasorci, et surtout deux Vierges de Carotto.

L'église S.-Bernardin, décorée à l'extérieur des fresques du Cavazzola, surnommé le *second Paul Véronèse*, de Farinati, appelé le *troisième*, et de Nicolas Giolfino, a le superbe *S. François*, tableau de François Morone et d'un autre peintre incertain, qui en a fait la belle Gloire; des fresques de Giolfino, encore pleines de vie, malgré l'injure du temps, et qui offrent la vue de l'ancienne Vérone; une *Vierge*, parfaite, de François Monsignori, véronais, un des meilleurs élèves de Mantegna : la chapelle de la Croix semble une galerie des meilleurs ouvrages des maîtres véronais de la bonne époque. Mais toute cette magnificence est à peine remarquée à côté de la chapelle Pellegrini, véritable petit temple, chef-d'œuvre de San Micheli. Si, dans l'art du style et de l'éloquence, quelques pages suffisent pour donner la

---

[1] *De officio et virtutibus imperatoriis.*

portée des esprits supérieurs, ainsi qu'on peut le voir par les *Aventures d'Aristonoüs*, les *Rêveries* de Jean-Jacques, *Paul et Virginie*, *René*, *le Lépreux*, *Mademoiselle de Clermont*, *Ourika*, il doit en être de même dans les beaux-arts : la chapelle Pellegrini montre tout le génie de son auteur. Élevée depuis trois siècles, telle est son habile disposition, la beauté de la lumière, la qualité singulière de la pierre[1], qu'elle semble encore toute neuve, et que l'on est sur le point de demander quel est l'immortel contemporain qui vient d'achever cette charmante merveille.

CHAPITRE XXII.

San Fermo. — Mausolées Turriani, Brenzoni, Alighieri. — *Ricovero.*

L'ÉGLISE S.-Nicolas, belle à l'intérieur, a une bonne *Nativité*, de l'Orbetto, et un *Job*, de Brentana. Le célèbre mausolée des Turriani est un beau monument de l'église San Fermo. Mais il fut dépouillé par la guerre de ses bas-reliefs de bronze et des deux génies placés de chaque côté. Il semble que les tombeaux auraient dû être respectés au milieu de tous ces pillages. On ne sait ce que devinrent les deux génies ; les huit bas-reliefs d'André Riccio sont assez ridiculement incrustés dans la porte

---

[1] « Cette pierre particulière aux environs de Vérone, dit M. Quatremère de Quincy, est la plus précieuse que l'on connaisse, après « le marbre blanc, pour la blancheur et la finesse, et en même temps « la plus propre, par sa fermeté, au travail du ciseau : on la nomme « *bronzine*, parce que, lorsqu'on la travaille, elle sonne comme le « bronze. » *Histoire de la vie et des ouvrages des plus célèbres architectes*, t. I ; 166. Paris, 1830.

de bois de la salle des Cariatides au Musée royal [1]. Ces Turriani, si magnifiquement ensevelis, n'étaient ni des princes, ni des guerriers fameux, mais de bons médecins, de savans anatomistes, qui avaient tout bonnement professé avec succès à Padoue, à Ferrare et à Pavie : l'un d'eux, Antoine, fils de Jérôme, l'anatomiste, aidait Léonard de Vinci à rendre avec plus de vérité les diverses parties du corps humain. A côté de l'église est le tombeau d'Aventin Fracastor, ancêtre du grand Jérôme, médecin de Can-Grande Ier, et dans l'intérieur les tombeaux de François Pona, autre médecin célèbre, de plusieurs de ses confrères, et de François Calceolari, botaniste, auteur de l'*Iter in Baldum*. San Fermo paraît comme le S.-Denis, comme le Westminster de la Faculté. Un tombeau singulièrement élégant, et l'on pourrait presque dire gracieux, est celui de l'historien véronais Torello Saraina, monument de la reconnaissance municipale pour ses savantes recherches. Peu de villes ont été mieux partagées que Vérone en historiens : Saraina est encore estimé; Maffei doit sa gloire à sa *Verona illustrata*; et M. le comte Persico, par son excellente Description de Vérone et de sa province, s'est montré le digne successeur de ces annalistes nationaux. Le mausolée des Brenzoni, loué par Vasari, et décoré des peintures à fond d'or de Pisanello, est un bon ouvrage du xve siècle ; mais le petit autel des Aligeri, comme on dit à Vérone, paraît, par son nom seul, dans sa simplicité, bien autrement imposant : le dernier rejeton

---

[1] On avait d'abord prétendu un peu étourdiment, dans le *Catalogue des commissaires français de* 1798, que le sujet de ces bas-reliefs était l'histoire de Mausole, roi de Carie, et on les expliquait encore ainsi en 1813. Cette opinion fut réfutée depuis par le comte Cicognara. (*Stor. del. scult.*, t. IV, p. 292 et suiv.) M. de Clarac a depuis ajouté dans son *Musée de sculpture*, t. I, p. 469 et suiv., quelques explications à l'examen ingénieux de M. Cicognara.

du Dante, François Alighieri, homme très lettré, bon juge d'architecture et le meilleur interprète de Vitruve, mais dont la traduction, long-temps manuscrite, est peut-être aujourd'hui perdue, a fait élever près de cet autel les tombeaux de ses deux frères, Pierre et Louis, le premier instruit dans les lettres grecques et latines; le second habile jurisconsulte : on aime à voir que, jusqu'au bout, cette race si grande par l'intelligence n'ait point été infidèle aux arts de l'esprit et de la pensée, et, qu'à défaut du génie, elle n'ait cessé de cultiver la science.[1]

Au-dessus de la porte principale est un *Crucifiement*, antique et naïve peinture d'auteur inconnu, mais qui, d'après les deux clous mis aux pieds, doit être antérieur à Cimabué, qui, le premier, se contenta d'un seul. Vérone aurait ainsi, suivant Maffei, peint avant et mieux que Florence. Tous ces débats de gloire se renouvellent sans cesse en Italie, et ils sont inévitables parmi tant de vieux et beaux monumens. D'anciennes et bonnes peintures sont encore à San-Fermo : les *Prophètes* et autres nobles figures, de l'année 1396, d'Étienne da Zevio; l'*Adoration des Mages*, à la chapelle des Agonisans, de Pisanello; une *Nativité* est de l'Orbetto; la *Conception de la Vierge*, de Carotto; la *Vierge*, l'*Enfant Jésus*, *S. Christophe*, parfaite, de Monsignori; la *même* avec *S. Pierre* et *S. François*, de dal Moro; le *Christ* avec sa mère et Madeleine, de Dominique Brusasorci; un bon *Crucifix* en bronze, est de Jean-Baptiste de Vérone, sculpteur très vanté par Vasari.

[1] La femme de Pierre Alighieri était de la noble famille Frisoni de Vérone; elle eut une fille, Ginevra, mariée en 1549 à Marc-Antoine Serego : depuis cette époque, le nom d'Alighieri est joint à ce dernier nom, et il était encore porté, il y a moins d'une année, par une femme très aimable, Mme la comtesse Serego-Alighieri, que j'ai eu le bonheur de connaître, et dont la perte prématurée excita à Vérone d'universels regrets.

Une des plus splendides églises de Vérone, S.-Sébastien, dont la façade inachevée, du dessin de San Micheli, affligea si long-temps le patriotisme véronais, vient d'être enfin terminée. Le grand autel est du célèbre P. André Pozzi, de Trente, jésuite architecte, qui, comme son frère le carmélite aussi architecte, fut un des plus ardens corrupteurs du goût, en Italie, à la fin du xvii° siècle : cet autel a toutefois été très vanté. Le *S. Sébastien* est une des meilleures statues de Marinali. Parmi les nombreuses peintures, le même saint est un des bons tableaux de Brentana, peintre vénitien, auquel l'étude du Tintoret n'a rien fait perdre de sa verve et de son originalité; au plafond, le *Saint dans une gloire*, de Parolini, est agréable et bien composé. Un *Moïse*, à la voûte de la sacristie, est de Farinati, ainsi qu'une *Judith*, ouvrage superbe et bizarre, dans lequel il a été jusqu'à mettre des canons au siége de Béthulie.

Ste.-Marie *della Scala* montre la gloire littéraire de Vérone à des époques et dans des mœurs bien différentes : elle fut bâtie, en 1328, par un vœu de Cane Ier, et elle renferme le tombeau fort simple de Maffei, son historien, son antiquaire, son poète, mort en 1755.

A l'église S.-Thomas *Cantuariense* se trouve, par une destinée singulière, le tombeau d'un autre Jean-Baptiste Becket, de la famille du saint. Bossuet a loué magnifiquement l'archevêque de Cantorbéry; *il défendit*, dit-il en parlant de l'Église, *jusqu'aux dehors de cette sainte cité*. Malgré l'éloquence de notre grand orateur et l'espèce de honte que l'on éprouve à le combattre, l'Église n'est point une place qui ait des dehors; cette cité de Dieu est bien plutôt ouverte de toute part, elle appelle tout le monde dans son enceinte et ne se défend point comme les ouvrages des hommes; les violentes, les imprudentes sorties du sacerdoce lui nuisent :

faite pour régler, pour consoler la société, elle ne doit ni agiter les peuples, ni troubler les empires. San Micheli demeurait près de S.-Thomas, dont il avait donné le modèle. Sa maison, où l'on remarque une très belle porte, existe encore; une simple inscription sur le pavé de l'église montre la place où il est enterré; elle rappelle ses immenses travaux, et, dans sa nudité, elle a cette sorte d'éloquence qui tient à la vérité des faits [1]. Quelques belles peintures sont à cette église : *Ste. Madeleine, Ste. Marthe, et un chœur d'anges*, est de l'Orbetto; *S. Job, S. Roch et S. Sébastien; l'Enfant Jésus sur les genoux de sa mère jouant avec le petit S. Jean*, tableau *raphaélesque*, attribué même au Garofolo, sont de Carotto; le *S. Jérôme*, si pensif; la *Vierge, S. Antoine abbé, S. Onuphre*, de Farinati; telle est la beauté de ce dernier saint, nu et assis, qu'il a été regardé comme une imitation du torse antique.

La plus vieille antiquité chrétienne de Vérone, et même de toutes les provinces vénitiennes, est peut-être l'église S.-Nazaire et S.-Celse, car elle peut remonter au VIe siècle. Les grottes qui l'avoisinent servirent de retraite aux premiers chrétiens, et sont comme les catacombes de Vérone. Le monastère, démoli en partie, est maintenant une fabrique de savon; le manufacturier, industriel ami des arts, a fait dessiner et graver à

---

[1] San Micheli paraît n'avoir pas été moins estimable par ses qualités que digne d'admiration par ses talens. Sa piété était extrême : cet architecte, si occupé, n'entreprenait aucun ouvrage sans faire chanter une messe solennelle pour invoquer l'assistance d'en-haut. Vasari, qui l'avait connu, rapporte de lui un trait qui prouve une singulière délicatesse. Tourmenté par le souvenir d'une liaison qu'il avait eue dans sa jeunesse, à Montefiascone, avec la femme d'un marbrier, et sachant que cette femme, peu à son aise, avait une fille dont il croyait possible qu'il eût été le père, il lui envoya cinquante écus d'or pour la marier. La mère eut beau le dissuader et lever tous ses scrupules, il la força de garder cette somme.

ses frais les peintures du vii° siècle qui s'y voient encore, peintures grossières exécutées dans une espèce de caveau, représentant des apôtres, des martyrs, l'ame du juste quittant cette vie, assistée par l'archange S. Michel, et qui commencent la brillante école de Venise. Les peintures de l'église actuelle sont nombreuses; on distingue : à la chapelle S.-Blaise et dans la nef servant à la Doctrine chrétienne, les fresques de Falconnetto, devenu par dépit grand architecte [1], les premières de ces fresques ne lui ayant point attiré les éloges qu'il en espérait; divers traits de la vie de *S. Blaise*, de *S. Sébastien* et de *S. Julien*, par Monsignori; la *Nativité*, la *Circoncision*, l'*Adoration des Mages*, la *Présentation au Temple*, du jeune Palma; sur les volets de l'orgue, des *Anges* gracieux, de Dominique Brusasorci, dont il semble que l'on entend les chants harmonieux; une *Conversion de S. Paul*, vive, expressive, de Bernardin India, imitateur de Jules Romain : selon la tradition particulière aux peintres, et qui est consacrée, le saint est à cheval, quoique l'Écriture n'en ait rien dit; une fresque d'*Adam et Ève*, un des meilleurs ouvrages de Farinati; un *Portement de Croix*, fresque de Jean-Baptiste dal Moro; une *Descente du S.-Esprit*, superbe, d'Anselme Canneri, aide habile de Paul Véronèse.

Ste.–Marie *in organo* est une merveille de l'art : la façade, du dessin de San Micheli, serait, si elle était achevée, un modèle d'architecture sacrée; les autels et les murs de ses douze chapelles sont couverts des peintures des premiers maîtres : *Ste. Françoise romaine*, fort dégradée, est du Guerchin; la *Pâque des Hébreux*, une *Cène*, *Pharaon submergé*, et autres fresques pittoresques, sont de Giolfino; quelques beaux

---

[1] *V.* ci-après, Liv. vii, chap. vii.

paysages, de Dominique Brusasorci; un candélabre en bois, à la chapelle du S.-Sacrement; les ouvrages en marqueterie du chœur, et surtout de la sacristie, par le frère Jean, moine olivetain de Vérone, sont parfaits. Je remarquai parmi ces derniers le Colysée, le tombeau d'Auguste, et autres antiquités romaines qui ne sont pas tout-à-fait des sujets de sacristie; ils sont un nouvel exemple de la liberté des arts en Italie avant le concile de Trente. Cette sacristie était citée par Vasari comme la plus belle de l'Italie : le superbe *S. François*, un des chefs-d'œuvre de l'Orbetto, a depuis ajouté encore à sa magnificence; elle a d'autres charmans paysages et vues de Brusasorci; d'excellentes fresques et portraits de moines olivetains des Moroni, célèbres peintres véronais du XVe siècle, parmi lesquels on distingue le portrait de l'habile frère Jean, supérieurement exécuté par François Morone, et probablement contemporain de son admirable travail.

L'antique église S.-Étienne offre un de ces vieux siéges de pierre destinés aux premiers évêques, qui a pu faire croire qu'elle avait été autrefois cathédrale, et qui ressemble peu au satin blanc du trône épiscopal de nos évêques. Parmi les excellentes peintures de S.-Étienne, on remarque la *Vierge, l'Enfant Jésus, S. Pierre et S. André*, de Carotto, les deux premiers entre *S. Maure, S. Simplicius et Ste. Placidie*, de Giolfino; un *S. Étienne, le Père éternel*, un *Christ portant sa croix, l'Adoration des Mages*, de Dominique Brusasorci; le *Supplice des quarante martyrs*, un des plus brillans chefs-d'œuvre de l'Orbetto, et qui fait un tort singulier à deux bons tableaux ses voisins, le *Massacre des Innocens*, de Pascal Ottino, et les *cinq Évêques véronais saints*, du Bassetti.

L'église S.-George majeur est une des plus belles

de la renaissance : les uns l'ont attribuée à San Michëli, d'autres à Sansovino, et elle est digne de tous deux : le grand autel, superbe, est d'un neveu du premier, Bernard Brugnoli[1]. S.-George est riche d'admirables peintures : là est le tableau du saint, de Paul Véronèse, revenu de Paris, où l'on peut remarquer l'excessive richesse des vêtemens de ses personnages, les mieux vêtus, je crois, de toute la peinture. Une *Annonciation*, *S. Roch et S. Sébastien*, la *Prière du Christ au jardin*, sa *Résurrection*, une *Transfiguration*, *Ste. Ursule*, prouvent la variété du talent de Carotto ; un *S. Jean-Baptiste baptisant le Sauveur*, du Tintoret, est plein de vigueur : le *Martyre de S. George*, de Jérôme Romanino ; les *Apôtres délivrant un possédé*, de Dominique Brusasorci ; le *Martyre de S. Laurent*, de Sigismond de Stephanis ; la *Vierge dans une gloire*, et S. Benoît, S. Romuald, S. Antoine abbé, S. Maur et S. Bernard, et surtout trois archanges, de Félix Brusasorci, sont excellens. Un petit tableau charmant de Jérôme Dai Libri, appelé par Lanzi le joyau de cette église (*giojello di questa chiesa*), représente la *Vierge assise entre S. Augustin et Laurent Giustiniani* ; trois petits anges au-dessous chantent et jouent des instrumens ; ils rappellent véritablement les vers du Dante, dont le dernier est si beau, si précis, comme la plupart de ceux qui terminent ses divers chants :

> *Tale immagine appunto mi rendea*
> *Ciò ch' io udiva, qual prender si suole*
> *Quando a cantar con organi si stea ;*
> *Ch' or sì or no s' intendon le parole.*[2]

[1] San Micheli eut un autre neveu plus célèbre, et de son côté, Jean-Jérôme. *V.* ci-après, ch. XXXI.

[2] *Purgat.*, cant. IX, 142-145. « Cette impression me faisait ressen-
« tir ce que l'on éprouve lorsqu'écoutant des voix qui chantent avec

Le chef-d'œuvre de Dai Libri, d'après une inscription très lisible, est du 29 mars 1526, et non de l'année 1529 comme l'a dit Lanzi. Sur un côté de la muraille du chœur, *les Hébreux ramassant la manne,* immense tableau, est une espèce de poëme en peinture : l'invention de l'ensemble et l'exécution de la partie supérieure sont de Félix Brusasorci ; l'Orbetto et l'Ottino, ses disciples, ont fait la partie inférieure. Vis-à-vis est une *Multiplication des pains,* non moins vaste, non moins poétique, faite à soixante-dix-neuf ans par Farinati, qui s'y est représenté sous la forme d'un vieillard, car il sentait que son âge devait encore ajouter à l'admiration pour son bel ouvrage.

Un des tableaux les plus remarquables de Vérone, la *Mère de douleur,* le chef-d'œuvre de l'Orbetto, autrefois à l'église de la Miséricorde, est maintenant au *Ricovero,* dépôt de mendicité, et hôpital qui reçoit environ quatre cents individus des deux sexes, et paraît bien administré. *La Mère de douleur* n'a que trois personnages : le Christ mort, Nicodème qui le soutient, la Vierge qui pleure ; mais ces deux dernières figures sont extrêmement pathétiques, et le dessin, le coloris, l'agencement de l'ensemble, sont parfaits.

CHAPITRE XXIII.

Bibliothèque de la ville. — Bibliothèque capitulaire. — *Institutes* de Gaïus. — Bibliothèque Gianfilippi. — Manuscrit de la *Mérope* de Maffei.

La bibliothèque de Vérone est environ de dix mille volumes ; ouverte en 1802, elle n'a point de manuscrits

« l'accompagnement de l'orgue, tantôt on entend l'instrument, « tantôt les paroles. »

ni de raretés. La véritable bibliothèque est la bibliothèque du Chapitre : ce fut là qu'aux regards enchantés de Pétrarque, apparurent pour la première fois les *Lettres familières* de Cicéron, dont le manuscrit et la copie de sa main sont à la Laurentienne [1], et que, de nos jours, M. Niebuhr découvrit les commentaires des *Institutes* de Gaïus, publiés depuis à Berlin par MM. Goeschen, Bekker et Holweg, doctes allemands qui, à défaut de l'*abbate* dégénéré [2], viennent apprendre à l'Italie ce qu'elle possède [3]. Peut-être d'autres trésors sont-ils encore enfouis dans cette riche bibliothèque, et n'attendent-ils que le labeur de nouveaux érudits. Les *Institutes* étaient recouverts par vingt-six épîtres de saint Jérôme ; les caractères sont encore plus effacés que ceux des *Discours de Cicéron* de l'Ambrosienne [4] ; cependant, quel-

[1] *V*. Liv. ix.

[2] Il est encore assurément de nombreuses exceptions à cette chagrine remarque. Je ne puis oublier les travaux et les lumières des abbés Bentivoglio et Mazzucchelli, de Milan ; Furlanetto, de Padoue ; Moschini, de Venise ; Mezzofanti, Schiassi, de Bologne ; Zannoni, de Florence ; De Angelis, de Sienne ; Amati, Scarpellini, Fea, de Rome, et bien d'autres que je dois omettre, et dont la liste serait infinie. Mais cette dégénération de l'*abbate* n'est pas moins réelle. Je me rappelle le trait du chanoine de Vérone qui nous montrait la bibliothèque, à mon savant ami M. le professeur Le Clerc, et à moi ; car le bibliothécaire venait de mourir. Comme nous étions frappés de la dégradation du palimpseste des *Institutes* : « Voyez, « dit ce chanoine d'un petit air plaintif, le joli état dans lequel ces « étrangers mettent nos manuscrits ! »

[3] Ces fragmens n'étaient pas complétement inconnus. Maffei et le chanoine Dionisi, qui a laissé à la bibliothèque du Chapitre sa propre bibliothèque, dans laquelle se trouve une collection précieuse d'éditions du Dante, en avaient parlé. La publication des *Institutes* ne fait pas moins d'honneur aux savans prussiens.

[4] *V*. Liv. iii, ch. viii. Une troisième écriture se trouve entre le texte des *Institutes* et les *Traités de S. Jérôme*, et s'étend sur un quart du manuscrit ; elle offre aussi des *Épîtres* et des *Méditations de S. Jérôme :* ainsi le même parchemin a été gratté et repoli deux fois.

quefois, l'encre conserve de l'éclat, et prouve que les anciens savaient très bien la faire. Ce palimpseste était *grand papier* : les amateurs de Rome n'étaient pas moins sensibles que les nôtres à la largeur et à la beauté des marges, ainsi qu'on le voit par plusieurs passages des lettres de Pline et de Cicéron [1]. Gaïus, comme Montesquieu, avait allié la culture des lettres à l'étude des lois : ses commentaires, précieux monumens de l'ancienne jurisprudence, écrits avec clarté, élégance et pureté, nous ont fait connaître les opinions et les doctrines des jurisconsultes romains antérieurs aux codes de Justinien et de Théodose : ils sont bien supérieurs aux *Institutes* du premier empereur, compilation indigeste, variable, contradictoire, de son vil ministre Tribonien et de ses aides, qui les ont pillés. [2]

La bibliothèque du Chapitre n'a point échappé aux pillages littéraires de ces derniers temps ; plusieurs manuscrits et rares éditions n'ont point reparu depuis : il n'y a que la science qui perde à toutes ces acquisitions violentes comme à toutes ces restitutions forcées.

Vérone possède encore quelques bonnes bibliothèques particulières ; mais le nombre, comme celui de ses galeries, en est diminué depuis plusieurs années [3].

[1] *Ad Att.*, Lib. XII, 25 ; XVI, 3 ; Plin., XIII, 12. Il m'est impossible de ne pas me glorifier ici de l'édition du *Cicéron* de l'abbé d'Olivet, Paris, Jo. Bapt. Coignard et Guerin, 1740-42, 9 vol. grand in-4°, placé dans la bibliothèque particulière du roi au Louvre, et dont les marges sont peut-être les plus belles qui existent de cette édition. D'après le soin que mettait Cicéron et la dépense qu'il faisait pour obtenir de belles copies grand papier (*macrocola*) de ses *Académiques*, il eût sans doute été charmé d'un tel exemplaire de ses œuvres.

[2] *V.* le proemium des *Institutes* de Justinien : *Quas ex omnibus antiquorum institutionibus, et præcipue ex Commentariis Gaii nostri.... compositas.*

[3] Telle était la célèbre bibliothèque Saibanti, vendue en 1820. M. L. Bossi (t. XII, p. 213 des notes de sa traduction de la *Vie et*

La bibliothèque de feu Gianfilippi, vendue en 1829, comptait environ trente mille volumes, parmi lesquels on remarquait un superbe *Pline*, première édition [1], avec son ancienne reliure, très bien conservé; les *Heures grecques de la Vierge*, Alde, 1497, in-16, complètes, avec les derniers feuillets contenant l'alphabet; un *Lactance*, de Subiaco [2], première édition de cet orateur poète, et premier livre imprimé avec date en Italie; les *Triomphes* de Pétrarque, manuscrit sur vélin, du temps, cité pour la pureté de son texte dans la préface de l'édition de M. Marsand, qui manque toutefois d'un grand nombre de feuillets. Le catalogue de ce vaste amas de livres achetés au hasard par l'ancien possesseur, et très en désordre, n'a point, je crois, paru, et il était fort peu avancé en 1828. La plus grande partie de cette bibliothèque est passée entre les mains de Véronais. J'ai vu chez un amateur distingué de livres, M. C**********, le manuscrit de la *Mérope* de Maffei, manuscrit qui provient de l'archive de Vérone. Il paraît que quelque incertitude s'étant élevée sur l'authenticité de ce manuscrit, le délégué a cru devoir le certifier en y apposant, à presque toutes les pages, la griffe de la délégation et son visa; c'est assurément la tragédie la plus certifiée qu'il y ait au monde. Le manuscrit de Maffei est excessivement raturé, et il est probable que celui du chef-d'œuvre de Voltaire l'était beaucoup moins.

---

du pontificat de Léon X) cite comme en provenant un précieux manuscrit petit in-4°, contenant un recueil de pièces d'auteurs italiens du xv° siècle, qui ne sont point indiqués dans Tiraboschi, recueil composé par Felice Feliciano, et sur lequel une inscription de sa main porte qu'il avait été vendu *al nobilhuomo Nicolino de Ragusia a dì 27 febr*. 1466, *in Verona*.

[1] Venise, 1469, gr. in-fol.
[2] 1465.

CHAPITRE XXIV.

Théâtre. — Musée lapidaire. — Maffei.

Dans la cour et sous le péristyle du théâtre, péristyle ouvrage de Palladio, est le recueil des inscriptions étrusques et des bas-reliefs grecs et romains formé par le marquis de Maffei, et donné par lui à sa ville natale, musée que ses amis voulaient appeler *Maffeïen*, et auquel il donna le nom de *Musée véronais*. L'érudition de cet homme de bien, si vive, si dévouée, si constante, est presque du patriotisme. Au-dessus de la porte du théâtre se voit enfin le buste voté par l'Académie de Vérone, et l'inscription en son honneur, qu'il ne cessa de refuser pendant sa vie, que ses concitoyens placèrent une fois en son absence, et qu'il fit disparaître à son retour, exemple rare de la sincérité de ce genre de modestie. Combien de monarques, de conquérans, ont succombé aux honneurs de la statue, et, après une feinte résistance, se sont doucement résignés à être immortels! Le marquis de Maffei ne méritait point l'indigne tour que lui joua M. de Voltaire, qui, après lui avoir dédié sa *Mérope*, fit, sous un nom supposé, contre la *Mérope* italienne un véritable pamphlet rempli de quolibets et d'injures : comme si quelques imitations pouvaient affaiblir le mérite d'un tel chef-d'œuvre. Maffei s'était montré plus généreux envers un autre poète italien, le comte Torelli, écrivain distingué du xvie siècle, auteur aussi d'une tragédie de *Mérope*, insérée par Maffei dans son *Choix de tragédies italiennes*, malgré l'intérêt personnel, remarque Ginguené, qu'il pouvait avoir à l'en écarter [1]. A l'entrée du théâtre, non loin du simple buste de Maffei, étaient, il y a quelques années, deux grandes statues en pied de moines augustins, des révérends pères Pavinio et Noris, ouvrage du Vicentin Aglio, transportées là du couvent de Ste.-Euphémie, qui paraissaient singulièrement placées à l'entrée d'une salle de spectacle, et qui ont été fort convenablement renvoyées dans l'église Ste.-Anastasie.

CHAPITRE XXV.

Palais *Canossa.* — *Gran Guardia.* — *Guasta Verza.* — *Pompei.* — *Bevilacqua.* — *Giusti.* — Fornarine de Vérone. — Pinacotée — Douane. — Place aux Herbes. — Peinture des rues en Italie.

LE plus beau des nombreux palais de Vérone, le chef-d'œuvre de San Micheli, le célèbre palais Canossa, habité par les rois et les empereurs, d'où la vue de l'Adige est si belle, a sur sa frise un singulier ornement que l'on ne remarque guère au milieu de sa magnifique architecture; c'est une multitude de mitres, placées par ordre de Louis Canossa, évêque de Bayeux, qui le fit construire. Il est assez étrange de voir l'Italie redevable d'un de ses plus beaux palais à un évêque de Normandie. [2]

[1] *Hist. litt. d'Ital.*, t. VI, 108.
[2] Louis Canossa, recommandable par sa probité et ses talens diplomatiques, avait été légat du pape en France et en Angleterre. C'est dans ce dernier pays qu'il eut avec Érasme, qui ne le connaissait pas, l'entrevue singulière racontée par Roscoe, ch. XII, de la *Vie et du pontificat de Léon X.* Il finit par s'établir en France sous François I*er*, obtint sa confiance, et fut nommé par lui évêque de

LIVRE V, CHAP. XXV.

Le vaste palais dit *della Gran Guardia*, sur la belle place de la Bra, n'est point de San Micheli, malgré l'opinion commune; mais il rappelle son style : les juges exercés y découvrent des incorrections architectorales qu'un homme tel que lui n'aurait point commises.

Le palais Guasta verza, véritablement de San Micheli, est du goût le plus élégant et le plus gracieux; tandis que son autre palais Pompei *della Vittoria*, quoique plus petit, est remarquable par sa simple et mâle façade. Celle du palais Bevilacqua, inachevé, encore de San Micheli, paraissait presque licencieuse à Maffei (*alquanto licenziosa*), tant il y a de richesse, de prodigalité dans ses ornemens et le mélange de ses colonnes. Le précieux musée qui fit pendant plus de deux siècles la réputation du palais Bevilacqua n'existe plus; sa belle Vénus, son Pan, son Bacchus, ses bustes d'empereurs, sa superbe Livie, sont passés en Bavière : l'Auguste, le très rare Caracalla, revenus de Paris, n'ont fait aussi que traverser Vérone pour aller rejoindre, à Munich, ces autres chefs-d'œuvre.

Le palais Ridolfi mérite d'être visité pour sa pompeuse *Cavalcade du pape Clément VII et de Charles-Quint* à Bologne lors du sacre de ce dernier; vaste et beau lambris de Félix Brusasorci, un des meilleurs qui existent, et singulièrement curieux pour les portraits et les costumes du temps.[1]

Bayeux (*Vescovo di Baiusa*, comme il signait un peu singulièrement), et non point par Louis XII, ainsi que l'a dit le traducteur français de l'ouvrage de Roscoe. *V*. la note de M. L. Bossi, traducteur italien de la *Vie et du pontificat de Léon X*, t. V, p. 37.

[1] Cette cavalcade a été très fidèlement gravée à Vérone, en huit planches (*La gran cavalcata di Clemente VII e Carlo V della sala Ridolfi, dipinta da Brusasorci, incisa a contorno dal celebre Agostino Comerio*). Chaque planche est dédiée à quelques unes des personnes distinguées de la ville. 1830, gr. in-fol. oblong.

Le grand palais Giusti, dont la peinture architectorale extérieure, aujourd'hui presque effacée, était, disait-on, de San Micheli, est devenu un logement militaire occupé par un commandant autrichien et sa troupe. La belle galerie, qui s'était enrichie des principaux débris du musée Molin de Venise, fut vendue par le domaine vers 1825. On visite encore le jardin; sa vue, sa grotte, son écho, son labyrinthe, ont de la célébrité à Vérone; mais il est triste, et ses perpétuels gradins, destinés jadis à faire sécher les draps, rappellent le temps où le travail de la laine était noble et ne faisait point déroger.

Les galeries de Vérone sont aujourd'hui peu remarquables; plusieurs même ont encore été vendues récemment. Il y avait aussi à vendre, en 1828, à l'ancien palais *Maffei* (dont l'escalier, en colimaçon, est vraiment unique pour la hardiesse et la hauteur), une très belle Fornarine, appartenant à Mme B*******, supérieure même, dit-on, à celles de la Tribune et du palais Barberini. Tel était du moins l'avis du grand-duc de Toscane, Cosme III, juge qui semblerait devoir être partial, et de M. le conseiller Pinali, dans sa lettre adressée à l'éditeur du Voyage de Cosme, publié pour la première fois à Florence, il y a deux ans [1]. M. le comte Cicognara, tout en admirant beaucoup la Fornarine de Vérone, ne la croyait point de Raphaël; il n'y trouvait pas la douceur des contours de ce grand peintre, et il pensait qu'elle pouvait être plutôt attribuée à Jules Romain ou à quelque peintre de son école [2]. J'éprouverais peu de

---

[1] *Viaggio per l'alta Italia del ser. Principe di Toscana, poi Granduca Cosimo IIIe, descritto da Filippo Pizzichi.* Florence, 1828, p. 333.

[2] *V.* encore sur l'admiration que cette Fornarine inspirait à MM. Appiani et Cicognara, le passage d'une lettre de M. le comte Persico, cité dans les notes de la traduction italienne de l'*Histoire*

regrets de voir retrancher à Raphaël quelques unes de ses Fornarines; il pourrait y perdre comme peintre, mais il y gagnerait comme amant : malgré l'usage des artistes de cette époque, il semble qu'il y a une vanité peu délicate à multiplier, à répandre ainsi le portrait de sa maîtresse, et que l'amour doit peu s'accorder avec tant de publicité.

La vaste et ancienne salle de Vérone, dont les souvenirs patriotiques devaient être sacrés, a été transformée, au moyen de minces cloisons de plâtre, en quatre chambres destinées à la nouvelle *Pinacoteca*. La plupart des tableaux sont médiocres, à l'exception d'une *Déposition de croix*, de Paul Véronèse, dont les chefs-d'œuvre sont peu communs dans la ville qu'il a honorée en prenant son nom; c'est à peu près ainsi qu'Urbin, patrie du Bramante et de Raphaël, ne possède ni une maison, ni un tableau de ces grands maîtres. Un autre tableau remarquable, mais d'auteur inconnu, de cette malencontreuse Pinacoteca, représente la réunion de Vérone à la république de Venise, acte qui fut véritablement volontaire, chose assez rare dans l'histoire des réunions.

La douane de Vérone semble, par la noblesse et la simplicité de l'architecture, une espèce de forum, où l'on est presque choqué de ne trouver que des ballots, des porte-faix et des douaniers : cet édifice de si bon goût, dont l'architecte fut le comte Alexandre Pompei, est cependant du milieu du dernier siècle, époque où le goût fut si détestable. On dirait que l'ascendant des monumens de San Micheli et de Palladio s'est fait sentir jusque sur l'architecture qui leur a succédé, et qu'à la vue de tels exemples il n'était pas possible de s'égarer.

de la vie et des ouvrages de Raphaël de M. Quatremère de Quincy, par M. F. Longhena. Milan, 1829, p. 329.

Sur la place aux Herbes est une colonne qu'il suffisait autrefois aux débiteurs d'avoir touchée, d'après un décret du grand conseil, pour être à l'abri des poursuites de leurs créanciers; frein étrange, et qui prouve, à sa manière, l'intention de prévenir déjà les rigueurs de la contrainte par corps, si redoutable chez les peuples libres, et que notre législation perfectionnée cherche à corriger [1]. La statue de Vérone, sur la même place, qui portait autrefois une couronne pour indiquer que cette ville avait été résidence impériale et royale, couronne brisée lors de l'invasion française, est maintenant coiffée de l'arène, ce qui lui donne tout-à-fait l'air d'une statue de Cybèle, emblème de la fécondité de la terre, qui ne semble pas trop mal placé au milieu d'un marché.

La peinture court véritablement les rues en Italie. Mantegna a peint deux fresques sur la maison du peintre Giolfino, son ami, chez lequel il avait logé; manière poétique et commune chez les grands artistes du xve et du xvie siècle, de reconnaître l'hospitalité. Les fresques de Mantegna sont aujourd'hui peu reconnaissables : d'abord barbarement blanchies, elles ont ensuite été maladroitement nettoyées; et, lorsque je les vis, elles étaient de nouveau à demi cachées par une grosse persienne verte.

CHAPITRE XXVI.

Casin *Gazola*. — Congrès.

LE nom de Vérone se rattache aux événemens mémorables de l'histoire contemporaine. Elle fut quelque

[1] *V.* ci-après, Liv. vii, ch. v.

temps l'asile d'un auguste exilé et de ses compagnons fidèles. Mais ces nobles réfugiés n'y rencontrèrent point l'hospitalité du seigneur de la Scala, et, dans leur tristesse profonde, ils n'eussent point accepté ses joyeuses consolations [1]. Le casin Gazola, devenu presque une chaumière, occupé par des jardiniers [2], vit commencer ce règne à la fois si long et si court, qui succédait à celui d'un enfant captif et roi [3]. Commencé sur la terre étrangère, ce règne devait s'achever paisiblement aux Tuileries, au milieu d'un peuple qui s'étonnait de goûter enfin les bienfaits de la paix, de l'ordre et de la liberté.

Vérone devint un de ces rendez-vous de rois et d'empereurs, grandes consultations politiques, que le malaise et l'agitation de l'Europe ont rendus fréquens de nos jours. Comines, juge si habile des affaires, n'était point partisan des congrès : « Deux grands princes, « dit-il, qui se voudroient entre aimer, ne se devroient « jamais voir, mais envoyer bonnes gens et sages les uns « vers les autres » [4]. Cette opinion, que Comines appuie par l'histoire de son temps, ne serait plus vraie aujourd'hui. Un des bienfaits de la civilisation a été de perfectionner le caractère moral des souverains. Si la Grèce fut abandonnée à Vérone, peut-être dut-elle moins ses malheurs aux sentimens des princes qu'aux pratiques de

---

[1] *V.* plus haut, ch. xvi.

[2] Ce casin a toujours été fort petit; le jardin est dans le mauvais goût des jardins du dernier siècle, avec sa volière et des statues de pierre; mais la végétation en est assez belle, et la vue de l'Adige agréable.

[3] Le roi Louis XVIII était à Vérone lorsqu'il apprit la mort de Louis XVII, et publia le manifeste par lequel il déclarait ne vouloir et ne pouvoir rien changer à l'ancienne constitution de la France, engagement téméraire dont la Charte fut depuis une noble et juste contradiction.

[4] *Mém.*, Liv 1ᵉʳ, ch. xiv; et Liv. v, ch. xviii.

ces bonnes gens, si fort recommandés par Comines.

L'impression que laisse Vérone n'est pas moins vive que son premier aspect n'est frappant; elle réunit de beaux monumens des diverses époques, de l'antiquité, du moyen âge, et de la renaissance, tels que l'amphithéâtre, la chapelle des Scaligers, et les palais de San Micheli et de Palladio; enfin ce quartier-général autrichien, pour le royaume Lombard, produit encore l'effet d'une belle capitale.

CHAPITRE XXVII.

Environs. — *Gargagnago*, demeure du Dante.

J'AI parcouru les environs de Vérone, dont les collines, qui s'élèvent en amphithéâtre et que dominent les Alpes, offrent un aspect à la fois riant et majestueux : plusieurs points de la province véronaise rappellent les souvenirs littéraires et poétiques de la renaissance, et les plus beaux faits d'armes de notre gloire contemporaine.

En visitant Gargagnago, séjour du Dante, je n'ai point éprouvé le mécompte que produisent quelquefois les lieux habités par des hommes célèbres, mécompte que j'ai ressenti à Ferney, et plus tard même à Vaucluse. Le Dante avait composé *le Purgatoire* à Gargagnago, peut-être pendant son exil; *l'Enfer* fut commencé à Florence, au milieu des factions, et *le Paradis* en Frioul, dans le château de Tolmino, et sous cette grotte tranquille que visite encore aujourd'hui le voyageur. Ainsi, les trois parties de ce poëme immortel, ouvrage de la vie entière du Dante, semblent en rapport avec les infortunes et la situation du poète. Comme l'Homère antique, cet Homère des temps modernes a des mots pris aux dialectes des divers pays où le malheur l'avait jeté. Il ne reste à Gargagnago, du temps du Dante, que l'air et le site; mais celui-ci, formé de hautes montagnes, est grave, solitaire, et l'on y sent encore une sorte d'harmonie avec le génie du chantre qui l'habita.

Je ne puis me rappeler ma visite à Gargagnago sans attendrissement et sans tristesse. Cet ancien manoir du Dante était alors le séjour d'une femme distinguée dont j'ai déjà déploré la perte [1]. Mme la comtesse Serego-Alighieri avait composé, à Gargagnago, une bibliothèque des plus rares et des meilleures éditions de ce grand poète: son projet était de lui élever un monument; et elle était véritablement bien digne de porter son nom, par le culte qu'elle lui avait voué; par l'élévation de son esprit et l'ardeur de ses sentimens italiens. Dans le récit de mes courts voyages, j'aime à mêler le souvenir des femmes à celui des hommes illustres, à l'impression toujours nouvelle des beautés de la nature, des merveilles de l'art et de tous les enchantemens qui m'ont ravi: ce souvenir me charme et m'émeut encore au milieu de mes regrets; je voudrais qu'il pût répandre quelque grace sur ces pages languissantes, et donner la fraîcheur et la vie à mes faibles tableaux.

[1] *V.* ci-dessus, ch. XXII.

CHAPITRE XXVIII.

Incaffi. — Maison de Fracastor. — Fracastor. — *Rivoli*. — Bataille.

J'ai visité, sur la colline d'Incaffi, la maison qu'habita Fracastor, située au pied du Montebaldo, entre l'Adige et le lac Garda. Fracastor n'est plus qu'un nom, et cependant il fut un des premiers hommes de son siècle : physicien, astronome, grand médecin, grand poète, il est un nouvel exemple des rapports qui, depuis Apollon, semblent exister entre les deux arts dans lesquels il a excellé, entre l'inspiration du poète et le *coup d'œil* du médecin. La vie honorable et pure de Fracastor ajoute encore à l'admiration pour ses talens ; généreux, sensible, secourable [1], il jouit à Incaffi des vrais biens de l'ame, les lettres et l'amitié. La maison de Fracastor, dégradée au-dedans, est louée dix écus à des paysans qui l'habitent ; mais les murs sont bons, et quelques traces de son ancien état s'y remarquent encore : c'est ainsi que l'on monte au second étage par une espèce d'échelle de bois, tandis que le mur est d'un stuc poli et luisant ; la place de la bibliothèque, la chaise de planche de Fracastor, sont conservées : celle-ci ressemble assez au fauteuil de l'Arioste, que l'on montre à Ferrare, et prouve que les habitudes des

---

[1] De Thou rapporte qu'il exerçait gratuitement la médecine : une de ses pièces les plus touchantes est l'épître sur la mort de ses deux enfans, adressée à l'un des trois frères Torriani, ses amis :

Batte, animos quando tristes, curasque levare
Musa potest........................

gens de lettres de cette époque étaient fort peu sybarites. Je me suis rappelé le fauteuil de M. l'abbé Morellet, qui avait, sur ce point, beaucoup plus d'imagination que Fracastor et l'Arioste. Fracastor, toutefois, ne paraît pas insensible au *comfortable*, car il y a des cheminées dans toutes les pièces de sa maison, espèce de luxe pour le temps. Les meurtrières pratiquées dans les chambres, à travers le mur de l'escalier, au-dessus de la porte, afin d'observer et de repousser les *Bravi*, montrent quelle était la violence et les troubles d'alors : cette maison de poète et de médecin est véritablement une petite citadelle. La vue est suffisamment étendue, mais pour découvrir tout le lac, il faut monter quelques minutes ; et j'avoue que je préfère cette sorte de vues que l'on est obligé d'aller chercher, à celles qui sont perpétuellement sous les yeux, et auxquelles on finit par ne plus songer. Fracastor habitait Incaffi lorsqu'il fut appelé à Trente pour être médecin du concile : combien de fois ne dut-il pas regretter, au milieu du fracas théologique, et même des bals et des fêtes que donnaient les pères, ses bois, ses livres et le calme de sa retraite ! C'est à Incaffi que, pendant une peste qui ravageait Vérone, Fracastor composa ce poëme si chaste, dont le titre l'est beaucoup moins [1], ouvrage charmant, qui n'a d'autre défaut que d'être adressé à Bembo, et de contenir fréquemment l'éloge de cet homme corrompu, sans élévation, et plus digne du sujet que des vers.

[1] *La Syphilis*. Un poëme fort médiocre, sur le même sujet, avait précédé celui de Fracastor : il est de George Sommaripa, véronais, et fut imprimé à Venise, avec d'autres opuscules, en 1487. Ce livre, très rare, avait été indiqué à M. Bossi (notes sur l'histoire de la *Vie et du pontificat de Léon X*, VII, 323, 4) par M. François Testa, de Vicence, bibliographe très instruit, et dont je ne puis oublier l'activité, la science et les bontés.

J'ai lu avec enchantement les vers de Fracastor à Incaffi; il est le Virgile de ces beaux lieux, qui, après trois siècles, conservent encore le même aspect. Mais il faut avouer que le Montebaldo, les bords du lac Garda, et l'azur transparent et agité de ses eaux, sont bien supérieurs à la plaine humide et au marais bourbeux de Mantoue. L'imitation virgilienne de Fracastor n'est pas seulement une imitation extérieure et de forme, une imitation de mots et de sons, comme celle de la plupart des versificateurs latins modernes; il y a dans ses vers une chaleur, une sensibilité véritables, et cette émotion de l'ame à la fois éprise des beautés de la nature et passionnée pour le bien du pays. On croirait entendre comme un écho lointain mais sonore du chalumeau et de la lyre du poète romain. Peut-être même les vers patriotiques de Fracastor, inférieurs pour l'expression à ceux de Virgile, sont-ils au-dessus pour les sentimens : c'est l'Italie tout entière qu'il embrasse dans ses plaintes, dans ses gémissemens, dans sa désolation [1];

---

[1] Afin de justifier mon enthousiasme pour Fracastor, poëte que peu de personnes lisent, je rappellerai quelques uns des vers qui m'ont charmé à Incaffi, chez un hôte éclairé et généreux, très digne de les sentir :

Ausonia infelix, en quo discordia priscam
Virtutem, et mundi imperium perduxit avitum.
Angulus anne tui est aliquis, qui barbara non sit
Servitia, et prædas, et tristia funera passus ?
Dicite, vos, nullos soliti sentire tumultus,
Vitiferi colles, quà flumine pulcher amœno
Erethenus fluit, et plenis lapsurus in œquor
Cornibus, Euganeis properat se jungere lymphis.
  O patria ! o longum felix, longumque quieta
Ante alias, patria o divum sanctissima tellus,
Dives opum, fœcunda viris, lætissima campis
Uberibus, rapidoque Athesi, et Benacide lympha,
Ærumnas memorare tuas, summamque malorum
Quis queat, et dictis nostros æquare dolores,
Et turpes ignominias, et barbara jussa ?

sa douleur n'est pas cette douleur de propriétaire, toujours un peu égoïste, du berger-courtisan Tytire, qui s'apaise si aisément dès qu'Octave lui a rendu son bien, et dont toute la commisération ne va pas plus loin qu'à offrir à coucher pour une nuit sur du feuillage vert (*fronde viridi*), au berger fugitif.

Ma promenade du matin à la maison de Fracastor et aux environs est un de mes plus doux et plus vifs souvenirs : le roc de Minerbe, de l'autre côté du lac Garda, frappé des premiers rayons du soleil, semblait comme un bloc de granit rose ; du rocher qui forme la cime de la hauteur d'Affi, je dominais, d'un côté, tout le lac ; de l'autre, la vallée de l'Adige, et devant moi étaient les hautes montagnes du Tyrol. C'est au pied de cette hauteur que fut défait et pris, à la bataille de Rivoli, le général autrichien Lusignan, malgré la beauté de son nom, par ces généraux français de la république, jeunes

Abde caput, Benace, tuo et te conde sub amne,
Victrices nec jam Deus interlabere lauros.

Indépendamment de la beauté des détails, le poëme de Fracastor se distingue par le mérite de l'invention : l'épisode du jeune homme victime de la nouvelle contagion est très touchant, et je doute que nos poëtes descriptifs aient de plus jolis vers que ceux-ci sur le citronnier et la limonade :

Sed neque carminibus neglecta silebere nostris
Hesperidum decus, et Medarum gloria, citre,
Sylvarum : si fortè sacris cantata poetis
Parte quoque hac medicam non dedignabere Musam.
Sic tibi sit semper viridis coma, semper opaca,
Semper flore novo redolens : sis semper onusta
Per viridem pomis sylvam pendentibus aureis.
Ergo, ubi nitendum est cœcis te opponere morbi
Seminibus, vi mira arbor cithereia præstat.
Quippe illam Citherea, suum dum plorat Adonin,
Munere donavit multo, et virtutibus auxit.

Hippolyte Pindemonte a composé une fort belle épître sur Fracastor, son compatriote véronais : elle est comme une heureuse inspiration des vers et des sentimens de ce poète. Vérone, 1803.

et nouveaux maîtres de l'art de la guerre, vainqueurs des tacticiens de la vieille école, battus probablement dans toutes les règles. J'avais sous les yeux le champ de bataille de Rivoli, vallon resserré, victorieuses Thermopyles, dans lequel toute autre armée se serait rendue sans l'intrépide fermeté de son chef, qui, le soir même, allait détruire et prendre Provera sous Mantoue. C'étaient là les beaux jours de Bonaparte. Je retrouvai, en visitant dans la journée le champ de bataille même et l'immortel plateau, la trace des trois canons de notre batterie, sillon glorieux que la terre, aujourd'hui parée de gazon et de fleurs, semble garder avec orgueil. La bataille de Rivoli est un des premiers faits d'armes de l'histoire militaire du monde ; l'admiration qu'elle excite redouble encore à l'aspect des lieux, qui rendent plus sensibles la rapidité, le courage et la constance des combattans : pour ajouter au prodige de cette journée, c'étaient deux généraux italiens, Bonaparte et Masséna, qui triomphaient en Italie, sinon pour elle.

J'eus occasion d'entretenir, à Rivoli, un homme qui a dans le pays une sorte de célébrité ; c'est Mosca (beau nom de contrebandier), métier qu'il exerçait lors de la bataille. Mosca fut consulté sur les chemins par Bonaparte ; il le porta sur ses épaules à un passage escarpé du mont S.-Marc, sur le bord de l'Adige ; il n'a rien voulu demander, dit-il, et n'a reçu pour récompense que son pour-boire et la permission de faire un peu plus aisément la contrebande. Retiré depuis vingt-cinq ans, après trente années d'exercice, Mosca est un vieillard de quatre-vingt-trois ans, très gai ; il est devenu petit propriétaire (*contadino*); il récolte du blé, du vin, et je le trouvai au milieu des champs qui travaillait. Mosca ne sait ni lire ni écrire ; il avoue, au reste, franchement dans ses récits de la bataille, qu'il avançait ou reculait selon la chance du combat, et il aurait bien pu, à la manière de Sosie, prendre

> Un peu de courage
> Pour nos gens qui se battaient.

Malgré son espèce d'exploit et sa bonne fortune militaire, Mosca ne paraît pas très partisan des Français, et il est resté attaché à l'ancien régime du gouvernement de Venise.

CHAPITRE XXIX.

Azzano. — La grande Isotte. — Femmes littéraires en Italie.

Azzano fut le séjour de la grande Isotte Nogarola, femme savante, philosophe et théologienne, célèbre par son dialogue sur la faute de nos premiers parens, dans lequel elle plaide pour Ève contre Adam, défendu par son frère, devant le podestat Navagero, qui donne ses conclusions. La scène se passe le matin à Azzano, et les avocats et le juge, comme il était alors d'usage, prennent leurs argumens dans Aristote, Cicéron, Hippocrate même, Ovide et les Pères. Isotte a composé une élégie latine en l'honneur d'Azzano, dont elle fait poétiquement remonter le nom à la nymphe de Sicile, Cyané, chargée par Cérès de garder sa fille, soin dont elle s'était assez mal acquittée, et qui, après l'enlèvement de Proserpine, s'était enfuie en Italie. L'élégie d'Isotte se termine par des vœux pour la prospérité et l'honneur de la famille Nogarola, vœux qui paraissent en ce dernier point avoir été exaucés [1]; elle souhaite

[1] Le général Nogarola, mort en 1827, quoique ennemi des Fran-

aussi à Azzano, avec la formule ordinaire, une douce température, de claires fontaines, des prés fleuris, une eau pure; mais n'y a-t-il pas quelque chose d'un peu grossier dans le désir d'y voir rouler le sable opulent du Pactole, et cela ne rappelle-t-il pas le vers de Petit-Jean ?

Mais sans argent l'honneur n'est qu'une maladie.[1]

L'ancien manoir d'Isotte n'est aujourd'hui qu'un château tout neuf, non encore achevé, avec un parc à l'anglaise, de grandes prairies et une belle rivière aussi nouvellement créée. Son allée existe encore; elle est fermée par une vieille grille, et l'on y voit quelques vieux chênes décrépits, ses contemporains. Le portrait d'Isotte est dans une des pièces du château; ses traits sont gros et forts; son air est assez commun; elle est vêtue de noir et de blanc, et, sauf le voile, son costume ressemble assez à celui d'une sœur grise : au bas est une

çais, fut un ennemi généreux; il en sauva plusieurs lors du massacre de Vérone, en 1797. « L'histoire, dit M. Daru, lui doit cet honorable témoignage. » (*Hist. de Venise*, Liv. xxxvi, 4.) La famille Nogarola n'est pas moins illustre par son antiquité que par les talens de l'esprit : indépendamment d'Isotte, Tiraboschi a cité le poète Jérôme, l'historien Louis ; et parmi les femmes, l'ab. Louis Federici, auteur des *Ritratti di alcune donne veronesi* (Vérone, 1826), indique, avec Isotte, six autres femmes littéraires de ce nom, Laura, Giulia, Lucia, Antonia, Ginevra et Angela. M. Bossi (t. XII, p. 214 des notes de la traduction *de la Vie et du pontificat de Léon X*) a le premier fait connaître Jean Nogarola, autre poète de cette noble famille, dont les sonnets, en grand nombre, se trouvent dans le recueil manuscrit de pièces italiennes du xve siècle déjà cité (chap. xxiii), et sont, dit-il, peut-être les meilleurs. Un de ces sonnets est adressé à Thomas Cambiatore, poète de Reggio, traducteur en vers de l'*Énéide*, et couronné à Parme en 1432.

[1] Les autres ouvrages d'Isotte sont : *Lettres, Discours inédits*, passés de l'Ambrosiennne à la Bibliothèque royale de Paris; *Discours latin à l'évêque Ermolao Barbaro; Éloge de S. Jérôme; Lettre latine à Louis Foscarini.*

inscription latine portant que l'on ne sait si elle fut plus admirable par sa science que par ses mœurs [1]. Ce portrait, toutefois, est postérieur de plus de deux siècles à Isotte, puisqu'il a pour date l'année 1666; un autre portrait que j'ai vu dans la bibliothèque de l'université de Bologne, et qui provient de la bibliothèque du cardinal Philippe Monti, offre la même physionomie. Il est fort probable qu'Isotte n'aura point été flattée dans ces tardifs portraits; elle dut avoir de la beauté, puisque son ancien maître, le docte Mathieu Bosso, s'étant attaché à l'église après avoir achevé son éducation et ayant été nommé chanoine, craignit de retourner dans la famille Nogarola dont il avait long-temps été l'ami, afin, comme l'écrivait assez singulièrement un correspondant de Bessarion, d'échapper aux distractions qu'auraient pu lui causer les attraits de son élève. [2]

La grande Isotte Nogarola, quoique morte dans un âge peu avancé [3], obtint, par son savoir et ses écrits, une haute célébrité : un des principaux avait été son discours adressé au pape Pie II et aux princes réunis à Mantoue, afin de les inviter à se croiser contre les Turcs [4]; elle avait mérité les éloges d'Ermolao Barbaro,

[1] La plupart des femmes d'Italie, célèbres alors par leur savoir, n'étaient pas moins illustres par la rigidité de leurs principes; quelques unes même ne paraissent pas sans une sorte d'exaltation et de manie; telle est la fameuse Véronique Gambara, de Brescia, née dans le même siècle qu'Isotte : veuve dès sa jeunesse, elle porta jusqu'à sa mort le deuil de son époux; ses appartemens restèrent tendus de noir; son carrosse fut toujours de la même couleur, et elle n'eut jamais de chevaux que les plus noirs qu'elle pût trouver.

[2] V. un curieux recueil de Lettres inédites, publiées à Padoue, par M. Barthélemi Gamba, vers 1824.

[3] Elle mourut à trente-huit ans. Quelques biographes lui donnent dix ans de plus; quoique l'âge de trente-huit ans dure ordinairement chez les femmes un certain nombre d'années, on a peine à supposer une pareille faiblesse de la part d'une personne aussi philosophe et aussi raisonnable qu'Isotte.

[4] La princesse Hippolyte Sforze, dont il est parlé à la page sui-

de Mario Philelphe, et excité l'admiration du cardinal Bessarion, qui de Rome était venu la visiter à Vérone. Un tel suffrage suffit à sa gloire. Au milieu de ce grand mouvement intellectuel de la renaissance, les femmes ne furent ni sans zèle, ni sans ardeur; c'étaient des reines, des princesses, des dames de la plus haute naissance, qui se livraient avec enthousiasme aux nouvelles études : le premier livre grec imprimé en Italie, la Grammaire de Constantin Lascaris, avait été composé pour une femme, la fille du duc François Sforze, mariée au prince Alphonse, depuis roi de Naples [1]; l'Arioste a donné la liste poétique et incomplète de ces femmes illustres qui aimèrent, cultivèrent et protégèrent les lettres [2]. Cette haute origine de la science semble lui avoir conservé chez les Italiennes une sorte de dignité qu'elle n'a point ailleurs; leur instruction, profonde quand elle n'est pas nulle, n'a point le caractère pédantesque de nos femmes savantes ou des bas bleus d'Angleterre. Ce savoir, qui se rattache à la découverte de

vante, s'était même rendue à Mantoue et avait prononcé devant le pape un discours sur le même sujet, autrefois à l'Ambrosienne et publié par Monsig. Mansi (t. II, 192), discours auquel Pie II avait répondu avec beaucoup de bienveillance. Ces femmes, si ardentes contre les Turcs, sont comme les dames quêteuses du comité grec. Un petit livre intitulé *le Donne più illustri del regno Lombardo veneto*, déjà cité (Liv. IV, ch. VIII), faillit à être arrêté en 1828 par la censure de Milan, pour avoir rapporté ces derniers faits.

[1] Milan, Denis Paravisino, 1476. Hippolyte Sforze n'était pas moins savante dans la langue latine; cette princesse avait transcrit presque tous les classiques latins. On voit, dans la bibliothèque du couvent de Sainte-Croix de Jérusalem à Rome, une belle copie de sa main du traité *de Senectute* de Cicéron, avec un grand nombre de pensées recueillies par elle.

[2] *Orland. fur.*, c. XLVI, str. 3 et suiv. *V*. aussi l'ouvrage de Mme Ginevra Canonici Fachini, de Ferrare, déjà cité : *Prospetto biografico delle donne italiane rinomate in letteratura*, et qui est précédé de la réfutation pleine de sens des faux jugemens portés sur les femmes italiennes par lady Morgan.

l'antiquité, a quelque chose de grand et de viril; il ne date point de l'hôtel de Rambouillet, et n'a point été à sa naissance immortalisé sur la scène par le ridicule. Le pays, l'aspect des lieux, les noms qu'ils portent, les souvenirs qu'ils rappellent, rendent aussi en Italie l'érudition des dames moins étrange, et leur latin y paraît moins une langue savante qu'une autre espèce de langue maternelle. J'ai connu quelques uns de ces docteurs de Vérone, de Padoue, de Venise, de Bologne; c'étaient des femmes aimables, gaies, naturelles, d'excellente compagnie, qui avaient eu de la beauté et aimaient le plaisir; moins agitées, moins tourmentées, moins passionnées peut-être que Corinne, elles n'avaient pas moins de charme dans l'esprit ou le caractère.

CHAPITRE XXX.

Pont de *Véja*. — Premier type des ponts des enfers chrétiens.

Le pont naturel de Véja, dans les montagnes du Véronais, est une des choses les plus curieuses que j'aie rencontrées. On dirait que la nature n'a pas craint de donner aussi son morceau d'architecture (comme Scamozzi appelait ce pont) dans le pays même qui, depuis Vitruve, né à Vérone, jusqu'à San Micheli, Scamozzi et Palladio, semble la patrie des plus grands architectes. L'arche majestueuse du Pont de Véja est de rocher, et sa rivière, limpide cascade, qui ne tarit jamais, coule au milieu du gazon, de jeunes arbrisseaux, glisse sur une large pierre polie par ses eaux, garnie, encadrée d'un lit de mousse, et forme, plus bas, une charmante fontaine. Ce pont sauvage est décoré de légers festons de verdure, qui pendent pittoresquement, et que le vent balance au-dessous de son arche. Les vallées voisines, que l'on traverse avant d'y arriver, sont véritablement infernales pour l'aridité et la désolation. Le Dante avait parcouru ces montagnes; il est fort probable que le pont de Véja lui donna l'idée des ponts de son Enfer, dont le pont jeté sur le chaos par Milton, entre l'Enfer et la terre, est une grande imitation. Premier type des ponts de l'Enfer chrétien, machine nouvelle, et qui ne se trouve point dans les peintures du Tartare, le pont de Véja aurait ainsi, comme on voit, une rare importance poétique. Nous avons déjà remarqué, au sujet de Roméo et Juliette, la rencontre de Shakspeare à Vérone; Milton se retrouve aux environs. Singulière inspiration du génie des premiers poètes anglais, dont la source est au pied des Alpes, et dans une province d'Italie!

A côté du pont de Véja est une grotte souterraine, longue et haute caverne formée de rochers. Si le Dante la visita jamais, et si les cicerone qui le conduisirent eurent le même luxe de torches, et jetant une aussi noire fumée que celle des nôtres, il put trouver dans cette expédition comme une scène de démons pour son poëme; mais la mare bourbeuse de la grotte (j'en sais quelque chose) était bien loin de ce fleuve de l'Enfer formé des larmes de tous les malheureux.

CHAPITRE XXXI.

Tempio della Madonna di Campagna. — Davila. — Exhumations historiques.

A côté de Vérone est le *Tempio della Madonna di Campagna,* charmant édifice de San Micheli et de son digne neveu Jean Jérôme. L'historien Davila, par une catastrophe qui semble le rapprocher des personnages de son histoire, exemple qui n'est pas le seul de cette sanglante époque, fut assassiné d'un coup d'arquebuse non loin du *Tempio della Madonna.* Son tombeau, retrouvé en 1822, par les soins de M. le comte Persico, alors podestat, est dans l'église, et l'ancienne inscription : *Henrici Catherini Davila cineres,* 1631, a été rétablie. Le prénom de Davila, filleul de Catherine de Médicis, explique l'apologie et la justification qu'il a faite de sa conduite et de sa vie : historien éloquent [1], fanatique, narrateur indifférent de la S.-Barthélemi, il censure amèrement l'amiral, qui semble à peu près, selon lui, n'avoir reçu que ce qu'il mérite. Cette dé-

---

[1] Le siége de Paris, liv. xi de l'*Histoire des guerres civiles de France*, est très beau ; au liv. x, les imprécations de Henri III contre Paris, peu de temps avant sa mort, lorsqu'il parcourt à cheval les hauteurs de Saint-Cloud, sont remarquables par une teinte de déclamation presque moderne ; elles auraient pu se retrouver dans la bouche de quelques uns des chefs étrangers que nous avons vus à la même place en 1815, lorsque Saint-Cloud était le quartier-général prussien : *Parigi, tu sei capo del regno, ma capo troppo grosso e troppo capriccioso : è necessario che l'evacuazione del sangue ti risani, e liberi tutto il regno dalla tua frenesia; spero che fra pochi giorni qui saranno non le mura, non le case, ma le vestigie solo di Parigi.*

couverte du tombeau de Davila peut se rapprocher d'autres exhumations remarquables qu'a vues notre siècle : Charles Ier a reparu en Angleterre depuis la mort de Louis XVI; Jacques II a été retrouvé à Saint-Germain : on dirait que ces morts curieux sont revenus au bruit d'événemens semblables à ceux dont ils avaient été témoins ou victimes. Ainsi, l'historien de la S.-Barthélemi apparaît après les meurtres de septembre et les proscriptions de la terreur, comme pour se convaincre que les passions humaines, soit qu'elles se parent des noms de religion ou de liberté, ne sont à aucune époque, ni moins violentes, ni moins cruelles.

La coupole du temple où repose l'historien des guerres civiles de France, devint, dans la campagne d'Italie, comme l'observatoire militaire de nos victorieux capitaines; mais lorsque j'y montai, on n'y entendait plus que la fusillade et le canon des Autrichiens qui faisaient la petite guerre dans la plaine de *Campo-fiore*.

CHAPITRE XXXII.

Arcole. — Obélisque.

ARCOLE est un de ces noms rendus magiques par la victoire, un de ces lieux qui témoignent des plus grands efforts du courage français. La méprise du général, si elle existe [1], est ici réparée et couverte par l'intrépi-

---

[1] Bonaparte paraît avoir répondu au reproche qui lui avait été adressé d'avoir mal choisi son point d'attaque, et de n'avoir point passé l'Alpòn à son embouchure, le premier ou le second jour de la bataille, comme il le fit le troisième : l'armée française avait éprouvé

dité du soldat. L'obélisque élevé sur le bord de l'Alpon, en mémoire de la bataille d'Arcole, est encore debout, mais il est dépouillé de ses inscriptions. La couronne de fer, l'N impérial ont disparu, et leurs traces inspirent moins de regrets. C'est Buonaparte, c'est le général de l'armée d'Italie, et non le roi de cette même Italie, que l'on cherche à Arcole; le capitaine est là bien au-dessus du prince, et la couronne de chêne des triomphateurs de Rome aurait mieux été à ce monument, que la gothique couronne des rois lombards.

A côté de l'obélisque mutilé était un arbre desséché et rompu, qui semblait associer le deuil de la nature à celui de la gloire. Une troupe de moissonneuses travaillaient dans les champs voisins; une d'elles, armée de sa faucille, voulait m'expliquer cette grande bataille de trois jours, livrée *après la S.-Martin*, quand l'Alpon était bien plus enflé que je ne le voyais, car ce torrent n'avait alors qu'un filet d'eau.

Le petit pont d'Arcole (qui n'a point les grandes proportions qu'on lui donne dans nos estampes patriotiques) est resté de bois et sans parapet; il aurait pu être fait de pierre à l'occasion du monument, qui, dans sa magnificence impériale et militaire, semble un peu égoïste. Un pont de village a son prix, même à côté de l'obélisque le plus glorieux et le plus mérité.

des revers depuis huit jours, il ne pouvait s'exposer dans la plaine avec treize mille hommes contre trente mille, et l'équilibre ne fut un peu rétabli entre les deux armées que le troisième jour, par les avantages obtenus successivement les deux premiers. *Mémoires pour servir à l'histoire de France sous Napoléon, écrits à Sainte-Hélène, par les généraux qui ont partagé sa captivité.* T. Ier, écrit par M. le général de Montholon, p. 19.

CHAPITRE XXXIII.

Colognola. — Bonfadio. — *Illasi.* — Architectes-amateurs. — Panthéon. — *Purga di Bolca.* — Fossiles.

Colognola fut habité et chanté par Bonfadio [1]; la maison dans laquelle il avait été reçu, probablement par quelque seigneur espagnol,

Magnæ Alcon silvis cognitus hesperiæ,

est voisine de la grande villa Portalupi : le petit jardin est plutôt une terrasse d'où la vue est fort belle et s'étend sur toute la vallée. Des ifs taillés, des cyprès ont remplacé les coudriers à l'ombre desquels Bonfadio avait reçu de sa Phillis ce baiser platonique, volupté subtile et glacée, qui ne ressemble point à l'*âcre baiser* de Julie. Les cyprès sont, au reste, nombreux dans le Véronais; ils y perdent ainsi, comme en Grèce, leur caractère funèbre, et ce bel arbre est même d'un fort bon rapport pour les propriétaires. J'eus quelque peine à retrouver cette maison de Bonfadio; les gens du village me renvoyaient toujours à la maison del signor Bonifacio, et cela me parut un nouvel exemple du peu de popularité des noms littéraires, depuis que la littérature est devenue une étude et une science de cabinet.[2]

Les lettres de Bonfadio, malgré quelque recherche [3], sont intéressantes par la passion philosophique et littéraire qu'elles respirent : *il pensar è il viver mio*, écrit-

---

[1] *De villa Coloniola.* Cette pièce est la seconde de ses trois pièces latines.

[2] *V.* ci-dessus, les ch. x et xviii.

[3] *V.* plus haut, ch. xiii.

il à Benoît Ramberti, ami d'Alde Manuce [1] ; ses lettres à celui-ci, sont le plus bel éloge de ce grand imprimeur [2] : quelques traits des mœurs du temps paraîtront aujourd'hui singuliers : *Questo verno ho letto il primo della Politica d'Aristotele in una chiesa ad auditori attempati, e più mercanti che scolari... Morì il vescovo di Consa mio padrone : era un giovane il più robusto ch' io conoscessi mai; affrontava gli orsi, ed ammazzava i porci selvaggi; era un Achille.* [3]

Non loin de Colognola sont les châteaux des comtes Pompei, ancienne famille véronaise : celui du comte Alexandre, bâti en 1737, est de sa propre architecture, ainsi que le porte l'inscription. Une particularité distingue l'école d'architecture vénitienne, c'est qu'elle a produit, outre d'habiles architectes de profession, un assez grand nombre d'amateurs, appartenant aux classes élevées de la société, et tout-à-fait dignes du nom d'ar-

---

[1] *La pensée est ma vie*, p. 25 de l'édition de Bologne, 1744, in-12.

[2] *Troppo occupata, e faticosa in vero è la vita vostra : nè so a che fine ciò facciate : per arrichire ? non credo : perchè voi non misurate le ricchezze con la storta regola del volgo, e dei beni di fortuna, secondo i desiderj vostri avete assai : e se le cose veramente sono di chi le usa bene, siete un gran signore... E poichè avete indrizzato il corso della nobile industria vostra a sì bel fine, non bisogna che piegate punto; benchè per giudizio mio oramai potreste talor riposare. Andava gli anni passati la lingua latina rozza, e come forestiera smarrita. Il padre vostro la raccolse in sua casa, e la ridusse a politezza principiandole un bellissimo edifizio...* Il l'invite à ne point sortir et même à ne pas se lever à cause du vent.... *Mentre che dura questo tempo, non uscite, non dirò di casa, ma non uscite di letto; ponete nel conservarvi maggior cura che fin' ora non avete posto; avete troppo grand' animo : l' ingegno è maggiore; ma le forze ove sono? viviamo, Messer Paolo, viviamo.* Id., p. 11 et 12.

[3] « J'ai lu cet hiver le premier Livre de la *Politique d'Aristote* dans « une église de Gênes, à des auditeurs sur l'âge, et plutôt marchands qu'écoliers..... L'évêque de Consa vient de mourir : c'était « le jeune homme le plus robuste que j'aie connu; il affrontait les « ours et tuait les sangliers : c'était un Achille. » *Id.*, p. 54 et 17.

tistes par leur savoir et le style de leurs constructions. Le comte Alexandre Pompei est au premier rang de ces illustres amateurs : le château d'Illasi fut son coup d'essai; bientôt s'élevèrent, sur ses dessins, aux environs de Vérone, de semblables palais pour le marquis Pindemonte et le comte Giuliari, palais qui sont comme des traditions du goût de Palladio, et Vérone elle-même lui dut le bel édifice de sa douane.

A Ste.-Marie *delle Stelle* est un souterrain appelé du nom pompeux de *Panthéon*, sujet de nombreux et incertains mémoires des érudits véronais, antique monument pavé à quelques endroits d'une belle mosaïque de diverses couleurs, dans lequel se voit encore, en caractères romains très lisibles, l'inscription : *Pomponiæ Aristocliæ Alumnæ*, mise sur un piédestal au-dessous d'un bas-relief grossier représentant la mort de la Vierge; car cette espèce d'antre de Trophonius, ainsi que l'appelle le chanoine Dionisi, devint une chapelle dédiée, en 1187, par le pape Urbain III, à Marie et à S. Joseph, et celui-ci, par un bizarre anachronisme, tient même entre ses bras l'Enfant Jésus dans le bas-relief de la mort de Marie.

La vallée de *Ronca*, environ à quinze milles de Vérone, est célèbre en Europe par ses coquillages, ainsi que la carrière d'un schiste calcaire remplie de squelettes de poissons fossiles, appartenant à des mers lointaines, d'espèces ignorées ou perdues, et entassés au pied de la montagne *Purga di Bolca*, preuves certaines des révolutions de notre globe, victimes et débris de catastrophes reculées, monumens curieux, antiquités de la nature, reconnus, expliqués de nos jours par ses savans et ingénieux interprètes. [1]

---

[1] *V.* la dernière édition des *Recherches sur les ossemens fossiles*,

CHAPITRE XXXIV.

Montebello. — VICENCE. — Basilique. — Bibliothèque. — Théâtre olympique. — Académie olympique du XVIᵉ siècle. — Idéal des arts d'imitation. — Maison de Palladio. — Palais. — Églises. — Erreurs de tradition sur l'Italie.

Je m'arrêtai une nuit à *Montebello*, gîte affreux et gros village qu'encombrait alors un nombreux détachement d'infanterie autrichienne en passage, mais qui me rappelait une victoire, et l'un des nouveaux noms historiques de la France.

Vicence est célèbre par la naissance et les palais de Palladio, dont le goût, à l'époque même de la décadence, s'y est constamment transmis et maintenu. Mais la saleté de la ville et les vilaines boutiques de la place nuisent à la beauté de ses monumens. Une ordonnance de police serait là singulièrement utile à l'art.

Le palais public appelé la Basilique est une vaste et magnifique restauration qui a commencé et étendu la réputation de Palladio : cette ancienne construction gothique, renouvelée sans disparate par un si habile maître, est devenue un chef-d'œuvre plein de goût, de correction et de pureté. Quelques chefs-d'œuvre des maîtres de l'école vénitienne sont à ce palais. La demi-lune représentant : *les deux Recteurs de la ville aux pieds de la Vierge*, sous un riche pavillon avec S. Marc; majestueuse composition, l'une des meilleures du Bas-

par M. le baron Cuvier, t. IV, p. 218 et suiv., et la *Description géologique des environs de Paris*, par le même et par M. Alexandre Brongniart, insérée dans cette dernière édition, t. II, p. 426 et suiv.

san; le *Podestat Vincent Dolfin*, *avec la Paix, la ville de Vicence, un vieillard, et la Renommée dissipant les Vices*, tableau de même grandeur, de Jules Carpioni, idéal et vrai; le *Martyre de S. Vincent, la nuit, en présence du tyran*, un des plus excellens ouvrages d'Alexandre Maganza; la *Vierge, Ste. Monique, Ste. Marie Madeleine adorant l'Enfant Jésus*, avec un beau paysage; la *Vierge présentant son Fils à Siméon*, de Barthélemi Montagna; une *Ste. Catherine*; la *Vierge pleurant le Christ mort, avec S. Jean et Marie Madeleine*, du Marescalco, bon peintre vicentin du xve siècle; l'*Adoration des Mages*, grandiose, de Fogolino; la *Vierge, l'Enfant Jésus, S. Jacques et S. Jérôme*, du Conegliano; la *Vierge dans les airs au milieu des anges et des chérubins*, au-dessus le Père éternel et au bas un apôtre et S. Jérôme, du vicentin Vincent Speranza.

La *Loggia* du palais *Prefettizio*, occupé maintenant par la délégation, est un monument de Palladio. Quelques bonnes peintures sont d'Antoine Fasolo, peintre vicentin du xvie siècle, imitateur de Paul Véronèse, savoir: *Mucius Scævola se brûlant la main; Curtius se précipitant dans le gouffre; et Horatius Coclès combattant sur le pont Sublicius*.

La bibliothèque de Vicence, dite la *Bertoliana*, du nom de son fondateur, le comte Jean Bertolo, jurisconsulte célèbre et consulteur de la république Vénitienne, a 36 mille volumes et environ 200 manuscrits. Le conservateur est M. l'abbé Savi, homme d'une obligeance et d'une politesse parfaites. Elle offre quelques beaux articles, tels sont une édition princeps de Pline, superbe exemplaire, le second livre imprimé à Venise, et d'autres éditions princeps de Tite Live, de Quintilien, de Pétrarque; un décret de Gratien sur parchemin d'une belle conservation [1] ; un Arioste sur vélin qui n'a point échappé aux laborieuses indications de M. Brunet [2] ; il est orné du portrait de l'Arioste d'après Titien ; les manuscrits principaux sont : deux Bibles, l'une in-8°, l'autre trois volumes in-folio du XIII° siècle, dont il manque un volume, et qui appartenait, en 1248, à un évêque de Vicence, Barthélemi Braganze, qui la légua aux frères dominicains ; un Virgile du XIV°, et un Catulle, Tibulle et Properce du XV°.

Le Théâtre olympique de Vicence, construit sur les dessins de Palladio après sa mort, est un monument noble, élégant, curieux ; il a la forme d'un théâtre antique. Les membres de l'académie olympique, qui le firent bâtir, y représentaient, dans le XVI° siècle, les pièces de Sophocle et d'Euripide, traduites en vers italiens, imitations stériles qui, jusqu'au temps d'Alfieri, devaient laisser l'Italie sans théâtre tragique. « L'inauguration du théâtre de Vicence, dit M. Daru, fut faite par l'académie olympique de cette ville, qui représenta l'OEdipe grec traduit par Orsato Justiniani, noble vénitien » [3]. Louis Grotto, auteur dramatique lui-même et aveugle, y jouait le rôle d'OEdipe, du moins

---

[1] Venise, 1474, in-fol.

[2] Ferrara, Francesco Rossi da Valenza, a dì primo Ottobre 1532, in-4°. On ne connaît que quatre autres exemplaires de cette édition sur vélin, savoir : à la Barberini de Rome ; chez le comte Garimberti, de Parme ; chez M. Joseph Valletta, de Naples ; le cinquième exemplaire a été vendu en Angleterre. Cette édition fut la dernière publiée du vivant de l'Arioste ; il la corrigeait sur les épreuves ; on prétend qu'elle fut cause de sa mort, tant il était mécontent de l'imprimeur, et il avait écrit à son frère Galasse qu'il était *mal servito in questa ultima stampa et assassinato*. L'édition de 1532 est la première qui ait les quarante-six chants ; les deux éditions précédentes, données par l'Arioste, n'en avaient que quarante ; les chants ajoutés furent les XXXIII°, XXXVII°, XXXIX°, XLII°, XLIV° et XLV° ; elle était la onzième des éditions publiées depuis la première de 1516.

[3] *Hist. de Venise*, Liv. XL, VIII.

pendant le dernier acte, lorsque OEdipe entre sur la scène, après s'être arraché les yeux. L'infirmité de Grotto n'ajouta point, je crois, à la perfection de son jeu; elle devait nuire, au contraire, à cette sorte d'*idéal*, condition première des arts d'imitation, et, sans doute, il fut mieux inspiré par cette admiration, par cette passion que ressentaient alors pour les chefs-d'œuvre antiques les gens de lettres de la renaissance. C'est à Vicence, selon Voltaire, que fut jouée, en 1514, la Sophonisbe du Trissin, dont il fait un prélat, et même un archevêque, quoique le Trissin eût été marié deux fois et ait eu quatre enfans [1]. La Sophonisbe italienne fut la première de nos tragédies régulières [2]. Vicence est ainsi le berceau de la triple unité, et dans ces jours de désolation, cette ville doit être sacrée pour tout bon classique.

La petite maison dite de Palladio, est un chef-d'œuvre, mais elle ne fut point sa propriété, comme on le croit communément; elle lui fut commandée par la famille Cogolo, de Vicence, qui peut-être ensuite la lui aura louée; elle fut seulement surnommée petite par comparaison avec les autres palais plus grands qu'il y a bâtis.

Les palais construits sur les dessins de Palladio sont le palais Chiericato; le célèbre palais Tiene, dont quelques parties seules ont été exécutées; le palais Porto-

---

[1] La seconde inadvertance de Voltaire paraît s'expliquer : dans la dédicace de sa *Sophonisbe*, il dit que « le prélat Georgio Trissino, « par le conseil de l'archevêque de Bénévent, voulant faire passer « l'art tragique de la Grèce chez ses compatriotes, choisit le sujet de « Sophonisbe pour son coup d'essai. » C'est Trissino lui-même qui est devenu archevêque de Bénévent dans l'*Essai sur les mœurs et l'esprit des nations*, ch. CXXI.

[2] Malgré les contestations des érudits, la *Rosmunda* de Jean Bernard Ruccellai, jouée à Florence devant Léon X, ne le fut, à ce qu'il paraît, qu'en 1515.

Barbaran, qui a subi quelques ornemens de mauvais goût étrangers à l'illustre architecte; le palais Folco, dit Franceschini, d'une si majestueuse simplicité; le palais Valmarano, un de ses plus habiles chefs-d'œuvre; le palais Trissino *dal Vello d'oro* qu'il fit à vingt ans.

Le palais Trissino, un des plus beaux de Vicence et chef-d'œuvre de Scamozzi, élevé sur ses dessins pendant qu'il était à Rome, parut alors l'ouvrage d'un artiste qui n'avait plus rien à apprendre. Le palais Cordellina, du Calderari, bon architecte vicentin de la fin du dernier siècle, dont le tiers seul est terminé, ne serait point indigne par sa magnificence du voisinage des palais de Palladio, s'il était achevé.

Les églises de Vicence sont riches en peintures des premiers maîtres, et cette ville doit à ses propres artistes la plupart des divers chefs-d'œuvre de peinture ou d'architecture qui la décorent. La cathédrale possède, du premier des Montagna, la *Vierge, l'Enfant Jésus et quelques saintes*; de Barthélemi, une fresque de *S. Joseph et d'autres saints qui adorent l'Enfant Jésus*; de Benoît, le *Père éternel*, le *Christ*, le *S. Esprit*, la *Vierge et S. Jean-Baptiste*; d'Alexandre Maganza, la *Vierge avec l'Enfant Jésus, S. Jean, S. Paul et S. Grégoire*, un de ses meilleurs ouvrages: la *Pêche miraculeuse*; la *Chute de S. Paul*, de Zelotti, un des premiers peintres du xvie siècle, dont la réputation n'égale point le mérite, ont paru dignes de Paul Véronèse. L'oratoire, dit du Dôme, a d'autres bonnes peintures des Maganza; la *Vierge embrassant J.-C. dans le Temple*, d'André Vicentin, est remarquable; les statues sont de l'école de Vittoria, et l'on estime particulièrement celles de l'autel.

L'extérieur de l'église *Santa Corona* promet peu; le dedans tient beaucoup; la *Sainte, Ste. Marie-Made-*

leine, *S. Jérôme*, *Ste. Monique*, *S. Martin*, en habits pontificaux, est une noble composition de Barthélemi Montagna; deux autres chefs-d'œuvre sont : le *Baptême du Christ*, de Jean Bellini; l'*Adoration des Mages*, de Paul Véronèse. Le même sujet, à la petite église S.-Dominique, est un des bons ouvrages d'Alexandre Maganza. L'Hospice des Pauvres, tenant à l'église S.-Pierre, offre un bas-relief de Canova, qui a embelli tant de riches et brillantes demeures; ce bas-relief représente la figure de la *Félicité*, sujet qui semble trop riant pour un tel asile. L'église a de belles peintures de Maganza, parmi lesquelles on distingue *S. Benoît* avec *S. Placide* et *S. Maur*, et un roi qui leur présente son fils : le *Christ donnant les clefs à S. Pierre*, de Zelotti, est excellent. A l'église S.-Gaëtan, l'*Extase du saint* est estimée. Ste.-Croix a une admirable *Déposition de Croix*, du Bassan. Au maître-autel de S.-Roch est la *raphaélesque Madone* entre quatre saints, du Marescalco, un des meilleurs tableaux de Vicence; le S. Sébastien en est d'une beauté vraiment idéale.

J'éprouvai quelque mécompte dans mes recherches à l'église S.-Laurent : là devait se trouver une inscription consacrée au Trissin par son petit-fils Pompée Trissino, et qui rappelait bien moins ses titres littéraires que sa qualité de comte, sa Toison-d'Or, ses ambassades et ses autres honneurs. Le plus important de tous, remarquait l'inscription, fut d'avoir obtenu de porter la queue de la robe du pape au couronnement de Charles-Quint, faveur sollicitée par les plus illustres princes, mais qui fera moins vivre le Trissin dans la postérité que d'avoir fondé l'art tragique chez les modernes. Cette inscription, indiquée par la *Biographie*[1] comme subsistant,

---

[1] T. XLVI, p. 536.

n'existe plus depuis plus de trente ans; elle fut brûlée en 1797, lorsque l'église devint magasin de fourrages, destination qu'elle a conservée. Il serait temps enfin que les biographes actuels, au lieu de se transmettre perpétuellement ces petites erreurs de fait, prissent la peine de s'informer sur les lieux des changemens produits par le temps et les événemens, changemens auxquels l'Italie a été exposée plus qu'aucun autre pays. Peut-être, sous ce rapport, mes simples vérifications ne seront pas sans quelque utilité.

CHAPITRE XXXV.

Casin *Capra*. — Architecture selon les climats. — *Cricoli*. — Le Trissin. — *Notre-Dame-du-Mont*. — Persévérance d'art en Italie.

Au-dehors de Vicence est le célèbre casin Capra, chef-d'œuvre de Palladio, qu'un pair de la Grande-Bretagne, lord Burlington, admirateur de son génie et architecte lui-même, a fait imiter dans son parc de Chiswick. Peut-être cette légère rotonde, si en harmonie avec le ciel et la lumière brillante de l'Italie, ne va-t-elle pas aussi bien avec le ciel brumeux de l'Angleterre. Telle est l'habile et commode application de l'architecture de Palladio aux usages et aux besoins modernes, qu'il a trouvé comme une seconde patrie dans ce pays du *comfortable*, et que les premiers architectes anglais semblent y avoir naturalisé ses plans par leurs nombreuses imitations [1]. Des quatre façades

---

[1] Ces architectes sont principalement Inigo Jones, le Palladio de l'Angleterre, Christophe Wren, Jacques Gibbs, Chambers, cités par M. Quatremère de Quincy. *Histoire de la vie et des ouvrages des plus célèbres architectes*, T. II, p. 5.

du casin, on a des vues d'une variété admirable, variété qui est comme le caractère de la nature d'Italie.

Cricoli, à un mille de Vicence, est une villa bâtie sur le plan du Trissin, auteur de la *Sophonisbe*, demeure champêtre dans laquelle il réunissait les gens de lettres de son temps, et qui appartient encore à ses descendans : elle a quatre tours aux quatre coins, et le caractère de l'architecture n'est pas sans noblesse. Vicence a, comme Pompéi, sa maison du poète tragique ; mais celle de la cité antique, conservée précieusement par la cendre du Vésuve, est, après plus de dix-sept siècles, moins délabrée que la maison du tragique moderne, qui fait partie d'une grande ferme, et sert aujourd'hui de grange. Trissin a toutefois mieux mérité de l'architecture par son amitié pour Palladio, dont il fut le Mécène, que par sa villa de Cricoli : orateur, poète épique, tragique, on voit qu'à défaut de chefs-d'œuvre, le Trissin fut un des zélateurs les plus ardens des lettres et des arts dans un siècle qui en compte un si grand nombre.

Près de Vicence est l'église Notre-Dame-du-Mont, dont la statue, surchargée de vêtemens, est un ouvrage grec. Quelques tableaux sont excellens : *la Vierge tenant le Christ mort entre ses bras*, et S. Pierre, S. Jean et Madeleine, de Montagna ; *la Vierge, l'enfant Jésus dans les airs, avec des anges*, le portrait du recteur François Grimani frappé de l'arc-en-ciel, et en bas la Justice, la Charité, la Paix, l'Abondance, la Prudence, et l'Espérance qui introduit quelques marchands et beaucoup de pauvres, de femmes et d'enfans, vaste et belle composition de Jules Carpioni ; *la Vierge mettant l'enfant Jésus sur le piédestal de la statue d'une idole renversée*, avec S. Joseph et trois Anges, de Ménageot, peintre français qui contribua, vers la fin du dernier siècle, à la restauration de notre École; don touchant fait par l'artiste à la ville de Vicence, comme souvenir de l'asile qu'il y avait trouvé pendant nos orages : dans le réfectoire du couvent, *l'Adoration des Mages*, un des chefs-d'œuvre de Montagna, et le merveilleux tableau de Paul Véronèse représentant *le Christ sous les traits d'un voyageur assis à la table de S. Grégoire*. Le mont Berico, sur lequel se trouve l'église de Notre-Dame, est presque devenu un monument, et c'est sous des arcades de pierre que l'on arrive au sommet. Il y a dans cette longue construction, qui n'est pas la seule du même genre en Italie, une persévérance d'art peut-être unique, et qui n'appartient qu'à ce pays.[1]

CHAPITRE XXXVI.

Sette Comuni. — De leur origine cimbrique. — *Asiago.* — Société. — Habitans. — Seul livre imprimé en leur dialecte. — Foire. — Anciens usages. — Élection populaire du curé. — Ferracino. — Merlin Coccaie. — *Per ubbidirla.*

J'AI passé deux jours à parcourir les célèbres *Sette Comuni*, véritables tribus de montagnards peu connues, espèces de Batuécas d'Alpes, que plusieurs savans et quelques voyageurs ont voulu faire descendre des Teutons et des Cimbres [2]. Il paraît que cette généalogie causa quelque embarras aux habitans des

[1] *V.* Liv. VII, ch. XXXI.
[2] Marzagaglia, savant véronais du XV° siècle, maître d'Antoine Scaliger, est le premier partisan de l'origine cimbrique, si opiniâtrement défendue par Maffei et appuyée par Marco Pezzo de Vérone, auteur du livre *de' Cimbri Veronesi e Vicentini*; Bettinelli consentait déjà à ne plus voir dans ces villageois que les restes d'une colonie allemande amenée par les Othons. De nos jours M. Bonstet-

Sette Comuni, car ils chargèrent, vers le milieu du dernier siècle, un de leurs compatriotes de leur dire ce qu'il en était, et son ouvrage fut exécuté à leurs frais. L'historiographe de ces villages a fait un livre excellent, dont il n'a malheureusement paru que le premier volume [1]; il n'admet ni leur fabuleuse antiquité, ni le roman grammatical qui en est le prétexte, et il regarde toute cette population comme un mélange de diverses races allemandes réfugiées dans ces rochers à diverses époques. Son ouvrage offre une nouvelle preuve de l'influence de notre littérature sur la littérature italienne au XVIII° siècle; dans une de ses digressions, un peu trop fréquentes, cet érudit de la montagne cite l'Essai de Voltaire sur le poëme épique et la page sur les montagnes de *la Nouvelle Héloïse* du *philosophe Rousseau*. Les écrivains qui ont subi l'influence française, tels que Filangieri, Beccaria, Algarotti, n'ont point conservé leur ascendant sur les Italiens actuels, car la postérité n'adopte que les écrivains libres et originaux.

---

ten est revenu seul à l'origine cimbrique : Maltebrun, dans une notice sur le Tyrol et le Voralberg (*Annales des Voyages*, t. VIII), a prétendu, d'après le baron de Hormayr, dernier historien du Tyrol, que ces montagnards n'étaient probablement que des charpentiers et ouvriers en bois sortis du Tyrol, et que le mot *zemberlent*, qui en tyrolien signifie *ouvriers en bois*, aurait donné naissance à la tradition répandue parmi ces prétendus Cimbres. Un homme fort savant, M. le comte Castiglioni, qui a conversé avec plusieurs de ces montagnards, et que j'ai consulté à Milan, croit que ce dialecte n'est que le patois allemand de la Souabe. Je regrette de n'avoir pu me procurer l'ouvrage de M. le comte Giovanelli sur l'origine des communes véronaises et vicentines, imprimé à Trente en 1826, et vivement combattu par un professeur de Roveredo, M. Stoffella, quoiqu'il faille toujours un peu se méfier, dans ces sortes de questions, de l'amour-propre national et des sentimens patriotiques de l'écrivain.

[1] *Memorie istoriche de' Sette Comuni Vicentini*, opera postuma dell' ab. Agostino dal Pozzo, Vicence, 1820, in-8°, publiés par les représentans de Rotzo, une des sept communes vicentines, lieu de naissance de dal Pozzo, mort à Padoue en 1798.

De Vicence à Marostica, l'on suit une route montante à travers des champs de cailloux. De Marostica à Asiago, chef-lieu des Sept Communes, le voyage est une véritable course de montagne, et des plus rudes, que l'on ne peut faire qu'à pied ou à mulet. Mais les vues de ces montagnes sont belles, et l'on y aperçoit et suit, en les gravissant, le cours de la Brenta. Une double forêt de pins, mêlée de rochers, précède Asiago, et son aspect sauvage est une pompe qui convient à une telle capitale. Sur la route, et à peu de distance, sont les ruines de l'ancienne maison de la régence des Sept Communes, renversée par une avalanche, unique conspirateur de cet état, seul ennemi, seul barbare qui soit venu jamais envahir et détruire un tel palais.

Asiago n'est pas sans une sorte de dignité rustique; elle est bien percée, elle a de nombreuses fontaines à robinets de bois; l'église est solidement bâtie; il y a des tombeaux d'anciennes familles du pays couverts de larges plaques de marbre, et le clocher, dont l'horloge est du grand Ferracino [1], s'élève noblement sur la cime plate de cette montagne, qui n'a de végétation que l'herbe des champs.

Il paraît que les étrangers visitent peu les Sept Communes, car mon arrivée dans leur capitale devint un événement : ma chambre d'auberge fut, le soir, remplie de curieux, et, à la manière italienne, on me fit, comme à Rome et à Florence, les premières visites. Le gendarme, dont l'empressement était moins flatteur, vint aussi me demander l'éternel *passaporto*; ce militaire n'avait point encore là d'armes ni d'uniforme, et il ne portait que le gourdin de la police.

La société d'Asiago se compose de sept ou huit employés vivant à l'auberge et au café : ce sont le juge,

[1] *V.* ci-après et chap. suiv.

le commissaire de police, leurs deux adjoints et trois avocats. Ces derniers ne manquent pas d'affaires, car les habitans des Sept Communes sont fort processifs. Le plus habile de ces avocats, établi depuis peu de temps à Asiago, avait trouvé, à son arrivée, soixante causes sur des questions de propriété, de redevances d'argent, de froment, de blé de Turquie, etc., et Asiago n'a pas quatre mille habitans. Dans la visite que je lui rendis, il me fut impossible de n'être point frappé de la quantité de dossiers entassés dans son cabinet. Pasteurs et fabricans (les chapeaux de paille des Sept Communes sont renommés, et s'exportent même jusqu'à Paris; leur tabac est estimé, et leur bois de charpente très bon pour les bâtimens), ces hommes n'ont ni toute l'innocence des premiers, ni la bonne foi, l'intégrité qui doit distinguer les seconds.

Quoique le jour de mon arrivée à Asiago fût un dimanche, le costume des paysannes me sembla peu gracieux : elles se coiffent de gros chapeaux ronds, comme les hommes, et leur habit, de couleur foncée, est laid et diffère peu de celui des paysannes de la plaine. Au lieu d'airs et de chansons montagnardes, je ne pus, aussi malheureux qu'à Chamouny [1], me procurer que quelques cantiques allemands assez tristes. Le dialecte des habitans des Sept Communes va se perdant chaque jour davantage, comme leurs mœurs primitives se sont insensiblement effacées. Chose singulière ! l'unique ouvrage imprimé dans cette langue sauvage est la *Doctrine* du jésuite Bellarmin, combattu par Bossuet et supprimé par Marie-Thérèse comme contraire à l'autorité temporelle ! Il paraîtra peut-être bizarre de s'occuper de recherches bibliographiques au sein de ces montagnes plus riches en pierres et en

[1] *V.* Liv. 1, ch. xv.

herbes qu'en livres; mais c'est une vieille habitude dont il est difficile de se défaire et pour laquelle je réclame quelque indulgence. Le second jour que je passai à Asiago était celui d'une des quatre grandes foires de l'année : on y vendait des merceries grossières et force de ces affreux chapeaux ronds communs aux hommes et aux femmes; au-dehors, la vente des bestiaux sur une hauteur verdoyante entourée de gros quartiers de rochers, était plus pittoresque.

Sous le gouvernement de Venise, les habitans des Sept Communes ne payaient point de tribut; ils avaient le droit d'élire leurs magistrats; ils se gouvernaient par leurs propres lois et jouissaient aussi d'autres priviléges, parmi lesquels la contrebande n'était pas un des moindres; ils n'ont guère pu, dit-on, se résigner à la perte de celui-ci, et l'exercent encore le plus qu'il leur est possible.

Malgré l'affaiblissement universel du pittoresque de mœurs [1], quelques vieux usages subsistent encore dans cette contrée; si, comme certains montagnards d'Auvergne, ces montagnards ne se marient plus seulement entre eux, s'ils ne fabriquent plus leur drap, si la joyeuse mousqueterie de leurs noces ne se fait plus entendre; enfin, si leurs usages de plaisir se sont à peu près perdus, ils s'assemblent encore, ainsi que les anciens Allemands, pour pleurer sur la tombe de leurs morts, et ils portent le deuil pendant une année, enveloppés d'une lourde capote de drap noir qu'ils ne quittent point, quelle que soit la chaleur. A la procession des Rogations, qu'ils appellent un peu fastueusement *giro del mondo* (le tour du monde), ils font un repas à moitié chemin; car il y a quelque chose de bachique et d'allemand dans la dévotion d'ailleurs très

[1] *V.* Liv. 1, ch. xv.

fervente de ces montagnards; et le dernier jour, les jeunes filles offrent à leurs amans un, deux ou trois œufs, selon le degré de leur tendresse.

Le curé d'Asiago est encore nommé par le peuple au scrutin secret, par boule blanche ou rouge ; celle-ci est la bonne et la blanche rejette. Le curé venait d'être ainsi élu il y avait un mois (en septembre 1828) : l'évêque propose quatre prêtres, mais on peut en nommer un qu'il n'a pas désigné, et le curé nommé n'était que le troisième sur sa liste. Au milieu du vaste nivellement de l'administration des États autrichiens, la religion seule a conservé aux Sept Communes quelques restes de leurs anciennes franchises.

Le sonnet a pénétré jusqu'au sein de ces montagnes; il y en avait un d'affiché à Asiago en l'honneur de l'archiprêtre Montini, qui avait prêché le Carême dans la paroisse S.-Jacques, et il s'exprimait au nom de la députation communale reconnaissante.

En revenant à Vicence par Bassano, au travers de belles montagnes, de superbes rochers, au fond desquels roulait un large torrent qui tombait dans la Brenta, je trouvai à Solagna, contre le mur extérieur de l'église, le tombeau de Ferracino, dont une inscription simple et touchante rappelle le singulier génie. [1]

D. O. M.
Bartholomœo Ferracino
Venetæ Reip. Mechanico
Inveniendi ingenio perficiundi solertia
Natura unice magistra
Machinatori Archimedis œmulo
Jo. Baptista parenti optimo
Bartholomeus avo dulcissimo
Piis cum lacrumis
M. P.
Vixit annos LXXXV. M. IV. D. VI.
Obiit IX cal. jan. A. MDCCLXXVII.

Sur les bords de la Brenta, au sein d'une riante vallée, j'ai vu dans l'église de Campèse le mausolée de Merlin Coccaie, né près de Mantoue, poète latin élégant, Virgile de la garde-robe, qui me semblait peu digne d'habiter de tels lieux :

> *Campese, la cui fama all' Occidente*
> *E ai termini d'Irlanda e del Catajo*
> *Stende il sepolcro di Merlin Coccajo.* [1]

Les habitans du Vicentin ont une formule affirmative qu'ils répètent sans cesse, c'est *per ubbidirla* (pour vous obéir); elle était comme le refrain du guide très intelligent que je pris à Marostica pour parcourir les *Sette Comuni*; si je lui parlais d'un rocher, d'un torrent, il ne manquait pas de répliquer par son éternel *per ubbidirla*, et je ne sais, en vérité, si, lorsque je rencontrai les tombeaux de Ferracino et de Coccaie, il ne me dit pas que ces morts aussi étaient là *per ubbidirla*.

CHAPITRE XXXVII.

Cittadella. — Ligue de Cambrai. — *Bassano.* — Le Bassan. — Éditions de Bassano.

De Vicence à Bassano l'on passe à *Cittadella*, dont les fossés, les portes et les murailles crénelées, quoique en ruine, sont d'un bel effet. Ce côté détourné de l'état de

---

[1] *Secchia Rapita*, c. vIII, 24. « Campèse, dont le tombeau de Merlin « Coccaie répand la renommée à l'Occident, aux confins de l'Irlande « et du Cathai. »

Venise, rappelle vivement son ancienne puissance et les vicissitudes de sa fortune : quelquefois vous apercevez au haut d'une montagne un vieux fort de brique rougeâtre, souvenir du règne des Scaligers ou de la ligue de Cambrai, de cette ligue la plus formidable qui jamais eût été formée en Europe contre un peuple, depuis la chute de l'empire romain jusqu'aux coalitions contre la France ; mais, dans sa dégradation et son abandon, ce débris conserve encore une sorte d'indépendance et de grandeur, et l'on n'y sent point, comme sur la place Saint-Marc, à la vue du canon et de l'étendard autrichien, la marque du joug étranger.

Près de Bassano est Mazerf. Bâtie par Palladio, peinte par Paul Véronèse, cette petite maison de campagne est devenue un véritable monument.

Quoique le nom de Bassano se lise au bas de quelques milliers de décrets, toutes ces signatures lui feront moins d'honneur dans la postérité que son grand peintre le Bassan, émule à la fois du Titien et du Corrège, estimé, envié, admiré par Annibal Carrache, le Tintoret et Paul Véronèse, et que le scieur de bois, paysan de génie, qui a construit son pont.[1]

A l'oratoire S.-Joseph est la *Naissance de Jésus-Christ*, du Bassan, son meilleur tableau et peut-être le plus remarquable de la peinture moderne pour la force des teintes et du clair-obscur. Il fut donné par le Bassan à sa ville natale, hommage patriotique qui joint à l'admiration pour le chef-d'œuvre l'estime pour l'auteur.

---

[1] « Barthélemi Ferracino, villageois du Bassan, dit M. Daru, « devina plutôt qu'il n'apprit cette partie des mathématiques qui « dirige l'emploi des forces motrices. La nature seule lui révéla son « talent pour la mécanique..... Devenu l'un des plus habiles ingé- « nieurs de son siècle, il construisit sur la Brenta un des plus beaux « ponts que l'Italie offre à l'admiration des étrangers. » *Hist. de Venise*, liv. XL, VI.

Les nombreuses éditions de Bassano, quoique sans éclat typographique, n'ont pas été sans utilité, puisqu'elles étaient assez correctes et peu chères : l'imprimerie des frères Remondini, qui occupait autrefois jusqu'à quinze cents et dix-huit cents ouvriers, est aujourd'hui languissante; elle a compté jusqu'à cinquante presses, et elle n'en a pas maintenant trois ou quatre; on dirait que la *petite Venise* [1] décline aussi, mais assurément d'une manière bien moins menaçante que la grande.

CHAPITRE XXXVIII.

Asolo. — Asolani. — Catherine Cornaro. — *Barco.*

Asolo est dans une situation charmante, sur une montagne garnie de bois et que domine un vieux château : la vue en est vraiment d'une grandeur et d'une variété admirables. Une si belle nature devait inspirer des pensées un peu moins fades que celles des *Asolani* de Bembo, dialogues sur l'amour, entre les courtisans de la reine de Chypre Cornaro, réunis dans son jardin, petites Tusculanes galantes et précieuses; et je me suis facilement expliqué depuis comment, malgré leur titre et l'opinion commune, ils n'avaient point été composés à Asolo. [2]

[1] Expression de Portenari, l'auteur des *Felicità di Padova*.
[2] M. Renouard, dans ses excellentes *Annales de l'imprimerie des Alde*, t. III, p. 45, n'a point échappé à cette erreur sur le lieu où furent composés les *Asolani*. Bembo les écrivit à la cour d'Hercule d'Este, duc de Ferrare, et ils furent dédiés à sa femme, la célèbre Lucrèce Borgia. *V.* l'article *Bembo*, dans Bayle, et la *Vie et pontificat de Léon X*, par Roscoe. Dissertation sur Lucrèce Borgia.

Cette reine de Chypre, Catherine Cornaro, que la politique des Vénitiens contraignit d'abdiquer, parut chercher à se distraire de la perte du trône par la souveraineté du bel esprit et les propos de la métaphysique sentimentale alors à la mode : on eût dit l'hôtel de Rambouillet ou la cour de Sceaux au pied des Alpes. J'eus la curiosité de visiter les restes de son ancienne résidence, située à Barco, au milieu des terres, et où l'on n'arrive que par d'affreux chemins. Ce château, dans lequel on dissertait jadis si subtilement, où le galimatias fut produit plus d'une fois par le désœuvrement et l'ennui, est maintenant une ferme. Mais les traces de la reine Cornaro y sont empreintes de toutes parts : quatre colonnes de la façade subsistent encore; la grange, qui devait être le salon, est ornée au plafond d'élégantes arabesques, et le grenier, placé au-dessus, et de la même grandeur, est décoré de même. Les peintures extérieures sont singulières : on y voit la reine à cheval sur son mari bridé qu'elle mène; *la regina col suo marito*, nous dit en triomphant une vieille; ailleurs elle est représentée en Diane chassant le sanglier; d'un côté de l'une des portes principales est Apollon en costume de troubadour et en souliers pointus, poursuivant Daphné déjà à demi-laurier, et de l'autre un cardinal en ermite, avec l'auréole de saint, espèce de saint Jérôme revêtu de la pourpre, qui s'arrache le cœur et l'offre tout sanglant à Jésus-Christ crucifié; au-dessus de la même porte est le lion de Venise : le rapprochement de ces dernières peintures présente une image assez juste de la vie poétique, dévote et captive de la reine de Chypre.

La chapelle existe encore; elle a de petites fresques entremêlées d'armoiries dans le goût de celles du château; seule, sa destination n'a pas changé, et lorsque le faste de la royauté, la vanité de l'esprit et les regrets de la puissance ont disparu de ces lieux, la prière est restée.

Le palais Falier, à Asolo, possède un des ouvrages les plus célèbres de la première jeunesse de Canova, le groupe *d'Orphée et d'Eurydice*, qu'il fit à l'âge de seize ans, et qui fut regardé comme l'aurore de sa gloire.

CHAPITRE XXXIX.

Possagno. — Temple de Canova. — Son tombeau. — Peinture de Canova.

A quelques lieues d'Asolo, sur un monticule, au fond d'une vallée que domine un triple rang de montagnes, est le temple élevé par Canova, près de Possagno, petit village où il est né. Le marbre est commun dans ces montagnes; on dirait que c'est pour l'animer que ce grand artiste a vu le jour à leur pied. L'apparition de ce pompeux monument de l'art au sein de la nature sauvage, au milieu de bois et de rochers, est merveilleuse : le portique est celui du Parthénon, la coupole, celle de la Rotonde, et, comme dans les temples antiques, le jour n'y pénètre que par les portes et la voûte. Cette église, consacrée à la Trinité, a été bâtie sur les dessins de l'architecte vénitien Selva, mais qui ont été plus d'une fois rectifiés et changés par Canova. C'est ainsi qu'en 1821 le portique a été débarrassé des pièces latérales destinées au gardien et à la bibliothèque, car il y aura une bibliothèque à Possagno; elle est maintenant dans l'intérieur, et doit servir aussi de tribune pour entendre la messe. Par un usage bizarre et très ancien à

Possagno les femmes seules ont le privilége d'entrer dans l'église par la grande porte : ce portique du Parthénon se trouve ainsi à l'usage particulier de ces paysannes, et l'on a été obligé d'établir deux portes latérales pour les hommes. L'église, commencée en 1819, devait être achevée en 1826, mais elle ne l'était point en 1827, lorsque je la visitai, et il y avait encore pour deux ans de travail. La mort de Canova, arrivée en 1822, a dû contribuer à ce retard; ses héritiers ont été accusés d'indifférence envers un monument qui a dû prodigieusement grever la succession, mais il paraît que c'est à tort, et que l'ouvrage, d'après quelques détails de construction, ne pouvait pas aller plus vite. Les fonds, comme on dit, ne paraissent point manquer : telle était la bienfaisance de Canova et le noble usage qu'il avait toujours fait de ses richesses, que lorsqu'il voulut à la fin de sa vie élever l'église de Possagno, ses ressources se trouvèrent insuffisantes, et qu'il fut obligé de reprendre ses travaux les plus profitables et avec cette fatigue à laquelle l'indigence seule l'avait d'abord condamné. Lorsqu'on réfléchit à la destination de l'édifice, il est difficile de ne pas éprouver quelque émotion; ce temple grec dans un village des Alpes, ce monument consacré à Dieu par un seul homme, doit lui servir de tombeau, et il l'a érigé au lieu de sa naissance. La gloire de Canova est ici plus touchante; ce sculpteur européen s'y montre seulement citoyen et chrétien, et le simple *Antonino*, le fils du tailleur de pierres de Possagno, y paraît bien valoir le marquis d'Ischia[1].

---

[1] Titre donné à Canova par le pape. Canova eut le bon goût de ne signer jamais que de son nom *Antonio Canova*. Le marquisat d'Ischia, situé entre Castro et Canino, produisait un revenu de 1,300 couronnes (environ 7,000 fr.); Canova en fit don à l'académie de S.-Luc, et le consacra à l'éducation et à l'encouragement des jeunes artistes. Un marquis d'Ischia (l'île), Inigo d'Avalos, est célébré par

Aucun monument des villes ne sera jamais ni plus national ni plus populaire que le temple de ce hameau. Les habitans venaient d'eux-mêmes aider les deux à trois cents ouvriers qui chaque jour y étaient employés ; les jours de fête, de grand matin, hommes, femmes, jeunes gens, vieillards, riches et pauvres, animés d'un même zèle, le curé en tête et tous chantant des hymnes sacrées, allaient dans la montagne voisine chercher le marbre destiné à la construction du temple, ils le traînaient en triomphe, et dans leur enthousiasme rustique ils avaient écrit sur leurs chariots les mots *religion, patrie*.

Quelques esprits chagrins ont blâmé l'érection d'un tel monument dans un village si petit, si écarté ; mais ce monument doit y attirer les étrangers ; il lui donnera une route, des chemins, car, jusqu'à présent, on n'y arrive que par des sentiers difficiles ou le lit desséché des torrens : la fondation de l'église de Canova est comme une magnifique, une perpétuelle aumône faite par lui à son obscure et pauvre patrie.[1]

Le tombeau de Canova, avec cette simple inscription, *hìc Canova*, est placé provisoirement dans l'église actuelle de Possagno [2], ainsi que l'*Apparition de l'Éternel aux trois Maries et aux disciples, près du Christ mort*, tableau peint par lui en 1797, et qu'il a retouché en 1821. Jamais erreur du talent ne fut plus déplorable.

l'Arioste (*Orland.*, XXXIII, 29). Quelques vers du poëte pourraient presque s'appliquer à l'artiste homonyme du grand seigneur :

      .... *Quel gran marchese,*
     Che avrà sì d' ogni grazia il ciel cortese.

[1] Un superbe pont, d'une seule arche, de cent dix pieds d'ouverture, vient d'être construit entre deux rochers, au-dessus d'un torrent, afin de faciliter aux voyageurs l'accès de Possagno.

[2] Le cœur est à l'église des *Frari* de Venise. *V.* liv. VI, ch. XVI.

La partie supérieure du tableau offre le Père Éternel en soleil, comme on a représenté Louis XIV, et ses bras inclinés pendent à travers ce soleil; le Saint-Esprit, sous sa forme ordinaire, lance des rayons lumineux avec son bec de colombe, et un ange, d'un air théâtral, donne de la trompette. Malgré la mauvaise couleur de tout le tableau, la partie inférieure vaut mieux que la partie idéale, et l'on reconnaît quelques traces de l'habileté du sculpteur dans les draperies des personnages qui environnent le Christ.

Dans le village est la petite maison qu'habitait Canova, véritable séjour d'artiste par son élégante simplicité, *simplex munditiis* : son œuvre est encadré dans les diverses pièces, et la vue de cette multitude d'ouvrages si grands, si nobles ou si gracieux, fait bientôt oublier son affreuse peinture.

CHAPITRE XL.

Castel-Franco. — S. Libéral. — Trévise. — Grands architectes inconnus du moyen âge. — De certaines qualifications militaires.

De Bassano à Trévise, on passe à *Castel-Franco*, lieu de naissance du Giorgione : l'église offre un bon et célèbre tableau de cet excellent peintre mort à trente-quatre ans, et dont les productions ne sont pas très communes : il représente la *Vierge et son Fils*; S. Libéral, en chevalier, et portant un drapeau, est debout devant la Vierge : je le vis à la fin de 1827, et de nouveau en 1828; il avait l'air déjà singulièrement triomphant, comme si ce drapeau allait être suivi de tout le monde. Dans la sacristie de cette même église est une superbe fresque de Paul Véronèse, mise sur toile, et représentant la Justice. Le palais Soranzo, de San Micheli, est regardé par Vasari comme une des plus grandes, des plus belles et des plus commodes habitations de campagne que l'on puisse citer. Il n'y a vraiment que l'Italie pour offrir dans un simple bourg de tels chefs-d'œuvre.

Trévise a une belle *Visitation de la Vierge*, du Titien, au dôme: un tableau de François Dominici, peintre de Trévise, du XVIe siècle, mort jeune, est curieux; il représente une longue procession dans laquelle figurent toutes les autorités de la ville; une inscription bizarre, mise au bas, rappelle le cas particulier que faisait de ce tableau Canova, *émule de Phydias*.

L'église S.-Nicolas est une belle église gothique dont l'auteur est ignoré, ainsi que les noms de bien d'autres architectes de vastes basiliques, d'immenses et superbes monumens de ce temps, caractéristique par la force et la durée de ses ouvrages [1]. Il y a quelque chose de triste dans l'admiration pour cette gloire anonyme. C'est aussi en architecture que le moyen âge paraît véritablement, comme on l'a dit, l'époque des grands hommes inconnus.

Ce coin de la haute Italie a donné les noms de plusieurs de ses petites villes à quelques uns des personnages importans de l'Empire. Malgré les mérites divers des personnes, il est impossible, sur les lieux, de ne pas sourire un instant au souvenir de ces ducs dont personne n'a jamais ouï parler dans leurs duchés. Cette féodalité sans domaine, dont les titres mêmes quelquefois sont bizarres, n'a d'ailleurs ajouté aucune illustra-

---

[1] On ne connaît pas davantage les architectes des églises Sainte-Anastasie de Vérone, S.-Augustin de Padoue, détruite récemment, S.-Jean et Paul de Venise, etc.

tion aux noms véritablement dignes de célébrité; qu'importe que le plus vénérable de nos guerriers ait joint à son nom celui du petit bourg de Conegliano? Ce nom, honoré par la vieillesse du père et la jeunesse du fils, parle assez de lui-même. La gloire militaire n'a jamais eu besoin de si longues qualifications : Bayard s'appelait simplement chevalier; qui se soucie que Turenne ait été prince de Bouillon ? Catinat duc ou prince en serait-il plus grand? C'est surtout pour l'homme décoré du titre de maréchal de France, que les autres titres sont indifférens; celui-là fut toujours en France le premier de tous, puisqu'il rendait juge de l'honneur français. La haute société d'autrefois, arbitre si délicat des choses de goût, l'avait bien senti : Mmes de Beauveau, de Luxembourg, tous ces modèles accomplis de grâce, de naturel et d'élégance, eussent trouvé fort mauvais qu'au lieu d'être appelées Mme la maréchale, on les eût traitées de princesse, de duchesse ou de marquise. De nos jours, le bon sens populaire a peine à retrouver sous les pompeux sobriquets de la cour impériale, sous les noms étrangers de villes ou de provinces un moment conquises, les noms français des illustres chefs de nos armées : Macdonald, Soult, Saint-Cyr, tous ces héros de notre épopée militaire de vingt ans, n'ont pas besoin des termes du blason pour épithètes de leurs noms glorieux; ils semblent, au contraire, comme obscurcis par tous ces titres.

FIN DU LIVRE CINQUIÈME.

LIVRE SIXIÈME.

VENISE.

CHAPITRE PREMIER.

Aspect de Venise. — Son déclin. — Venise en terre ferme.

Il serait difficile de peindre l'impression produite par l'apparition de Venise. Cette multitude de dômes, de clochers, de palais, de colonnes, s'élevant du sein des flots, offre de loin l'image d'une ville submergée, et cause un mouvement de surprise et d'effroi. On ne peut se figurer que c'est là que l'on se rend, et que l'on doit habiter et vivre. Rotterdam, dit-on, n'est pas moins extraordinaire; mais je ne crois pas que la Hollande ait pu jamais ressembler à Venise : si le commerce était l'ame de ces deux états, dans l'un il était simple, grave, modeste, austère, économe; dans l'autre, brillant, fastueux, dissolu, et ami des plaisirs et des arts. La liberté de Venise était le privilége onéreux d'une classe de nobles; celle de la Hollande s'étendait à tout son peuple. Les tableaux du Canaletto ont tellement familiarisé avec le port, les places et les monumens de Venise, que lorsqu'on y pénètre, il semble que déjà elle vous soit connue. Un peintre anglais, M. Bonington, a fait de nouvelles vues de Venise, dans lesquelles sont parfaitement empreintes les traces de sa désolation actuelle ; comparées à celles du peintre vénitien, elles semblent comme un portrait de femme belle encore, mais flétrie par l'âge et le malheur. Toutes ces gondoles tendues de noir, espèces de petits sépulcres flottans, semblent aujourd'hui porter le deuil de la ville; et le gondolier lui-même, au lieu de chanter les stances de l'Arioste et du Tasse [1], n'est plus qu'une espèce de marinier fort peu poétique, dont l'unique chant est un *ah eh* sec et criard, au détour de chaque *calle* [2], afin d'éviter le choc des gondoles voisines, qu'il ne peut apercevoir. Cet aspect de Venise a quelque chose de plus triste que celui des ruines ordinaires : la nature vit encore près de celles-là, et quelquefois elle les décore; debout depuis des siècles, on sent qu'elles peuvent encore durer d'autres siècles, qu'elles verront passer la puissance de leurs maîtres et d'autres empires : ici ces ruines nouvelles périront rapidement, et cette Palmyre de la mer, reprise par l'élément vengeur sur qui elle était une conquête, ne doit point laisser de traces. Il faut donc se hâter de visiter Venise, et d'aller y contempler ces tableaux du Titien, ces fresques du Tintoret et de Paul Véronèse; ces statues, ces palais, ces temples, ces mausolées de Sansovino et de Palladio, prêts à disparaître.

J'ai visité trois fois Venise à peu près à une année d'intervalle, et chaque année j'étais frappé de la rapidité de son déclin. Un bon observateur qui l'habitait alors calculait qu'elle pouvait aller ainsi environ soixante ans. Je ne puis même dissimuler que quelques uns des traits sous lesquels je l'avais peinte la première fois doivent être affaiblis. La population, qui s'était élevée jusqu'à cent quatre-vingt-dix mille âmes, quoique, vers la fin du dernier siècle, elle ne fût que de cent cinquante mille, n'est plus aujourd'hui que de cent trois

---

[1] Ces strophes n'étaient d'ailleurs, comme on sait, qu'une traduction vénitienne; les gondoliers n'entendaient point le texte.
[2] Les *calle* sont les rues, les passages de Venise.

mille, dont quarante mille sont à la charité des autres habitans. Le nombre des gondoles, qui était autrefois de six mille cinq cents, était, en 1827, de six cent soixante-dix-huit. Comines prétendait que lorsqu'il s'y rendit, *il s'en fineroit trente mille.* [1]

Au milieu de sa destruction, Venise a trouvé un homme plein de zèle, de goût et de lumières, qui est venu constater et rendre durable en quelque sorte la grandeur et la magnificence de ses monumens : les *Fabbriche più cospicue di Venezia*, par le comte Léopold Cicognara et les membres de l'académie des beaux-arts de Venise, premier ouvrage complet sur cette belle cité, sont comme un fidèle et précieux inventaire de chefs-d'œuvre dont quelques uns même n'existent plus depuis sa publication [2]. Un autre ouvrage excellent, le recueil des *Inscriptions vénitiennes*, par M. Emman.-Ant. Cigogna, sauvera aussi une partie des souvenirs de Venise; l'auteur l'a noblement dédié *alla patria*. [3]

Un plan hardi fut proposé, il y a quelques années, par un zélé Vénitien, afin de prévenir la ruine de sa ville natale [4] ; c'était de la réunir au continent, projet déjà formé par un doge éclairé du dernier siècle, Marc Foscarini, à l'époque qui précéda la chute de la république. Une grande route devait être établie sur le point

---

[1] *Mém.*, liv. VII, ch. 18.

[2] On doit à la munificence royale l'acquisition d'un des deux exemplaires, dessins coloriés, des *Fabbriche di Venezia*, placé dans la bibliothèque particulière du roi au Louvre ; l'autre exemplaire est à Vienne, dans la bibliothèque de l'empereur d'Autriche.

[3] L'espoir des avantages du port franc accordé en 1829, mais qui n'a dû s'opérer qu'en 1830, paraît avoir relevé momentanément Venise et donné quelque valeur à ses palais abandonnés.

[4] V. *Memoria sul commercio di Venezia, e sui mezzi d'impedirne il decadimento, letta al veneto Ateneo dal socio ordinario Luigi Casarini, segretario dell' inclita congregazione centrale*. Venezia, 1823, in-8°.

le plus étroit de la lagune, dont la longueur n'est environ que de deux milles et demi; les matériaux de cette route, qui serait plantée d'arbres, garnie de trottoirs, bordée de deux canaux parallèles, et coupée de ponts-levis pour la défense de la place, se trouveraient facilement dans la fange des marais et le gravier des rivières voisines : la dépense ne dépasserait pas un million et demi de florins. Sans contester les avantages matériels que Venise pourrait aujourd'hui retirer de tenir à la terre ferme, et sans discuter la possibilité d'une telle entreprise, je ne sais si un pareil changement ne serait pas pour l'imagination une autre sorte de destruction, puisqu'il ôterait à la reine de l'Adriatique son caractère et son merveilleux aspect.

CHAPITRE II.

Place *S.-Marc*. — Pigeons. — Florian. — *Pili*.

La place S.-Marc est unique au monde; là sont comme en présence et rapprochés l'Orient et l'Occident: d'un côté le palais ducal, avec l'architecture de dentelle, les balcons et les galeries des monumens arabes, l'église S.-Marc, dont la façade aigüe et les dômes couverts de plomb rappellent une mosquée de Constantinople ou du Caire; de l'autre, des arcades régulières et des boutiques comme au Palais-Royal. Le même contraste se retrouve parmi les hommes; là sont des Turcs, des Grecs, des Arméniens étendus, immobiles, prenant le café ou des sorbets sous de grandes toiles semblables, par l'éclat de leurs couleurs, à de véritables tentes, fumant des parfums dans leurs longues pipes de bois rose à bouts d'ambre; automates majestueux, multitude indolente, que traversent précipitamment des Européens voyageurs, ou allant à leurs affaires.

Le nombre infini de colombes qui couvrent la place S.-Marc, la coupole de la basilique et les toits du palais ducal ajoute encore à l'aspect oriental de ces monumens : dans un pays où l'autorité est à la fois si lente et si surveillante, on aimerait assez à confier ses lettres à de tels messagers. Ces pigeons remontent aux anciens temps de Venise. Alors il était d'usage, le jour des Rameaux, de lâcher d'au-dessus de la porte principale de S.-Marc un grand nombre d'oiseaux avec de petits rouleaux de papier attachés à la pate, qui les forçaient à tomber ; le peuple, malgré leurs efforts pour se soutenir quelque temps en l'air, se les disputait aussitôt avec violence. C'était une espèce de distribution en nature un peu moins ignoble que les nôtres. Il arriva que quelques uns de ces pigeons se délivrèrent de leurs entraves, et *traînant la ficelle* cherchèrent un asile sur les toits de l'église S.-Marc et du palais ducal, près de ces *plombs* redoutables où gémissaient, captifs, des humains bien plus malheureux [1]; ils s'y multiplièrent rapidement; et tel fut l'intérêt qu'inspirèrent ces réfugiés que, d'après le vœu général, un décret fut rendu portant qu'ils seraient non seulement respectés, mais nourris aux frais de l'État. Venise a perdu sa liberté ; et ces oiseaux, toujours légers et gracieux, semblent avoir échappé à la conquête allemande. [2]

[1] Je ne sais si cette rencontre d'un pigeon de S.-Marc et d'un prisonnier des *plombs* ne pourrait pas fournir le sujet de quelque pièce touchante, et si ces pigeons du moyen âge ne valent pas aujourd'hui les éternels pigeons attelés au char de Vénus? Nos jeunes poètes en jugeront.

[2] Du temps de la République, un employé de l'administration des greniers de la ville jetait tous les matins la ration des pigeons.

Venise palpite encore à la place S.-Marc ; ses quartiers éloignés, quelques uns même de ses plus magnifiques palais sont abandonnés et s'écroulent : ce cadavre de ville, comme dirait l'ami de Cicéron, est déjà froid aux extrémités, il n'a plus de chaleur et de vie qu'au cœur.

Le café de Florian, sous les arcades des *Procuratie Nuove*, était, dans les anciennes mœurs de Venise, une espèce d'institution ; il n'a point échappé à sa décadence. Ce café célèbre, comme les autres grands cafés de la place S.-Marc, Quadri, Leoni, Suttil, etc., est cependant ouvert toute la nuit et en toutes saisons, et il ne ferme jamais. Florian était autrefois l'homme de confiance, l'agent universel de la noblesse de Venise. Le Vénitien qui descendait chez lui avait des nouvelles de ses amis et de ses connaissances ; il savait l'époque de leur retour, et ce qu'en son absence ils étaient devenus ; il y trouvait ses lettres, ses cartes [1], et probablement aussi ses mémoires ; enfin, tout ce qui le concernait avait été fait par Florian, avec soin, intelligence et discrétion. Canova n'oublia jamais les services plus essentiels qu'il avait reçus de Florian au commencement de sa carrière, lorsqu'il avait besoin d'être connu, et il resta son ami jusqu'à la fin de sa vie. Florian étant alors tourmenté de la goutte, qui se portait souvent aux pieds, Canova fit le modèle de sa jambe, afin que le cordonnier pût prendre sa mesure sans le faire souffrir.

---

sur la place S.-Marc et la *Piazzetta*. Au moment de l'occupation en 1796, ces pensionnaires de l'État supprimés durent leur subsistance à la commisération des Vénitiens, qui la leur a continuée. *V.* l'ouvrage de Mme Justine Renier Michiel sur l'*Origine des Fêtes vénitiennes*, Venise, 1817, 5 vol. in-8°, ouvrage agréable et savant, un des meilleurs livres publiés sur l'histoire de Venise.

[1] Les cartes de visite en Italie étaient ordinairement ornées d'emblèmes et de monumens : je reçus à Vérone des cartes sur lesquelles l'amphithéâtre était gravé ; les Vénitiens se donnaient le pont du Rialto, la façade de S.-Marc, les colonnes de la *Piazzetta*, etc.

Cette jambe de limonadier ne me paraît pas faire moins d'honneur à Canova, que son Thésée ; il est doux d'estimer l'homme après avoir admiré l'artiste.

A l'extrémité de la place sont trois *pili* ou *porte-enseignes*, mâts élevés sur lesquels flottait jadis l'étendard glorieux de S.-Marc, et que remplace le drapeau autrichien. Les bases en bronze de ces *pili*, par Leopardo, ont l'élégance et le goût des ouvrages grecs. L'artiste a eu le soin, en outre, de les travailler, de les polir si parfaitement, que ses figures semblent encore aujourd'hui sortir de l'atelier, quoique exposées depuis plus de trois siècles aux injures de l'air, aux sirocos d'Afrique, et à cette vapeur, à cette poussière humide et salée lancée par les flots en courroux de l'Adriatique.

CHAPITRE III.

Basilique. — Dandolo. — *Pala d'oro*. — Pierres historiques. — Chevaux. — Lion de S.-Marc. — Clocher. — *Loggietta*. — Trésor.

La description des mosaïques, des sculptures, des bas-reliefs, des arabesques de l'église S.-Marc serait infinie. Là brillent confondus l'élégance grecque, le luxe byzantin et le talent des maîtres de l'école vénitienne. A la vue de ces brillans compartimens, de ces voûtes d'or, de ce pavé de jaspe et de porphyre, de ces cinq cents colonnes de marbre blanc, noir, veiné, de bronze, d'albâtre, de vert antique et de serpentine, on serait tenté de prendre ce temple chrétien, à la clarté près, car il est un peu sombre, pour un palais des *Mille et une Nuits*. La religion a conservé toutes ces richesses, qui peut-être eussent été dissipées dans les spéculations et les entreprises d'un peuple marchand et navigateur. Les débris de la magnificence de l'ancienne Rome décorent aujourd'hui les basiliques de la Rome nouvelle; S.-Marc a recueilli les dépouilles opulentes de Constantinople. L'Italie rassemble ainsi les ruines de ces deux villes maîtresses.

Le bénitier, de porphyre, ouvrage du xve siècle, a pour base un autel antique de sculpture grecque, orné de dauphins et de tridens. Une des portes de bronze du baptistère, couvertes de figures de saints et d'inscriptions grecques, paraît provenir de la basilique de Ste.-Sophie. La mosaïque, du xie ou du xiie siècle, contre le mur, représentant le *Baptême de Jésus-Christ*, est d'une composition singulièrement chaude et animée. Le *S. Jean-Baptiste*, en bronze, mis sur le baptistère, de François Segalla, est une des bonnes statues du xvie siècle. Je remarquai contre le mur de cette chapelle du baptistère le tombeau du doge André Dandolo, mort en 1354, guerrier intrépide, adroit politique, l'ami de Pétrarque, et le plus ancien historien de Venise, comme son ancêtre en avait été le premier héros. Ce nom de Dandolo est si grand, que j'aimais à le répéter sous les voûtes de Saint-Marc; sans le respect du lieu, j'aurais été capable de l'y faire retentir, comme un illustre voyageur celui de Léonidas sur les ruines de Lacédémone; mais l'écho de S.-Marc n'auroit point eu sans doute plus de mémoire que l'écho de Sparte, quoique les hauts faits du guerrier de Venise fussent moins anciens de quatorze siècles. J'avoue que j'éprouvai une impression bien différente lorsque, regardant cette porte de bronze de la sacristie derrière l'autel, ouvrage de trente années de la vie de Sansovino, je vis surgir en relief la tête toute vivante de l'Arétin, à côté de celles du Titien et de l'auteur, ses amis. J'y trouvais toute l'effronterie de son talent et de son caractère; homme qui fit métier de la diffamation, dont les louanges étaient taxées, et qui est comme le représentant de la licence et des vieilles mœurs dissolues de Venise. La liaison du Titien, de Sansovino et de l'Arétin, si elle fait peu d'honneur aux deux artistes, dut contribuer singulièrement au bon goût et à l'éclat de Venise. Ces trois hommes s'aidaient mutuellement de leurs avis, et la porte brillante de Sansovino est comme un monument de leur étroite et constante union. On doit encore à Sansovino les *quatre Évangélistes*, en bronze, du chœur, et un autel, derrière le maître-autel, avec des bas-reliefs en marbre et en bronze doré.

La chapelle Zeno, l'autel et le monument du Cardinal, sont de précieux ouvrages de Pierre et d'Antoine Lombardo, et de Leopardo. Là est cette célèbre statue de la Vierge, fondue par Alberghetti, dite *della scarpa*, parce qu'elle est chaussée en souliers. L'autel, la statue de S. Jacques, autres chefs-d'œuvre de Leopardo, sont à la fois nobles et gracieux. La plus belle des nombreuses colonnes de S.-Marc, de porphyre noir et blanc, est à l'oratoire de la Croix, la plus voisine de l'autel, du côté de l'épître. Les douze Apôtres, la Vierge et S. Marc, statues de marbre mises au-dessus de l'architrave qui sépare l'église du chœur, sont des frères Jacobello et de Pietro-Paolo dalle Masegne, excellens artistes vénitiens de la fin du xive siècle, élèves de l'École de Pise, et qui semblent dignes d'une époque plus avancée. Le grand candélabre de S.-Marc, malgré la bizarrerie de sa base, est regardé comme un des ouvrages de ce genre les plus remarquables pour le goût, le naturel des figures et l'élégance des ornemens.

La *Pala d'oro*, espèce de mosaïque d'or et d'argent

sur émail, placée au-dessus du maître-autel, est un curieux monument de l'art des Grecs du Bas-Empire, et de cette prospérité, de cette civilisation commerciale et militaire des Vénitiens qui a précédé la civilisation poétique et littéraire des autres villes d'Italie. Commandée à Constantinople, par la république, vers la fin du x⁰ siècle, la *Pala d'oro* fut augmentée, enrichie à Venise les trois siècles suivans : elle offre, symétriquement enchâssée parmi de nombreux ornemens, une suite de tableaux représentant des sujets de l'Ancien et du Nouveau Testament, et de la vie de S. Marc, des apôtres, des anges, des prophètes, avec des inscriptions grecques et latines presque barbares; les figures sont roides, naïves, singulières; mais l'ensemble n'est pas sans grandeur : on dirait un vieux poëme ou quelque ancienne chronique, intéressans pour leur temps, mais qu'il serait peu raisonnable de prendre pour modèle après les chefs-d'œuvre des grands maîtres.[1]

Si le peuple de Venise, léger, conquis, paraît avoir oublié son histoire, les pierres et les monumens s'en souviennent, et nulle part peut-être l'aspect historique des lieux n'est moins effacé. Un pavé de marbre rouge, sans inscription, près de la seizième arcade, rappelle les plus anciens souvenirs de Venise : c'était là que fut élevée par Narsès, après qu'il eut succédé à Bélisaire, l'antique église de S.-Géminien, détruite dans le xii⁰ siècle, lorsque le canal sur le bord duquel elle était construite eut été comblé. Chaque année, le sénat et le doge visitaient la nouvelle église de S.-Géminien,

---

[1] Le comte Cicognara a le premier donné le détail de la *Pala d'oro* dans les *Fabbriche di Venezia*, quoiqu'un tel ouvrage appartienne moins à l'histoire de l'architecture qu'à celle de la peinture. Cette description est remarquable par le soin et l'exactitude.

abattue en 1809[1], et ils étaient pompeusement reconduits jusqu'à cette même pierre, limite primitive de la place S.-Marc. Non loin de là, dans une rue détournée, une petite pierre blanche indique l'endroit où périt Boémond Tiepolo, Catilina de Venise, tué par un pot de fleurs qu'une vieille trop curieuse fit tomber de sa fenêtre, en s'avançant pour le voir passer, lorsqu'à la tête des conjurés, il allait s'emparer du palais ducal et renverser le grand-conseil, pot de fleurs qui ne sauva pas moins la liberté vénitienne, que les *Catilinaires* Rome et le sénat. Aussitôt après la défaite du parti de Tiepolo, le conseil des Dix fut créé; institution redoutable, due encore au pot de fleurs de la vieille[2]. Indépendamment des souvenirs de gloire et de conquête qui abondent à S.-Marc, plusieurs carreaux de marbre rouge, sous le vestibule, marquent encore la place de l'entrevue célèbre et de la réconciliation peu sincère d'Alexandre III et de l'empereur Frédéric Barberousse, ouvrage de la médiation des Vénitiens vainqueurs.

S.-Marc rassemble les plus antiques débris, monumens divers de la conquête et des révolutions. Devant la porte de l'église, à droite, près la *Piazzetta*, deux piliers, couverts de caractères cophtes et d'hiéroglyphes, proviennent, dit-on, du temple de S.-Saba, à

---

[1] *V.* ci-après, chap. xv et xxiv. Cette élégante église occupait l'emplacement actuel du grand vestibule de l'escalier du Palais-Royal.

[2] Le récit de la conjuration de Tiepolo est différent dans l'histoire de Venise par M. Daru. Tiepolo n'est point tué par un pot de fleurs; c'est son page qui est atteint d'une pierre lancée par la vieille et qui meurt. Malgré l'imposante autorité de l'historien français, j'ai encore plus de foi aux écrivains et aux monumens nationaux; je m'en suis rapporté à la petite pierre qui m'avait été montrée, dans une rue de Venise voisine de la place S.-Marc, par un homme fort instruit, et j'ai suivi pour les détails les *Lettere su Venezia* de M. le comte Dandolo, ouvrage intéressant qui m'a fourni quelques autres faits.

S.-Jean-d'Acre. Le groupe de porphyre, à l'angle près de la porte du palais ducal, représente, d'après les antiquaires, Harmodius et Aristogiton, furieux assassins d'Hipparque, le tyran d'Athènes. Les quatre fameux chevaux de Corinthe ou du Carrousel ont repris leur ancienne place à la tribune, au-dessus de la grande porte. Jamais trophée de la victoire ne fut plus modestement ni plus mal exposé, car on les voit à peine. Conquis à Constantinople, ramenés de Paris, ces coursiers grecs ou romains [1] rappellent maintenant les deux plus grandes prises de villes connues dans l'histoire.

Le lion de S.-Marc, mutilé, est remonté sur sa colonne. Il n'aurait jamais dû la quitter; insignifiant sous le rapport de l'art, il était à Venise un emblême national et public de son ancienne puissance. Sacré sur la place S.-Marc, à l'esplanade des Invalides il n'était qu'une marque superflue du courage de nos guerriers, moins noble que tous ces drapeaux déchirés pris sur le champ de bataille et suspendus aux voûtes de l'église. C'était d'ailleurs une chose singulièrement maladroite et odieuse à une république naissante que d'humilier et de dépouiller des souvenirs de leur gloire passée, de vieilles républiques comme Gênes et Venise. Le *Sacro-Catino* [2], le Lion de S.-Marc, étaient là des monumens patriotiques dignes de respect; ailleurs ils ne devenaient plus que des curiosités de magasin ou de cabinet; proie violente de la conquête.

Le clocher de S.-Marc est un ouvrage hardi, solide,

---

[1] Le comte Cicognara regarde ces chevaux comme un ouvrage romain du temps de Néron; le chevalier Mustoxidi prétend qu'ils sont grecs de l'île de Chio, et qu'ils ont été portés à Constantinople dans le ve siècle, par ordre de Théodose.

[2] *V.* Liv. xvi.

commencé au x° siècle et fini au xvi°. On arrive au sommet par un chemin, par un véritable sentier, car l'escalier est uni, de brique, et n'a point de degrés. La mer, Venise au sein de la mer, l'éclatante verdure des champs de la terre-ferme, les cimes blanchies des alpes du Frioul, la multitude de petites îles groupées avec grace autour de cette imposante cité, offrent un point de vue qui tient du prodige.

La *Loggietta*, au pied du clocher de S.-Marc, de l'architecture de Sansovino, est riche, elégante; les quatre statues en bronze de *Pallas*, d'*Apollon*, de *Mercure* et de la *Paix,* du même artiste, sont estimées, ainsi que les ornemens de son habile élève Titien Minio, et de Jérôme Lombardo. Les bas-reliefs en marbre sont exquis, surtout la *Chute d'Hellé du bélier de Phryxus*, et *Thétis aidant Léandre.* Dans l'intérieur, une *Notre-Dame* en plastique est encore un bel ouvrage de Sansovino.

Le désir d'examiner l'Évangile de S.-Marc, qui n'est pas à la bibliothèque, comme on l'a dit [1], me fit solliciter l'entrée du trésor, intrigue de voyageur et de curieux dont je ne rougis point, et qui fut couronnée de succès. L'Évangile de S.-Marc est encadré et maintenant presque en poussière : on aperçoit à peine quelques lettres éparses, et il est à peu près détruit par l'humidité. Les ecclésiastiques qui me le montrèrent prétendirent cependant, contre Montfaucon, qu'il était en parchemin et non sur papyrus. Il est aujourd'hui assez difficile d'en juger. Ce manuscrit, pris à Udine par les Vénitiens, en 1420, est latin. Malgré les miracles qui accompagnèrent sa translation à Venise, il est impossible de le regarder comme authentique, puis-

---

[1] Gallois, *Traité des Bibliothèques*, p. 94.

que les apôtres, ainsi qu'il a été précédemment remarqué, n'ont jamais écrit qu'en hébreu ou en grec [1]. La partie du trésor déposée à l'église S.-Marc (l'autre moitié, composée de vases, patères, de pierres dures orientales enchâssées d'or et d'argent, est à la monnaie [2]), peut être regardée, je crois, comme un des plus vastes reliquaires du monde; on dirait une espèce de charnier sous verre, vu à la lueur de cierges et de flambeaux : là sont exposés des morceaux, trop nombreux, de la vraie croix, le clou, l'éponge, le roseau, instrument de la passion du Sauveur; le couteau qui lui servit lors de la cène, sur le manche duquel sont quelques caractères hébreux si effacés que Montfaucon ne put les lire; de la terre du pied de la croix imbibée du sang divin; l'*humerus* de S.-J.-Baptiste, d'innombrables reliques de S.-Marc, une superbe croix d'argent, présent de l'impératrice Irène, femme d'Alexis Comnène, à l'église de Constantinople, et surtout deux candélabres admirables, chefs-d'œuvre de l'orfévrerie byzantine, qui mériteraient seuls qu'on visitât le trésor. Toutes ces dépouilles sont le fruit de la prise de Constantinople, vaste pillage de débris de l'antiquité, d'ossemens de saints et de bijoux modernes, conquête barbare, puisqu'elle arrachait aux peuples jusqu'aux objets de leur vénération et de leur foi.

[1] *V.* Liv. II, ch. x.
[2] *V.* ci-après la fin du chap. VII.

CHAPITRE IV.

Palais ducal. — Gouvernement de Venise. — Pregadi. — Conseil des Dix. — Tronc des dénonciations. — Inquisiteurs d'État. — Grand conseil. — Doge.

Le palais ducal, par son architecture, par son aspect sévère et sombre, représente assez bien l'ancien gouvernement de Venise : il est comme le Capitole du pouvoir aristocratique; son origine même est formidable; le doge qui le commença, Marino Faliero, eut la tête tranchée, et l'architecte Philippe Calendario fut pendu comme conspirateur. Le nom de quelques unes de ses parties répond encore à l'impression qu'il produit : l'*escalier des Géants*, superbe construction, voyait couronner les doges [1], et le *pont des Soupirs* a la forme

[1] Les anachronismes sont assurément de bien légères fautes en poésie, et surtout au théâtre : la TRAGÉDIE de *Faliero*, par M. Delavigne, fait trancher la tête à ce doge, comme dans la pièce de Byron, qui a la prétention d'être historique (*an historical tragedy*), en haut de l'*escalier des Géants*, construit à la fin du xv° siècle, tandis que la mort de Faliero est de 1355 : la statue mise sur la place de S.-Jean et Paul ne peut être celle de Colleoni, postérieure de plus d'un siècle à la conspiration de Faliero. On doit aussi regretter que l'auteur se soit écarté de l'histoire dans le caractère du complice qui révèle la conspiration. Venise possédait une vieille et admirable institution, digne d'être peinte par un poète aussi habile ; c'était ce patronage qui commençait à la naissance de l'enfant que le patricien tenait sur les fonts de baptême, et qui le liait pour toujours ; il devenait par là *compare di san Zuane* (compère de S. Jean), et ceux qui avaient obtenu cette faveur prenaient le titre de ses *creature* ou *amorevoli*. Une telle institution, dit l'ingénieux auteur des *Fêtes vénitiennes* (T. III, p. 226), était au-dessus des *Amans* de la Grèce, ou des *Frères d'armes* de la chevalerie qu'elle avait précédés, puisque ses effets étaient constants, tandis que les devoirs des autres

d'un large sarcophage suspendu au-dessus de la mer. Palais, prison, tribunal, on peut dire que si le mot *centralisation* n'était pas ridicule appliqué à de pareilles mœurs, le palais ducal en aurait vu le premier et le plus terrible exemple.

On ne peut toutefois se dissimuler qu'il ne règne une singulière exagération dans tous les récits que l'on fait de l'ancienne tyrannie du gouvernement de Venise. C'est ainsi qu'un dernier voyageur, homme éclairé [1], prétend que le réservoir d'eau douce destiné à l'usage de la ville était placé dans l'enceinte du palais ducal, et que leurs seigneuries s'étaient par-là ménagé le moyen de faire mourir de soif des sujets rebelles. Il existe, en effet, deux belles citernes de bronze, ouvrage du XVIe siècle, au milieu de la cour du palais; mais il y a d'autres citernes sur les places de Venise, et il n'est pas une seule maison qui ne possède aussi la sienne. Les accu-

---

ne les obligeaient point au-delà de la phalange ou des combats. Bertrand Bergamaso le révélateur, était *amorevole* du patricien Leoni; peint dans toute la vérité historique, il eût probablement été plus dramatique que le frère de lait qui l'a remplacé, rôle malheureux, espèce de *pauvre diable* dévot et de circonstance. Pourquoi n'avoir pas montré aussi le grand architecte et sculpteur Calendario, Michel-Ange du moyen âge, qui jeta sur le sol mouvant de Venise les fondations du palais ducal, éleva la partie inférieure dont la solidité semble encore aujourd'hui un prodige de l'art, et sculpta ces figures allégoriques, d'un goût à la fois si hardi et si pur, qui surmontent les chapiteaux du premier ordre de la façade, ouvrages étonnans que M. Cicognara a le premier et si bien fait connaître (*Ist. del. Scult.* Vol. III, 122; et tav. XXVIII, XXIX, XXX et XXXI)? La démocratie d'artiste de Calendario, généreuse, enthousiaste, cût offert un nouveau constraste avec la démocratie envieuse, sanglante, vénale du gondolier ou du *condottiere* et l'ardeur de vengeance d'Israël et de Faliero. Lord Byron a introduit Calendario, mais il en a fait un conspirateur violent, grossier, qui crache *à Bertram* lorsqu'on l'emmène, et je ne crois même pas qu'il ait indiqué la supériorité de ses talens.

[1] M. Simond, *Voyage d'Italie*, t. Ier, p. 54.

sations contre le gouvernement vénitien, admiré par Comines [1], ont redoublé vers la fin de son existence, à l'époque où probablement elles étaient le moins méritées; il fut long-temps de mode de vanter sa constitution et la sagesse de ses lois, comme depuis on a écrit sur la constitution, les finances et le commerce de l'Angleterre.

Malgré l'aspect sévère et pesant du palais ducal, il offre des détails élégans et des parties remarquables sous le rapport de l'art. La *Loggetta* est un des chefs-d'œuvre les plus cités d'Alexandre Vittoria; la porte principale dite *della Carta* et ses statues sont de bons ouvrages de maître Bartolommeo; huit belles statues grecques sont à la façade de l'horloge; on estime l'*Adam* et l'*Ève*, d'Antoine Rizzo, à la façade intérieure; la petite façade à gauche de l'escalier des Géants, par Guillaume Bergamasco, est d'une excellente architecture, et l'escalier d'or, magnifiquement décoré par Sansovino, est orné des stucs de Vittoria.

La gloire et la splendeur passées de Venise éclatent de toute part au palais ducal: d'immenses tableaux du Titien, du Tintoret, de Paul Véronèse et d'autres maîtres habiles rappellent les grandes actions de son histoire; une sorte de patriotisme respire dans ces belles peintures. Venise y paraît toujours comme l'emblème de la force, de la grandeur et de la beauté; elle est une déesse puissante qui brise des chaînes, reçoit les hommages de villes soumises, elle est dans le ciel au milieu des saints et des saintes; on la voit assise entre la Justice et la Paix; elle est entourée des Vertus, couronnée par la Victoire, ou elle apparaît dans les nues au milieu de la foule des divinités: l'allégorie perd là sa froideur

---

[1] *Mém.*, liv. VII, ch. XVIII.

ordinaire, puisqu'elle y devient l'expression d'un sentiment d'orgueil et d'amour de la cité.

Je remarquai dans une des premières pièces (celle des stucs) un portrait de Henri III par le Tintoret; il n'a point cet air poupard qu'on lui donne communément et qui doit être exagéré; il est vrai qu'à son passage par Venise, et lorsque Tintoret, qui s'était mêlé avec ses écuyers sur le Bucentaure, le peignit [1], il n'avait encore régné qu'en Pologne. Henri III, héros dans sa jeunesse, put être, sur le trône de France, faible, inconséquent, ridicule, mais, comme tous les Valois, il ne manquait ni d'esprit ni de courage; il mourut avant quarante ans, lorsqu'il semblait se relever; déjà il avait repris son ardeur guerrière, ainsi qu'on le voit dans Davila [2], et s'il eût vécu l'âge ordinaire, on peut très bien croire qu'il serait redevenu véritablement roi.

La salle des quatre portes est de Palladio : au-dessus de ses superbes portes, soutenues par d'élégantes colonnes et ornées de marbres orientaux, sont quatre belles statues de Jules dal Moro, de François Castalli, de Jérôme Campagna, et d'Alexandre Vittoria; la *Foi* est un grand et admirable tableau du Titien; le *Doge Marino Grimani à genoux devant la Vierge, S. Marc et d'autres saints*, par le chevalier Contarini, avait eu, comme son voisin, le chef-d'œuvre du Titien, l'honneur d'être emporté à Paris; le *Doge Cicogna recevant les ambassadeurs des Perses*; le *Doge donnant audience à des ambassadeurs*, sont de Carletto Caliari, le fils aîné, l'élève chéri de Paul Véronèse, qui déclarait publiquement vouloir être surpassé par lui, jeune maître

---

[1] Tintoret fit d'abord le portrait au pastel; immédiatement après il le peignit à l'huile, et il obtint du roi la permission de le terminer d'après nature.

[2] Livre x.

plein de talent, qui mourut à vingt-cinq ans, dévoré par l'ardeur de l'étude. L'*Arrivée de Henri III au port du Lido*, vaste tableau du Vicentino, est intéressant, puisqu'il conserve l'arc de triomphe élevé à cette occasion sur le dessin de Palladio. Le plafond de cette salle des quatre portes est encore dessiné par lui; les ornemens en stuc, exécutés par Vittoria et autres habiles artistes, sont de François Sansovino, et les fresques du Tintoret.

L'*Enlèvement d'Europe*, chef-d'œuvre de Paul Véronèse, est dans la pièce appelée *anti-collegio* : vernissé, altéré à Paris par une restauration qui ne convenait point aux ouvrages de ce grand peintre, qu'il suffisait de laver légèrement, il a perdu sa transparence et son éclat; mais la grâce et l'expression lui restent : Europe est vêtue en vénitienne; et sans la majesté du Dieu qui respire jusqu'à travers sa tête de taureau, on pourrait croire qu'elle fuit au milieu des lagunes comme une autre Bianca Capello. Cette même pièce réunit encore d'autres chefs-d'œuvre; quatre tableaux du Tintoret : *Mercure et les Grâces*; la *Forge de Vulcain*; *Pallas qui chasse Mars*, et *Ariane couronnée par Vénus*; le *Retour de Jacob à la terre de Canaan*, du Bassan; une fresque de Paul Véronèse, au plafond; et au-dessus de sa porte brillante, par Scamozzi, trois statues de Vittoria.

Le tableau placé au-dessus de la porte de la salle du *collegio* et les trois autres à droite sont du Tintoret; au-dessus du trône est le grand tableau de Paul Véronèse, où, parmi tant d'admirables détails, la Venise dans l'ombre est si belle; il a peint encore le plafond richement orné par Antoine da Ponte, et la cheminée décorée de pilastres de vert antique et de statues par Jérôme Campagna; une *Venise* est de son fils, d'une si haute espérance, et les tapisseries représentant les aventures de Jupiter passent pour un ouvrage très précieux de 1540.

La salle du Pregadi est dans l'état où elle était autrefois; les stalles des sénateurs sont fort bien conservées. Le respect que devrait inspirer une si antique assemblée est singulièrement affaibli par l'ignominie de ses dernières séances, alors que les lois de Venise impuissantes ne corrigeaient plus les inconvéniens de l'aristocratie héréditaire, et que, selon la remarque prophétique de Montesquieu sur cette sorte de gouvernement, « on était tombé dans un esprit de nonchalance, « de paresse, d'abandon, qui faisait que l'État n'avait « plus de force ni de ressort » [1]. Chose étrange! ce sénat lettré, qui entendit et composa tant et de si longues harangues, est sans orateurs; quoique l'on voie encore Démosthènes et Cicéron peints en camaïeu, dans le lieu de ses séances, par Dominique Tiepolo, le premier couronné, et le second parlant. La liberté des républiques modernes ne paraît point inspirer l'éloquence; aristocratique à Venise, démocratique à Florence et à Sienne, cette liberté n'a produit aucun de ces hommes nombreux dans les anciennes républiques qui remuaient tout un peuple par leurs paroles. Il est vrai que la place publique manquait aux orateurs vénitiens, et que c'est elle qui rend éloquent.

La salle du Pregadi a des peintures remarquables : l'*Élection de S. Laurent Giustiniani comme patriarche de Venise*; au plafond, l'*Hôtel des Monnaies*, sont de Marc Vecellio, le neveu, l'élève du Titien, qui a le mieux soutenu l'honneur de son nom; le *Rédempteur mort*, le *Doge Pierre Lorédan devant la Vierge*, l'octogone du plafond, sont du Tintoret; le *Doge François Venier, devant Venise*, le *Doge Pascal Cicogna à genoux*, la *Ligue de Cambrai*, du jeune Palma; ainsi

---

[1] *Espr. des Lois*, liv. VIII, chap. v.

que les *Doges Laurent et Jérôme Priuli adorant le Sauveur*, un de ses meilleurs ouvrages.

Dans la chambre près de la chapelle est la célèbre composition des *Marchands chassés du Temple*, par Bonifazio, habile imitateur du Giorgione, de Palma et du Titien, qui, selon Lanzi, suffirait à le rendre immortel : deux tableaux, *S. Louis, S. Grégoire et Ste. Marguerite; S. Grégoire et S. André* sont du Tintoret. Sur l'autel de la chapelle, la statue de la Vierge est un chef-d'œuvre de Sansovino; un *S. Christophe*, du Titien, sur un petit escalier voisin, est la seule fresque de ce grand maître que Venise conserve encore, figure solitaire échappée aux ravages du temps et des élémens.

La salle du conseil des Dix n'offre aucune trace de son ancienne destination, elle doit devenir la galerie des tableaux de l'empereur; son plafond, peint en camaïeu par Paul Véronèse et autres artistes vénitiens, est peut-être le plus magnifique de l'Italie. Un des ovales de ce plafond représente un vieillard assis auprès d'une jolie femme, ouvrage charmant de Paul Véronèse, mais qui semble singulièrement placé dans le lieu des séances des décemvirs vénitiens. Ceux-là n'avaient point passé violemment et rapidement comme les décemvirs de Rome. On ne se figure point d'ailleurs l'attentat d'Appius à Venise et la révolution qui en fut la suite : les membres du conseil des Dix joignaient la prudence à l'ambition et à la rigueur, et tandis que les femmes de Rome sont mêlées aux principaux événemens de son histoire, les Vénitiennes, excepté les courtisanes [1], n'ont à Venise aucune influence, et il n'existe point, comme l'a remarqué M. Daru, un seul exemple de leur empire [2]. D'autres belles peintures décorent la salle du conseil

---

[1] *V.* ci-après, chap. XXII.
[2] *Hist. de Venise*, liv. XXXV, XXII.

des Dix ; le *Retour du doge Sébastien Ziani* est un ouvrage estimé de Léandre Bassano ; le *Congrès tenu à Bologne par le pape Clément VII et Charles-Quint* est de Marc Vecellio, et l'*Adoration des Mages* est de l'Aliense, artiste né en Grèce, dans l'île de Milo, plein d'imagination et de facilité, qui en abusa quelquefois, mais qui a montré plus de sagesse et de soin dans cette vaste composition.

A la salle dite de la *Bussola*, la *Reddition de Bergame* est de ce dernier maître ; le *Doge Léonard Dona devant la Vierge*, de Marc Vecellio ; et le plafond, de Paul Véronèse, qui a peint aussi un *Ange chassant les Vices*, au plafond de la pièce voisine, ancien salon des chefs du conseil des Dix.

La bouche des dénonciations n'a conservé que son trou ; ce n'était point dans la gueule du lion, comme on le croit communément, et comme on l'a peint, que se jetaient les billets des délateurs, mais au-dessous ; la tête du lion n'existe plus, et elle a été grattée, en 1797, comme tous les autres lions de S.-Marc.

La salle du tribunal des inquisiteurs d'État, lorsque je la visitai, en 1828, était devenue une jolie pièce peinte fraîchement à l'italienne, et qui contrastait avec la terrible réputation des inquisiteurs. J'ai, depuis, rectifié, avec une extrême satisfaction, mes préventions à leur égard ; il est doux de trouver quelques oppresseurs de moins dans l'histoire. On doit regretter qu'un historien éclairé et consciencieux, tel que M. Daru, ait pu ajouter foi aux prétendus statuts de l'inquisition d'État, qu'il a découverts manuscrits à la Bibliothèque du Roi, et qui sont regardés à Venise comme apocryphes par tous les hommes instruits, et comme fabriqués par un ennemi ignorant de la république [1]. Les inquisiteurs

[1] *V.* là-dessus l'ouvrage de M. Dom. Tiepolo, intitulé *Discorsi*

d'État, gardiens des lois, tribuns silencieux, chers au peuple, qui, jusqu'à la fin du dernier siècle, célèbre leur triomphe par des fêtes [1], le défendaient contre l'excès de la puissance aristocratique; ce tribunal était comme l'opposition de Venise; opposition analogue à cette sorte de gouvernement mystérieux, et qui *ramenait violemment*, comme l'avait déjà dit Montesquieu, *l'État à la liberté*. [2]

Les lambris de l'ancienne salle du grand conseil offrent une partie de la collection des portraits des doges, peints par le Tintoret, Léandre Bassano et Jacques Palma : à la place où Marino Faliero aurait dû être peint, est l'inscription célèbre encadrée sur un fond noir : *Hic est locus Marini Falethri, decapitati pro criminibus*, menace sanglante faite au pouvoir jusque dans son palais. La suite de la collection est dans la salle du scrutin [3] : le portrait du dernier doge, Manin, qui abdiqua, n'y est pas, car les portraits des doges n'étaient exécutés qu'après leur mort. Malgré l'intention où l'on était d'y placer celui de Manin, il ne mérite point d'y être; le chef de l'État qui le laisse périr par sa faiblesse, s'il n'est pas aussi coupable, est souvent plus funeste au pays que l'ambitieux qui aspire à le dominer. Il est vrai que, dans la décadence générale de Venise, l'autorité du doge avait décliné comme tout le reste; le premier magistrat de la république n'était plus alors qu'un vain simulacre, qu'un fantôme docile, chargé de paraître et de représenter en pompeux ha-

---

sulla storia veneta, cioè rettificazioni di alcuni equivoci riscontrati nella Storia di Venezia del signore Daru; Udine, 1828, quatrième rectification, p. 68 et suiv.

[1] *V. l'Hist. de Venise*, liv. xxxv, xx.

[2] *Espr. des Lois*, liv. ii, ch. iii.

[3] Soixante-seize portraits sont dans la première salle, trente-huit dans la seconde.

bits, et dont la principale fonction était, je crois, d'épouser la mer Adriatique.

Le doge Manin peut toutefois inspirer une sorte de compassion; il s'évanouit au moment de prêter serment à l'Autriche, après la paix de Campo-Formio; s'il manqua de force d'ame, il fut du moins sensible à la perte de l'antique liberté de sa patrie, et il se releva par sa douleur.

Les vastes peintures qui couvrent les murs et le plafond de la salle du grand conseil, indépendamment de leur beauté, sont encore intéressantes sous le rapport historique, puisqu'un grand nombre représentent les événemens religieux, militaires ou politiques, qui eurent alors le plus d'influence sur les destinées des nations européennes. Le grand tableau de la *Gloire du Paradis*, par le Tintoret, serait encore un chef-d'œuvre, s'il n'avait autant souffert du temps et des restaurateurs; il a fait aussi les *Ambassadeurs qui se présentent à l'empereur à Pavie*; et au plafond, le *prince d'Este mis en déroute par Victor Soranzo*; la *Victoire d'Étienne Contarini sur le lac Garda*; la *Venise au milieu des Divinités*; le *Doge da Ponte, recevant les députations des villes*; la *Victoire de J. Marcello sur les Aragonais*; la *Défense de Brescia* par François Barbaro; son fils et son meilleur élève Dominique, qui serait plus connu sans la gloire de son père, a peint le *Combat naval* dans lequel Othon, fils de l'empereur, fut fait prisonnier par les Vénitiens, vaste machine, curieuse pour la forme des armes et les manœuvres de la marine; et la *seconde conquête de Constantinople*. Le *Pape permettant à Othon d'aller auprès de l'empereur son père*; la *première conquête de Constantinople par Dandolo*; la *Venise assise*, du plafond, si remarquable par le nu des esclaves, sont du jeune Palma.

L'empereur Frédéric Barberousse en présence du pape Alexandre III, par Frédéric Zuccaro, est un ouvrage célèbre de ce *chef d'école de décadence* (*capo scuola di decadenza*), selon l'expression de Lanzi, qu'il fit en 1582, et retoucha en 1603. Le *Retour du doge André Contarini après la victoire remportée sur les Génois* ; au plafond, l'*Apothéose de Venise*, sont d'admirables tableaux de Paul Veronèse ; on lui doit encore la *Défense de Scutari* et la *Prise de Smyrne*.

A la salle du scrutin un arc triomphal consacré à François Morosini, le *Péloponésiaque*, est orné de six tableaux allégoriques de Grégoire Lazzarini, ouvrage magnifique du meilleur peintre de Venise dans le xviie siècle. Le *Jugement universel* est un des chefs-d'œuvre du jeune Palma. La *Bataille de Zara* ; la plupart des portraits des doges sont du Tintoret. La *Victoire des Dardanelles*, de Pierre Liberi, est remarquable par l'esclave nu qui offre le dessin savant de cet habile peintre, et a fait donner à ce tableau de bataille le nom de l'*Esclave de Liberi*.

La *Galerie* qui conduit à l'escalier des Géants offre un de ces beaux Christs morts, de Jean Bellini, un des premiers et des plus grands maîtres de l'école vénitienne.

CHAPITRE V.

Bibliothèque S.-Marc. — De la donation de Pétrarque. — Lettre et donation de Bessarion. — Manuscrits. — Fra Paolo. — Bibliothécaires de S.-Marc. — Musée.

La salle du grand conseil a reçu la bibliothèque S.-Marc : ces livres sont, je crois, les plus magnifiquement logés qu'il y ait au monde; mais la grandeur et la beauté des peintures qui les environnent, les statues antiques placées au milieu de la salle leur font tort, et ils ne paraissent plus, en quelque sorte, qu'accessoires. La bibliothèque S.-Marc compte soixante-cinq mille volumes, et environ cinq mille manuscrits. Pétrarque en a véritablement *posé les premiers fondemens*, ainsi qu'il s'exprime lui-même dans sa lettre sur la donation de manuscrits qu'il fit à Venise; c'était un noble prix de l'hospitalité qu'il y avait trouvée contre la peste. Il n'existe maintenant à S.-Marc qu'un très petit nombre de manuscrits provenant du *fonds* de Pétrarque; ils furent, dit-on, oubliés dans une petite pièce voisine des quatre chevaux de bronze, où ils se détériorèrent. Mais c'est à tort, ainsi que l'a démontré le docte Morelli [1], qu'il a été reproché aux Vénitiens, par Ginguené [2], d'avoir laissé périr la bibliothèque de Pétrarque; il n'avait donné que quelques ouvrages; à sa mort, postérieure de douze ans à la donation, Pétrarque laissa, en effet, une très précieuse bibliothèque, mais qui fut dispersée, ainsi que le prouvent les manuscrits conservés à la Vaticane, à la Laurentienne, à l'Ambrosienne, à la Bibliothèque du Roi, et il n'en parvint pas un seul à Venise. L'homme dont la libéralité littéraire respire, éclate encore à S.-Marc parmi tant d'autres nobles donateurs, tels que les Grimani et les Contarini, est Bessarion. Quoique insérée dans quelques recueils érudits [3], la lettre par laquelle il annonce au doge et au sénat le présent qu'il fait de ses manucrits à S.-Marc, peut-être

---

[1] *Della pubblica Libreria di S. Marco*, cap. 1, p. 8.
[2] *Hist. litt. d'Italie*, t. II, 415.
[3] La *Bibliotheca bibliothecarum* de Montfaucon, la Dissertation de Morelli *sur la Bibliothèque de S. Marc*, les *Vies des Doges*, de *Sanudo*, etc.

ne sera pas ici lue sans intérêt; elle peint à la fois cet homme illustre, l'époque de la renaissance où les livres excitaient à leur apparition un si vif enthousiasme, et elle contient le plus bel éloge du gouvernement vénitien, sans les concetti de la lettre de Pétrarque, écrite en pareille circonstance, et dans laquelle il disait que si Venise était environnée des flots *salsis*, elle était aussi défendue par des conseils *salsioribus*.

Au très illustre et très invincible prince Christophe Mauro, doge de Venise, et au très auguste Sénat, Bessarion, cardinal et patriarche de Constantinople, salut :

« Dès mon plus jeune âge, j'ai mis tous mes soins,
« tous mes efforts, tout mon zèle à rassembler des livres
« sur les diverses sciences. J'en transcrivis, dans ma
« jeunesse, plusieurs de ma propre main, et j'employai
« à en acheter le peu d'argent qu'une vie économe et
« frugale me permit d'y consacrer. Il me semblait qu'il
« n'existait pas au monde de meuble plus utile, de tré-
« sor plus précieux : les livres, en effet, contiennent et
« nous offrent les paroles des sages, les exemples de
« l'antiquité, les mœurs, les lois, les religions; ils vi-
« vent, conversent, parlent avec nous; ils nous instrui-
« sent, nous consolent et mettent sous nos yeux, et
« rendent comme présens les objets les plus éloignés.
« Telle est leur puissance, leur dignité, leur majesté,
« leur divinité même, que s'ils n'existaient point, nous
« serions tous ignorans et barbares, il ne resterait au-
« cune trace, aucun souvenir du passé, nous n'aurions
« aucune connaissance des choses divines ou humaines,
« et les noms des hommes seraient ensevelis avec leurs
« corps dans la tombe. Quoique j'aie été en tout temps
« occupé de la recherche de livres grecs, mon zèle et

« mon ardeur ont redoublé depuis la ruine de la Grèce,
« et la prise déplorable de Constantinople, et j'ai con-
« sacré toutes mes facultés à les réunir; je craignais, je
« tremblais que tant d'excellens ouvrages, tant de tra-
« vaux et de veilles de grands hommes, tant de lu-
« mières de l'univers ne fussent exposés à périr bientôt.
. . . . , ...
« Je ne me suis pas attaché, autant qu'il a dépendu de
« moi, à la quantité, mais au mérite des ouvrages, sa-
« tisfait d'un exemplaire de chacun; c'est ainsi que j'ai
« rassemblé presque tous les livres des Grecs savans, et
« surtout ceux qui étaient rares et difficiles à trouver.
« Cependant je regardais tous mes soins comme insuf-
« fisans, si je ne parvenais à ce que des livres rassem-
« blés avec tant de peine fussent pendant ma vie placés
« de manière qu'ils ne pussent être à ma mort ni aliénés,
« ni dispersés, mais qu'ils fussent établis dans un lieu sûr
« et commode, afin de servir aux savans grecs ou la-
« tins. De toutes les villes d'Italie, votre illustre et flo-
« rissante cité m'a paru le mieux répondre à mon projet.
« Quel pays pouvait offrir un plus sûr asile que le vôtre,
« régi par l'équité, soumis aux lois, et gouverné par
« l'intégrité et la sagesse; où la vertu, la modération,
« la gravité, la justice, la bonne foi, ont fixé leur de-
« meure; où le pouvoir, quoique très grand et très
« étendu, est aussi équitable et doux; où la liberté est
« exempte de crime et de licence, où les sages gouver-
« nent, où les bons commandent aux méchans, où les
« intérets particuliers sont unanimement et entière-
« ment sacrifiés à l'intérêt général; mérites qui doivent
« faire espérer (ce que je souhaite) que votre État
« croîtra de jour en jour en force et en renommée? Je sen-
« tais encore que je ne pouvais choisir un lieu plus com-
« mode et qui convînt mieux à mes compatriotes que Ve-

« nise, où afflue la plupart des nations du monde, surtout
« des Grecs, qui viennent de leurs provinces y aborder
« et y descendre, et pour qui elle est comme une autre
« Bysance. Pouvais-je, en effet, mieux choisir, pour être
« l'objet d'un tel bienfait, que ceux avec lesquels je suis
« lié par les nombreux bienfaits que j'en ai reçus? quelle
« cité pouvais-je préférer à celle que j'ai choisie pour
« patrie après l'esclavage de la Grèce, et dans laquelle
« j'ai été attiré et reçu si honorablement? Sachant que
« je suis mortel, sentant mon âge s'accroître, affligé de
« maladies nombreuses, afin de prévenir toute espèce
« d'accident, je destine et donne tous mes livres grecs
« et latins à la vénérable bibliothèque S.-Marc, de votre
« illustre ville. . . . .,
« afin que vous, vos enfans et vos descendans sachiez
« à quel point j'étais pénétré de votre vertu, de votre
« sagesse et de vos bontés, afin que vous tiriez des
« fruits abondans et constans de mes livres, et puissiez
« en faire jouir ceux qui ont le goût des bonnes études.
« Je vous adresse, en conséquence, l'acte de donation,
« le catalogue des livres et la bulle du souverain pon-
« tife, priant Dieu qu'il accorde à votre république
« toutes les prospérités possibles, et qu'elle jouisse de
« la paix, de la tranquillité, du repos, et d'une perpé-
« tuelle union. Des bains de Viterbe, le dernier jour
« d'avril 1468. »

Le présent de Bessarion n'a point été stérile; depuis plus de trois siècles, les savans de l'Europe entière viennent consulter ses manuscrits : les érudits de la France n'y ont pas manqué, depuis Amyot jusqu'à Villoison et M. Cousin[1]. Les travaux des Aldes, premiers

---

[1] Amyot traduisit en français cinq Livres de l'histoire de Diodore de Sicile sur un manuscrit de S. Marc; un manuscrit de l'Iliade du x⁰ siècle servit à D'Ansse de Villoison pour donner sa célèbre

imprimeurs de livres grecs, et la multiplicité de leurs éditions, ont étendu le bienfait de Bessarion. Ce grand homme a contribué ainsi à la gloire typographique de Venise, et aux avantages qu'elle dut retirer de ce vaste commerce. Combien n'est-il pas à regretter que la formalité du *dépôt*, bien légitime en pareil cas, n'eût point alors été prescrite ! S.-Marc posséderait aujourd'hui une collection aldine complète, unique, et qui serait merveilleusement à sa place¹. La bibliothèque S.-Marc possède de nombreux manuscrits inédits de Bessarion, et de son maître Gémiste Pléthon, le père du platonisme en Europe, esprit bizarre, dont le grec, de l'avis des érudits, est sec, court, sans grâce, et qui ne parlait pas aussi élégamment que dans le Lascaris de M. Villemain. Gémiste Pléthon, ainsi que son élève, était venu en Italie pour le concile de Florence, véritable époque de l'émigration littéraire et philosophique

---

édition in-fol., Venise, 1788 ; les manuscrits de Proclus ont fourni à M. Cousin des variantes pour son édition. Telle a été l'opiniâtreté de ses recherches, qu'il a exhumé quelques manuscrits grecs échappés même à Morelli, et dont il serait à désirer que la liste fût publiée comme supplément au catalogue de celui-ci. Henri Étienne, qui avait été reçu très honorablement à Venise, donna, d'après les rectifications faites sur les manuscrits de Bessarion, son Diogène Laërce de 1570 et son Xénophon de 1581.

¹ Alde le jeune, mort à Rome, avait voulu léguer à la république de Venise la savante et nombreuse bibliothèque qui lui avait été laissée par ses pères; mais elle fut saisie, ainsi que ses autres effets, par l'autorité publique (*la camera apostolica*) et par ses nombreux créanciers. La bibliothèque fut partagée entre ceux-ci et ses neveux, après avoir été préalablement visitée et dépouillée d'un certain nombre d'articles par ordre du pape, qui sans doute n'enleva pas les moins précieux. V. *Annales de l'Imprimerie des Alde*, par M. Renouard, t. III, p. 208, et Morelli, *Della pubblica Libreria di San Marco*, p. 53, 4. Le dépôt d'un exemplaire des ouvrages imprimés dans l'État vénitien ne fut ordonné par décret du sénat qu'en 1603. La bibliothèque la plus considérable d'éditions aldines qui ait été formée était celle de M. Renouard, passée en Angleterre il y a deux ans.

des Grecs en Italie, et non point, comme on le croit, la prise de Constantinople, qui n'y jeta que des grammairiens et des rhéteurs. Les deux beaux manuscrits arabes sur papier de soie, présens de Bessarion, dont les Vénitiens étaient si fiers, n'ont point reparu à S.-Marc, ainsi que la *Magontina*[1]. Repris à la France en 1815, ils n'ont point été rendus à leurs véritables maîtres. Cette fraude dans la restitution semble encore plus odieuse que le pillage qui suit la victoire et la conquête.[2]

L'*Évangéliaire*, qui compte près de mille ans, d'après Morelli, est un de ces livres qui suffiraient à la gloire d'une autre bibliothèque moins riche que celle-ci en vieux manuscrits.

Le célèbre manuscrit des Lois lombardes, dit de Trévise, maintenant à S.-Marc, est un des plus précieux que l'on connaisse.

Un manuscrit curieux fut découvert en 1826, par

---

[1] M. Botta, en rapportant avec une éloquente indignation, liv. XII de son *Histoire d'Italie*, la spoliation de la bibliothèque S.-Marc, s'est mépris en comptant la *Magontina* de 1459 parmi les éditions aldines. La *Magontina*, ainsi que l'indique son titre, fut imprimée à Mayence; cette bible est maintenant reconnue de 1456, et on la croit sortie des presses de Guttemberg. Alde l'ancien, selon M. Renouard, n'était né que de 1447 à 1449. On doit aussi regretter de ne pas savoir le titre et le sujet des deux manuscrits arabes; cette indication est trop vague, car ils sont tous sur papier de soie.

[2] Lors de la première cession de Venise à l'Autriche, par suite du traité de Campo-Formio, plusieurs ouvrages précieux sur vélin, tels que les *Lettres familières de Cicéron*, 1467, les *Lettres de S. Jérôme*, 1468, et les éditions princeps d'Aulugèle et d'Apulée, furent emportés à Vienne. Malgré nos deux prises de cette capitale, en 1805 et 1809, ils ne furent pas davantage restitués à S.-Marc, quoique la première fois Venise fût réunie peu de temps après au royaume d'Italie, et que la seconde elle en fît partie : c'était cependant les Italiens qui avaient gagné la bataille de Raab. La cupidité et l'indifférence pour le droit de propriété sont égales de part et d'autre.

un savant prussien, M. le professeur Charles Witte, et publié par lui dans l'*Anthologie* de Florence [1]; c'est la *canzone* du Dante sur la mort de l'empereur Henri VII, et autres pièces inédites qui révèlent de nouveaux et touchans détails sur les douleurs de l'exil du poète, son amour si tendre de la patrie au milieu des discordes civiles, l'illusion de ses espérances, et cet appel passionné, cette espèce d'idolâtrie de l'étranger [2], si extraordinaire chez un homme d'un génie si haut et si fier, mais qui lui montrait dans le fantôme d'empire romain, d'empire de Charlemagne, un moyen d'indépendance et de grandeur pour l'Italie, bien préférable à l'anarchie républicaine et persécutrice dont il était victime. Peut-être aussi que les mœurs chevaleresques et féodales des guerriers allemands du moyen âge choquaient moins les ames généreuses de cette époque, que les pratiques de la politique romaine, et les vices et la simonie des papes.

Le manuscrit du xv° siècle de l'ouvrage *de Simplicibus*, par le médecin Benoît Rini ou Rinio, de Padoue, est singulièrement remarquable. Les 432 plantes des-

---

[1] *V.* le n° LXIX. On doit aussi à M. Witte la publication du recueil intéressant des Lettres du Dante avec des notes, qui a paru en 1827 à Padoue, in-8°, 107 pag.

[2] Dans un des sonnets inédits du manuscrit de S.-Marc, le Dante va jusqu'à comparer l'empereur au S. Sépulcre :

Tornato è 'l sol, che la mia mente alberga,
E lo specchio degli occhi onde era ascoso,
Tornato è 'l sacro tempio e preziozo
Sepolcro, che 'l mio core e l' alma terga.

Il fait, dans la *canzone*, ce bel éloge de Henri VII :

Nol vinse mai superbia nè avarizia,
Anzi l' avversità 'l facea possente,
Che magnanimamente
Ben contrastasse a chiunque il percosse.

sinées par André Amadio, peintre vénitien, ont tout l'éclat et la grace des fleurs de Redouté[1]. Un pareil recueil si bien exécuté prouve quels étaient alors le goût et les progrès de la botanique et des sciences naturelles en Italie, confirmés encore par les ouvrages importans que l'on y imprima, tels que les éditions *princeps* de Pline et d'Aristote publiées dans le même siècle, à Venise.

Le Concile de Calcédoine, manuscrit in-folio du xive siècle, provenant de Bessarion, est sans doute fort respectable[2]; mais j'avoue que je fus plus curieux de l'Histoire du Concile de Trente, manuscrit corrigé de la main de son célèbre auteur. La copie est de son disciple et secrétaire Fra-Fulgenzio Micanzio, qui lui succéda comme théologien consulteur de la république. Les corrections, très nombreuses, sont interlinéaires et marginales. Ce manuscrit est parfaitement conforme à la première édition donnée à Londres en 1619, par Marc-Antoine de Dominis, sauf le titre et la préface ajoutés par ce Dalmate apostat, indigne compatriote de S. Jérôme : le titre véritable est : *Istoria del Concilio di Trento di Pietro soave Polano*, anagramme de *Paolo Sarpi Veneto*. Le traducteur français de l'Histoire du Concile de Trente, le P. Le Courayer, offre un de ces rapports rares de caractère, de talent et de destinées avec son auteur[3]; tous deux bons religieux, bons écrivains et penseurs hardis, furent persécutés pour leurs opinions; mais le Génovefain, condamné par le cardinal de Noailles et vingt-deux évêques de France,

---

[1] Ce manuscrit est décrit avec beaucoup de soin par Morelli t. Ier (unique), p. 398 et suiv. de sa *Bibliotheca manuscripta græca et latina*; Bassano, 1802, in-8°.

[2] N° 164. *V.* la Dissertation de Morelli, et sa *Bibliotheca manuscripta græca et latina*, p. 94.

[3] *V.* liv. iv, chap. viii.

n'eut point à redouter le *poignard catholique* dont le Servite vénitien faillit être victime ; et jamais il n'aurait été réduit, lors même qu'il ne se fût point retiré paisiblement en Angleterre, à porter, comme Fra-Paolo, une cotte de mailles sous sa robe, et à se faire escorter par un autre frère de son ordre armé d'un mousqueton. Le portrait de Fra-Paolo, cru de Léandre Bassano, est à la bibliothèque : son regard est plein d'expression et de vie, et on y sent le génie turbulent de ce théologien de la république, de ce Bossuet des libertés de l'Église vénitienne, mais qui n'a pas la raison calme et solennelle du théologien de Louis XIV, et de l'orateur de l'assemblée du clergé de 1682.

Le manuscrit autographe du *Pastor fido* de la bibliothèque S.-Marc est antérieur à celui de la bibliothèque de Ferrare, qui semble presque une mise au net[1]. Le manuscrit de S.-Marc est très corrigé et chargé d'augmentations et de passages supprimés : on peut ainsi juger de l'excessif travail que ce poëme dut coûter à l'auteur.

Le manuscrit des deux traités de l'Orfévrerie et de la Sculpture, par Benvenuto Cellini, est des plus curieux ; il paraît le premier jet de l'auteur, sur lequel le texte imprimé a été compilé. Plusieurs fragmens ont été publiés par Morelli, et par MM. Cicognara et Gamba. Une édition nouvelle et complète de ces traités serait probablement intéressante pour l'histoire de l'art.

Les divers livres et manuscrits offerts ou laissés à S.-Marc, ainsi qu'on l'a déjà vu par la lettre de Bessarion, montrent l'estime, la réputation dont jouissait alors le gouvernement vénitien ; le présent de l'*Architecture militaire*, par Marchi, de 1599, en est une

---

[1] *V.* ci-après, liv. VII, ch. XII.

autre preuve, ainsi que la lettre manuscrite, de la même année, du Bolonais dall' Oglio, qui contient la dédicace de ce bel ouvrage à la république. Venise était digne de tels dons, par la facilité avec laquelle ses trésors littéraires furent constamment accessibles ; le mystère de sa politique et de ses archives ne s'étendait point à ces doctes communications.

La célèbre mappemonde de Fra-Mauro, religieux des Camaldules de S.-Michel in Murano, autrefois à ce couvent, dessinée en 1460, et décrite et expliquée de nos jours par un autre docte camaldule du même couvent, M. le cardinal Zurla, est un monument de cosmographie des plus curieux : on y voit que ce d'Anville du xve siècle connaissait tout ce que les anciens et les modernes avaient écrit avant lui sur la géographie; le cap de Bonne-Espérance y est indiqué, quoiqu'il ne fût pas encore découvert; et l'Afrique elle-même ne s'éloigne pas beaucoup, par sa forme générale, de celle qu'elle a réellement.[1]

Les premiers noms historiques de Venise figurent parmi les bibliothécaires de S.-Marc; plusieurs sont parvenus à la dignité de doge; la bibliothèque semble la route du palais : nouvel et imposant exemple de l'union des lettres et de la science des affaires, même sous le gouvernement aristocratique.

Le musée des antiques annexé à la bibliothèque S.-Marc possède quelques morceaux précieux, ouvrages des beaux temps de la Grèce : le *Groupe de Léda*, l'*Enlèvement de Ganymède; deux Muses;* le groupe d'un

---

[1] L'auteur de l'article Fra-Mauro, de la *Biographie*, a même remarqué qu'on lit dans l'intérieur de l'Afrique de la mappemonde le nom de Dafur (Darfour) pays inconnu depuis à Delisle, à d'Anville et à tous les géographes de l'Europe, jusqu'à Bruce, qui le premier entendit parler de ce pays, découvert et visité par Browne.

Faune et de Bacchus; les *statues d'Ulysse,* de l'*Amour,* de l'*Abondance,* de *Diane,* le *Soldat mort;* le bas-relief appelé *Niobiade;* deux autres bas-reliefs représentant des *petits enfans;* un pied colossal très beau, les têtes presque colossales du Faune et de la FAUNESSE d'un travail exquis, et surtout le superbe camée de Jupiter *Ægiocus* (couvert de l'égide), trouvé à Éphèse en 1793, et revenu à Venise en 1815. Parmi les médailles, il en est une très belle qui représente le cardinal Dominique Grimani; sur le revers sont la Philosophie et la Théologie; elle est de 1493, et du vénitien Victor Camelo, adroit contrefacteur de médailles antiques, illustre faussaire dont les habiles imitations ont tourmenté et mystifié plus d'un antiquaire.

CHAPITRE VI.

Plombs. — *Puits.* — Ages divers des prisons.

LA perte de la liberté est le plus ancien et le plus grand des malheurs; aussi les histoires de prisonniers sont les plus intéressantes. Le vénitien Casanova, le prisonnier des *Plombs,* est un des premiers héros de ces histoires, lui qui rejetait la lecture *De la Consolation,* de Boëce, pendant sa captivité, parce qu'il n'y trouvait indiqué aucun moyen d'évasion. Je vis la fenêtre par laquelle il s'échappa avec une si rare audace, et qui était dans une chambre que remplissaient les gracieux pigeons de S.-Marc, dont il a été parlé [1]. Les prisons de Venise, sujet de tant de déclamations, étaient,

[1] *V.* ci-dessus, ch. II.

vers la fin de la république, usées comme tout le reste. C'est à peu près ainsi qu'en France la Bastille n'était guère plus forte que la monarchie. Les *Plombs*, créés postérieurement aux *Puits*, qui parurent trop rigoureux, n'étaient que la partie la plus élevée du palais ducal, dont la couverture est de plomb, et dans laquelle les détenus faisaient leur temps sans que jamais la santé d'un seul ait été le moins du monde altérée, même après une détention de dix ans. Il y avait un courant d'air suffisant pour tempérer l'excès du chaud. Howard, juge compétent, avait déjà reconnu la salubrité des prisons de Venise[1] ; aucun prisonnier n'y fut jamais chargé de chaînes; sorte de privilége peut-être unique dans l'histoire des prisonniers : si plusieurs furent condamnés pour la vie, c'est que la peine de mort était plus rarement qu'ailleurs appliquée à Venise[2]. Ces terribles *Plombs* sont aujourd'hui des appartemens agréables et recherchés (en Italie les appartemens d'en haut sont généralement préférés), et un président du tribunal d'appel de Venise, le comte Hesenbergh, homme impartial et qui les avait occupés, a prétendu, dans un journal, qu'il souhaiterait à beaucoup de ses lecteurs de n'être pas plus mal logés.

Les *Puits* formaient jadis plusieurs étages, dont deux subsistent encore ; j'ai parcouru ces anciens cachots (huit sont au niveau de la cour du palais ducal, neuf à l'étage supérieur); la plupart sont encore garnis de planches que l'on y avait mises, afin de prévenir l'humidité, et l'ancien lit de bois, assez semblable aux cou-

[1] *Appendix to the state of prisons in England and Wales*, etc.; Warington, 1780, p. 37.

[2] A l'arrivée des Français, en 1797, le registre des condamnations pour crime d'État ayant été ouvert, leur nombre était de quatorze depuis le commencement du siècle.

chettes des trapistes, est au milieu de quelques uns. Ces cachots n'étaient point sous le canal, ainsi qu'on l'a cru et que l'a répété M. Nicolini dans les beaux vers de sa tragédie de Foscarini sur cette prison [1], et l'on n'a jamais navigué sur la tête des coupables. Il est fort probable que les *Puits* de Venise ne furent pas plus horribles que les autres cachots du même temps : chaque âge, chaque régime a ses prisons; elles participent de l'état des diverses civilisations; mais les prisons impénétrables du despotisme sont toujours cruelles; les *forts* de l'Empire ne le cédaient point aux anciens donjons [2]; aux époques de raison, de liberté et d'industrie, les prisons deviennent des espèces d'ateliers; inspectées, surveillées elles-mêmes, elles ne sont plus que l'instrument du magistrat impassible qui applique la loi.

CHAPITRE VII.

Palais-Royal. — Condition des artistes au XVIe siècle. — Grande salle. — Exposition des produits de l'industrie vénitienne en 1827. — *Zecca.*

Les célèbres *Procuratie Nuove*, le plus important ouvrage de Scamozzi, sont aujourd'hui le Palais-Royal,

---

[1] Act. 1, sc. II.
[2] Le cachot du fort de Joux, où M. de Rivière fut enfermé après Toussaint-Louverture, était une espèce de cave; l'eau y ruisselait de toutes parts : dans les plus fortes chaleurs, M. de Rivière y dépensait par mois 50 fr. de bois. *Mémoires posthumes, lettres et pièces authentiques touchant la vie et la mort de Charles-François, duc de Rivière* ; Paris, 1829, p. 64. Combien Toussaint-Louverture ne dut-il pas souffrir dans un tel lieu, qui devait être pour ce nègre, a dit Mme de Staël, *comme un enfer de glace!*

et certes il n'en est guère d'une architecture plus noble, plus simple et plus variée. L'ancienne Bibliothèque en fait partie. Ce chef-d'œuvre de Sansovino, cet édifice qui, selon Palladio, était *le plus riche, le plus orné qui eût été construit depuis les anciens,* que l'Arétin trouvait *au-dessus de l'envie* (c'était, certes, le placer bien haut), avait été élevé, par décret du sénat, en face du palais ducal, pour y placer des livres, tant Venise leur offrit toujours la plus splendide hospitalité.

La condition des artistes était rude au xvie siècle; ils semblent soumis à une véritable responsabilité, ainsi qu'on le voit par une foule d'exemples : à peine Sansovino avait-il achevé sa merveille, que la voûte s'étant écroulée, il fut mis en prison, privé de son emploi d'architecte de la république, et condamné à une amende de mille ducats; il fut délivré, replacé et remboursé par les soins du Titien, et surtout de l'Arétin, trait qui prouve que ce dernier, malgré ses vices, n'était pas incapable de s'associer à une action généreuse, et de remplir les devoirs de l'amitié; les ames les plus basses ont quelquefois, dans les choses de la vie, une sorte d'obligeance dont se croient dispensés d'autres vertus plus pures.

Les deux cariatides colossales à l'entrée sont de Vittoria, qui a fait aussi les ornemens en stuc du magnifique escalier. La première salle, décorée par Scamozzi, offre un plafond de Christophe et Étienne Rosa, habiles artistes en ce genre : au milieu est une belle figure de la *Sagesse*, par Titien.

La grande salle a deux tableaux remarquables du Tintoret : le premier est l'*Enlèvement du corps de S. Marc des sépulcres d'Alexandrie*, par deux marchands vénitiens, qui le cachèrent sous des tranches de porc frais, afin qu'à cette vue abhorrée les douaniers musulmans le laissassent passer sans faire de visite. Le second représente *S. Marc sauvant un Sarrazin du naufrage*, beau tableau qui prouve la charité et le bon esprit du saint. Le plafond magnifique a sept compartimens, qui renferment chacun trois ovales : il fut peint au concours par les premiers maîtres du xvie siècle, et Paul Véronèse emporta le prix pour ses figures de l'*Honneur déifié*, de la *Musique*, de la *Géométrie* et de l'*Arithmétique*. Les portraits des philosophes placés entre les fenêtres et sur les angles de la salle, sont de Schiavone et du Tintoret.

L'exposition des produits de l'industrie vénitienne, pour 1827, se tenait dans cette superbe salle ; il n'y avait rien de fort important. Les chapeaux de paille, façon de Florence, étaient l'article le plus remarquable. Cette importation est, dit-on, très utile et très heureuse ; ces chapeaux sont aussi fins que ceux de Florence, quoique un peu plus blancs et plus mous, mais ils coûtent moins cher ; ils sont fabriqués par une maison de Bassano. Je remarquai plusieurs bouteilles d'un vin d'une fort belle couleur, mais qui semblaient singulièrement placées parmi des objets de fabrique.

La troisième partie du Palais-Royal offre encore d'admirables peintures : à la salle octogone, l'*Adoration des Mages, S. Joachim chassé du temple*, du Tintoret : dans la chapelle, le *Père Éternel, ayant le Sauveur sur ses genoux*, de Carletto Caliari ; le célèbre *Ecce homo*, d'Albert Durer ; le *Christ mort, et deux amis qui pleurent*, de Pâris Bordone : dans trois des pièces de l'appartement du gouverneur, une *Venise entourée par Hercule, Cérès et quelques génies*, est un des premiers chefs-d'œuvre de Paul Véronèse, qui a fait aussi *Adam et Ève pénitens*, l'*Institution du Rosaire*, et le *Christ agonisant dans le jardin*. Le *Rédempteur assis, un livre à la main*; *S. Marc présentant l'étendard de Venise*; *S. Jérôme et S. Ubalde*; *Notre-Dame, Ste. Barbe, quelques saints et un pauvre*; la *Pluie de cailles*, la *Multiplication des pains*; le *Jugement de Salomon*, sont de Bonifazio; la *Descente du Christ aux limbes* est du Giorgione, et le *Passage de la mer rouge*, de la première manière du Titien.

La *Zecca* (Hôtel des Monnaies), voisine de l'ancienne Bibliothèque, est un autre chef-d'œuvre de Sansovino. Telle est son habile distribution, qu'après bientôt trois siècles elle est encore applicable aux besoins de la fabrication actuelle. Triste contraste, c'est une ville à l'aumône[1] qui possède aujourd'hui le plus beau, le plus élégant hôtel des monnaies.

Au-dessus de la citerne de la cour est un Apollon, qui jouit à Venise d'une sorte de popularité, quoique le sculpteur, Danese Cattaneo, élève de Sansovino, et poète distingué, ne soit pas très connu. Cet Apollon est assez bizarrement assis sur un globe posé au-dessus d'un monticule d'or, et tenant à la main un lingot aussi d'or. Sans les rayons qui lui sortent de la tête, le dieu de la musique et des vers, qui d'ailleurs n'a pas l'air très noble, pourrait bien ne paraître que le dieu de la richesse. Il devait être accompagné des statues de la Lune et de Vénus, qui auraient été d'argent et de cuivre, afin d'indiquer ainsi les trois espèces de monnaie. La célébrité des premiers ducats ou sequins vénitiens remonte à l'année 1284 : parmi les pièces données comme plus anciennes, plusieurs sont apocryphes; les véritables, et qui fixent le commencement d'une suite bien constatée, portent la religieuse légende *Christus imperat*.

[1] *V*. ci-dessus, chap. 1er.

CHAPITRE VIII.

Grand canal. — Ste.-Marthe. — Vénitiens. — Silence de Venise. — Palais. — Noblesse vénitienne.

Le Grand-Canal, bordé de magnifiques palais de marbre, construits pendant dix siècles par les premiers architectes, serait, s'il était pavé, la plus belle rue de l'univers. Le lendemain du jour que j'arrivai pour la première fois à Venise, au mois de juillet, était la fête de Ste. Marthe, fête populaire. Quelques barques illuminées, chargées de musiciens, le parcouraient la nuit : quoique bien peu nombreuses, leur effet était véritablement enchanteur, et donnait l'idée des anciens plaisirs de cette ville déchue. La fête de Ste. Marthe, qui dura jusqu'au jour, se célébrait, à une extrémité de la ville, dans un quartier qui en porte le nom. Des tables étaient dressées, on trinquait dans les barques et sur le rivage; c'était comme un Vaugirard, comme une Courtille en mer. Malgré la joie si vive de cette multitude, il n'y avait ni rixes, ni désordre. Telle est la douceur du peuple de Venise, qu'au temps même où Ste. Marthe avait tout son éclat, le gouvernement vénitien n'y déploya jamais l'appareil de sa police, et que la sûreté de chacun était sous la sauvegarde du plaisir de tous. Le caractère italien, dans ce qu'il a de bon, est déjà complet à Venise : gai, mobile, agité, insouciant, il semble encore plus aimable par la grace, la douceur et l'originalité du dialecte.

On a, je crois, singulièrement exagéré le silence de Venise : après Rome, nulle part en Italie le son des cloches n'est peut-être plus bruyant, et les cris du peuple ne le cèdent qu'aux seuls Napolitains. Mme de Staël, qui a fait tant d'observations ingénieuses ou profondes, prétend qu'*on ne voit pas même une mouche en ce séjour,* le funeste *conopeum* [1] placé au-dessus des lits ne prouve que trop le contraire.

C'est un plaisir doux et triste aujourd'hui que d'errer, que de voguer sur le grand canal, au milieu de ces palais superbes, de ces anciennes demeures aristocratiques qui portent de si beaux noms, qui rappellent tant de puissance, tant de gloire, et sont maintenant désertes, délabrées ou en ruine. Ces fenêtres moresques, ces balcons où la Vénitienne, enfermée comme dans l'Orient, et légère comme en Europe, apparaissait à son amant, qui fuyait à regret sur sa gondole, sont maintenant dégradées, sans vitraux ou barrées grossièrement par des planches; quelques unes en bon état, n'offrent plus que l'inscription de certaines autorités administratives et financières de l'Autriche, ou les armes de la puissance de quelque consul oisif. Au milieu de cette destruction, les jardins, chose singulière! remplacent à Venise les bâtimens; c'est véritablement l'opposé de Paris, et je me rappelle que cherchant la maison du Titien, je ne trouvai à sa place que le mur d'un jardin, dans un petit cul-de-sac appelé fastueusement le *Détroit de Gallipoli.* [2]

L'abandon des palais de Venise avait commencé dès le dernier siècle avec la décadence de la république, alors que les patriciens dégénérés préféraient se loger dans un *casino* voisin de la place S.-Marc, au lieu

---

[1] Rideau de gaze pour se défendre des mouches et des cousins.

[2] Les Français firent, en 1810, un jardin public qui subsiste encore; mais il est négligé, peu fréquenté, et les Vénitiens préfèrent leur ancienne et centrale promenade de la place S.-Marc.

d'habiter les anciens palais de leurs pères, trop grands pour leur petitesse. Le jeu, le célibat, et l'espèce d'égoïsme social qu'ils produisent avaient affaibli les mœurs de la noblesse vénitienne : quelles vertus publiques pouvait-on attendre du sénateur qui, revêtu de sa toge et des pompeux insignes de sa dignité, avait en personne été croupier de pharaon, de ces patriciens dont un des priviléges était d'ouvrir des tripots, et qui s'y montraient avec leur robe de magistrat? Ils renoncèrent, dit-on, unanimement à ce privilége lucratif, lorsque les jeux furent abolis, quelque temps avant la chute de la république; mais il est probable que le mal était fait, et qu'il était trop tard pour revenir à des sentimens plus graves et plus élevés. Les jeux de Venise, prétendent les défenseurs de son ancien régime, servaient à développer la force morale; ils étaient renommés par l'impassibilité presque stoïque avec laquelle on y perdait ou gagnait les plus énormes sommes. Cette espèce de courage qui fait risquer sa fortune sur une carte, peut indiquer de la fermeté chez les individus, mais elle doit être la perte d'une société, et l'habitude de la foi au hasard est surtout funeste en politique. Quant au célibat, réprimé et puni chez les Romains, il était alors à Venise comme un des priviléges de l'aîné, de l'homme d'esprit ou de l'ambitieux de chaque famille, et le mariage devenait une des charges du cadet, ou de celui qui donnait le moins d'espérance. C'était l'opposé de ce qui se pratiquait dans les grandes maisons des états monarchiques; mais ces divers célibats, qui n'étaient ni le célibat sacré de la religion, ni le célibat philosophique de l'étude, se rapprochaient beaucoup de celui dont le libertinage est le principe.

Le patriciat vénitien pouvait être regardé comme le plus antique et le plus national de l'Europe, puisqu'il remontait aux fondateurs de la république, et qu'il précéda de plusieurs siècles les ancêtres des plus vieilles aristocraties [1]. Mais ces patriciens superbes, qui laissaient prendre chez eux à tout le monde les titres qu'on voulait, n'en portaient eux-mêmes aucun pour la plupart, et je ne sais quel Français composa dans le temps une Dissertation, afin de prouver que décidément ils n'étaient point gentilshommes [2]. On voit à l'église de la Chartreuse de Florence, dans le chœur, la tombe d'un patricien de Venise : l'inscription exprime le noble regret d'avoir été contraint d'échanger son titre contre un autre du grand-duc de Toscane.

CHAPITRE IX.

Palais *Trévisan*. — *Foscari*. — *Mocenigo*. — Lord Byron. — Palais *Pisani*. De la vérité poétique. — Paul Véronèse. — Palais *Barbarigo*. — Le Titien. — Palais *Grimani* (à S.-Luc.) — Pont de Rialto. — Palais *Micheli*. — *Corner*. — *Pesaro*. — *Vendramini*. — *Manfrin*.

Le palais *Trévisan*, couvert de marbres de la Grèce et de l'Égypte, quoique sans objet curieux à l'intérieur, mérite d'être observé : son élégante architecture, de l'école des Lombardi, marque l'époque de la renaissance du goût.

Le palais *Dario* est du même style et a le même genre d'intérêt. On y lit ces mots : *Genio urbis, Joannes Darius*, inscription patriotique que la ruine actuelle de Venise rend encore plus touchante.

---

[1] Les Contarini, selon quelques auteurs, tiraient l'étymologie de leur nom du mot *contadini*, paysans, comme qui dirait *vilains*.

[2] *V.* les Pièces justificatives de l'*Histoire de Venise* par M. Daru.

Le palais *Giustiniani-Lolin* a une bibliothèque choisie, quelques bons tableaux, un nombre considérable de précieuses gravures, collections diverses formées avec goût par M. le docteur Aglietti, grand médecin de l'Italie, qui a publié la belle édition des OEuvres complètes d'Algarotti, dans laquelle ont été insérées les Lettres écrites par Frédéric pendant vingt-cinq ans, à ce Fontenelle italien, lettres dont les originaux existent au palais Giustiniani-Lolin.[1]

L'antique palais *Foscari* est en ruine, mais son aspect majestueux, désolé, convient aux souvenirs qu'il rappelle : on sent qu'il a dû être le séjour de cette famille malheureuse, déchue du pouvoir, punie par la prison, l'exil et la mort, et qui semble comme les Stuarts des familles aristocratiques.

Lord Byron occupait le palais *Mocenigo* sur le grand canal. J'ai beaucoup entendu parler du séjour qu'il avait fait à Venise pendant plusieurs années, et des scènes qui se passèrent au palais Mocenigo[2], et j'ai vu avec regret que la considération n'était pas toujours compagne de la gloire. La vie de Venise, cette vie de silence, de plaisirs, de veilles et de bibliothèque, devait d'ailleurs convenir à un poète. Peu de villes ont été aussi et mieux chantées que Venise : Pétrarque l'avait appelée

---

[1] Ces lettres, quelquefois plus affectueuses et plus tendres qu'il ne semble appartenir à Frédéric, deviennent bientôt d'un maître dur et sévère : il lui avait ainsi annoncé son avènement au trône : « Mon cher Algarotti, mon sort a changé. Je vous attends avec impatience, ne me faites pas languir. » Deux ans après il lui reproche *sa suffisance*, et lui demande sèchement s'il lui convient de s'engager chez lui (lettre du 10 septembre 1742). Jamais peut-être la colère et le mépris de Frédéric contre Voltaire ne se sont épanchés avec autant de vivacité que dans ces lettres. *V.* les lettres des 12 septembre 1749, 11 janvier et 26 mai 1754.

[2] *V.* là-dessus ses Mémoires, qui n'ont pas tout dit, t. III, ch. XVII.

la Città d'oro; on connaît les vers classiques de Sannazar :

. . . .
Illam homines dices, hanc posuisse Deos,

les strophes romantiques de Childe-Harold, et quelques pièces de plusieurs de nos jeunes poètes[1]. Parmi les bons tableaux du palais Mocenigo est le modèle de la célèbre *Gloire du Paradis*, peint par le Tintoret, préférable aujourd'hui au tableau même, que l'on voit à l'ancienne salle du grand conseil[2], puisqu'il a échappé à sa malencontreuse restauration.

Le palais Pisani (à S.-Paul) possède le précieux tableau de Paul Véronèse, la *Famille de Darius aux pieds d'Alexandre :* les femmes sont habillées en dames vénitiennes, le héros macédonien est en général de la république. Malgré l'inexactitude des costumes, ce chef-d'œuvre est plein de charme. La vérité poétique, la seule vraie, la seule durable dans les ouvrages de l'art, la seule qui vienne de l'ame et y réponde, ne tient point à la chronologie, et elle diffère tout-à-fait de cette réalité extérieure et commune à laquelle tout le monde peut atteindre et dont quelques gens sont beaucoup trop fiers. Le tableau de Lebrun sur le même sujet doit être, aux grandes perruques près, plus régulier que celui de Paul Véronèse; et certes il ne peut soutenir avec lui aucune comparaison. En voyant le nain, la guenon, les scènes burlesques que ce grand peintre introduit ordinairement dans ses compositions les plus importantes, et que l'on retrouve dans sa *Famille de*

---

[1] Telles sont la *Promenade au Lido* de M. Casimir Delavigne et les vers de M. Bignan sur Venise : M. Ampère, fils du savant mathématicien, a composé aussi, sur le même sujet, une fort belle pièce qui, je crois, est inédite, mais que j'ai été assez heureux pour entendre.

[2] *V.* ci-dessus, chap. IV.

Darius, son admirable peinture semble comme une peinture héroï-comique : c'est l'Arioste peint.

Le palais Barbarigo porte comme empreintes les traces du Titien, qui vivait dans cette famille, préférant le séjour de sa chère Venise aux honneurs qui lui étaient offerts par la cour d'Espagne. Là est sa belle *Madeleine*, moins idéale que vraie; une *Vénus* gâtée par l'écharpe que le scrupule d'un Barbarigo a voulu jeter sur son sein et qu'on a grattée depuis; un *S. Sébastien*, son dernier ouvrage, auquel il travaillait quand l'affreuse peste de 1576, qui depuis ravagea Milan, l'enleva plein de vie à quatre-vingt-dix-neuf ans. Il semble qu'il fallait une telle catastrophe pour détruire cet immortel artiste, et qu'il n'aurait jamais dû mourir. La *Susanne* est un prodige du Tintoret : on y voit un parc, des volières, des lapins et autres animaux domestiques que ce peintre fougueux a exécutés et finis avec un goût exquis : on dirait Bossuet racontant le songe de la princesse Palatine. Le palais Barbarigo possède un des ouvrages de la première jeunesse de Canova, le *groupe de Dédale et Icare*, composition naturelle, vraie, qui indique le retour à un goût meilleur, mais qui n'a point encore l'élévation à laquelle le talent de l'artiste devait atteindre et que Rome devait lui donner.

Le palais Grimani (à S.-Luc), un des chefs-d'œuvre les plus extraordinaires de San Micheli, qui eut à triompher de l'irrégularité du terrain, ce palais, un des plus magnifiques et des plus élégans de Venise, dont la façade, le vestibule, le rez-de-chaussée, sont d'un goût si noble et si pur, est maintenant occupé par la poste autrichienne. La délégation réside au palais Corner de la *Ca grande*, superbe édifice, un des beaux ouvrages de Sansovino.

L'ancien palais Farsetti, aujourd'hui l'auberge de

la Grande-Bretagne, a sur le palier de son escalier deux petites corbeilles de fruits en marbre, premier ouvrage de Canova, essais précoces de son enfance, qu'il fit à quatorze ans pour son premier et constant protecteur le patricien Falier.

Le pont de marbre de *Rialto*, marchand, éclatant, solide, rappelle l'origine, les fêtes et la prospérité de Venise. Les fugitifs, premiers habitans de l'espèce d'îlot auquel il communique, et dont il porte le nom, ne se doutaient point assurément qu'ils fondaient une puissante république qui un jour dominerait l'Italie, prendrait Constantinople, résisterait à la ligue des rois et des empereurs, ferait le commerce du monde, et durerait quatorze siècles.

Le palais Micheli (*dalle Colonne*) offre de magnifiques tapisseries d'après les dessins de Raphaël. Une belle salle d'armes contient les vieilles armures de l'illustre doge Dominique Micheli et d'autres croisés ses compagnons [1]. Dans une chambre sont les livres et les ornemens pontificaux du bienheureux cardinal Barbarigo, restes saints et pacifiques qui contrastent avec le fer de ces guerriers.

Le palais Corner de la Reine n'était point occupé en 1828, mais par un motif singulier, unique : laissé au pape par son dernier propriétaire, la jouissance en avait été accordée à quelques ecclésiastiques livrés à l'enseignement; ceux-ci voulaient le louer, mais ils ne pouvaient consentir, par scrupule, à avoir pour locataires de riches juifs qui se présentaient. Ces bons prêtres ne pensaient point, comme l'empereur de Rome et comme notre siècle, que l'argent n'a point d'odeur.

Le palais Pesaro fut abandonné par son possesseur peu de temps après la chute de la république; il n'a

[1] *V.* ci-après, chap. xv.

point voulu y revenir, afin d'échapper au spectacle de sa patrie conquise. Le maître de ce palais de marbre, l'un des plus vastes et des plus beaux de l'Italie, habite quelques chambres à Londres; seulement un dessin de son ancienne demeure est suspendu au plafond d'une de ces pièces, et il le montre à ceux qui s'étonnent de sa constance. Noble vieillard, exilé volontaire, qui prouve que l'émigration peut être aussi une action grande et courageuse!

Le palais Vendramini-Calergi, de Pierre Lombardo, ne le cède, pour le goût, la richesse et la magnificence, à aucun des palais les plus vantés de Venise. On y voit les deux belles statues d'Adam et d'Ève, de Tullius Lombardo, qui faisaient autrefois partie du mausolée du doge André Vendramini, à l'église S.-Jean et Paul, qui ont été depuis remplacées décemment par deux saintes.

Le palais Manfrin est célèbre par sa riche galerie des diverses écoles et ses curiosités: la *Vierge et l'enfant Jésus*, le *Christ à Emmaüs*, sont de Jean Bellini; une *Descente de Croix* admirablement touchante; le *portrait de l'Arioste*, vivant, poétique; celui *de la reine Cornaro*, du Titien; le dernier est différent du portrait de Brescia[1]: l'expression de la physionomie est vulgaire dans l'un et précieuse dans l'autre; celui-ci doit être probablement le plus ressemblant. Une *Femme jouant de la guitare*; le célèbre tableau dit les *trois Portraits* sont du Giorgione, qui semble là dans son triomphe. Ce dernier chef-d'œuvre avait inspiré à Byron plusieurs stances admiratives de son Histoire vénitienne de Beppo, dont deux vers toutefois ne sont pas fort exacts, puisque, selon Vasari, Giorgione ne fut point marié[2].

---

[1] *V.* Liv. v, ch. xi.

[2] 'T'is but a portrait of his son and wife,
And self, but such a woman! love in life! (St. xii.)

Moïse faisant jaillir l'eau du rocher est du Bassan; *Cérès et Bacchus*, de Rubens; le *Sacrifice d'Iphigénie*, du Padovanino; un *Ecce Homo*, une *Fuite en Égypte*, sont d'Augustin Carrache; deux superbes *Portraits*, l'un de Rembrandt, l'autre de Paul Véronèse; un *Berger* est de Murillo; la *Vierge qui présente l'enfant Jésus à Siméon*, de Jean d'Udine; un *Portrait* du Pordenone, par lui-même, est parfait ; le *Portrait de Pétrarque*, peu gracieux, est de Jacques Bellini, le père de Jean; une *Circoncision* est de fra Sébastien del Piombo; une *Lucrèce*, du Guide. Les ouvrages des anciens peintres, de Cimabuë, de Giotto, de Mantegna, sont convenablement réunis dans une même pièce.

Le palais Giustiniani (aux *Zattere*) possède une bibliothèque riche en manuscrits nationaux, plusieurs sculptures grecques, un médailler, une galerie, dont le *Ganymède*, du Padovanino, est le premier chef-d'œuvre.

CHAPITRE X.

Maisons Teotochi-Albrizzi et Cicognara.

Les maisons Teotochi-Albrizzi et Cicognara, peu éloignées l'une de l'autre, valent des palais par leurs habitans : Grecque comme Aspasie, amie, comme elle, d'hommes illustres par des talens et des génies divers, Mme Albrizzi a su les peindre d'une manière ingénieuse, fidèle et avec un style qui a conservé la grâce du sexe de l'écrivain [1]. Au milieu de son salon est un buste de

---

[1] *V.* son agréable ouvrage intitulé *Ritratti*.

sa compatriote Hélène, figure pleine de charme et de volupté, présent de Canova et chanté par Byron[1]; la coiffure de la tête a la forme d'un œuf tronqué, et rappelle heureusement la naissance de la fille de Léda.

Le comte Cicognara possède la *Béatrix* du Dante, autre chef-d'œuvre de Canova, donné par lui à cet homme aimable, instruit, excellent, son digne et partial ami, comme on doit toujours l'être, malgré le proverbe sur Platon. Un écrivain qui joint l'élévation des pensées à la sensibilité de l'ame, raconte de la manière suivante l'origine de cette figure dans un ouvrage important [2] : « Un artiste entouré d'une grande re-
« nommée, un statuaire qui naguère jetait tant d'éclat
« sur la patrie illustre du Dante, et dont les chefs-d'œuvre
« de l'antiquité avaient si souvent exalté la gracieuse
« imagination, un jour, pour la première fois, vit une
« femme qui fut, pour lui, comme une vive apparition
« de Béatrix. Plein de cette émotion religieuse que donne
« le génie, aussitôt il demande au marbre toujours do-
« cile sous son ciseau, d'exprimer la soudaine inspira-
« tion de ce moment, et la Béatrix du Dante passa du
« vague domaine de la poésie dans le domaine réalisé
« des arts. Le sentiment qui réside dans cette physio-
« nomie harmonieuse, maintenant, est devenu un type

---

[1] *In this beloved marble view,*
Above the works and thought, of man,
What nature COULD*, but* WOULD *not, do,*
And beauty and Canova CAN !
Beyond imagination's power,
Beyond the bards' defeated art,
With immortality her dower,
Behold the HELEN *of the* HEART!
(*Mém.*, Tom. III, ch. VIII.)

[2] *Essais de Palingénésie sociale* par M. Ballanche; Paris, Didot, 1827.

« nouveau de beauté pure et virginale, qui, à son tour,
« inspire les artistes et les poètes. » Cette femme est une
Française célèbre par les séductions de sa personne et
de son noble caractère. Il y a quelque honneur pour
la France d'avoir révélé au premier statuaire d'Italie
l'image de la beauté mystérieuse, idéale, chantée par
son plus grand poète, et l'on doit regretter qu'un pareil détail ait échappé au spirituel éditeur français de
l'*OEuvre* de Canova [1]. L'enthousiasme calme de cette
admirable figure a souvent été reproduit, mais le plus
souvent d'une manière très imparfaite. Deux bustes gigantesques bien exécutés sont chez M. Cicognara : le
premier, de M. Cicognara par Canova ; le second, de
Canova par son habile élève Rinaldo Rinaldi, et d'après
l'original sculpté par Canova lui-même.

CHAPITRE XI.

Palais *Grimani* (à *Ste.-Marie Formose*). — *Corniani-d'Algarotti*. — Esprit de société de Venise. — Dernière Vénitienne.

Les portraits de famille du palais Grimani (à Ste.-Marie Formose) font une belle galerie de tableaux du Titien, de Paul Véronèse et d'autres habiles maîtres.

---

[1] Publié à Paris en 1825. Il existe trois bustes de la Béatrix faits par Canova : celui du comte Cicognara, celui de Mme R*******, sur lequel l'auteur a mis une couronne d'olivier et inscrit de sa main les vers du Dante :

Sovra candido vel cinta d' oliva
Donna m' apparve............

Un troisième est en Angleterre.

Ce palais est digne de Rome ou de Naples par sa multitude de statues antiques, d'inscriptions, de bronzes. Là est un Hercule enfant, buste grec très beau, la statue colossale de Marc Agrippa, transportée par un sort étrange du vestibule du Panthéon au milieu des flots de l'Adriatique, un groupe de Socrate et Alcibiade, obscène, et dans lequel le premier n'est même plus le *très équivoque ami du jeune Alcibiade.* Une chambre, décorée par Sansovino, est magnifique. L'*Institution du Rosaire,* tableau célèbre d'Albert Durer, offre son portrait et celui de sa femme. L'*Histoire de Psyché,* au plafond octogone, de François Salviati, était regardée par Vasari comme le plus bel ouvrage qu'il y eût à Venise, éloge exagéré de l'amitié qui n'empêche point que cette peinture n'ait d'assez bonnes parties. Un *Petit Amour* est du Guide; une *Purification,* de Gentile Bellini, et le tableau de l'élégante chapelle, le *Christ couronné d'épines,* du vieux Palma.

L'*Hébé,* de Canova, est à la maison Heinzelmann. Cette figure charmante, quoique un peu recherchée, est un des chefs-d'œuvre les plus célèbres, les plus populaires de son auteur; il l'a répétée avec de légères variantes jusqu'à quatre fois [1], et elle a été dignement chantée par Pindemonte.

Le palais Corniani-d'Algarotti offre deux collections différentes et curieuses, mais qui ont quelque analogie avec le nom scientifique et littéraire qu'il rappelle: la première est composée de plus de six mille échantillons de pierres et de minéraux de Lombardie et des anciennes provinces vénitiennes; la seconde est une bibliothèque dramatique de toutes les pièces représentées à Venise,

---

[1] Les trois autres Hébé de Canova appartiennent à l'empereur de Russie, à lord Cawdor, et à la marquise Guicciardini, de Florence.

depuis l'établissement du premier théâtre dans cette ville en 1636 jusqu'à nos jours. La maison de Goldoni, venu soixante et onze ans plus tard, était *calle de' Nonbolà.* Il suffit d'avoir passé quelques semaines à Venise pour sentir que la véritable comédie italienne devait y naître ou plutôt y renaître (Machiavel et l'Arioste sont encore les premiers dramatistes italiens); car l'esprit de société s'y défend encore au milieu de la décadence de tout le reste. Cette ancienne et célèbre société est toujours dignement représentée par l'héroïne de la *Biondina*, Mme la comtesse Benzoni, dont l'esprit est à la fois si gracieux, si naïf, si piquant; c'est elle qui, avec la familiarité du dialecte vénitien, disait ses vérités à Byron enchanté de les entendre, et qui peut-être ne les a entendues que dans ce burlesque langage : femme encore si vive, si naturelle et si gaïe, et que l'on pourrait surnommer la dernière Vénitienne.

Le palais Contarini, dont le nom rappelle de si anciens et de si magnifiques souvenirs, est décoré de fresques de Dominique Tiepolo, et l'on y admire quatre des meilleurs tableaux de Luc Giordano, parmi lesquels l'*Énée emportant son père Anchise.*

CHAPITRE XII.

Alde. — Imprimerie-Fabrication. — Imprimerie actuelle de Venise.

Il est une habitation dont j'ai vivement regretté de ne point trouver de traces, c'est la maison d'Alde Manuce, qui était voisine du palais Molin. C'était là qu'il réunissait cette véritable académie typographique chargée d'examiner, de discuter le texte des ouvrages classiques, et composée des plus doctes personnages [1]. De nouveaux bâtimens se sont élevés dans cette partie de la ville, sur les ruines des anciens. La presse d'Alde Manuce et de son fils serait aujourd'hui un véritable monument; ce fut l'unique trésor que laissa le premier de ces grands hommes au second, après avoir consacré sa fortune et ses bénéfices à la découverte, à l'achat de vieux manuscrits grecs ou latins, et sa vie entière à les déchiffrer, à les compléter, à les corriger et à les publier [2]. On comprend très bien l'enthousiasme presque poétique que devait inspirer l'apparition de cet art puissant à un homme aussi érudit qu'Alde l'ancien, et aussi passionné pour cette antiquité renaissante, qu'il voyait ainsi devenir indestructible et universelle. L'inscription, un peu bizarre, mise au-dessus de la porte de sa chambre, montre quelle était l'ardeur de ses travaux : *Quisquis es, rogat te Aldus etiam atque etiam : ut, si quid est, quod a se velis, perpaucis agas, deindè actutum abeas : nisi tamquam Hercules, defesso Atlante : veneris suppositurus humeros. Semper enim erit : quod et tu agas; et quot quot huc attulerint pedes.* «Qui que tu sois, Alde te prie et te conjure que, « si tu as à lui parler, tu finisses en peu de mots, et « t'en ailles promptement; à moins que tu ne viennes,

[1] Marco Musuro, Bembo, Ange Gabrielli, André Navagero, Daniel Rinieri, Marino Sanudo, Benoît Ramberti, Baptiste Egnazio. *V.* encore plus haut, sur la vie et les travaux d'Alde Manuce, liv. v, ch. xxxiii.

[2] Lorsque Paul Manuce s'établit à Rome, en 1561, il y fit venir son imprimerie; une partie fut cependant laissée par lui à Venise, et dirigée par Alde son fils; elle n'y était point restée inactive, ainsi qu'on peut en juger par le nombre d'éditions publiées chaque année pendant son absence, et parmi lesquelles on compte même plusieurs de ses propres ouvrages. *Annales de l'Imprimerie des Alde*, par M. Renouard, t. III, p. 155, 156, 160.

« comme Hercule, prêter l'épaule à Atlas fatigué. Alors
« toi et tous ceux qui viendront ici, vous aurez tou-
« jours quelque chose à faire. » L'imprimerie alors, au
lieu d'être seulement une honorable fabrication, une
production abondante [1], livrée à des consommateurs
plus curieux, plus avides que délicats, était un art libéral, art admirable si long à découvrir [2], mais qui
semble n'avoir point eu d'enfance. La netteté du texte,
la beauté de l'encre [3] et du papier des premiers imprimeurs n'ont point été surpassées. Les imprimeries actuelles ne sont plus que des manufactures de livres, et
l'on ne saurait espérer le même soin, la même égalité de
tirage de l'ouvrier qui imprime par jour jusqu'à mille
feuilles. Les éditions des Nicolas Jenson, des Wendelin
de Spire, des Alde, étaient d'ailleurs tirées à un nombre

[1] On se rappelle l'excellent travail de M. le comte Daru, intitulé :
*Notions statistiques sur la librairie, pour servir à la discussion de la
loi sur la presse en* 1827, notions établies d'après la *Bibliographie
de la France*, rédigée depuis vingt ans par M. Beuchot avec une si
scrupuleuse exactitude. Il résulte de cet utile document que le
nombre des volumes imprimés en France pendant l'année 1825
était de treize à quatorze millions (plus de quatre cent mille étaient
sortis des seules presses de MM. Firmin Didot), qui produisaient
dans le commerce une valeur réelle de 33,750,000 fr., et occupaient
et faisaient vivre trente-trois mille sept cent cinquante personnes.

[2] On a peine à comprendre comment, avec leur perfection de
l'art monétaire et la connaissance des caractères mobiles, l'imprimerie a pu échapper aux anciens. Elle fut inventée à l'époque de
l'émigration des lettres grecques en Italie, époque où elle était
précisément le plus nécessaire, et sans doute parce qu'elle l'était.
« En effet, remarque ingénieusement M. Villemain dans ses notes
« de Lascaris, ces prétendus hasards, qui ont fait trouver tant de
« choses admirables, n'étaient presque toujours qu'une réponse aux
« besoins et à l'activité de l'esprit humain tourné plus particulière-
« ment sur un objet. »

[3] L'encre si belle de Nicolas Jenson et des autres imprimeurs
d'Italie du XVe siècle était, comme dans ces derniers temps celle de
Bodoni, tirée de Paris. Cette encre a un éclat que n'a point l'encre
actuelle ; mais on prétend qu'il est produit par le temps, et que dans
quelques siècles notre encre sera aussi belle.

bien moindre, et ils donnaient, à peu d'intervalle, de nouvelles éditions des mêmes ouvrages qu'ils recomposaient de nouveau [1]. Alde l'ancien doit être mis au premier rang de ces heureux propagateurs de la pensée par la beauté, l'utilité de ses éditions ; inventeur de l'in-octavo, il imprima le premier Virgile qu'on pût emporter dans les bois [2]. Alde joignit à ses talens et à ses vastes connaissances le caractère le plus digne d'estime, bien différent de son contemporain Thomas Junte de Florence, qui, selon Varchi, « n'était qu'un « marchand non moins avare que riche, plus occupé « du gain que de l'honneur de son imprimerie. »

Si la beauté des anciens jours de l'imprimerie vénitienne est passée sans retour, l'imprimerie actuelle, consacrée principalement à l'impression des livres de piété, à des traductions de classiques ou à des ouvrages de littérature, ne laisse pas d'être assez productive. J'ai sous les yeux l'*Elenco* (le catalogue) des volumes imprimés et publiés à Venise et dans les provinces vénitiennes [3] pendant l'année 1826 ; le nombre en est de 821, tirés à 696,710 exemplaires : 224 articles sont marqués d'un *gratis*, qui répond au *ne se vend pas* de la *Bibliographie*, et ils s'élèvent à 56,654 pièces

[1] Certains ouvrages de Cicéron, tels que les *Epistolæ familiares* publiées par Paul Manuce, se réimprimaient presque annuellement.

[2] De 1501. « L'apparition de ces in-8°, dit avec raison M. Re« nouard, aussi correctes que bien imprimés, dut être presque « autant ressentie que le passage des manuscrits aux imprimés ; et « si l'on peut s'étonner de quelque chose, c'est que, la typographie « étant en activité et en honneur depuis un demi-siècle, l'idée de « cette collection de bons livres portatifs et de bas prix ne fût pas « déjà venue à des Jenson, des Gering, des Calliergi et autres im« primeurs dont l'habileté avait produit plus d'un chef-d'œuvre. » *Annales de l'imprimerie des Alde*, t. 1er, page 21.

[3] On en compte huit ; leurs capitales sont : Venise, Padoue, Rovigo, Vérone, Vicence, Trévise, Bellune et Udine ; Bergame, Brescia et Crema ne font plus partie des provinces vénitiennes.

et volumes. Les exemplaires offerts par l'auteur sont beaucoup plus prodigués en Italie qu'en France, et cette sorte de présens est une des premières bienséances sociales pour les écrivains. Les 597 volumes tirés à 640,056 exemplaires qui se vendent, présentent une valeur de 1,354,470 livres autrichiennes, faisant 1,178,389 francs. L'imprimerie dite *Alvisopoli*, de Venise [1], dirigée par M. Barthélemi Gamba, a réimprimé la *Biographie universelle* en italien, tirée à 1200; et l'ouvrage excellent de ce savant bibliographe, intitulé *Serie dei testi di lingua italiana e di altri esemplari del bene scrivere*, publié en 1828, est un livre d'une exécution typographique fort satisfaisante.

CHAPITRE XIII.

Académie des Beaux-Arts. — École vénitienne. — Son imitation. — *Assomption de la Vierge*, du Titien. — Tableaux. — Bronzes. — Modèles. — Vanité d'un confrère de la charité.

L'ACADÉMIE des Beaux-Arts est une belle création, due au zèle, aux lumières et au patriotisme du comte Cicognara. Elle est devenue un asile précieux au milieu de la dispersion et de la dégradation de tant de chefs-d'œuvre. Déjà elle a recueilli de nombreux ouvrages placés dans les couvens et les églises supprimés; elle

---

[1] Cette imprimerie tire son nom du petit village Alvisopoli, dans lequel le sénateur Alvise (Louis) Mocenigo, homme singulier, eut la fantaisie de fonder une imprimerie il y a environ trente ans. Alvisopoli était un fief de son illustre famille : l'établissement, très coûteux dans un tel endroit, ne put se soutenir plus de deux ans; Alvise Mocenigo fut obligé de le transférer à Venise, et lui conserva son premier nom, qu'il a gardé.

doit être encore plus secourable dans la ruine actuelle de Venise. Cette riche collection, de plus de quatre cents tableaux, est presque entièrement composée de tableaux des grands maîtres de l'École vénitienne. École admirable, plutôt par le naturel et le vrai que par l'idéal, par l'éclat du coloris, par la hardiesse, par le pittoresque, plutôt que par la pureté du dessin, que notre jeune école imite, de même que la jeune école poétique, lassée de la contemplation des anciens modèles, se tourne vers Shakspeare. Ces moyens de renouveler l'art semblent fort incertains; la méditation serait plus féconde et plus sûre pour le talent. Siècle étrange, qui vise à l'originalité, à la *nationalité* dans les arts de l'esprit, et qui se fait anglais ou allemand au théâtre, et vénitien en peinture!

Au milieu de la décadence de Venise, la découverte récente de l'*Assomption de la Vierge*, chef-d'œuvre du Titien, est comme une sorte de compensation à tant de pertes. Par une étrange destinée, ce tableau était depuis long-temps relégué au haut d'une église, lorsque le comte Cicognara se fit hisser auprès, en lava un coin avec un peu de salive, et s'étant assuré de son auteur, offrit un tableau plus neuf au curé de l'église, enchanté de l'échange. Ce tableau est peut-être le plus extraordinaire pour l'effet : le mystère de la tête du Père, l'éclat, la douceur du groupe de la Vierge et des enfans placés près d'elle, sont des beautés diverses qui ne sauraient se rendre.

La *Visitation de Ste. Marie-Élisabeth*, ouvrage de la jeunesse du Titien, montre déjà tout son talent de vérité, comme *lo Sposalizio* révèle toute la grâce et le goût de Raphaël.[1]

---

[1] *V.* liv. III, ch. XIII.

L'Esclave délivré par S. Marc, chef-d'œuvre du Tintoret, est une des merveilles de cette grande peinture d'Italie. Quelle vie, quelle variété d'expression dans la physionomie de ces bourreaux qui voient se rompre les liens de leur captif étendu nu sur la terre ! Le saint traverse le ciel ; il est de face, il regarde en bas, afin d'être à son miracle, et son immense barbe ne laisse apercevoir que l'extrémité du corps en raccourci, qui paraît véritablement suspendu en l'air.

Le tableau de Gentile Bellini, représentant la place S.-Marc à la fin du xve siècle, au moment du passage d'une procession, est plein de naïveté, de vie, et singulièrement curieux pour les costumes du temps et l'aspect de l'ancienne Venise. La *Cène à Emaüs*, de Jean Bellini, de grandeur naturelle, avec les costumes du temps et un ambassadeur turc, est superbe. Parmi les bons ouvrages de cette galerie, on remarque la célèbre *Présentation de l'enfant Jésus au vieux Siméon*, de Victor Carpaccio ; le *riche Épulon*, de Bonifazio, d'une rare beauté ; les *Noces de Cana*, le meilleur tableau du Padovanino ; le prodigieux *S. Jean-Baptiste dans le désert*, du Titien ; une *Tête de Vieille*, aussi peinte par lui, que l'on croit le portrait de sa mère ; il a fait encore les emblèmes, les têtes, morceaux exquis, qui bordent la corniche de la première salle des séances de l'Académie. Les tableaux revenus de Paris sont : une *Résurrection de Lazare*, par Léandre Bassano ; la *Vierge sur un trône avec l'enfant Jésus, S. Joseph et d'autres Saints*, de Paul Véronèse ; le *S. Laurent Giustiniani au milieu de quelques Saints*, le chef-d'œuvre du Pordenone : les figures de S. Augustin et de S. Jean-Baptiste sont admirables, les nus de celui-ci offrent le plus pur dessin, le bras du S. Augustin semble sortir de la toile ; l'*Anneau de S. Marc*, aussi le chef-d'œuvre de Pâris Bordone, dont l'architecture, les bas-reliefs, sont d'une couleur si parfaite et si vraie, et la composition si habile.

Un bas-relief de marbre doré, au-dessus de la porte, représente la *Vierge, l'enfant Jésus,* et quelques figures. Cet ouvrage remarquable, de 1345, est expressif, simple, gracieux, et il atteste l'ancienneté et l'habileté de l'art à Venise. Une petite porte de tabernacle en bronze, autrefois à l'église des Servi, et que l'on croit de Donatello, est du goût le plus pur ; les quatre bas-reliefs, attribués à André Riccio, sont des ouvrages pleins de feu, de mouvement, d'imagination, particulièrement le bas-relief qui représente la bataille de Constantin près du Tibre, et son entrée triomphante à Rome. Plusieurs autres bronzes ne sont pas moins précieux ; tels sont les élégans bas-reliefs des anciens mausolées des Barbarigo, d'auteur inconnu, et le superbe bas-relief du tombeau de Briamonte, par le Vénitien Victor Camello.

Le modèle du Thésée vainqueur du Centaure, de Canova, si éloquemment décrit par Mme Albrizzi [1], et que Pindemonte a si bien chanté [2], se voit à l'Académie des Beaux-Arts : la statue faite pour une place publique de Milan, aux frais du gouvernement italien, est aujourd'hui, par droit de conquête, dans un fossé de Vienne. [3]

---

[1] *Opere di scultura e di plastica d'Antonio Canova descritte da Isabella Albrizzi nata Teotochi;* Pise, 1821-4, 4 tom. in-8°, fig.

[2] *Teseo che uccide il centauro qual vedesi nell' Academia di Belle Arti di Venezia;* Pise, 1826.

[3] Le *Volks-garten* (jardin du peuple) établi dans les anciennes fortifications. La pièce de Pindemonte commençait par une plainte touchante sur l'enlèvement du Thésée :

Chiunque in me ferma lo sguardo, e questa
Molle creta spirante, e queste mira

Le ciseau de Canova est exposé au-dessous de l'urne de porphyre qui contient sa main, et dans laquelle était auparavant son cœur, déposé à l'église des *Frari*[1]. Venise semble multiplier les traces et les souvenirs de Canova, comme pour suppléer à cette foule d'artistes immortels qui firent autrefois sa gloire.

Les salles des modèles de cette Académie, qui ne remonte pas à plus de vingt ans, passent pour les plus belles de l'Europe : là sont les modèles des marbres du Parthénon et des marbres d'Égine, présens généreux de M. Cicognara, qui les avait reçus des rois d'Angleterre et de Bavière. L'Académie possède encore la célèbre collection de dessins originaux des anciennes

Degno d' un semideo forme leggiadre,
Non si compianga, se tai forme in duro
Marmo intagliate, e lucide, e polite,
Dato di vagheggiar non gli è sull' Istro.

A la fin étaient ces beaux vers sur l'affranchissement de la Grèce, amenés naturellement par l'action du héros :

. . . . Voi che reggete
Di tanta parte dell' Europa il freno,
Pietà vi stringa di que' lidi stessi,
Che in rosso il musulman ferro colora.
Sorger, vostra mercede, Aurore al fine
Pelope vegga più serene, e un nuovo
Di cose ordine al fin per lui cominci,
Sì che dato gli sia, volvendo gli anni,
Della sua rivestirsi antica luce.
Quell' arti allor, che nell' Italia rozza
Venner dai Greci porti, ai Greci porti
Riederan dall' Italia, e illustre guida
Lor sarà il Genio di Canova, e il nome.
Corinto suderà nel bronzo ancora,
E de' marmi di Paro ancor la tua
S' ornerà, o Teseo, rediviva Atene.

[1] Cette main, d'après un acte notarié, doit être remise à l'archiprêtre du temple de Possagno pour être réunie au reste du corps de Canova, dans le cas où l'Académie des Beaux-Arts de Venise viendrait à être supprimée ou serait transférée dans une autre ville.

écoles, formée par le chevalier Bossi, parmi lesquels on en distingue soixante-dix de Léonard de Vinci, plusieurs de Michel-Ange, et jusqu'à cent de Raphaël.

L'Académie des Beaux-Arts est l'ancienne Confrérie de la Charité. La voûte de la salle principale rappelle une anecdote singulière : le confrère Chérubin Ottale, qui s'était chargé de la dorer à ses frais, n'ayant pu obtenir des autres confrères qu'une inscription mentionnât qu'on lui devait cette magnificence, a fait placer au milieu de chaque carré un petit ange ayant huit ailes, de manière que son dit nom de Chérubin Ottale est ainsi répété plus de mille fois : un Français n'eût rien imaginé de mieux que cette ruse de la vanité du bourgeois vénitien.

CHAPITRE XIV.

Églises. — Clergé.

Le nombre des églises était considérable à Venise ; la population ecclésiastique y était supérieure à celle des premiers États de la catholicité [1] ; ainsi, malgré les querelles du gouvernement et du clergé avec la cour de Rome, on sent que la dévotion du peuple a dû être

---

[1] D'après le travail des commissaires nommés par le gouvernement vénitien en 1768, afin de réprimer l'excessive richesse du clergé, travail extrait avec soin par M. Daru, le nombre des ecclésiastiques s'élevait à 45,773, ce qui donnait une personne du clergé sur 54 habitans, tandis qu'en France il n'y en avait qu'un sur 150, et en Espagne sur 73. D'après les tableaux statistiques des provinces vénitiennes publiés par M. Quadri en 1827, la population ecclésiastique n'y est plus aujourd'hui que d'une personne sur 216.

un obstacle invincible à une rupture. Ce clergé opulent et populaire (le peuple élisait les curés) était exclu des conseils et des emplois de la république ; preuve nouvelle des utiles effets de la séparation de la vie politique et de la vie religieuse; et, à un fort petit nombre d'exemples près, il se rangea toujours du côté de l'autorité civile contre la puissance spirituelle.

Les libertés de l'église vénitienne se rapprochaient bien plus du schisme grec, toujours si docile au pouvoir, que de l'esprit séditieux de la réforme. Chose singulière! le divorce était au nombre de ces libertés; il était également permis en Pologne, au moyen de nullités ménagées d'avance. On m'a conté qu'au mariage de sa fille, Mme la princesse C***********, aujourd'hui retirée à Rome dans un couvent, était montée à l'autel après la cérémonie, et là qu'aux yeux de toute l'assemblée, elle avait appliqué deux soufflets à sa fille, qui les reçut le plus simplement du monde; les personnes peu au fait de ces manières accouraient tout émues, lorsque la princesse leur donna naturellement cette explication : Ces soufflets sont les preuves qui doivent servir au divorce de ma fille, si elle n'est point heureuse avec son mari ; elle pourra dire que je l'ai forcée. Il est difficile de se représenter quelle devait être la figure de l'époux pendant cette étrange scène de tendresse et de prévision maternelle.

La tolérance dont Venise a été louée[1], et qu'elle dut sans doute à la position du clergé en dehors du gouvernement, paraît s'être affaiblie plus tard lors de la décadence de la république : le vertueux Maffei fut exilé pour quelques opinions de son livre sur l'usure; et la même rigueur atteignit un patricien qui, dans ses voyages, avait visité Voltaire et Rousseau.

[1] *Hist. de Venise*, par M. Daru, xxviii, 11.

Les églises de Venise offrent le double intérêt de souvenirs historiques reculés, éclatans, et des merveilles de l'art dues aux grands maîtres vénitiens.

CHAPITRE XV.

S.-François de la Vigne. — *S.-George majeur.* — Papauté du XVIᵉ siècle. — Dominique Micheli. — La *Salute.* — Révolutions du goût. — Mausolée de Sansovino. — L'Arétin.

L'ANCIENNE église et le monastère S.-Zacharie remontaient au commencement du IXᵉ siècle; ils étaient une fondation de l'empereur Léon, mais les Vénitiens zélés [1] prétendent que, malgré les aigles impériales qu'il y avait placées, les empereurs grecs n'ont jamais exercé d'autorité sur Venise. S.-Zacharie était jusque dans les derniers temps de la république le but de l'une des fêtes les plus anciennes et les plus pompeuses de Venise. Le pape Benoît III, après avoir visité l'église et le couvent, en 855, leur avait accordé en grand nombre des reliques et des indulgences, et chaque année, le jour de Pâques, le doge y venait assister aux offices et à la procession. L'abbesse Morosini et les religieuses de cet opulent monastère, flattées de recevoir le chef de l'État, lui firent présent d'une espèce de diadème républicain, appelé *corno ducale*, d'une valeur inestimable; il était d'or, entouré de vingt-quatre grosses perles; sur le sommet brillait un superbe diamant à huit

---

[1] *V.* la première rectification de M. le comte Tiepolo sur l'*Histoire de Venise*, p. 46.

faces; un rubis éclatant, énorme, était sur le devant; la croix, formée de pierres précieuses et de vingt-quatre émeraudes, surpassait tout le reste. Il fut décrété qu'un si riche présent servirait au couronnement des doges; mais, afin que les religieuses auxquelles on le devait ne fussent pas privées de la vue de ces merveilleux bijoux, on ajouta que chaque année, le jour de la visite à S.-Zacharie, il serait tiré du trésor public, porté sur un bassin et montré par le doge lui-même à toutes les sœurs du couvent. Quelques années après, en 868, une catastrophe contribua à rendre cette cérémonie encore plus majestueuse; on décréta que le cortége n'irait plus à pied à S.-Zacharie, mais dans des barques dorées; car le doge Gradenigo, qui, au milieu de la fureur des partis, avait voulu être modéré et avait mis tout le monde contre lui, fut attaqué et tué à la sortie de l'église [1]. Le chœur de cette église est riche, élégant, magnifique. *Notre-Dame et quelques saints*, S. Zacharie; la *Vierge et quelques saints*, tableau trop et maladroitement restauré; les demi-lunes représentant le *Martyre de S. Procul*, la *Descente aux Limbes*, le *Christ lavant les pieds des Apôtres*; l'*Ange qui parle à S. Zacharie*; les quatre petits tableaux du maître-autel sont de Palma; la *Naissance de S. Jean-Baptiste* est du Tintoret. Dans une chapelle trois autels en bois, ornés de sculptures dorées, ont de précieuses et rares peintures de Jean et Antoine Muranesi, de l'année 1445; la *Circoncision* est de Jean Bellini; la *Vierge, l'enfant Jésus et quatre saints*, du même, admirable tableau rapporté de Paris, a été tellement refait et gâté qu'il offre à peine aujourd'hui quelques traits originaux de ce brillant fondateur du coloris de l'école vénitienne.

[1] *Origine delle Feste veneziane, di Giustina Renier Michiel*; Venise, 1817, t. Ier, p. 125 et suiv.

La statue de S. Jean-Baptiste est de Vittoria. Il a sculpté lui-même son buste et son monument : au-dessous, sur le pavé, une pierre noire indique la sépulture de ce statuaire à la fois si pur et si fécond, le plus habile élève de Sansovino, et le dernier grand artiste du xvi° siècle.

L'office grec, auquel j'assistai dans l'élégante église S.-George, de ce rit, a un caractère singulièrement mystérieux : les prêtres sont cachés dans le sanctuaire; ils n'apparaissent que par intervalles, pour certaines oraisons, et lorsque les rideaux se tirent. L'effet de ce temple sans pontife était extraordinaire, et l'on ne voyait que deux jeunes clercs qui chantaient dans le chœur des hymnes monotones. Le sanctuaire des églises grecques est interdit aux femmes; les animaux en sont repoussés; mais la discipline a, par nécessité, excepté les chats, afin qu'ils puissent détruire les souris.

Le maître-autel de S.-Laurent, décoré de marbres, de bronzes, de statues, de superbes colonnes de Porto-Venere, est un magnifique ouvrage de Jérôme Campagna. Le meilleur tableau est un *Crucifiement* de Balthasar d'Anna, peintre de la fin du xvi° siècle, dont Lanzi a loué la *morbidesse* (*morbidezza*) et la force du clair-obscur.

Une des chapelles de l'église de S.-Antonino est peinte par Palma; le monument d'Alvise Tiepolo est de Vittoria.

La façade de la Confrérie de S.-George-des-Esclavons est de Sansovino; un oratoire est décoré de bonnes peintures du Carpaccio, représentant quelques traits de la *Vie de Jésus-Christ*, de S.-George et de S.-Jérôme, exécutées de 1502 à 1511. Les *trois Saints* sur un fond d'or, de l'autel, sont plus anciens, et paraissent du xiv° siècle.

S.-François de la Vigne est une belle église, dont

l'architecture est de Sansovino, et la façade de Palladio. Deux grandes statues en bronze de *Moïse* et de *S. Paul*, par Titien Aspetti, au-devant de cette dernière, ont été justement critiquées, et leurs énormes proportions rendent encore plus choquans leurs défauts : les deux rayons de feu du législateur des Hébreux, recouverts par une espèce de capuchon, sont surtout singulièrement bizarres. Sur les deux bénitiers, le *S. Jean-Baptiste* et *S. François d'Assise*; sur l'autel d'une chapelle, *S. Antoine*, *S. Roch* et *S. Sébastien*, sont de Vittoria; le *Sauveur, la Vierge et quelques Saints*; la *Vierge dans une gloire*, la *Flagellation du Christ*, de Palma; la *Vierge adorant l'enfant Jésus*, bon tableau du commencement du xv⁵ siècle, est du frère Antoine de Négrepont; la *Vierge, l'enfant Jésus et d'autres Saints*, de Jean Bellini; le *Sauveur et le Père éternel*, de Jérôme Santa-Croce, peintre de la fin du bon siècle, dont il sut conserver le goût; *Notre-Dame au milieu des Anges*, une autre, très belle, au milieu de quelques saints, sont de Paul Véronèse. Une copie de sa *Cène*, donnée arbitrairement par la république à Louis XIV (les Servites, auxquels il l'avait demandée, l'avaient refusée), a été bien exécutée par Valentin Lefèvre. La chapelle Giustiniani, ou des Prophètes, couverte de sculptures en marbre, est un des plus brillans monumens de l'art au xv⁵ siècle, mais dont les auteurs divers sont inconnus. Les autels de S.-François de la Vigne étaient chargés de ces poupées si fréquentes sur les autels d'Italie : l'une d'elles, déguisée en sœur grise, offusquait un tableau de Paul Véronèse; et ce mauvais goût était encore plus choquant au milieu de tant de chefs-d'œuvre.

L'ancienne et vaste église S.-Pierre fut jadis, et depuis les premiers siècles de la république, la cathédrale de Venise, jusqu'au moment où le siége patriarcal passa, en 1807, à la basilique de S.-Marc. Une chaire très antique de marbre, en forme de siége, passe vulgairement pour avoir servi à S. Pierre dans l'église d'Antioche; plusieurs savans pensent qu'elle servait de siége à quelque chef africain; elle porte une inscription en caractères arabes, que l'on a crue deux versets de l'*Alcoran*. S.-Pierre a de belles et curieuses peintures : le *Châtiment des Serpens*, de Liberi; *S. Laurent Giustiniani distribuant des aumônes*, le chef-d'œuvre de Grégoire Lazzarini; *Notre-Dame et les Ames du Purgatoire*, un des meilleurs ouvrages de Luc Giordano; une mosaïque en forme de tableau, beau travail d'Arminio Zuccato, sur le dessin du Tintoret; *S. Pierre et S. Paul*, de Paul Véronèse, et le *Martyre de S. Jean l'Évangéliste*, du Padovanino, trop retouché par Michel Schiavone. Le clocher, reconstruit dans le xve siècle, est magnifique.

Les tableaux et les monumens peu nombreux de l'église S.-Joseph sont tous des plus grands maîtres : le *S. Michel archange et le sénateur Michel Buono* est du Tintoret; une *Nativité*, de Paul Véronèse; le mausolée du sénateur Jérôme Grimani, de Vittoria, et celui du doge Marino Grimani et de sa femme, superbe, de l'architecture de Scamozzi, est décoré de bronzes, de statues et d'autres sculptures de J. Campagna.

L'église S.-Martin passe pour être de Sansovino : le tabernacle élégant de la grande chapelle est orné de peintures de Palma; un petit tableau ancien, de bon style, représente l'*Annonciation*; les fonts baptismaux sont un travail très délicat de Tullius Lombardo; une *Cène*, de Santa-Croce, est d'un rare mérite.

S.-Jean en Bragora a la *Ste. Véronique*, le *Christ lavant les pieds aux Apôtres*, le *Christ chez Pilate*, de Palma; le *Sauveur*, de l'école du Titien; la *Vierge*, *S. André*, *S. Jean-Baptiste*, sur un fond d'or; une *Résurrection*, de Barthélemi Vivarini; *S. André, S. Jérôme, S. Martin*, peut-être les premiers essais de Carpaccio; une *Cène*, de Pâris Bordone; *Constantin et Ste. Hélène soutenant la croix*, du Conegliano, et son superbe *Baptême de Jésus-Christ*, qui a souffert d'une maladroite restauration.

Le plafond de l'élégante église de Ste.-Marie de la Piété est un bon ouvrage de Jean-Baptiste Tiepolo, le dernier des grands peintres de l'École vénitienne, auquel Bettinelli avait dédié son poëme sur la Peinture, dans lequel il le loue d'avoir fait revivre les chefs-d'œuvre et le bel âge de son art.

S.-George majeur est une des merveilles de Palladio, et qui n'a de défauts que parce qu'il n'a pu vivre assez pour l'achever. Aux côtés de la porte, les quatre Évangélistes, en stuc, sont de Vittoria. Les principaux tableaux sont : la *Nativité*, du Bassan; le *Martyre de quelques Saints*, la *Vierge couronnée*, une *Cène*, la *Manne dans le désert*, la *Résurrection*, le *Martyre de S. Étienne*, du Tintoret; le *Martyre de Ste. Lucie*, de Léandre Bassano. Une des belles choses de cette église est un crucifix de bois donné par Cosme, père de la patrie, lorsqu'il était réfugié à Venise, et ouvrage de Michellozzo Michellozzi, son ami et son fidèle compagnon d'exil. Il avait fait bâtir par cet habile artiste une bibliothèque, qu'il remplit de livres, et laissa aux Bénédictins de S.-George : c'étaient là les présens, les adieux d'un Médicis.[1]

---

[1] Le premier livre manuscrit de l'*Histoire de Venise* commencée en latin par Paul Paruta, indiqué par Ginguené (*Hist. litt. d'Italie*, VIII, 320) comme existant encore à la bibliothèque de S.-George, n'y est plus. Lors de la suppression du couvent, cette bibliothèque

Au maître-autel, les statues en bronze des quatre Évangélistes, de Jérôme Campagna, soutiennent un énorme globe sur lequel s'élève le Rédempteur, belle et harmonieuse composition, qui exprime noblement le triomphe de l'Évangile, chef-d'œuvre de l'art, que M. Cicognara a comparé au Jupiter Olympien de Phidias, et placé au-dessus de la chaire de S.-Pierre, du Bernin[1]. Sur un des pilastres est une inscription qui semble porter bien loin la doctrine des indulgences, puisqu'elle dit que *le pardon absolu de tous ses crimes est accordé à celui qui visitera cette église*[2], inscription éloquente, contemporaine de la S.-Barthélemi, et qui ne respire que trop l'esprit pontifical du temps. Pie VII fut élu à S.-George; on y voit son portrait; les souvenirs de cette papauté renaissante, douce, faible et persécutée, contrastent avec l'empreinte de la papauté redoutable et violente du xvi° siècle. A côté de l'église, dans un petit corridor peu digne d'un tel monument, est le tombeau du doge Dominique Micheli,

fut à peu près mise au pillage : une partie passa à Padoue, où elle fut dispersée, le reste fut vendu à l'enchère; aucun ouvrage n'est parvenu à la bibliothèque S.-Marc.

[1] *Stor. della Scult.*, t. VI, 140, 1, et tav. XLVIII.

[2]
Quisquis criminibus expiatis
Statas precans preces
ad
XII Kal. Aprilis
Ædes hasce supplex
Inviserit
Is
Veniam scelerum
Maximam consequuturum
Se sciat
Gregorius XIII.
Pont. Max.
Sacro eam diplomate
Tribuit.

le S. Bernard [1] et le Godefroi des croisades vénitiennes, vainqueur de Jaffa, conquérant de Jérusalem, de Tyr, d'Ascalon, qui fit respecter des empereurs d'Orient le pavillon de sa patrie, transporta des îles de l'Archipel les deux colonnes de granit de la *Piazzetta*, ravagea les côtes de la Dalmatie, et eut pour épitaphe ces mots : *Terror Græcorum jacet hìc*.

Le luxe de la *Salute*, qui n'est ni sans majesté ni sans grandeur, la multitude d'ornemens dont ce temple est surchargé, annoncent la décadence de l'architecture vénitienne. Les révolutions du goût semblent les mêmes dans tous les arts. San Micheli précède Palladio comme Lucrèce précède Virgile; Corneille, Racine; Bourdaloue, Massillon; la force vient avant la pureté; le mauvais goût, qui se croit le bon goût, arrive ensuite, et produit Sénèque, Claudien, Marini, Longhena [2]. La *Salute*, malgré sa richesse, est surtout admirable par les tableaux des diverses époques du Titien, toujours fécond, toujours nouveau. Ces tableaux sont les huit petits ovales du chœur, où sont représentés les *Évangélistes* et les *Docteurs*; le *S. Marc au milieu des quatre Saints*; la *Descente du S.-Esprit*; la *Mort d'Abel*; le *Sacrifice d'Abraham*; *David tuant Goliath*. Les trois derniers de ces chefs-d'œuvre, les plus beaux de tous, placés au plafond de la sacristie, sont mal éclairés, trop haut, perdus : c'est ainsi que l'Italie prodigue et dissipe ses plus beaux ouvrages sans paraître jamais s'appauvrir. La *Présentation*, l'*Assomption*, la *Naissance de la Vierge*, sont de Luc Giordano; *Notre-Dame de la Salute* est du Padovanino; les *Noces de*

---

[1] *V.* sa harangue conservée par les historiens et rapportée dans l'*Hist. de Venise* de M. Daru (Liv. II, 40), par laquelle il entraîne les Vénitiens à une nouvelle croisade.

[2] Architecte de la *Salute*.

Cana, du Tintoret; un *Samson*, de Palma; *Venise devant S. Antoine*, de Liberi.

Le candélabre de bronze du maître-autel, ouvrage d'André d'Alessandro, élevé de plus de six pieds, est, après celui de Padoue [1], le plus beau de l'Etat de Venise; mais il en est bien éloigné, malgré la grace infinie d'un grand nombre de détails, et particulièrement de la partie supérieure.

Le mausolée de Sansovino, ainsi que son buste par le plus célèbre de ses élèves, Vittoria, qui était à l'église S.-Géminien, a été, depuis la démolition malencontreuse de celle-ci en 1807, transféré d'abord à l'église S.-Maurice, et provisoirement, en 1822, dans la chapelle du séminaire patriarcal de la *Salute*, derrière les banquettes de sapin des élèves; il doit être replacé à l'église S.-Maurice, répétition, imitation neuve du chef-d'œuvre de Sansovino, et qui ne peut avoir l'effet du modèle. La cendre de ce grand artiste, errant lui-même pendant sa vie, et fugitif du sac de Rome, est errante à son tour depuis plus de vingt ans; et l'auteur de tant d'églises, de tombeaux, de monumens admirables, le fondateur d'une célèbre école, attend son dernier asile.

La bibliothèque du séminaire, somptueux édifice, et ancien couvent de la *Salute*, est d'environ treize mille volumes; j'y remarquai une lettre signée de Charles V, et adressée au pape Jules II, sur la réunion des églises grecque et latine.

Au maître-autel de S.-Luc, le *Saint écrivant l'Évangile* est de Paul Véronèse. L'Arétin fut enterré à S.-Luc: on est comme surpris d'éprouver du scandale près d'un tombeau. Sur le mur est son portrait, par Alvise dal

---

[1] *V.* Liv. VII, ch. III.

Friso, neveu et élève de Paul Véronèse; mais il n'y a aucune trace de sa sépulture, qui, probablement, aura disparu lorsque l'église fut refaite, à la fin du XVI° siècle. Les curés de la paroisse se sont transmis de l'un à l'autre que l'Arétin près de mourir, ayant reçu l'extrême-onction, dit en riant ce vers que la bouffonnerie italienne rend peut-être moins impie qu'il ne le paraît :

Guardatemi da' topi, or che son unto. [1]

Cette anecdote de curé, peut-être pas plus vraie que d'autres anecdotes philosophiques sur la fin d'hommes célèbres, contredirait l'opinion qui fait mourir l'Arétin sur-le-champ, après être tombé à la renverse de sa chaise, en éclatant de rire au récit des tours et des aventures de ses dignes sœurs, courtisanes vénitiennes. On voit que, de toute manière, sa fin est assez d'accord avec sa naissance illégitime et sa vie déréglée.

L'élégance de l'église Ste.-Lucie, de Palladio, paraît encore plus sensible lorsque l'on a contemplé la richesse de mauvais goût de l'église voisine des *Scalzi* (Carmes déchaussés). La *Sainte qui monte au ciel; plusieurs actions de sa vie; S. Joachim ; Ste. Anne et d'autres saints; la Vierge à la crèche; S. Thomas d'Aquin et quelques anges;* quelques autres tableaux sont de Palma; un *S. Augustin* est de Léandre Bassano, et le buste en marbre de Bernard Mocenigo, de Vittoria.

L'église S.-André, à l'extrémité de Venise, et trop souvent fermée, a un *S. Augustin et des Anges,* de Pâris Bordone, et surtout le *S. Jérôme dans le désert,* regardé comme le plus beau nu de Paul Véronèse, mais que l'humidité a malheureusement altéré.

[1] *Préservez-moi des rats, maintenant que je suis huilé.*

CHAPITRE XVI.

Le *Rédempteur*. — Pestes de Venise. — Autres églises. — *Frari*. — Sépulture du Titien. — Monument de Canova.

Il serait difficile de rendre la vive sensation produite par la vue de l'église du Rédempteur, le chef-d'œuvre de Palladio, artiste immortel, le Virgile, le Racine, le Fénelon, le Raphaël de l'architecture. L'élégance, la légèreté, la pureté de l'édifice est unie à la solidité; et, après plus de deux siècles, il est inébranlable et jeune encore au milieu des flots. La lumière du Rédempteur, due à sa belle architecture, est, le soir surtout, d'un effet merveilleux; et la prière des Capucins, auxquels ce magnifique temple a été rendu, est, à cette heure, une des scènes d'église les plus religieuses, les plus poétiques, les plus pittoresques qui se puissent imaginer.

Le Rédempteur a de belles peintures : la *Flagellation*, l'*Ascension*, du Tintoret; *Notre-Dame et quelques saints;* une *Descente de croix*, de Palma; le *Baptême de Jésus-Christ*, de Paul Véronèse.

Dans une armoire de la sacristie est un petit tableau de Jean Bellini, représentant la *Vierge avec l'enfant Jésus et deux anges* jouant de la mandoline, tableau qui jouit d'une grande et juste célébrité : Bellini, maître du Titien, explique son élève, comme les tableaux du Pérugin au *Cambio* de Pérouse expliquent Raphaël[1]. On doit encore à ce grand et primitif peintre la *Vierge avec S. Jean et Ste. Catherine*, et une admirable *Vierge*

[1] *V*. Liv. xv.

avec l'enfant Jésus et deux saints. Quoique le maître-autel, surchargé d'ornemens, atteste la décadence du goût, il est remarquable par le crucifix et les deux statues de *S. François et de S. Marc*, beaux ouvrages en bronze de Jérôme Campagna.

Le Rédempteur, comme la *Salute*, est un monument de la cessation d'une peste : on a peine à s'expliquer une telle splendeur après de pareils ravages ; ce *mal qui répand la terreur* semble, à Venise, produire les plus brillantes merveilles de l'art. Les pestes de Venise provenaient de ses rapports nombreux avec l'Orient, alors que son commerce florissait ; c'étaient là ses beaux jours.

L'église attenant à l'hospice des Incurables, attribuée à Sansovino, fut habilement construite pour l'usage d'une maison destinée à l'enseignement de la musique. *Ste. Ursule et ses compagnes* est du Tintoret ; un *Crucifix* passe pour être de Paul Véronèse. Le plafond de la grande chapelle est une bonne fresque d'Ange Rossi ; à celui de l'église est la *Parabole des Vierges prudentes*, excellent ouvrage du Padovanino ; un *Paradis*, de S. Peranda et Maffei ; et la *Parabole de celui qui se présente aux noces sans la robe nuptiale*, par le Cappuccino.

S.-Gervais et S.-Protais (S.-Trovaso) est une église riche, élégante, ornée ; elle est comme un temple grec consacré à l'Oreste et au Pylade des chrétiens, ainsi que les a surnommés M. de Chateaubriand. La balustrade d'un autel à gauche, d'auteur inconnu, est un travail très fini : les petits anges, quoique assez mal posés, sont pleins de grace. Dans le mur, du côté de l'évangile, sont deux précieux bas-reliefs antiques provenant de Ravenne, incrustés là par l'architecte de l'église, Pierre Lombardo, et que l'on a été jusqu'à croire de Praxitèles.

Un ancien tableau, sur fond doré, d'auteur inconnu, dans la manière du xiv° siècle, représente *S. Grisogon à cheval.* L'*Annonciation,* la *Naissance de la Vierge,* la *Vierge, S. Jean-Baptiste et d'autres saints*, sont de Palma; *S. Jean et la Madeleine;* un beau *S. Antoine abbé;* la *Cène,* du Tintoret, auquel on attribue aussi *Jésus-Christ lavant les pieds des Apôtres;* le *Crucifix avec les trois Maries* est de son neveu Dominique.

S.-Sébastien vit commencer et grandir la gloire de Paul Véronèse [1] : il est enterré dans cette église couverte de ses superbes peintures, mais qui, elles-mêmes, sont altérées, détruites; une double inscription simple et précise est au-dessous de son buste et sur son tombeau [2]: monument de la douleur de ses fils et de son frère, cet hommage domestique est justifié par les débris des chefs-d'œuvre qui sont sous vos yeux. Un *S. Nicolas* est du Titien; la *Vierge avec S. Jean-Baptiste et S. Charles,* de Palma; le *Châtiment des Serpens,* du Tintoret. Le mausolée de l'archevêque de Chypre Livius Podocatoro, simple, riche, majestueux et varié, est un des beaux ouvrages de Sansovino; la statue de la *Vierge avec l'enfant Jésus et S. Jean-Baptiste,* de Thomas Lombardo, son élève, est superbe; et *S. Marc, S. Antoine* et le buste de Marc-Antoine Grimani, furent sculptés par Vittoria.

A l'église Notre-Dame des Carmes est un tableau

---

[1] Les premiers ouvrages qui le firent remarquer furent les plafonds de la sacristie et de l'église : le dernier, représentant l'histoire d'Esther et de Mardochée en trois compartimens, aujourd'hui très endommagé, excita une telle admiration qu'elle lui valut les plus honorables commandes du sénat.

[2] Au-dessous du buste est écrit : *Paulo Caliario Veronensi pictori, naturæ æmulo, artis miraculo, superstite satis fama victuro;* l'épitaphe est : *Paulo Caliario Veron. pictori celeberrimo filii, et Benedic. frater pientiss. et sibi, posterique. Decessit XII Kalend. Maii MDLXXXVIII.*

précieux de la *Présentation de l'Enfant Jésus au vieux Siméon*, par Tintoret, peint à la manière de Schiavone, et que Vasari trompé prit pour un ouvrage de ce dernier maître. Tintoret négligé, hardi, fougueux comme Bossuet [1], sait être aussi, comme lui, doux et suave : les femmes de ce tableau sont admirables de grâce et de délicatesse. Une *Annonciation*, la *Multiplication des pains*, la *Vierge dans une gloire*, sont de Palma; une *Notre-Dame de la Piété*, dans le bon style vénitien, est peut-être de Corona; un superbe et grand tableau de *S. Libéral*, faisant magnanimement délivrer deux hommes condamnés à mort, est du Padovanino; *S. Albert donnant la bénédiction avec la croix*, *Ste. Thérèse*, sont de Liberi; le mausolée en marbre du général Jacques Foscarini, au-dessus de la grande porte, est magnifique.

Les meilleures peintures de S.-Barnabé sont : le *Saint en habits pontificaux entouré d'autres saints*, bel ouvrage de Darius Varottari, le père, le maître du Padovanino, qui suffirait seul à sa gloire; une *Ste. Famille*, de Paul Véronèse; *S. Jacques, S. Diego et S. Antoine abbé*, excellens tableaux du vieux Palma.

L'église S.-Pantaléon est ornée de quelques beaux tableaux et de bonnes sculptures : *S. Pantaléon qui guérit un enfant*; *S. Bernardin devenu hospitalier*, sont de Paul Véronèse; le dernier tableau est de sa vieillesse; le *Martyre du saint; Un de ses miracles*, sont de Palma; le plafond du maître-autel, celui surtout de l'église, représentant la *Vie du saint*, sont de mâles peintures de Jean-Antoine Fumiani, peintre vénitien du XVIIe siècle, dont Lanzi a loué le goût du dessin et la composition. A la chapelle de Notre-Dame de Lo-

---

[1] *V.* ci-dessus, chap. IX.

rette, le *Couronnement de la Vierge* est l'ouvrage des Vivarini, de l'année 1444, et l'autel en marbre, travail excellent, est du milieu du xv° siècle.

L'église des Tolentini est intéressante sous le rapport de l'art : l'architecture est de Scamozzi; la noblesse de la façade, d'André Tirali, artiste du xvii° siècle, a été altérée par quelques détails du faux goût de cette époque. Parmi les tableaux sont : le modèle du *S. Marc*, le chef-d'œuvre du Tintoret, à l'Académie des beaux-arts [1]; *S. André Avellino*, l'*Adoration des Mages*, *S. Gaëtan entouré des Vertus*, de S. Peranda, élève de Palma, dont il a conservé le caractère poétique; deux tableaux représentant *quelques traits de la vie du saint*, du Padovanino; une *Décollation de S. Jean-Baptiste*, de Bonifazio; la *Vierge dans une gloire;* une autre à la voûte; le *Rédempteur*, la *Vierge et S. Pierre; Ste. Apollonie et Ste. Barbe;* l'*Annonciation;* la *Visitation*, de Palma; *S. Laurent Giustiniani distribuant aux pauvres les effets précieux de l'église*, bel ouvrage du Cappuccino, qui a fait aussi un *S. Antoine*, au-dessus de la chaire; le *Martyre de Ste. Cécile*, de Procaccini; une *Annonciation*, de Luc Giordano. Un monument singulièrement curieux par sa bizarrerie, est le grand mausolée en marbre du patriarche François Morosini, de Philippe Parodi, sculpteur renommé de la fin du xvii° siècle, et digne élève du Bernin. La figure du Temps enchaîné, le nu de ce squelette, l'ensemble, les détails de la composition, tiennent vraiment du délire.

S.-Jacques dall' Orio a de splendides peintures : *S. Sébastien, S. Roch et S. Laurent*, de J. Bonconsigli, artiste gracieux du commencement du xvi° siècle; le plafond, de Paul Véronèse, qui a fait aussi le *S. Laurent et d'autres saints;* le *Miracle des pains et des pois-*

---

[1] *V.* ci-dessus, ch. xiii.

sons; le *Christ soutenu par un ange*, excellent; le *Christ dans le sépulcre*, le *Christ montant le Calvaire*, et le plafond et les murs de la sacristie, de Palma; le *S. Jean-Baptiste prêchant*, tableau remarquable du Bassan; les *Quatre Évangélistes*, du Padovanino; la *Belle Madone et quelques saints*, de Laurent Lotto; une *Cène*, bon ouvrage dans le style du vieux Palma.

L'église Ste.-Marie Mater Domini, de l'architecture des Lombardi, fut achevée par Sansovino : les statues de *S. Pierre*, *S. Paul* et *S. André* sont remarquables; l'*Invention de la Croix*, du Tintoret, est superbe; la *Cène*, du vieux Palma ou de Bonifazio, est très belle.

Un des bas-reliefs les mieux exécutés que l'on admire à Venise, est au-dessus d'une des petites portes des *Frari*; il représente la *Vierge*, l'*Enfant Jésus* et deux anges : on ignore l'auteur de ce chef-d'œuvre de goût, de naturel et d'harmonie, peut-être de Nicolas de Pise ou de ses élèves. Au milieu des nombreux, élégans ou magnifiques tombeaux qui décorent ce superbe temple des *Frari*, une inscription de deux lignes, sur le pavé, indique la place où repose Titien, encore la conjecture est-elle incertaine; car si Titien, quoique mort de la peste, fut enterré aux *Frari*, le sénat ayant excepté son cadavre de la destruction des autres cadavres pestiférés (singuliers honneurs funèbres rendus aux restes de ce grand peintre), on ne sait pas exactement la place où il fut mis, et l'inscription est très postérieure à sa mort. Le monument du Titien, toujours proposé, toujours désiré depuis plus de trente ans, jamais exécuté, aurait aujourd'hui une sorte d'à-propos, depuis la découverte et la résurrection de son chef-d'œuvre de l'*Assomption*.[1]

---

[1] Dès 1794 une souscription avait été ouverte, et Canova avait présenté le projet du monument; la chute de la république en em-

Sur la porte de la sacristie est le mausolée du général Benoît Pesaro, un des plus remarquables de cette église : une statue de Mars par Baccio da Montelupo, exécutée froidement, est citée pour l'habileté de la sculpture. Le monument Orsini, d'auteur inconnu, de la fin du xv° siècle, est remarquable par son élégante simplicité. Une statue de S. Jérôme, au quatrième autel, ouvrage hardi de Vittoria, offre, dit-on, la tête du Titien. Le chœur majestueux des Frari a de belles stalles de bois, dont le travail de marqueterie et de sculpture, de l'année 1468, est parfait. Le *S. Jean-Baptiste*, mis sur le bénitier, est un des chefs-d'œuvre de Sansovino; il l'exécuta âgé de plus de soixante-quinze ans, en même temps que ses deux colosses du Mars et du Neptune, de l'escalier des Géans, auxquels cette petite figure est bien préférable. Quelques peintures sont remarquables; telles sont : le tableau en trois compartimens représentant la *Vierge et quatre saints*, de Jean Bellini; la *même et quelques saints*; *S. Marc au milieu de saints*, de B. Vivarini; *S. François devant le Pape*, de Palma; *S. Ambroise à cheval dissipant les Ariens*, par J. Contarini; et surtout, la *Vierge, S. Pierre, d'autres saints et quelques personnages de la famille Pesaro*, bel ouvrage du Titien.

Le monument destiné à Canova, large pyramide de marbre de Carrare, et qui contient son cœur, est achevé. Jamais le talent ne reçut un plus vaste hommage : l'Angleterre a fourni le quart de la dépense¹; la France, l'Allemagne, ont contribué pour un autre quart; l'Amé-

pêcha l'exécution. Ce même projet servit depuis, à quelques changemens près, pour le beau mausolée de l'archiduchesse Marie-Christine, et il est aussi le modèle du monument élevé à Canova dans ce même temple des *Frari*.

¹ Elle s'est élevée à 8,000 sequins (102,000 fr.).

rique (celle du sud) a souscrit pour 40 sequins; l'Italie et principalement les villes vénitiennes ont fait le reste; malgré l'exagération ordinaire des inscriptions de monumens, l'inscription de celui-ci *ex conlatione Europæ universæ*, est un peu au-dessous de la vérité; il est réellement érigé aux frais de l'univers.

CHAPITRE XVII.

Église, confrérie de S.-Roch. — Escalier. — Luxe des confréries. — Autres églises. — Carmagnole. — Saints Sébastiens. — Vieillesse des artistes de Venise. — Statues d'écrivains ou de capitaines. — *S.-Moïse.* — Laws. — *Athénée vénitien.* — *S.-Étienne.* — Morosini.

L'église et la confrérie de S. Roch sont d'autres merveilles de l'art dues aux pestes de Venise [1], ainsi qu'on le voit par l'inscription placée sur le riche et élégant maître-autel de la première. L'*Annonciation*, un grand tableau de la *Probatique*, *S. Roch dans le désert*, d'autres traits de la *Vie de S. Roch*, dans la grande chapelle, peintures remarquables; *S. Roch devant le Pape*, sont du Tintoret; une fresque de *S. Sébastien*, un beau tableau en deux parties représentant *S. Martin à cheval*, et *S. Christophe avec l'Enfant Jésus*, du Pordenone. Le *Père éternel au milieu des Anges*, demi-lune, est d'André Schiavone; au-dessus est le fameux tableau du Titien, le *Christ traîné par un bourreau*, qui cause une impression profonde par le rapprochement et le contraste sublime des deux visages. Une

[1] *V.* chap. précédent.

copie en bas-relief est à côté; on y a mis de la barbe et des moustaches au bourreau, mais il n'en paraît point pour cela plus formidable. C'est ainsi que, dans le style, de grosses épithètes, au lieu de fortifier la pensée, l'énervent et l'affaiblissent. Au-dessus du riche, élégant et majestueux maître-autel, la statue de *S. Roch* est un bel ouvrage de maître Buono, excellent artiste du xve siècle, qui a été aussi l'architecte de la grande chapelle et des deux petites chapelles voisines. De chaque côté du S. Roch, *S. Sébastien* et *S. Pantaléon*, par Jean-Marie Mosca, sont de petites et bonnes statues.

L'institution des confréries vénitiennes, la splendeur de leurs palais [1], et surtout de la Confrérie de S. Roch, un des plus riches bâtimens de l'architecture moderne, donnent une idée favorable de l'ancien gouvernement : on doit croire à l'aisance et au bonheur d'un peuple qui élève volontairement à ses frais de tels monumens. L'escalier de ces marchands de Venise, de ces Anthonio, ouvrage magnifique perfectionné par Scarpagnino, est au-dessus de celui de Versailles, et, par une recherche bizarre, par une étrange prétention de luxe et de dépense, les marches sont sculptées en dessus et même en dessous. Sur le palier, au milieu de cet escalier, sont deux tableaux, le premier, l'*Annonciation*, du Titien, et l'un de ses beaux ouvrages; le second, la *Visitation*, du Tintoret : un des premiers chefs-d'œuvre de celui-ci, l'immense et admirable *Crucifiement*, est dans la salle appelée l'*Albergo*; on y voit au-dessus de la porte son portrait peint par lui-même, ainsi que les compartimens du plafond, qui représentent les six grandes confréries de Venise. La salle supérieure est encore entièrement de lui; trois statues, *S. Roch* (sur l'autel de la salle au

---

[1] *V.* chap. suivant.

rez-de-chaussée); *S. Jean-Baptiste et S. Sébastien* sont de Jérôme Campagna. Parmi les sculptures sur bois (art aujourd'hui perdu) qui décorent cette même salle, il en est de Michel-Ange, qui semble avoir sculpté la nature entière, le bois, la pierre, le marbre, l'airain et jusqu'à la neige, ainsi qu'on le voit par les statues éphémères que lui faisait exécuter Pierre de Médicis, l'indigne successeur de Laurent.[1]

Le clocher de S.-Paul offre, sculpté sur sa base, un singulier monument de l'histoire de Venise : ce sont deux lions, dont l'un est enveloppé d'un serpent qui menace de l'étouffer, et l'autre tient dans ses griffes une tête d'homme. Le travail, médiocre sous le rapport de l'art, est peu digne du xve siècle. Malgré l'incrédulité de quelques personnes éclairées, j'avoue que j'inclinerais à y retrouver une allusion à la conspiration du duc de Milan, Philippe Visconti, dont les armes étaient une couleuvre, et du comte Carmagnola, condamné pour ce fait à être décapité. On peut croire que la vue de ce grossier bas-relief au milieu du marché de S.-Paul était un de ces moyens employés par les gouvernemens, afin d'exciter le peuple contre les conspirateurs. L'incertaine culpabilité du comte Carmagnola a été le sujet de la tragédie de ce nom, par Manzoni, ouvrage célèbre, hardi, mais que son *Adelchi* me paraît avoir surpassé.

Dans l'église, *S. Pierre qui reçoit les clefs*; *S. Pierre au milieu des Apôtres*; au maître-autel, la *Conversion de S. Paul*, sont de Palma; les statues en bronze de *S. Antoine abbé* et de *S. Paul*, de Vittoria; l'*Assomption*

---

[1] « La sculpture, a remarqué M. Quatremère de Quincy, était « alors fort loin de se renfermer dans le travail d'une seule matière; « elle mettait à contribution le bois, le marbre, l'argile, le bronze « et les divers métaux. » *Journal des Savans*, décembre 1816.

de Notre-Dame, la *Cène*, du Tintoret; et le *Mariage de la Vierge* est de Paul Véronèse.

S.-Sylvestre a le *Baptême de Jésus-Christ*, le *Christ dans le Jardin*, du Tintoret; une grande *Cène*, du vieux Palma; l'*Adoration des Mages*, de Paul Véronèse, et un *S. Thomas de Cantorbéry au milieu de plusieurs Saints*, très bel ouvrage de Jérôme Santa Croce.

S.-Jean-l'Aumônier est de l'architecture de Scarpagnino; ses principaux tableaux sont : le *Miracle de la Manne*, de la jeunesse de Corona; le *Martyre de Ste. Catherine, Constantin portant la croix*, de Palma; *Ste. Catherine et d'autres Saints*, du Pordenone; le *Saint distribuant ses aumônes*, du Titien.

L'église S.-Jacques de Rialto a quelques belles sculptures : un *S. Antoine abbé* colossal, en bronze, de Campagna; *S. Jacques*, de Vittoria.

La chapelle Cornaro, reste de l'ancienne église des Saints Apôtres, est d'une élégante et riche architecture; deux mausolées de la famille Cornaro sont magnifiques; l'église a le *Miracle de la Manne*, de Paul Véronèse; l'*Ange gardien*, du Cappuccino.

S.-Jean-Chrysostôme, dont l'architecture est de Tullius Lombardo, a de bons ouvrages de peinture et de sculpture : *S. Jérôme, S. Charles et S. Louis*, de Jean Bellini; *S. Jean-Chrysostôme et d'autres Saints*, tableau superbe de Sébastien del Piombo; *S. Jean-Chrysostôme*; *quatre petits Tableaux*, attribués aux Vivarini, et les *Apôtres dans le Cénacle*, très beau bas-relief de Tullius Lombardo.

L'église de S.-Sauveur renferme plusieurs nobles tombeaux : tels sont le magnifique mausolée d'André Dolfin et de son épouse, attribué à Jules dal Moro, avec deux bustes de Jérôme Campagna; celui du doge François Venier, chef-d'œuvre de Sansovino, et celui de la reine Cornaro, sur lequel un bas-relief la représente offrant sa couronne aux Vénitiens, mausolée grand, nu, sans inscription, et qui a quelque chose de l'abdication. Sur un des autels, de l'architecture de Vittoria, sont deux de ses statues, *S. Roch* et *S. Sébastien*; la dernière pleine de naturel et de grâce. J'ai été, au reste, singulièrement frappé, en me rappelant la multitude de saints Sébastiens que j'ai rencontrés en Italie, du mérite et de la beauté de la plupart. Peut-être que le contraste entre l'immobilité, la souffrance du corps et l'ardeur, la joie sublime de l'âme et son céleste espoir, est un des objets les plus touchans et les plus poétiques que l'art puisse offrir aux yeux. Le Bernin lui-même n'a pu échapper au pathétique de ce sujet, et son S. Sébastien, que l'on voit à Rome dans les catacombes, est un très bel ouvrage. Une *Transfiguration*, bon tableau du maître-autel, est de la vieillesse du Titien; peint rapidement, sa vue affaiblie s'y fait seule sentir; on dirait que son talent n'eut ni lenteur ni décrépitude. Sansovino était aussi octogénaire quand il sculpta de sa propre main les deux belles statues placées de chaque côté du monument de François Venier. Les grands artistes de Venise, comme ses premiers capitaines, Dandolo ou Charles Zeno, qui prenaient Constantinople ou délivraient Chypre à quatre-vingts ans passés, semblent vainqueurs du temps, et S.-Sauveur est comme le théâtre de ce prodigieux triomphe.

Sur la façade de l'église S.-Julien, dont l'architecture est de Sansovino et de Vittoria, est une statue de bronze par Sansovino, très estimée, et qui représente Thomas Rangone de Ravenne, philologue et physicien célèbre du xve siècle. Les monumens de Venise, comme ceux de Florence, sont principalement consacrés aux écrivains et aux capitaines; on sent que l'époque glorieuse de ces républiques fut une époque de guerre et de littérature : ce peuple de statues n'est composé ni d'empereurs ni de rois, comme à Rome ou dans les grands États modernes; ce sont tous gens, fils de leurs œuvres, et illustrés par leurs livres ou par leurs batailles. L'existence des gens de lettres, souvent agitée, nécessiteuse, n'est point alors sans une sorte d'honneur, d'importance et d'éclat, qu'ils n'ont plus au milieu du bruit, de l'aisance et de l'espèce de prospérité dont ils jouissent.

S.-Julien offre de nombreuses peintures de Palma : l'*Assomption de la Vierge*, *S. Jean l'Évangéliste et d'autres Saints*, *Jésus-Christ dans le Jardin*, l'*Apothéose du Saint*; plusieurs statues, bas-reliefs et ornemens excellens sont de Vittoria ; *Jésus-Christ soutenu par les Anges*, et une *Cène*, de Paul Véronèse.

Les églises de Venise rassemblent les extrêmes du bon et du mauvais goût en architecture. La pureté du Rédempteur est le plus parfait contraste avec la recherche inouïe de la façade de S.-Moïse. Un Anglais, considérant cette épouvantable façade surchargée des statues et des ornemens les plus ridicules, disait d'un air profond et connaisseur : *Bella facciata, bella, semplice!* S.-Moïse a deux tableaux du Tintoret; la *Vierge avec l'enfant Jésus*, et *Jésus-Christ lavant les pieds des Apôtres*; l'*Invention de la Croix* est de Liberi; la *Cène*, de Palma. A l'entrée de l'église, une petite pierre indique la place où Laws est enterré; son corps y fut transféré de S.-Géminien[1], en 1808, par les soins d'un brave et loyal général français, son petit-neveu, né dans l'Inde, et qui commandait à Venise[2],

[1] *V.* ci-dessus, chap. III.
[2] M. le général Laws de Lauriston, depuis pair, ministre et maréchal de France.

circonstance qui semble ajouter aux destinées aventureuses du ministre écossais. Montesquieu avait rencontré Laws à Venise. « C'était, dit-il, le même homme, « toujours l'esprit occupé de projets, toujours la tête « remplie de calculs et de valeurs numéraires ou repré- « sentatives. Il jouait souvent, et assez gros jeu, quoi- « que sa fortune fût fort mince. » On regrette de n'avoir pour garant de l'anecdote suivante, et du bel éloge qu'elle fait de nos parlemens, que D'Alembert et ses copistes. Montesquieu demandant à Laws pourquoi il n'avait pas essayé de corrompre le parlement de Paris, comme le ministère anglais fait à l'égard du parlement de Londres : « Quelle différence! répondit Laws; le sénat « anglais ne fait consister la liberté qu'à faire tout ce « qu'il veut; le français ne met la sienne qu'à faire tout « ce qu'il doit : ainsi l'intérêt peut engager l'un à vou- « loir ce qu'il ne doit pas faire; il est rare qu'il porte « l'autre à faire ce qu'il ne doit pas vouloir. » C'est un des avantages de la publicité et du régime établi par la Charte que de rendre impossibles le retour du *système* et le bouleversement des fortunes qu'il a entraîné.

L'élégante et simple église de S.-Fantin est de l'école des Lombardi ; le chœur est de Sansovino; les tableaux sont : le *Christ mort*, de Palma; une *Vierge avec l'enfant Jésus*, de Jean Bellini ; le *Crucifiement*, regardé comme un des meilleurs ouvrages de Corona.

L'ancienne confrérie de S.-Jérôme est devenue l'*Athénée* vénitien, société littéraire distinguée par les connaissances et les travaux de ses membres. Cet édifice, de l'architecture de Vittoria, offre de beaux et curieux ouvrages : *Apollonius* et *Nicolas Massa*, bustes de Vittoria; au premier étage, le plafond, en treize compartimens, peint par Palma; il a fait aussi les huit compartimens du plafond du second étage, représentant divers traits de la vie de S. Jérôme, dont le premier est son élection comme cardinal; *S. Jérôme recevant les offrandes* est du Tintoret; le *Triomphe de la Vierge*, de Palma; et l'on y voit les portraits de l'auteur, du Titien et d'autres célèbres artistes.

Le grand-autel de S.-Étienne, les candélabres, les statues qui la décorent, sont magnifiques; la petite statue de la *Charité*, sur le bénitier, par Jean-Marie Mosca, est d'une rare élégance; les statues de *S. Jérôme* et de *S. Paul* sont de Pierre Lombardo; un bas-relief de bronze, la *Vierge et l'enfant Jésus*, et quelques figures, d'auteur inconnu, est très beau; le mausolée du médecin Jacques Suriani, ouvrage du xvie siècle, est d'excellent goût; les deux petits candélabres de la grande chapelle (principalement celui de l'année 1577) sont des meilleurs de Venise. Mais je fus encore plus frappé de la tombe de Morosini, large pierre placée au milieu de l'église, garnie de simples ornemens de bronze, offrant le bonnet ducal et les trophées de ses victoires sur les Ottomans, avec la seule inscription : *Francisci Mauroceni Peloponesiaci Venetiarum Principis ossa*, 1694. Malgré les victoires de ce grand capitaine, et sa mort, de fatigue et d'épuisement, à Napoli de Romanie, comme lord Byron, je ne pus oublier qu'il avait fait sauter le Parthénon, et mes profanes regrets furent pour le temple grec et la statue de Minerve.

A l'église S.-Vidal, le *Saint à cheval* est un superbe ouvrage de Carpaccio.

Ste.-Marie Zobenigo et son incroyable façade, autres monumens de ce mauvais goût vénitien dont il a été parlé, qui est venu après le bon goût, et est, comme il arrive toujours, pire que le mauvais goût qui le précède, cette église a une *Visitation*, de Palma; les bustes de Jules et de Justinien Contarini, par Vittoria ; le *Sauveur*, la *Conversion de S. Paul*, du Tintoret ; quatre petits tableaux de Vivarini ; une *Cène*, de Jules dal Moro, qui a sculpté aussi le *Rédempteur*, statue de la sacristie.

CHAPITRE XVIII.

Ste.-Marie Formose. — Mariages vénitiens. — Fête *delle Marie*. — *Ste.-Marie-des-Miracles.* — *S.-Jean et Paul.* — Tombeaux de Venise. — Bragadino. — Mausolée *Vendramini*. — *Valier*. — *Martyre de S. Pierre*, du Titien. — Ancienne bibliothèque de *S.-Jean et Paul*. — Biographies. — Monument *Colleoni*. — Confrérie de *S.-Marc*. — *De la Miséricorde*, — *Ste.-Marie dell' Orto*. — Marietta. — Bibliothèque d'Aléandre.

LES premiers Vénitiens, comme les Romains, attachaient une grande importance politique au mariage [1]. Chaque année, le jour de la Purification, presque tous les mariages de la ville se célébraient à la fois et dans la même église ; c'était celle de la petite île d'Olivolo, aujourd'hui Ste.-Marie Formose. Lorsque la constitution eut été fixée, le dogat établi, et que la population et les richesses se furent accrues, on décréta que

---

[1] Les priviléges des gens mariés étaient très étendus à Rome sous les empereurs : passe encore pour leur laisser la meilleure place au théâtre, puisqu'ils pouvaient y conduire leurs femmes ; mais il était ridicule de les préférer, soit dans la poursuite des honneurs, soit dans l'exercice de ces honneurs mêmes, de laisser ainsi au consul ou au sénateur marié le choix des provinces et le droit d'opiner le premier, comme si partout et toujours l'intégrité et l'habileté ne devaient pas être les premiers titres.

douze jeunes filles, choisies parmi les plus vertueuses et les plus belles, seraient dotées aux frais de l'État et conduites à l'autel par le doge, en costume, et suivi de son cortége; le gouvernement poussa la délicatesse et l'attention jusqu'à les parer d'or, de perles et de diamans, afin que l'amour-propre de ces rosières ne fût point humilié par la riche toilette des autres fiancées; mais après la cérémonie elles devaient déposer *cet éclat emprunté* et ne garder que la dot. Une catastrophe, arrivée en 944, vint encore ajouter par la suite à la solennité de cette fête. La veille, pendant la nuit, les pirates triestains, sans être aperçus, se mirent en embuscade derrière l'île d'Olivolo, et le matin, traversant avec rapidité le canal, ils s'élancent à terre le sabre à la main, pénètrent dans l'église au moment de la bénédiction nuptiale, saisissent les jeunes filles couvertes de leurs brillans habits et portant leurs *arcelles*[1], les traînent à leurs barques, s'y jettent avec elles et fuient à toutes voiles. Cet enlèvement ne tourna point toutefois comme celui des Sabines, et le Romulus forban de l'Adriatique n'eut point le même succès que le fondateur de la ville éternelle. Les ravisseurs, atteints dans les lagunes de Caorlo par les époux vénitiens, le doge à leur tête, lorsqu'ils se partageaient déjà les femmes et le butin, furent attaqués, défaits et tous jetés à la mer. Le petit port de la côte de Frioul où ils avaient été détruits, prit aussitôt le nom de *Porto delle Donzelle* (port des pucelles), qu'il a conservé. La fête *delle Marie*[2], à laquelle donna lieu le retour des fiancées et leur

---

[1] C'était la dot de chaque fiancée qu'elle portait avec elle dans un petit coffre appelé *arcella*.

[2] L'origine du nom *delle Marie* est inconnue : peut-être vient-il, selon la conjecture de Mme Michiel, de ce que la plupart des filles enlevées s'appelaient *Maria*, nom encore très commun à Venise, et

aventureux hymen, s'est célébrée annuellement à Ste.-Marie Formose jusque dans les derniers temps de la république, mais il n'y avait plus de mariage : le doge se rendait simplement à l'église avec la seigneurie ; le curé allait à leur rencontre et leur offrait, au nom de ses paroissiens, des chapeaux de paille dorés, des flacons de vin de Malvoisie et des oranges[1]. Les douze cuirasses d'or garnies de perles, qui jadis composaient la parure des fiancées dotées, n'existent plus ; elles furent vendues en 1797, afin de pourvoir aux besoins pressans de cette époque ; les perles, gardées avec soin au trésor pendant l'administration française, ont servi dernièrement à payer l'entretien de l'église S.-Marc. Ainsi viennent de disparaître jusqu'aux dernières traces de la fête nationale et poétique *delle Marie*. Elle eût été digne, ainsi que l'événement qui la fit naître, d'exercer le pinceau des grands peintres vénitiens ; un pareil tableau serait convenablement placé à Ste.-Marie Formose, et j'aurais préféré l'y trouver à la *Ste.-Barbe* d'ailleurs fort belle, et le chef-d'œuvre du vieux Palma. La Sainte est le portrait de sa fille Violante, qui fut aimée si passion-

qui l'était davantage autrefois ; ou bien de ce que leur délivrance eut lieu le jour de la Purification de la Vierge, et se célébrait à Ste.-Marie Formose.

[1] L'origine de ces présens est une scène touchante du moyen âge : lors de l'enlèvement des fiancées, le corps des *casselleri* (espèces de menuisiers), qui formait la principale population de la paroisse de Sainte-Marie Formose, ayant fourni le plus grand nombre de barques, et particulièrement contribué au succès de la poursuite, on offrit à ces braves gens la récompense qu'ils pourraient désirer. Ils sollicitèrent seulement du doge l'honneur de le recevoir dans leur paroisse le jour de la fête qui venait d'être instituée. Le doge, frappé lui-même d'un tel désintéressement, et voulant leur donner occasion de demander davantage, feignit d'élever des difficultés sur la possibilité de sa visite, et, avec la naïveté du temps, il leur dit : « Mais s'il « venait à pleuvoir ? — Nous vous donnerons des chapeaux pour « vous couvrir. — Et si nous avions soif ? — Nous vous donnerions « à boire. »

nément par le Titien. La *Vierge des sept douleurs* est encore de Palma, qui a donné les dessins des mosaïques de la voûte d'une des chapelles.

Ste.-Marie-des-Miracles est véritablement digne de son nom par la pureté, l'élégance, la grace de son architecture, de Pierre Lombardo, et de ses charmantes arabesques. La statue en marbre de la Vierge, au-dessus de la grande porte, paraît peu digne de l'habile sculpteur vénitien du xv° siècle auquel on l'a attribuée, qui avait pris le nom antique de Pyrgotèles, artiste célèbre du temps d'Alexandre[1]. Dans l'église les statues de *Ste. Claire* et de *S. François* sont de Jérôme Campagna.

S.-Jean et Paul est une de ces vastes basiliques du moyen âge, aux vitraux à la fois éclatans et sombres, monument national rempli de magnifiques mausolées des doges, des généraux et des grands hommes de Venise, Saint-Denis aristocratique et républicain. L'immensité de ces tombeaux cause une sorte de surprise; on est presque choqué de voir l'homme occuper tant de place dans la maison du Seigneur. Les vanités rivales des familles patriciennes expliquent le luxe de pareilles sépultures, qui n'est point d'ailleurs le luxe industriel et futile de la mode et du monde, mais qui a servi puissamment au développement et à la splendeur de l'art.

La famille des Mocenigo, qui a donné jusqu'à sept doges à la république, dont trois reposent à S.-Jean et Paul, est au premier rang de ces races illustres. Les mausolées des doges Pierre et Jean sont des meilleurs ouvrages de Pierre Lombardo et de ses fils ; celui de Jean Mocenigo a quelques statues qui, par leur grace et leur

---

[1] D'après les recherches de Morelli, dans ses notes à un *anonyme*, (folio 104), Pyrgotèles était grec d'origine et de la famille Lascari de Venise.

noblesse, semblent imitées de l'antique. Un des tombeaux de cette église, celui de Marc-Antoine Bragadino, écorché vif par les Turcs, après sa belle défense de Famagouste, ne contient que sa peau rachetée par sa famille du vil pacha, son meurtrier plutôt que son vainqueur[1]. La fin de Bragadino, comme celle de plusieurs autres généraux vénitiens tombés aux mains des infidèles, semble avoir quelque chose du martyre; on est vivement ému à l'aspect de la relique guerrière du héros de Venise et de l'inscription qui rappelle son horrible destinée.

Parmi tant de superbes mausolées rassemblés, recueillis à S.-Jean et Paul depuis la destruction de diverses églises, celui du doge André Vendramini, ouvrage de l'école des Leopardi, les surpasse tous; il est le plus beau de Venise et le plus considérable de tous les ouvrages de ce genre. L'élection au dogat d'André Vendramini avait été une espèce de révolution : Vendramini était un homme nouveau; il descendait d'un banquier élevé au patriciat, après la guerre de Chiozza en 1381, comme un des trente citoyens qui s'étaient montrés les plus dévoués à la république au milieu de ses dangers : c'est, dit avec raison M. Daru, la source la plus pure d'où la noblesse puisse descendre.[2]

Le grand mausolée de Valier, ouvrage de Longhena, offre, par le mauvais goût de sa magnificence, un parfait contraste avec le mausolée Vendramini; les bonnets de doge y sont prodigués et couronnent bizarrement les deux écussons; ce bonnet aristocratique ressemble

---

[1] La défense de Famagouste coûta aux Turcs cinquante mille hommes, et plus de soixante-quinze mille, selon l'abbé Mariti, dans son *Voyage de Chypre*. V. dans l'*Histoire de Venise* de M. Daru, le détail du supplice de Bragadino et de la perfidie de Mustapha, liv. XXVII, 14.

[2] *Hist. de Venise*, liv. X, 29.

d'ailleurs assez au bonnet de la Liberté sur une tête d'homme.

Un autre mausolée remarquable est celui d'Alvise Micheli, orateur célèbre, mort en 1589, lorsqu'il prononçait, dit l'inscription, un discours devant le sénat; ce trépas, en parlant, a quelque chose de pis que la mort subite ou que toute autre mort, et il doit être moins affreux de finir sur le champ de bataille qu'au milieu d'une harangue.

Le général autrichien Chasteler, mort en 1825, a voulu être enterré à S.-Jean et Paul, comme pour faire sentir la conquête jusqu'aux morts illustres qui l'habitent. On lui érigeait, en 1827, un monument mesquin, sur lequel était son buste dont les traits communs, la coiffure poudrée, contrastaient singulièrement avec les grandes figures et les statues équestres des héros de Venise, monument que ne relevaient point les prétendus exploits du général Chasteler sur les Français, gravés en latin à toutes les faces de son petit piédestal.

La peinture à S.-Jean et Paul n'est point au-dessous de la statuaire ; la *Vierge, l'enfant Jésus et quelques saints* était un des beaux ouvrages de Jean Bellini, gâté, presque perdu par les restaurateurs; le tableau en neuf compartimens représentant le *Christ mort*, l'*Annonciation, S. Christophe,* est un ouvrage célèbre de Louis ou de Barthélemi Vivarini; le *S. Augustin assis* est un bon et le premier ouvrage de ce dernier; *Jésus-Christ sur la croix, la Madeleine et S. Thomas* est de la première manière de Liberi; *S. Jean-Baptiste,* la *Manne tombant du ciel*, sont de Lazzarini; le plafond en cinq compartimens d'une des chapelles, la *Vierge couronnée dans le paradis,* très belle; le *Crucifix et quelques saints* ; la *Résurrection de Jésus-Christ,* de Palma; le *Sauveur au milieu des apôtres,* excellent, est de Roch Marconi. Le grand *Crucifiement*, du Tintoret, est superbe : sa *Vierge recevant les hommages de sénateurs vénitiens*, de la plus noble expression. On lui doit encore un autre *Crucifiement* et *la Vierge distribuant des couronnes à S. Dominique et à Ste. Catherine*. Une *Sainte Alliance* des princes de cette époque, par son neveu Dominique, où l'on remarque le pape Pie V, Philippe II, le doge Alvise Mocenigo, et derrière eux leurs généraux Marc-Antoine Colonne, Jean d'Autriche et Sébastien Venier, est une belle composition. La *Sainte-Trinité, la Vierge et quelques saints*; *le pape Honorius III confirmant l'ordre des Dominicains*, sont des ouvrages distingués de Léandre Bassano, qui a fait aussi la *Vierge et S. François*; l'immense *Exhumation d'un cadavre* et une *Annonciation : Victor Capello à genoux devant Ste. Hélène*, estimé, est d'Antoine Dentone ; *S. Dominique calmant une tempête*, du Padovanino. Le plafond de la sacristie, très remarquable, est de Marc Vecellio, et une *Nativité*, de Paul Véronèse. Mais le chef-d'œuvre qui surpasse tous ces tableaux est le *Martyre de S. Pierre dominicain*, du Titien, tableau plein de poésie, d'expression, de pathétique; scène de meurtre par un brigand, au fond d'un bois, et qui n'est ni hideuse, ni sanglante; les arbres même ont une sorte d'idéal et de beauté. Il y a dans un tel ouvrage quelque chose de puissant, de spontané, qui atteint sans effort le but de l'art; ce n'est pas là cette peinture qui s'apprend, plutôt correcte et régulière que forte et grande; Titien semble produire des tableaux, tandis que les autres en font. Un décret du sénat de Venise défendit aux dominicains de S.-Jean et Paul, sous peine de mort, de vendre ce merveilleux tableau ; il justifie et explique une telle atteinte au droit de propriété; il fit depuis partie de notre butin d'art; transposé à Paris de bois sur toile, il est la plus grande opération de cette habile et nouvelle industrie qui lui a comme rendu la couleur et la vie.

Parmi les autres tableaux de S.-Jean et Paul, il en est un de Jean-Baptiste dal Moro, qui représente S. Marc assistant à la levée maritime de Venise avec les trois inquisiteurs d'état : les Vénitiens avaient fait S. Marc recruteur, à peu près comme depuis la soumission aux lois sur la conscription est devenue un article de foi du catéchisme de l'Empire et du catéchisme autrichien.

A l'entrée de la sacristie sont les portraits du Titien, du vieux et du jeune Palma dont le tombeau est voisin. Ce petit buste, au-dessus d'une porte de sacristie, est le seul monument élevé au Titien [1]; il est au moins convenablement placé au milieu des grands hommes de Venise.

La chapelle du Rosaire, malgré la richesse de ses ornemens, indique la décadence du goût : on pourrait assez appliquer à ses *défauts pompeux* et à l'espèce d'admirateurs qu'elle trouve, les vers de Voltaire sur la chapelle de Versailles. Les quatre belles statues placées aux angles de l'autel: *Ste. Justine et S. Dominique,* de Vittoria ; *S. Rose et S. Thomas,* de Jérôme Campagna, forment un vrai contraste avec le mauvais style de la sculpture du siècle qui leur a succédé.

La bibliothèque de S. Jean et Paul n'existe plus depuis la suppression du monastère ; c'est à S. Marc qu'il faut chercher le manuscrit du *De viris illustribus* de Guillaume de Pastrengo, indiqué par Ginguené, comme s'y trouvant,[2] et dont l'auteur peut être regardé

---

[1] *V.* ci-dessus, ch. XVI.

[2] *Hist. litt. d'Italie,* t. III, 159. Le *De Viris illustribus* a été imprimé à Venise en 1547, sous le faux titre : *De Originibus rerum.*

comme le père des innombrables biographies qui se sont tant multipliées depuis, et qui, tant que durera le monde et *l'amour de ce rien qu'on nomme renommée*, ne cesseront de paraître avec leurs éternelles et inévitables erreurs.

Le monument Colleoni, à côté de S. Jean et Paul, fut érigé avec l'argent qu'avait pour cela légué ce général. La commande de sa propre statue ne paraît pas très noble de la part d'un si habile capitaine, qui avait pu la mériter par ses talens et ses services [1]. L'inscription dissimule toutefois cette origine, puisqu'elle porte simplement que c'est *ob militare imperium optime gestum*, que la statue fut élevée. Le piédestal corinthien du monument Colleoni, ouvrage d'Alexandre Leopardo, est le premier qui existe pour l'élégance, le bon goût des ornemens; les statues des princes sont inférieures en ce point à la statue de ce *condottiere*. Elle est l'ouvrage d'André da Verrocchio, florentin, un des premiers artistes de son temps, peintre, sculpteur, architecte, et maître du Perugin et de Léonard de Vinci. L'histoire de sa statue, racontée par Vasari, peint la passion, l'amour-propre jaloux, l'indépendance et l'activité des artistes de cette époque : comme Verrocchio avait terminé le cheval, il apprit que la figure allait être accordée par faveur à Vellano de Padoue, le protégé de quelques patriciens. Indigné, il cassa la tête et les jambes de son cheval, et partit furtivement pour Florence. Le sénat de Venise lui fit aussitôt signifier que, s'il osait jamais y reparaître, on lui trancherait la tête;

---

[1] Lord Byron, dans la préface de *Faliero*, parle de la statue actuelle de la place *S. Jean et Paul* comme de celle d'un *guerrier oublié* qu'il ne désigne même point; Colleoni, un des fondateurs de l'art de la guerre en Europe, ne méritait ni cet oubli ni ce mépris de poète. *V*. liv. v, ch. II, et plus haut, ch. IV.

il répondit qu'il s'en garderait bien, attendu qu'il ne dépendait point de la seigneurie de lui remettre sa tête si elle était coupée, comme il lui serait facile de refaire celle du cheval qu'il avait brisée. Cette réponse ne déplut point, et Verrocchio obtint la liberté de revenir; il reprit ses travaux avec une telle ardeur, qu'atteint d'une fluxion de poitrine il en mourut, et qu'Alexandre Leopardo fut chargé du nettoyage et de la fonte de la statue.

La riche façade de la confrérie de S. Marc mérite d'être observée : l'architecture est de Pierre Lombardo; deux lions, divers traits de la vie du saint, bas-reliefs excellens, sont de Tullius, et les statues placées au-dessus des piédestaux, des colonnes et de l'arc de la grande porte, par maître Bartolommeo, l'auteur de la porte *della Carta* du palais ducal, sont des ouvrages du XIVe siècle, curieux, expressifs.

Au-dessus de la porte de l'ancienne confrérie de la Miséricorde, édifice consacré au service militaire, et dont l'architecture passe pour être de Sansovino, est une grande et noble figure de la Vierge accueillant les fidèles qui prient à ses pieds, chef-d'œuvre de ce même maître Bartolommeo.

L'église des Jésuites est splendide : la *Prédiction de S. François-Xavier* est de Liberi; l'*Invention de la Croix*, la *Vierge, l'enfant Jésus et quelques saints*, la voûte, sont de Palma; la *Circoncision*, l'*Assomption*, du Tintoret; le *Martyre de S. Laurent*, revenu de Paris, est du Titien; le mausolée du doge Pascal Cicogna est de Campagna; et, au-dessus de la grande porte, celui de Jean, Priam et André Lezze, est magnifique.

L'ancienne église Ste.-Catherine, fréquemment restaurée, a de bonnes et curieuses peintures : l'*Ange et Tobie*, peut-être du Titien ou de son habile élève Santo

Zago; les six tableaux de la grande chapelle, du Tintoret; les *Fiançailles de Ste. Catherine*, ouvrage charmant de Paul Véronèse; la *Vierge en couches*, dans la première manière de l'école vénitienne; le *Miracle fait par S. Antoine sur un avare*; l'*Enlèvement au ciel du corps de la Sainte*; la *même devant la Vierge*, de Palma.

A l'église de l'*Abbazia* sont : une *Ste. Christine couronnée, S. Pierre et S. Paul*, de Domitien Mazza, grand élève du Titien, mort à la fleur de l'âge, et dont les ouvrages, énergiques, éclatans, ne sont pas très nombreux; l'*Ange Raphaël, Tobie, S. Jacques, S. Nicolas*, excellent tableau du Conegliano.

L'ancienne et vaste église de Ste.-Marie dell' Orto est maintenant une espèce de ruine : l'herbe commence à poindre sur le pavé, l'humidité a effacé les peintures, la voûte est détruite; pour ajouter à tant de désastres, le tonnerre y tomba en 1828, et renversa, sur le toit enfoncé par cette chute, le clocher, élégante construction du xv° siècle, dans le goût oriental. Mais au milieu de tous ces ravages que de grandeur et de magnificence ! sur la porte du milieu est une énorme pierre de porphyre; dans un coin de l'église, au-dessus d'un autre chef-d'œuvre, est appliquée contre le mur, sans cadre, la célèbre *Présentation de la Vierge*, un des premiers chefs-d'œuvre du Tintoret; deux immenses tableaux de sa jeunesse, les *Prodiges qui précèderont le Jugement dernier et l'Adoration du veau d'or*, couvrent les parois de la grande chapelle, ouvrages extraordinaires pour la force, la fougue, l'audace, et dans lesquels le Tintoret, comme Bossuet, semble avoir sa langue et son goût à lui. A côté de cette peinture puissante, les ailes des anges du *S. Pierre qui contemple la Croix* ont une légèreté, une transparence admirable; et la *Ste. Agnès ressuscitant le fils du préfet de Rome Sempronius,* autre excellent tableau du même grand maître, a été reprise de notre Galerie du Louvre pour être restituée à ces décombres. Il est dans la chapelle de l'ancienne et illustre famille des Contarini, à côté des bustes de plusieurs de ses nobles personnages. Ainsi, dans cette église éloignée, et presque au milieu de ses débris, se retrouvent encore des traces éclatantes de la gloire des arts et de la splendeur passée de Venise.

J'ai regretté de ne point trouver à Ste.-Marie dell'Orto de traces du tombeau du Tintoret et de celui de Marietta Robusti, sa fille et son élève, qu'il eut la douleur de perdre dans un âge peu avancé : Marietta, grand peintre de portraits, était encore célèbre par les grâces de sa personne et ses talens comme musicienne et cantatrice, talens qu'elle devait aux leçons du Napolitain Jules Zacchino, le Cimarosa de son temps; invitée à se rendre à la cour de Philippe II, de l'empereur Maximilien et de l'archiduc Ferdinand, son père ne put jamais se séparer de la fille dont il était si fier; il la maria à un joaillier vénitien, homme de bon sens, désintéressé, et qui préférait que sa femme fît le portrait de ses confrères ou de ses amis au lieu de peindre les riches et les grands. La mort de Marietta fut à Venise une perte publique, et Tintoret voulut qu'elle reposât à Ste.-Marie dell'Orto, au milieu de ses propres chefs-d'œuvre, qu'il semblait en quelque sorte lui consacrer.

A côté des grands et beaux ouvrages du Tintoret, plusieurs peintures sont encore remarquables; telles sont : le *S. Jean-Baptiste et quelques saints*, du Conegliano, dont il est si difficile de se détacher, tant il y a de vérité dans les airs des têtes, le coloris et la perspective ; *S. Vincent, Ste. Hélène et d'autres saints,* du vieux Palma, très endommagé; et la *Vierge avec l'enfant Jésus*, tableau précieux de Jean Bellini.

C'était au couvent de Ste.-Marie dell'Orto qu'Aléandre, un de ces prodiges de science, de mémoire et d'aventures du siècle de la renaissance, avait légué sa riche bibliothèque : les livres de ce recteur de l'université de Paris, de ce bibliothécaire du Vatican, nonce, cardinal, légat, fait prisonnier à Pavie sur le champ de bataille près de François Ier, témoin du sac de Rome, ces livres passèrent ensuite à S. George *in alga*, et l'on ne sait point aujourd'hui ce qu'ils sont devenus, tant les souvenirs littéraires les plus imposans passent et s'effacent, lorsqu'il manque quelque œuvre de génie pour les faire vivre.

A l'église S.-Martial sont : le *Saint avec d'autres saints*, du Tintoret; et le célèbre tableau de *Tobie guidé par l'Ange*, du Titien.

L'église S.-Félix, dans le style des Lombardi, dont les portes sont élégamment décorées d'ornemens en marbre, a le *S. Démétrius*, du Tintoret; le *Sauveur, S. Félix et quelques portraits*, du Passignano, et deux statues allégoriques de Jules dal Moro.

CHAPITRE XIX.

Archives. — Du Conseil des Dix. — Des Inquisiteurs d'État. — Consultations autographes de Fra Paolo. — Statistique née à Venise. — Correspondance de Villetard.

Parmi les destructions partielles de Venise, quelques refuges semblent ouverts à ses divers monumens; telle fut l'Académie des Beaux-Arts pour un grand nombre de ses tableaux; les archives, établies dans l'ancien couvent des Frari, qui occupent et remplissent plus de deux cents chambres, et dont le classement paraît en fort bonnes mains, seront de même un asile pour les pièces et les documens de son histoire. Les archives de Venise furent transportées à Paris, ainsi que les autres archives d'Italie et de la plupart des pays conquis par nos armes; elles ont été compulsées par M. Daru, dont l'investigation érudite et laborieuse, quoique interrompue, doit être bien supérieure à l'inspection rapide du voyageur.

Une partie des archives du conseil des Dix fut dévorée par l'incendie de 1508; des copies des arrêts existent, mais les pièces à l'appui n'étaient jointes qu'aux originaux. Je remarquai un arrêt de 1419, rendu contre quatre frères mineurs qui avaient couru tout Venise nus et suivis du peuple; on les invite simplement à être plus modestes à l'avenir. Les fragmens des archives des inquisiteurs d'État sont très peu nombreux. Une partie fut autrefois détruite par maxime d'État, une autre l'a été au moment de la chute de la république; le reste disparut à peu près par le désordre; cette section des archives existe aujourd'hui plutôt de nom que de fait.

L'impôt sur le sel, sujet de controverses si animées parmi les économistes, payait à Venise les travaux des artistes; on trouverait dans cette partie des archives de curieux détails sur le prix des chefs-d'œuvre des grands maîtres vénitiens. Ce genre de recherches n'est pas aujourd'hui très facile, et il faut, pour obtenir la permission de s'y livrer, recourir jusqu'à Vienne.

Les registres des consultations autographes de Fra Paolo, comme théologien de la république, sont peu raturés. Ce moine porte dans ses discussions avec la cour de Rome une adresse presque parlementaire. Mais

Fra Paolo, malgré ses lumières et sa piété, n'a point échappé à l'esprit du siècle où il vécut, et sa politique ressemble quelquefois beaucoup à celle de Machiavel.[1]

La science de la statistique paraît ancienne et née à Venise. Le discours du doge Thomas Mocenigo sur la situation de la république, prononcé en 1420, au moment de la guerre avec le duc de Milan, est regardé comme un modèle par un très bon écrivain de statistique actuel, M. Quadri, de Venise[2]. Les exposés de la situation de l'Empire faits sous Napoléon étaient un bon usage qui pourrait être repris. Un passage de l'historien Sanuto, cité par M. Daru[3], prouve qu'il existait à Venise, dès 1425, une espèce de cadastre, et que l'invention n'en peut être attribuée aux Florentins, ainsi que l'a cru M. de Sismondi, qui la place en 1429[4]. Je vis dans les archives une statistique de l'État vénitien pour l'année 1780, étendue et faite sur un très bon plan. De pareils travaux n'étaient point probablement, à la même époque, aussi bien exécutés dans les autres pays. Le génie de la statistique n'est point éteint à Venise; la *Statistique des provinces vénitiennes et les LXXII tableaux synoptiques* qui l'accompagnent, par M. Quadri, sont estimés, et l'un des savans de l'Europe qui s'est livré avec le plus de zèle et de succès à ce genre de recherches, M. Adrien Balbi, est vénitien.

Je parcourus la correspondance du secrétaire de la légation française, nommé Villetard, chargé d'opérer,

---

[1] « Notamment, remarque M. Daru, lorsqu'il disait, dans son « livre: *Opinione in qual modo debba governarsi la republica vene-* « *ziana*, que le poison doit faire l'office du bourreau. » *Hist. de Venise*, XXIX, 14.

[2] *Storia della statistica, e prospetto statistico delle provincie venete.* Venise, 1824-1826, 2 vol.

[3] *Hist. de Venise*, XII, 16.

[4] *Hist. des Répub. ital. du moyen âge*, liv. LXV.

en 1797, le changement du gouvernement; négociateur ingénu, ami sincère de la liberté, qui croyait la servir par ses manœuvres, le candide Villetard disait, dans une de ses dépêches à la municipalité de Venise : *Le général ne cédera jamais sur la* DÉMOCRATISATION; et c'est à lui que fut adressée, peu de temps après, la terrible lettre de Bonaparte, mélange inouï d'égoïsme, de mépris, de persiflage et de fureur, arrêt de mort de Venise.[1]

CHAPITRE XX.

Arsenal. — Lions d'Athènes. — Bucentaure. — Armure d'Henri IV. — Emo.

L'ARSENAL de Venise était une de ses merveilles[2]; il fut son plus glorieux, son plus utile monument; et les flottes qu'il construisit, en combattant, en repoussant l'invasion permanente des Turcs, sauvèrent la civilisation de l'Italie et du midi de l'Europe. Il n'est aujourd'hui qu'un magnifique témoignage de la décadence de Venise. Combien il diffère dans sa solitude de cet arsenal peint si admirablement par le Dante, qui a fait entrer dans sa description les termes techniques de ma-

---

[1] *V.* les Histoires de MM. Daru et Botta, où cette lettre est textuellement insérée. Villetard, cousin de l'ancien sénateur du même nom, composa, depuis sa fatale mission, plusieurs tragédies dont les titres sont indiqués au n° 34 de la *Bibliographie de la France*, année 1828. Il mourut âgé de cinquante-cinq ans, le 7 juillet 1826, à Charenton : il n'avait fait toute sa vie que changer de folie.

[2] Commencé en 1304. André de Pise n'en fut point l'unique architecte, comme l'affirme l'*Encyclopédie*, t. I, p. 44; il y avait tout au plus participé, ainsi que le prouvent les savans auteurs *Delle fabbricche più cospicue di Venezia.*

rine, et les a rendus harmonieux, poétiques, imitatifs, tant ce prodigieux génie sait tout dire!

> *Quale nell' Arzanà de' Veneziani*
> *Bolle l' inverno la tenace pece*
> *A rimpalmar li legni lor non sani*
> *Che navicar non ponno; e 'n quella vece,*
> *Chi fa suo legno nuovo, e chi ristoppa*
> *Le coste a quel che più viaggi fece;*
> *Chi ribatte da proda, e chi da poppa,*
> *Altri fa remi, ed altri volge sarte,*
> *Chi terzeruolo ed artimon rintoppa.* [1]

La population de l'arsenal, qui était alors de seize mille ouvriers, n'était plus, au XVIIe siècle, que de trois mille [2], et vers la fin de la république, que de deux mille cinq cents, auxquels étaient adjoints, pour travaux extraordinaires, les artisans et *facchini* de la ville; sous l'administration française, elle s'est élevée quelque temps jusqu'à trois mille cinq cents; elle n'est guère aujourd'hui que de douze cents.

A l'entrée sont les deux lions colossals de marbre, enlevés d'Athènes par Morosini, mais qui, disent les savans, ne sont plus antiques; lions qui seraient aujourd'hui plus libres s'ils fussent restés au Pyrée, et qu'Athènes eût fait partie de la Grèce.

---

[1] *Inf.*, cant. XXI. Ces vers sont à peu près intraduisibles; il faudrait pour les rendre un ingénieur de la marine grand poète, et M. Ch. Dupin n'a encore fait jusqu'ici que de la prose. Voici le sens des vers du Dante : « Tel, dans l'arsenal de Venise, bout, l'hiver, « la poix tenace, afin de radouber les vaisseaux qui ne peuvent na- « viguer; ici l'on répare à neuf un vaisseau; là on rapproche et l'on « resserre les flancs de celui qui a fait plusieurs voyages; l'un va de « la poupe à la proue et de la proue à la poupe; d'autres fabriquent « des rames, roulent des cordages, ou dressent l'artimon et les « autres voiles. »

[2] *Viaggio per l'Alta Italia del ser. principe di Toscana, poi gran duca Cosimo III, descritto da Filippo Pizzichi*, Florence, 1828, in-8°, p. 40.

La statue de *Ste. Justine*, par Jérôme Campagna, est en haut de la superbe porte, espèce d'arc de triomphe décoré de sculptures des élèves de Sansovino : au-dessus de la porte intérieure du vestibule, une petite statue de la *Vierge* est de ce grand artiste.

Les souvenirs divers de Venise se retrouvent à l'arsenal : là est le prétendu casque de cuir d'Attila, et l'espèce de gros harnais de son cheval; des casques véritables de croisés vénitiens, compagnons de Dandolo; des armes, de longs étendards de couleur éclatante, pris sur les Turcs à la bataille de Lépante, et d'affreux instrumens de torture employés par l'inquisition. Il y avait dans une des salles un petit modèle du Bucentaure qui n'était point achevé; celui-là, espèce de curiosité de galerie, exposé à la poussière ou destiné à être mis sous verre, ne devait point voguer pompeusement sur la mer, couverte de fleurs comme une épouse nouvelle, au bruit du canon, de la musique et de l'hymne d'hymen de l'Adriatique, vieille chanson vénitienne qui avait fini par n'être plus entendue de personne, mais dont les sons bizarres étaient religieusement conservés. C'est ainsi que le patriotisme superstitieux de Rome avait respecté les vers des Saliens, qui n'étaient plus compris par Horace. Malgré ses ornemens et sa dorure, le Bucentaure était un triste navire, puisqu'il n'avait jamais vu d'ouragans, et que le chef de l'arsenal, qui remplissait à son bord les fonctions de capitaine, jurait que les flots seraient calmes pendant la cérémonie dont il était l'inerte et fastueux théâtre.

Mais un monument qui vaut pour un Français tous les monumens de Venise, est l'armure d'Henri IV, donnée par lui à la république; l'épée malheureusement y manque, cette épée, disait-il dans sa lettre au sénat, qu'il avait portée à la bataille d'Ivry; elle disparut en 1797, au moment de la chute de la république, lorsque l'armure passa du palais ducal à l'arsenal. Malgré d'opiniâtres recherches auprès des personnes les mieux instruites de l'histoire contemporaine de Venise, il m'a été impossible de trouver aucune trace de cette noble épée [1]. L'armure d'Henri IV, simple, solide, et qui rappelle le beau vers de *la Henriade* sur les armes de ses soldats :

Leur fer et leurs mousquets composaient leurs parures,

cette armure fut redemandée avec noblesse par le roi Louis XVIII, lorsque Venise lui refusa un asile. Ce prince ne put l'obtenir; il partait alors pour l'armée de Condé ; l'épée du Béarnais, revenue dans les camps, eût mieux que l'étranger rendu la couronne de France à ses descendans.

Vis-à-vis de l'armure d'Henri IV est le monument érigé par le sénat de Venise au grand-amiral Angelo Emo, mort en 1792, un des premiers et des bons ouvrages de Canova [2]. Au milieu de l'affaiblissement gé-

---

[1] Les deux épées d'Henri IV qui sont au cabinet des médailles de la Bibliothèque royale ne peuvent être cette épée ; elles y furent déposées le 8 floréal an v (27 avril 1797), et l'entrée des Français à Venise est du 16 mai de la même année ; elles provenaient de l'ancien garde-meuble de la couronne : la première est une épée de parade, avec des camées; l'autre, indiquée comme épée de bataille, n'est peut-être bien qu'un couteau de chasse.

[2] Canova, toujours désintéressé lorsqu'il s'agissait de monumens patriotiques, n'avait mis aucun prix à son travail. Le sénat décréta qu'il lui serait fait une pension viagère de 100 ducats; il reçut en outre une médaille d'or de la valeur de 100 sequins, offrant le mausolée d'Emo, et sur le revers, une inscription très honorable pour l'artiste. Le paiement de la pension ayant éprouvé quelques difficultés en 1797, lors de la chute de la république, Bonaparte, qui en fut informé par hasard, écrivit à Canova pour lui témoigner son intérêt et l'assurer de son appui. Après la cession de Venise à l'Autriche, la pension lui fut rendue lorsqu'il se trouvait à Vienne, mais sous l'étrange condition qu'il choisirait cette ville pour domicile : il ob-

néral des mœurs de Venise, Emo s'était montré citoyen. C'est lui qui, après la destruction de sa flotte par la tempête à Eléos, vint dire au sénat: « Souffrez que tout « mon bien soit employé à réparer les pertes que vient « d'éprouver la république. » Ce grand homme eût probablement prévenu l'ignominie des derniers momens de sa patrie; le courage et l'honneur éteints dans les conseils de la république, s'étaient conservés à l'arsenal; et comme si l'élément premier refuge des fondateurs de Venise ne devait point cesser d'animer, d'exciter, de relever jusqu'à la fin leurs descendans, le dernier des Vénitiens fut un marin.

CHAPITRE XXI.

Théâtres. — *S.-Benoît.* — La *Fenice.* — MM. Perucchini, Buratti. — Carnaval.

Les théâtres de Venise ne sont ni sans agrément ni sans éclat. Je vis représenter, en 1828, au vieux théâtre Saint-Benoît, une comédie nationale et fort gaie de l'avocat Sografi, *le Donne avvocate.* Un jeune homme faisait la cour à trois Italiennes, et leur promettait de les épouser; afin de soutenir leurs prétentions, elles allaient devant le juge; la Vénitienne gagnait sa cause, et épousait son amant, après avoir plaidé avec éloquence et en dialecte vénitien. La pièce était jouée avec feu et naturellement.

La Fenice est un des premiers théâtres et le plus

tint toutefois d'en être dispensé, s'étant offert de diriger gratuitement à Rome, son séjour chéri, quelques uns des élèves impériaux.

large de l'Italie; il contient environ trois mille personnes. Au moyen d'un pont-levis jeté sur une cour voisine, la scène peut se prolonger considérablement, et dans certaines circonstances un jet d'eau part et s'élève jusqu'au plafond. Je n'ai point assisté à cette sorte de prodige, qui doit être plus bizarre que beau. La Fenice a dernièrement été repeinte avec goût. Des quatre grands opéras que l'on y représente pendant la saison théâtrale (du 26 décembre au 20 mars), deux sont ordinairement nouveaux et composés par les meilleurs maîtres. Il y a aussi quelquefois opéra le printemps et l'automne; et l'année dernière *le comte Orry*, mis en italien, était assez bien exécuté : nos plus célèbres danseurs ont aussi quelquefois paru sur ce théâtre. C'est à La Fenice que M. Locatelli a fait les premiers essais de son *astro-lampe,* et que ce soleil des théâtres s'est levé pour la première fois : l'expérience tentée depuis à notre Grand-Opéra a valu quelque estime à l'inventeur, mais il est probable que ce mode d'éclairage n'y sera jamais pratiqué. Le nouveau système jette une plus vive lumière sur la scène et les décorations, mais il laisse la salle un peu sombre : le bon M. Locatelli, habitué à la négligence, au sans-gêne, à l'absence de vanité des femmes d'Italie, ne s'est point douté que les dames de Paris ne pourraient se résigner à l'obscurité dans laquelle il plongeait leur beauté et leur parure.

Il est impossible de parler de la musique de Venise sans rappeler les airs vénitiens de M. J.-B. Perucchini, si vifs, si naturels, si gracieux, et qu'accompagnent si bien les vers de M. Pierre Buratti, poète admirable de verve et d'originalité. Ces petites pièces sont de véritables chefs-d'œuvre.

Le carnaval de Venise, quoique toujours le plus long

de l'Italie (les spectacles commencent la seconde fête de Noël, et les bals masqués à la fête des Rois), est à peine l'ombre de ce qu'il fut jadis : il fallait l'ancien gouvernement de Venise à cette sorte d'institution qui semblait le tempérer. Aujourd'hui ce brillant carnaval n'est fait que par le peuple ; la classe élevée ne s'en mêle guère, et il n'y a pas six cents masques errant en gondoles, ou sur la place S.-Marc et la *Piazzetta*.

CHAPITRE XXII.

Courtisanes.

Les beautés célèbres, observées par Montaigne et Rousseau, philosophes de la même école, qu'il n'est point surprenant de trouver là, sont une des joies passées de Venise. La police française avait éteint déjà les deux lumières qui brillaient à leur fenêtre. Les courtisanes vénitiennes furent tout-à-fait supprimées par l'Autriche en 1815, au moment même de la restitution des quatre fameux chevaux de bronze, et lorsqu'ils remontaient à leur première place : aussi les Vénitiens disaient en murmurant que l'empereur, qui leur rendait leurs chevaux, aurait tout aussi bien fait de leur laisser leurs *vacche* [1]. Les mœurs n'ont rien gagné à ce rigorisme ; la courtisane est remplacée par la fille du peuple dans le besoin, ou par la bourgeoise mariée qui veut se donner quelques douceurs ; et la corruption, au lieu de couler à part, infecte le sein des familles. Les anciennes courtisanes de Venise étaient une véritable institution qui

[1] Calembourg italien difficile à traduire.

servait au maintien de la liberté, soit en surprenant quelquefois d'importans secrets, soit en ruinant des hommes que leur fortune aurait pu rendre dangereux. Aussi le sénat, qui vers le milieu du dernier siècle avait tenté de les chasser, fut obligé de les rappeler par un décret; on les désignait dans cet acte sous le nom de *nostre benemerite meretrici*, et elles eurent aussi leur indemnité et leur dotation [1]. « A Venise, dit Montesquieu, les « lois forcent les nobles à la modestie. Ils se sont telle-« ment accoutumés à l'épargne, qu'il n'y a que les cour-« tisanes qui puissent leur faire donner de l'argent. On « se sert de cette voie pour entretenir l'industrie : les « femmes les plus méprisables y dépensent sans danger, « pendant que leurs tributaires y mènent la vie du « monde la plus obscure »[2]. Les courtisanes vénitiennes les plus habiles auraient eu, je crois, bien de la peine à tirer quelque chose des nouveaux maîtres de Venise, gens bien autrement serrés que les anciens nobles vénitiens. Peut-être la suppression de ces créatures a-t-elle moins été une mesure de morale qu'une mesure de finance, qu'une autre sorte de réduction tout-à-fait dans l'esprit du gouvernement économe de l'Autriche.

[1] On leur assigna un fonds et des maisons appelées *case rampane*, d'où vient la dénomination injurieuse de *carampana*. *Hist. de Venise* par M. Daru, xxxv, 22.
[2] *Espr. des Lois*, Liv. vii, iii.

CHAPITRE XXIII.

Environs. — Iles. *Ile de Murano.* — *S.-Michel.* — Exhumation de Fra Paolo. — Le moine Eusèbe. — Morelli. — Chapelle *Emiliana.* — *S.-Pierre et Paul.* — Dôme. — Glaces, cristaux, perles de Venise.

J'ai visité, en septembre 1828, l'église S.-Michel *in Murano*, où je m'attendais à trouver le corps de Fra Paolo, qui doit y être transféré. Il avait été retrouvé au mois de juillet, dans la démolition d'un autel de l'ancienne église des Servites. A la mort de Fra Paolo, le sénat, sur les menaces d'Urbain VIII, n'avait point osé élever le monument que l'immense popularité de cet homme extraordinaire, théologien, historien, mathématicien, anatomiste [1], lui avait fait décerner, et le marbre fut retiré de l'atelier du sculpteur. Grosley, en 1764, avait été frappé de la nudité de ce tombeau, sans épitaphe ni aucune indication; on comprend ainsi comment il a pu être oublié. Le monument actuel est élevé aux frais de la ville, et la chose n'est même pas un événement [2]. L'espèce de résurrection de Fra Paolo peut

---

[1] *V.* ci-après, Liv. vii, chap. ii.

[2] Le corps de Fra Paolo est maintenant à S.-Michel *in Murano*; sur la pierre de marbre blanc, bordée de *bardiglio* (marbre azuré de Carrare), est cette inscription, de M. Emmanuel Cigogna :

Ossa
Pauli Surpii
Theol. Reip. venetæ
Ex æde servorum
huc translata
A. MDCCCXXVIII.
Decreto publico.

être rapprochée de l'exhumation d'autres morts célèbres dont il a déjà été parlé[1] : à défaut d'hommes, notre siècle produit au moins quelques illustres cadavres.

L'inscription sépulcrale du moine Eusèbe, par Alde Manuce, enchâssée sur une table de marbre ornée de jolies sculptures, est curieuse et caractéristique[2]. Tel est le mérite des arabesques et ornemens qui décorent la façade, les portes, le chœur de S.-Michel *in Murano* et la grande chapelle, que l'Académie de dessin de Venise ne les a pas jugés moins propres que l'antique à former le goût de ses élèves, et qu'elle en possède un grand nombre de modèles.

Une simple pierre, sur le pavé, indique la place où repose Morelli, dernier et savant bibliothécaire de S.-Marc. L'épitaphe, composée par son élève, son ami et son digne successeur, M. l'abbé Bettio, rappelle simplement les travaux, les services, la renommée, les dignités de ce grand bibliographe, et cette sorte d'obligeance, devoir et première qualité des hommes mis à la tête de grands dépôts littéraires.

La chapelle *Emiliana*, attenant à l'église, du commencement du XVIe siècle, est un petit temple plein de goût et d'élégance.

L'église S.-Pierre et Paul offre de remarquables peintures : *S. Blaise assis, entouré de quelques Saints,*

---

[1] *V.* Liv. v, chap. xxi.

[2]   *Lector, parumper siste, rem miram leges.*
 Hic Eusebi hispani monachi corpus situm est,
 Vir undecumque qui fuit doctissimus,
 Nostræque vitæ exemplar admirabile.
 Morbo laborans sexdecim totos dies,
 Edens, bibens nil prorsus et usque suos monens
 Deum adiit. Hoc scires volebam. Abi et vale.
 Ann. D. MDIX. feb. etat. suæ LI sacræ militiæ XVII.

de Palma; une belle *Annonciation*, du Pordenone; *S. Jérôme dans le désert*, de Paul Véronèse; une *Descente de Croix*, d'un caractère à la fois grand, expressif, original, de Joseph del Salviati; la *Vierge sur son trône, avec l'enfant Jésus et quelques Saints*, ouvrage curieux des Vivarini; la *Vierge, deux Anges, et le doge Barbarigo à genoux*, grand et célèbre tableau de Jean Bellini; *Ste. Agathe en prison, visitée par S. Pierre*, composition vraie, élevée, de Benoît Caliari, le frère, l'aide et l'ami de Paul Véronèse; le *Martyre de S. Étienne*, de Léandre Bassano; une *Assomption*, de Marc Basaiti, brillant artiste, d'origine grecque, du commencement du xvie siècle; la *Vierge, quelques Saints, et le sénateur Laurent Pasqualigo*, du vieux Palma; le *Baptême de Jésus-Christ*, du Tintoret.

Le plafond de l'église des Anges, par Pierre-Marie Pennachi, peintre du xvie siècle, a de la réputation : au milieu est le *Couronnement de la Vierge*; autour, trente-quatre compartimens offrent des figures d'apôtres, de prophètes, d'anges; la couleur de ce plafond est de beaucoup préférable au dessin.

L'église de S.-Donat, appelée le *Dôme* de Murano, est d'une architecture grecque-arabe du xiie siècle : le pavé du temple est incrusté d'élégantes mosaïques de la même époque, et dix colonnes de marbre grec soutiennent la nef. Les peintures sont intéressantes : une demi-lune représentant la *Vierge avec l'enfant Jésus et d'autres personnages*, est un bon ouvrage de Lazare Sebastiani, de l'année 1484; l'ancone en bois sculpté et peint de 1310, représentant l'*Évêque S. Donat*, avec les deux petites figures du podestat Memmo et de sa femme, est curieux pour les costumes; une mosaïque de la *Vierge* paraît presque aussi ancienne que le temple; la *Descente du S.-Esprit dans le Cénacle*, par Marc Titien, est belle.

L'île de Murano renferme encore les manufactures de glaces, cristaux et perles, qui firent jadis la renommée de l'industrie vénitienne; mais les deux premières ne pourraient aujourd'hui soutenir la concurrence avec les fabriques de France ou d'Angleterre. Les manufactures de grosses perles coloriées, au nombre de trois, ont conservé mystérieusement le secret de cette fabrication brillante, peu chère, et qui permet à la médiocrité l'éclat et le luxe apparent de la richesse. Mais cette industrie frivole, comme la fabrication des ouvrages de mode, ne saurait être pour un État une véritable ressource, puisqu'elle ne satisfait point à des besoins réels et durables. Ses exportations sont faibles, incertaines, et elle n'a point arrêté la ruine du commerce de Venise.

CHAPITRE XXIV.

Ile de *Torcello*. — *S.-Fosca*. — *Lido*. — Arméniens. — Clair de lune de Venise.

Le dôme de Torcello est empreint de l'Orient et du moyen âge : la façade, la voûte, le pavé, sont incrustés de précieuses mosaïques représentant des symboles et des faits de l'histoire sacrée; des colonnes de marbre soutiennent la nef; le bénitier paraît avoir été un autel païen, et une chaire de marbre s'élève derrière le chœur, au milieu de degrés demi-circulaires. La magnificence de ce temple, fondé l'année 1008, par l'évêque Orso Orseolo, témoigne de l'ancienne richesse de Venise, et de la splendeur de ses monumens avant même l'achèvement de sa vieille et superbe basilique.

Le petit temple de S.-Fosca, voisin, ouvrage du ixe siècle, fait d'anciens débris d'édifices romains, est un de ces monumens primitifs des temps de barbarie, imité, rajeuni, renouvelé avec élégance, comme certains chefs-d'œuvre littéraires aux époques de civilisation.[1]

Un écrivain d'une vive imagination a décrit poétiquement le *Lido*[2]; il serait peu sûr de risquer une autre description après la sienne, que tout le monde a lue. On peut regretter toutefois de n'y rien trouver sur le château de S.-André, chef-d'œuvre d'architecture militaire, de San Micheli, monument d'une victoire, qui, dans son abandon, respire encore la force et l'ancienne magnificence guerrière de Venise.[3]

C'est sur le bord ferme et solitaire du Lido, que

---

[1] Les églises de S.-Géminien et de S.-Jean-l'Aumônier, de Sansovino et de Scarpagnino, n'étaient, de l'avis du comte Cicognara, que des imitations du petit temple de S.-Fosca. L'ouvrage utile et curieux publié en 1825 par M. Robert, conservateur de la bibliothèque de Ste.-Geneviève, sous le titre de *Fables inédites des* xiie, xiiie *et* xive *siècles, et Fables de La Fontaine rapprochées de celles de tous les auteurs qui avaient, avant lui, traité les mêmes sujets*, sans affaiblir la gloire de La Fontaine, indique les modèles obscurs des *Fables choisies, mises en vers*, ainsi qu'il a lui-même intitulé son immortel recueil. La jolie pièce de Brueys n'est qu'une imitation affaiblie de l'ancienne farce populaire de *Patelin*, de Pierre Blanchet.

[2] M. Charles Nodier, *Jean Sbogar*.

[3] « Le monument le plus remarquable du savoir de San Micheli, « dit M. Quatremère de Quincy, est la forteresse de Lido. On avait « jugé impossible qu'il fondât solidement une masse aussi énorme « dans un terrain marécageux, battu continuellement par les va- « gues de la mer et par le flux et reflux. Toutefois il en vint à bout, « et avec un rare succès. Il employa dans cette construction la pierre « d'Istrie, si propre à résister aux intempéries des saisons. Cette « masse est si bien établie, qu'on la prendrait pour un rocher taillé. » *Histoire de la vie et des ouvrages des plus célèbres architectes*, t. Ier, 161.

Byron faisoit chaque jour sa promenade à cheval. S'il fût mort à Venise, il voulait y reposer près d'une borne, limite de quelque champ, non loin du petit fort, afin d'échapper, par un caprice sauvage, à la terre de sa patrie, trop pesante pour ses os, et aux funérailles abhorrées de ses proches.[1]

La petite île S.-Lazare est habitée par les moines arméniens, religieux affables, laborieux, qui publient, en arménien, de bonnes éditions des livres les plus utiles et les plus estimés, et se livrent à l'éducation de leurs jeunes compatriotes[2]. Couvent, lycée, imprimerie, cette maison ramènerait l'ennemi le plus emporté des institutions monastiques. L'abbé est un prélat poli, dont les manières ont une sorte de dignité orientale qui n'est ni sans grâce, ni sans douceur. La bibliothèque du cou-

[1] V. *Mémoires*, t. III, chap. xv et xvi.
[2] Deux éditions principales de la Chronique d'Eusèbe ont été données d'après le manuscrit arménien de la bibliothèque du couvent de l'île S.-Lazare; l'une à Milan, en 1818, un vol. in-4°, par M. Mai et le P. Zohrab, arménien, qui s'était déloyalement séparé des autres religieux : l'édition imprimée la même année au couvent, 2 vol. in-fol., et publiée par le P. J.-B. Aucher, est infiniment préférable; les religieux avaient envoyé un des leurs jusqu'à Constantinople, afin de collationner de nouveau leur Eusèbe sur le manuscrit dont il était une copie. Les religieux arméniens ont aussi conçu le projet de donner une collection complète et des éditions critiques des écrivains de leur nation depuis le IV° siècle, époque la plus brillante, siècle de Louis XIV de la littérature arménienne, jusqu'au XV° siècle. Depuis ce temps, elle paraît n'avoir plus rien produit d'original. Ces religieux ont déjà préparé pour l'impression tout ce qui reste des auteurs qui ont écrit depuis le IV° siècle jusqu'au commencement du XI°. Mais une telle entreprise demande encore beaucoup de temps, de travaux, de recherches et de dépense, qui ne permettent pas d'espérer qu'elle puisse être publiée promptement. Trois volumes d'une collection portative, en petit format, des *ouvrages choisis*, exécutés avec beaucoup de soin, ont paru en 1826, 1827 et 1828, comme pour donner, dit M. S.-Martin (*Journal des Savans, juillet* 1829), un avant-goût de la grande collection.

vent, d'environ dix mille volumes et de quatre cents manuscrits orientaux, principalement arméniens, est, comme tout le reste, dans un ordre parfait. Lord Byron, pendant un hiver, s'y rendait tous les matins quelques heures, afin d'y prendre des leçons d'arménien de dom Pasquale, le bibliothécaire : Byron, ennuyé, fatigué du monde, blasé sur la plupart des choses de la vie, cherchait à pénétrer les difficultés d'un idiome de l'Orient ; il ne trouvait plus d'intérêt que dans l'obstacle, et ce poète impétueux étudiait une littérature grave, froide, historique, de traductions et de controverses.[1]

C'est par erreur qu'un historien estimé et une voyageuse célèbre ont regardé comme hérétiques les moines arméniens[2] ; ils furent toujours très bons catholiques, et ils ne s'écartent de l'Église romaine que dans un petit nombre de rites. Malgré ses libertés religieuses et son esprit commercial, Venise n'admit jamais la tolérance, et Comines avait déjà remarqué et loué *la révérence que les Vénitiens portoient au service de l'église.*[3]

Le retour à Venise le soir, par le clair de lune, est une des belles scènes de l'Italie. Le silence de Venise, l'aspect oriental de S.-Marc et du palais ducal, ont à cette heure quelque chose d'enchanté, de mystérieux, et la blanche clarté réflétée sur la mer et les palais de marbre contrastent avec la noire gondole qui glisse solitaire au milieu des flots. Ces palais ne sont plus, comme jadis, resplendissans de lumières, aux jours des plaisirs, des jeux et des dissolutions de cette brillante

---

[1] Faute, disait-il, de quelque chose de rocailleux pour briser ses pensées, il s'était donné la torture de l'arménien. Byron travailla à la partie anglaise d'une grammaire anglo-arménienne publiée au couvent de S.-Lazare. *Mém.*, tom. III, chap. VIII et IX, et tom. IV, chap. VII.

[2] M. Daru, lady Morgan.

[3] *Mém.*, liv. VII, chap. XVIII.

cité, et la lune, appelée par les artistes le soleil des ruines, convient particulièrement à la grande ruine de Venise.

CHAPITRE XXV.

Ile S.-Clément. — *Malamocco.* — Haines de républiques. — Patriotisme aristocratique. — *Murazzi.* — Origine et fin de Venise.

Il faut une journée pour voir les *Murazzi*, éloignés de Venise d'environ dix-huit milles. A l'île S.-Clément était autrefois un couvent de Camaldules, dont les petites maisons séparées, avec un jardin, se voient encore : ces chartreux, au milieu des flots, étaient doublement solitaires. Une Madone, avec sa lampe allumée, comme dans un carrefour de ville, était fixée sur un des poteaux qui marquent la route à travers les lagunes, et sa lueur pieuse touchait presque à la mer, au milieu de laquelle elle était jetée. On passe devant l'île de Malamocco, plage illustre qui vit les efforts héroïques des Vénitiens dans la guerre de Chiozza, lorsque, par une de ces haines de républiques, plus implacables et plus violentes que l'inimitié des rois, car ces haines sont de peuple à peuple, Gênes crut pouvoir anéantir sa rivale. Venise, ainsi que Rome quand Annibal était à ses portes, développa ce patriotisme aristocratique, le plus constant, le plus ferme de tous, qui ne souffre point que le pays déroge par de honteux traités, et dont la hauteur est noble et glorieuse, puisqu'elle s'exerce au milieu des dangers et des sacrifices.

Les *Murazzi* ne sont point une simple chaussée militaire comme la jetée d'Alexandre ou de Richelieu, bien plus célèbres, ainsi que les ouvrages des conquérans ou des despotes; ils sont le rempart d'une grande cité libre depuis des siècles. Cette digue de marbre n'est point non plus les *polders* de bois, de fascines et de terre glaise de la Hollande, qui doivent ressembler plutôt aux palissades des castors qu'à l'ouvrage magnifique des Vénitiens. L'inscription *ausu romano, ære veneto,* fort admirée, ne me paraît point mériter son espèce de réputation; indépendamment du vicieux mélange du sens propre et du sens figuré, ce vaniteux souvenir d'argent, comme au Simplon [1], n'est pas très noble. Les *Murazzi*, formés de blocs énormes, et fondés sur pilotis, s'élèvent de 10 pieds au-dessus de la haute mer, dans une longueur de 108 toises; quelquefois le marbre poli, usé, miné par les flots, a quelque chose de spongieux, et son éclatante blancheur lui donne l'air d'écume pétrifiée. Jamais exemple de frein ne fut plus frappant pour la méditation : en deçà des *Murazzi* est un lac tranquille; au-delà, c'est la mer, dont les vagues longues, redoublées, accourent et se brisent au pied de leurs degrés. Les *Murazzi* ne sont que de 1750; on a peine à croire qu'un état capable de si gigantesques travaux n'ait point duré davantage : il est plus aisé de mettre *un frein à la fureur des flots que d'arrêter les complots des méchans.*

Lorsque je revins des *Murazzi* à Venise, dans l'automne de 1827, il n'y avait pas au lazaret un seul vaisseau en quarantaine. Cette vaste enceinte déserte, que le commerce ou la guerre n'animait plus comme au temps de la république, rappelait les menaces des prophètes contre Tyr : « Comment avez-vous péri, vous qui « habitiez dans la mer? O ville superbe! vous qui étiez

---

[1] *V.* Liv. 1, chap. xxxvi.

« si forte sur la mer.... Les îles seront épouvantées en
« voyant que personne ne sort de vos portes »¹. Venise
commence à Attila, et finit à Bonaparte; cette reine de
l'Adriatique, dont l'empire fut de quatorze siècles, devait naître et mourir au milieu d'orages plus violens
que ceux de la mer qui l'environne, et la terreur des
deux conquérans produisit différemment son origine et
sa chute.

¹ Ezéchiel, cap. xxvi, 17, 18.

FIN DU TOME PREMIER.

TABLE DES MATIÈRES

CONTENUES

DANS LE PREMIER VOLUME.

LIVRE PREMIER.

GENÈVE. — GLACIERS. — BORDS DU LAC.

Chap. Ier. Privilége des anciens voyageurs. — Dijon. — Tombeaux des ducs de Bourgogne. — Maison de Bossuet. — Discours proposé par l'Académie de Dijon sur le rétablissement des sciences et des arts. — Dôle. — S.-Cergues.................... *page* 1
Chap. II. Genève; mérite, distinction de Genève...... 4
Chap. III. Maison de Jean-Jacques................ 6
Chap. IV. Temple de S.-Pierre. — Prédication protestante. 8
Chap. V. Palais de Clotilde. — Calvin. — Escalade...... 10
Chap. VI. Condamnation de l'*Émile*................ 12
Chap. VII. Musée. — Théâtre...................... 13
Chap. VIII. Bibliothèque; goût de lecture du peuple de Genève.. 14
Chap. IX. Manuscrits de M. C******. — Lettres autographes de Voltaire, de Rousseau et de Bonaparte; littérature de celui-ci; son faux jugement sur Genève...... 26
Chap. X. Société de Genève........................ 32
Chap. XI. Ferney.................................. 34
Chap. XII. Coppet................................. 38
Chap. XIII. Salève. — Bossey...................... 39
Chap. XIV. Livrets. — Premier Torrent............. 41
Chap. XV. Pittoresque des individus................ *ibid.*
Chap. XVI. Vanité de guides. — Des guides et des valets de place.. 43
Chap. XVII. Glaciers............................. 44
Chap. XVIII. S. François de Sales aux Glaciers...... 45
Chap. XIX. Col de Balme........................... 47
Chap. XX. Martigny. — S.-Maurice; Ermite......... 48

CHAP. XXI. BEX................................. *page* 49
CHAP. XXII. CHILLON. — Inadvertance de Byron....... 50
CHAP. XXIII. CLARENS. — Topographie de *la Nouvelle Héloïse*.. 51
CHAP. XXIV. VEVEY. — Jean-Jacques. — Ludlow...... 54
CHAP. XXV. LAUSANNE........................... 57
CHAP. XXVI. Gibbon. — M. de Chateaubriand........ 58
CHAP. XXVII. Société............................ 60
CHAP. XXVIII. Piétistes........................... 61
CHAP. XXIX. Environs............................ 62
CHAP. XXX. Mme de Custine.................... 63
CHAP. XXXI. Lac................................ 64
CHAP. XXXII. Voiturin........................... 65
CHAP. XXXIII. THONON. — RIPAILLE............... 67
CHAP. XXXIV. MEILLERIE. — S.-GINGOLPH.......... 68
CHAP. XXXV. VALAIS. — Capucins................. 69
CHAP. XXXVI. SIMPLON.......................... 71

LIVRE SECOND.

ENTRÉE DE L'ITALIE.

CHAP. Ier. DOMO D'OSSOLA. — Aspect de l'Italie......... 73
CHAP. II. Passeport. — Dom Bourdin................. 74
CHAP. III. ILES BORROMÉES....................... 75
CHAP. IV. LAC MAJEUR. — Fête. — Tempête.......... 77
CHAP. V. ARÔNE. — Colosse....................... 79
CHAP. VI. LOMBARDIE............................ 80
CHAP. VII. Entrée de l'Italie par le grand S.-Bernard et la vallée d'Aoste. — GRAND S.-BERNARD. — Couvent.. *ibid.*
CHAP. VIII. AOSTE. — Vallée d'AOSTE............... 86
CHAP. IX. IVRÉE. — Prisons d'Italie................. 88
CHAP. X. VERCEIL. — Invasion des Barbares. — Évangéliaire d'Eusèbe.................................. 89
CHAP. XI. NOVARE. — Dôme. — Église *S.-Gaudence.* — Prina... 91
CHAP. XII. Du *Forestiere.* — Anglais................. 92
CHAP. XIII. Auberges. — Registres................... 94
CHAP. XIV. De l'époque du voyage d'Italie............ 96
CHAP. XV. Route. — Ponts. — Chemins de Lombardie... 99

TABLE DES MATIÈRES.

LIVRE TROISIÈME.

MILAN.

Chap. Ier. Aspect français de Milan. — Palais....... *page* 101
Chap. II. Dôme. — S. Charles Borromée. — Le cardinal Frédéric. — *L'Écorché.* — Jean-Jacques Médicis. — Vue.. 104
Chap. III. Églises. — *Ste.-Marie de la Passion.* — Chalcondyle. — *Notre-Dame de San Celso.* — *S.-Nazaire.* — Trivulce. — *S.-Sébastien.* — *S.-Alexandre in Zebedia.* — Paul Frisi. — *S.-Eustorge.* — Premiers sculpteurs. — George Merula. — *Ste.-Marie de la Victoire.* — Colonnes, église *S.-Laurent.* — *Monastero maggiore*.... 109
Chap. IV. *S.-Ambroise.* — Liberté réfugiée dans la religion. — Chaires anciennes, actuelles. — *Serpent.* — *Paliotto.* — Anspert. — Chapelle *Marcellina.* — Missel. — Monastère.. 122
Chap. V. *S.-Victor.* — *Ste.-Marie des Graces.* — Cénacle. — Le comte Firmian. — *S.-Marc.* — Église *du Jardin*.. 128
Chap. VI. Luxe des autels........................ 133
Chap. VII. Clôture des églises d'Italie. — Bancs. — Tentures.. 134
Chap. VIII. Prédication........................... 136
Chap. IX. *Ambrosienne.* — Virgile de Pétrarque. — Palimpsestes. — Cheveux de femme dans une bibliothèque. — Catalogue mystérieux de l'Ambrosienne........... 139
Chap. X. Brera.................................. 150
Chap. XI. Bibliothèques particulières. — Bibliothèque Trivulzio. — Vers de Gabrielle d'Estrées.............. 151
Chap. XII. Domination autrichienne. — Écoles. — Imprimerie, librairie, censure. — Liberté de conscience. — Perfectionnement. — Gêne politique............... 155
Chap. XIII. Collége militaire..................... 161
Chap. XIV. Musée de Brera. — Expositions.......... 163
Chap. XV. Beccaria. — De la peine de mort......... 168
Chap. XVI. Monti. — Pindemonte. — Manzoni........ 169
Chap. XVII. La Scala. — Cantatrices italiennes. — Révé-

rences au public. — Décorations. — Ballets. — La Scala, société de Milan..................... *page* 172
CHAP. XVIII. Acteurs comiques d'Italie. — Théâtre italien. — Nota. — Théâtre français universel............ 176
CHAP. XIX. Théâtre philodramatique................ 182
CHAP. XX. Fantoccini............................. 183
CHAP. XXI. Collections Pino, Longhi................ 185
CHAP. XXII. Grand hôpital. — Des grands hôpitaux..... 186
CHAP. XXIII. Arena. — Arc du Simplon............. 187

LIVRE QUATRIÈME.

ENVIRONS DE MILAN. — PAVIE. — CÔME.

CHAP. I*er*. *Linterno*. — Maison de Pétrarque; son traité *Des Remèdes contre l'une et l'autre fortune.* — Popularité des premiers hommes de lettres............... 189
CHAP. II. Chartreuse de *Garignano. — Saronno. — Castellazzo. — Chiaravalle.* — Pagano della Torre. — Guillelmine.................................... 192
CHAP. III. MONZA. — Théodelinde. — Couronne de fer. — Archive. — Hector Visconti. — Palais............... 196
CHAP. IV. Chartreuse de Pavie. — Tombeau de Jean Galeaz Visconti. — Encouragemens monastiques aux arts. — François I*er* à la Chartreuse...................... 200
CHAP. V. PAVIE. — Université. — Bibliothèque. — Colléges... 205
CHAP. VI. Mécomptes historiques. — Boëce. — Liutprand. — Maison Malaspina. — Église *S.-Michel.* — Cathédrale. — Tombeau de S. Augustin. — Pont.......... 209
CHAP. VII. VARÈSE. — *Madonna del Monte.* — Catholicisme italien. — CÔME. — Cathédrale. — *Ædes Joviæ.* — Lycée. — Bibliothèque. — *Casino.* — Théâtre. — Tour du *Baradello.* — Télégraphes................ 216
CHAP. VIII. LAC. — Noms grecs. — Couvent industriel. — *Pliniana.* — Pline le jeune et Sacy. — Religieuses *frate.* — Courage du XVI*e* siècle. — Bas-reliefs de Torwaldsen. — Princesse de Galles. — Paul Jove. — Caninius Rufus. — Avantage de n'avoir rien fait......... 219

TABLE DES MATIÈRES.

LIVRE CINQUIÈME.

BERGAME. — BRESCIA. — VÉRONE. — VICENCE.

Chap. I*er*. Vierge colossale de *Vaprio*. — Bergame. — Foires.................................... *page* 229
Chap. II. Dôme. — *Sta.-Maria maggiore*. — Chapelle Colleoni. — Génie militaire italien. — Églises.......... 230
Chap. III. École à *Santa Grata*. — Bibliothèque. — Patriotisme municipal italien. — École *Carrara*. — Peinture perpétuelle en Italie..................... 234
Chap. IV. Palais vieux. — Infortune héréditaire du Tasse. — Palais *della Podestatura*. — Arlequin............ 236
Chap. V. Brescia. — Temple antique. — Statue de la Victoire................................... 239
Chap. VI. Brigitte Avogadro. — Femmes de Brescia..... 240
Chap. VII. Gaston et Bayard. — Siége de Brescia. — Maison de Bayard. — Gains militaires................. 242
Chap. VIII. Palais de la *Loggia*. — Incendie politique. — Symptômes anciens d'hérésie. — Arnaud de Brescia.... 245
Chap. IX. Bibliothèque. — Le cardinal Querini......... 249
Chap. X. Dôme vieux; — Nouveau. — Églises. — *Ste.-Afra*. — *Femme adultère* du Titien. — Peinture éloquente. — Littérature populaire. — Marcello. — Vraie et grande musique. — OEuvre de S. Luc. — Anachronismes de peinture. — Mausolée Martinengo...... 251
Chap. XI. *Pio luogo della congrega*. — Des établissemens de charité et des instituts philanthropiques. — Galeries. — Gambara. — Curiosité. — *Campo-Santo*. — Inscriptions et fontaines de Brescia..................... 260
Chap. XII. Lac Garda. — Lever et coucher du soleil. — Grands poètes nés au nord. — Catulle. — *Sermione*... 264
Chap. XIII. Suite du lac Garda. — De la description de Bonfadio. — Tempête de Cardan. — Ile Lecchi. — Goëthe à Malsesine. — Hofer.................... 267
Chap. XIV. Tyrol italien. — Madone de l'*Inviolata*. — Lac de *Loppio*. — Roveredo. — Des vers du Dante : *Qual' è quella ruina*. — Vallée de l'Adige............ 272
Chap. XV. Peschiera. — Aspect de citadelle............ 274

Chap. XVI. Vérone. — Scaligers. — Can-Grande.. *page* 275
Chap. XVII. Roméo et Juliette..................... 278
Chap. XVIII. Amphithéâtre. — Habitation du peuple dans les monumens. — Arc de Gavius................... 279
Chap. XIX. San Micheli. — Invention des bastions angulaires. — Remparts. — Porte *del Palio*. — Fêtes nationales du moyen âge........................... 282
Chap. XX. Églises. — Saints populaires. — *S.-Zénon*. — Cathédrale. — Roland et Olivier. — Papes bannis..... 284
Chap. XXI. Autres églises. — *Ste.-Anastasie.* — Thèse soutenue par le Dante. — Traité de Pétrarque, *Du devoir et des qualités de ceux qui commandent.* — Chapelle *Pellegrini.* — Génie littéraire ou artiste prouvé par quelques pages ou un seul ouvrage..................... 289
Chap. XXII. *San Fermo.* — Mausolées *Turriani, Brenzoni, Alighieri.* — *Ricovero*....................... 293
Chap. XXIII. Bibliothèque de la ville. — Bibliothèque capitulaire. — *Institutes* de Gaïus. — Bibliothèque Gianfilippi. — Manuscrit de la *Mérope* de Maffei..... 301
Chap. XXIV. Théâtre. — Musée lapidaire. — Maffei.... 305
Chap. XXV. Palais *Canossa; — Gran Guardia; — Guasta Verza; — Pompei; — Bevilacqua; — Giusti.* — Fornarine de Vérone. — *Pinacoteca.* — Douane. — Place aux Herbes. — Peinture des rues en Italie........... 306
Chap. XXVI. Casin *Gazola.* — Congrès.............. 310
Chap. XXVII. Environs. — *Gargagnago,* demeure du Dante... 312
Chap. XXVIII. *Incaffi.* — Maison de Fracastor. — Fracastor. — *Rivoli.* — Bataille...................... 314
Chap. XXIX. *Azzano.* — La grande Isotte. — Femmes littéraires en Italie.............................. 319
Chap. XXX. Pont de *Véja.* — Premier type des ponts des enfers chrétiens................................ 323
Chap. XXXI. *Tempio della Madonna di Campagna.* — Davila. — Exhumations historiques................. 325
Chap. XXXII. *Arcole.* — Obélisque.................. 326
Chap. XXXIII. *Colognola.* — Bonfadio. — *Illasi.* — Architectes-amateurs. — Panthéon. — *Purga di Bolca.* — Fossiles... 328
Chap. XXXIV. *Montebello.* — Vicence. — Basilique. —

Bibliothèque. — Théâtre olympique. — Académie olympique du xvi⁶ siècle. — Idéal des arts d'imitation. — Maison de Palladio. — Palais. — Églises. — Erreurs de tradition sur l'Italie....................... page 331
Chap. XXXV. Casin *Capra*. — Architecture selon les climats. — *Cricoli*. — Le Trissin. — *Notre-Dame-du-Mont*. — Persévérance d'art en Italie................ 337
Chap. XXXVI. *Sette Comuni*. — De leur origine cimbrique. — Asiago. — Société. — Habitans. — Seul livre imprimé en leur dialecte. — Foire. — Anciens usages. — Élection populaire du curé. — Ferracino. — Merlin Coccaie. — *Per ubbidirla*.................. 339
Chap. XXXVII. *Cittadella*. — Ligue de Cambrai. — Bassano. — Le Bassan. — Éditions de Bassano.......... 345
Chap. XXXVIII. Asolo. — *Asolani*. — Catherine Cornaro. — *Barco*................................... 347
Chap. XXXIX. *Possagno*. — Temple de Canova. — Son tombeau. — Peinture de Canova.................. 349
Chap. XL. Castel-Franco. — S. Libéral. — Trévise. — Grands architectes inconnus du moyen âge. — De certaines qualifications militaires.................... 352

LIVRE SIXIÈME.

VENISE.

Chap. Ier. Aspect de Venise. — Son déclin. — Venise en terre ferme.................................... 355
Chap. II. Place *S.-Marc*. — Pigeons. — Florian. — *Pili*. 358
Chap. III. Basilique. — Dandolo. — *Pala d'oro*. — Pierres historiques. — Chevaux. — Lion de S.-Marc. — Clocher. — *Loggietta*. — Trésor........................ 361
Chap. IV. *Palais ducal*. — Gouvernement de Venise. — Pregadi. — Conseil des Dix. — Tronc des dénonciations. — Inquisiteurs d'État. — Grand conseil. — Doge..... 369
Chap. V. Bibliothèque S.-Marc. — De la donation de Pétrarque. — Lettre et donation de Bessarion. — Manuscrits. — Fra Paolo. — Bibliothécaires de S.-Marc. — Musée.. 379
Chap. VI. *Plombs*. — *Puits*. — Ages divers des prisons.. 390

TABLE DES MATIÈRES.

Chap. VII. *Palais-Royal*. — Condition des artistes au xvi° siècle. — Grande salle. — Exposition des produits de l'industrie vénitienne en 1827. — *Zecca*...... page 392

Chap. VIII. *Grand canal*. — Ste.-Marthe. — Vénitiens. — Silence de Venise. — Palais. — Noblesse vénitienne. 396

Chap. IX. Palais *Trévisan*; — *Foscari*; — *Mocenigo*. — Lord Byron. — Palais *Pisani*. — De la vérité poétique. — Paul Véronèse. — Palais *Barbarigo*. — Le Titien. — Palais *Grimani* (à S.-Luc). — Pont *de Rialto*. — Palais *Micheli*; — *Corner*; — *Pesaro*; — *Vendramini*; — *Manfrin*................................. 399

Chap. X. Maisons Teotochi-Albrizzi et Cicognara........ 405

Chap. XI. Palais *Grimani* (à *Ste.-Marie Formose*); — *Corniani-d'Algarotti*. — Esprit de société de Venise. — Dernière Vénitienne..................... 407

Chap. XII. Alde. — Imprimerie-Fabrication. — Imprimerie actuelle de Venise................ 409

Chap. XIII. Académie des Beaux-Arts. — École vénitienne. — Son imitation. — *Assomption de la Vierge*, du Titien. — Tableaux. — Bronzes. — Modèles. — Vanité d'un confrère de la charité..................... 413

Chap. XIV. *Églises*. — Clergé................. 418

Chap. XV. *S.-François de la Vigne.* — *S.-George majeur.* — Papauté du xvi° siècle. — Dominique Micheli. — *La Salute*. — Révolutions du goût. — Mausolée de Sansovino. — L'Arétin.................. 420

Chap. XVI. Le *Rédempteur*. — Pestes de Venise. — Autres églises. — *Frari*. — Sépulture du Titien. — Monument de Canova....................... 430

Chap. XVII. *Église, confrérie de S.-Roch.* — Escalier. — Luxe des confréries. — Autres églises. — Carmagnole. — Saints Sébastiens. — Vieillesse des artistes de Venise. — Statues d'écrivains ou de capitaines. — *S.-Moïse*. — Laws. — Athénée vénitien. — *S.-Étienne*. — Morosini. 437

Chap. XVIII. *Ste.-Marie Formose.* — Mariages vénitiens. — Fête *delle Marie.* — *Ste.-Marie des Miracles.* — *S.-Jean et Paul.* — Tombeaux de Venise. — Bragadino. — Mausolée *Vendramini*; — *Valier*. — *Martyre de S. Pierre*, du Titien. — Ancienne bibliothèque de *S.-Jean et Paul*. — Biographies. — Monument *Colleoni*. — Con-

fréries de *S.-Marc;* — de la *Miséricorde.* — *Ste.-Marie del'*
Orto. — Marietta. — Bibliothèque d'Aléandre.... page 445
Chap. XIX. *Archives.* — Du Conseil des Dix. — Des Inquisiteurs d'État. — Consultations autographes de Fra Paolo. — Statistique née à Venise. — Correspondance de Villetard.................................. 457
Chap. XX. *Arsenal.* — Lions d'Athènes. — Bucentaure. — Armure d'Henri IV. — Emo...................... 460
Chap. XXI. Théâtres. — *S.-Benoît.* — La *Fenice.* — MM. Perucchini, Buratti. — Carnaval.............. 464
Chap. XXII. Courtisanes........................... 466
Chap. XXIII. Environs. — Iles. — Ile de *Murano.* — *S.-Michel.* — Exhumation de Fra-Paolo. — Le moine Eusèbe. — Morelli. — Chapelle *Emiliana.* — *S.-Pierre et Paul.* — Dôme. — Glaces, cristaux, perles de Venise.. 468
Chap. XXIV. Ile de *Torcello.* — *S.-Fosca.* — *Lido.* — Arméniens. — Clair de lune de Venise............. 471
Chap. XXV. Ile *S.-Clément.* — *Malamocco.* — Haines de républiques. — Patriotisme aristocratique. — *Murazzi.* — Origine et fin de Venise..................... 475

FIN DE LA TABLE DU PREMIER VOLUME.

www.ingramcontent.com/pod-product-compliance
Lightning Source LLC
Chambersburg PA
CBHW060230230426
43664CB00011B/1599